名誉主编 姜昆 主编 贾德臣 第四卷

中国传统相声大全

姜昆

作家出版社

图书在版编目（CIP）数据

中国传统相声大全：全5册/贾德臣 主编． -- 北京：作家出版社，2017.1（2022.1重印）

ISBN 978-7-5063-9338-6

Ⅰ．①中… Ⅱ．①贾… Ⅲ．①相声 – 作品集 – 中国 – 当代 Ⅳ．①I239.7

中国版本图书馆CIP数据核字（2017）第022634号

中国传统相声大全：全五册

主　　编：贾德臣

责任编辑：王　烨

特约编辑：李恩祥

装帧设计：王汉军

出版发行：作家出版社有限公司

社　　址：北京农展馆南里10号　　邮　　编：100125

电话传真：86-10-65067186（发行中心及邮购部）

　　　　　86-10-65004079（总编室）

E-mail:zuojia@zuojia.net.cn

http://www.zuojiachubanshe.com

印　　刷：北京中科印刷有限公司

成品尺寸：152×230

字　　数：2600千

印　　张：195.75

版　　次：2017年5月第1版

印　　次：2022年1月第3次印刷

ISBN 978-7-5063-9338-6

定　　价：368.00元（全五册）

目 录

群口相声

单口相声

渭水河

刚才呀，应当我表演，为什么没表演哪？来晚了吗？不是。没来晚怎么没表演呢？今天有个晚会，紧赶慢赶，赶到这儿来上气不接下气，进门一看正该我上场。这是同志们照顾我，让我呀在后头喘喘这口气儿。要是不照顾我哪？跑到这儿来吁吁带喘地就上台，回头上台一说就许说忘了，说错了。

那位说："你们久干这个的还能说忘了，说错了？"这可保不齐。无非是我们说相声儿的要说忘了不老显的。为什么哪？相声原来是招笑儿的，忘了哇，观众们不说是忘啦，说这个："哈哈，张寿臣哪，为招大伙儿一乐，他成心装的。"其实倒是真忘啦。

吃烧饼没有不掉芝麻的，推一辈子小车儿没有不翻车的。变一辈子戏法儿碰巧也许变露啦，上台表演的时候撒手不由人。说这手戏法儿是功夫，今儿赶巧了啊，一抽筋儿，就许错了，这可保不齐！

唱大鼓哪？唱大鼓也有忘了的时候呀。说："我们常听大鼓，没听见他忘过啊？"他忘了啊您不理会。我告诉您这地方儿您注意，一有这种地方儿，那就是忘啦：他唱完一个"甩板儿"，就是行腔儿，行完了腔儿呀，弦子弹过门儿，打鼓，把这鼓套子打完了，张嘴就唱，那是没忘。有这时候儿：这鼓套子打完了哇还接着打，那就是忘啦。打两回鼓套子，有这俩鼓套子的工夫想词儿，就想起来啦。有这时候儿：只要忘了词儿就着急呀，一着急脑袋就大啦，就更想不起来啦，要再连着打鼓套子，打仨，观众们就听出来啦，要一叫倒好儿多寒碜哪？这时候就得弹弦儿的帮助他。他已经打了俩鼓套子啦，还要打，这弹弦儿的就不能让他再往下打啦。这弹弦的跟他说话可不成，怎么？小声儿说他听不见——脑袋都大啦；大声儿说，他倒听见啦，可观众也听见啦，这么一来，倒给泄了气啦。那么怎么办呢？弹弦的一听已经打俩鼓套子啦，这弹弦儿的手指头一使劲儿就行啦，就帮他的忙啦。怎么呢？手指头一使劲儿，奔儿！弦就断啦，弦一断就不能唱啦，他得接弦呀。他这一接弦，唱的人放下了鼓板，喝口水，松快松快，脑筋去点儿负担，一低头，俩人一嘀咕，这就成啦。

唱大戏也常有忘词儿的时候。大戏里头有些不通的词儿，有错了的词儿。这种词儿有打原本儿上就错了的，这不能怨演员，得怨编戏的人。这怎么回事呀？旧社会跟现在不一样，那时候唱戏的人多半儿是文盲，打七八岁就进科班儿，他哪儿有工夫念书啊？本子上的词儿抄得太糙，里头有不少错字，教戏的也是演员出身哪，文化水平太低呀，也就按错的念，一辈传一辈，就那么传下来啦。戏里常有这句词儿——"阳世三间"，这是大错。"阳世三间"怎么讲啊？！"阳世"俩字有讲儿，阴间阳间嘛！这"三间"哪？这"阳世"上就"三间房"，连三间半都没有？那么多人往哪儿住哇?！那么是怎么回事呀？抄本子的时候快，那个人一边说词儿他一边儿抄，是"阳世之间"，那个"之"字呀连着笔下来啦。等到别人再念这个词儿呀，他不认得这是连笔写的"之"，就念成"三"啦，把"阳世之间"念成"阳世三间"，就这么传下来啦。

《乌龙院》，阎婆惜给她妈妈做红鞋穿，宋江问她为什么做红的？"马二娘的生日。"阎婆儿她不姓马呀，阎婆惜怎么叫她马二娘哪？那是那个"妈"字儿，也许当时写得快，没写"女"字旁儿，也许当时写了"女"字旁儿，后来念本子的人不认得，就念成"马"啦！这句话原本是"妈妈娘的生日"。"妈妈娘"头一个"妈"字本来就不清楚，这个"妈"字底下点了两点儿，是"妈:娘"，这位教戏的教师不认得，就认为是"马二娘"啦！

这些个错儿呀不是演员的错儿，这是抄剧本的和教师的错儿。

唱戏的演员哪，精神不集中就出错。有这个事吗？我亲眼见过几档子，咱不必提他的名儿，就提这件事吧。这件事出在北京，这天演《问樵闹府·打棍出箱》选出戏，有这么个演员给唱错啦，还是个名角儿呀。哪点儿错啦？范仲禹一出场，唱：

"适才樵哥对我论，那老贼名叫葛登云。"

"适才樵哥对我论"，这句唱得挺好，"那老贼名叫"这几个字也唱出来啦，到"葛登云"忘啦，把这个人名儿给忘啦！这接不下来呀，怎么办呢？他会让听戏的听不出来。怎么呢？忘是忘了，可脑筋清楚，心里头明白，在台上掉了能捡。一出门儿：

"适才樵哥对我论，那老贼……"

忘啦！怎么办哪？心里头清楚，他这仨手指头这么一凑合，听戏的不知道，内行都知道，这叫"掐"，鼓也不打啦，弦儿全都不动啦。他这儿哪？加两句道白。原本这儿就是唱没有白呀，他加了两句白："……那老贼……呜呼呀，适才那樵哥对我言讲的是清清楚楚，明明白白，是清清楚楚，明明白白，这老贼的名字，怎么一时之间我想他——不起！"

你忘了嘛，你还想得起来！他倒说实话！

到这儿一投袖，投袖干吗呀？又把家伙叫起来啦。叫什么家伙哪？叫"乱锤"，呛呛呛……就这个点儿。这干吗呀？他在台上低头摸脑袋，想这个人的名字。

"这……"在台上转弯儿。转了半个过场，跟这打鼓的接近啦，问打鼓的：

"叫什么来着？"

这位打鼓的跟他玩笑，拿着鼓槌儿：

"哎呀，我也想不起来啦！"

"哎呀，不凑巧哇！"

转了四个弯儿：

"嘀嘀，想起来了哇！"

那还想不起来！转了五分钟啦还想不起来！仗着当时机灵快，没让人听出来。

还有这么档子事，别人在台上闹笑话儿，他给找回来啦。谁呀？杨小楼。这出戏呀配角唱错了，他把这错给找回来啦。什么戏呀？在北京第一舞台演《青石山》，杨小楼去关平，钱金福去周仓。钱金福那天有点儿事情，告假。临时一告假怎么办哪？就叫别的花脸替啦。这位唱花脸的呀，早晨给人家出份子去啦，喝了好些酒。一听钱老先生告假，后台老板说："你来这个啊！"别的戏他不能唱啦，他得陪杨小楼唱这出《青石山》哪，在后台呀，他老早就把脸儿勾上啦，扮好了装，靠大衣箱往墙上一倚，先眯个盹儿。他眯盹儿的时候可没戴着胡子——周仓戴那个叫"黑扎"呀，他没戴。心说："等上台再戴吧。"他这一睡睡着啦，大伙儿也没叫他，容他睡到演这出戏的时候才叫他：

"哎，上台啦，上台啦！"

"哎，哎！"

醒啦，迷里迷瞪就上台啦，可是没戴胡子。

他没戴胡子，后台没瞧见，看戏的也没瞧见。观众怎么也没瞧见哪？那阵儿唱《青石山》台上有个大幕，王老道捉妖请神仙在幕外头。幕后头是摆场子——摆的这场子正跟老爷庙一样，中间是关公，这边儿是周仓，这边儿是关平，还有四个武行扮的马童儿，没拉开幕这些人得在那儿准备着，各人站到各人的地位上；等到一把送神火，王老道一喊："开山！"把幕一扯，观众一瞧正是老爷庙——"开山！"幕一拉，听戏的都往台上看。

"哎！什么戏呀？"

旁边那位说："《青石山》哪！"

"《青石山》？不对呀！这是谁呀？"

"周仓啊！"

"周仓怎么刮脸啦？！"

大伙儿都瞧。

杨小楼捧着印往那边儿一瞧：坏啦，他没戴胡子！头里一起哄，一叫倒好儿怎么办！杨小楼灵机一动——原本这戏里没有这句，他给加了句词儿：

"呔！对面站的何人？"

周仓这儿扶着刀，心说：这什么词儿呀这是？戏里头没有这句呀，你怎么添这个呀？再说你忘了题啦，你怎么不认得我，让我通名哪？咱俩人是伙伴儿呀，周仓、关平啊，老爷庙这儿就咱们仨人哪？天天脸对脸儿站着，你怎么不认得我呀？我是周仓啊！到这儿说"我是周仓"不行，得摆身段，戏台上嘛！摆身段的时候儿拿手捋胡子：

"俺是周仓……"他这么一捋呀，没逮着，这才明白：哎哟，没戴着！可已经把周仓说出来啦，再说别的也不成啊，他的灵机也快，一攥拳头："……的儿子！"

杨小楼那儿：

"嗐，要你无用，赶紧下去，唤你爸爸前来！"

"领法旨！"

周仓下去戴好了胡子，又上来啦。

出这种错儿，哪儿都有。那年哪我在河南——这话民国十来年——在河南开封听河南梆子，河南梆子闹错儿啦。什么戏呀？这出戏叫《黄河阵》。咱们这地方不常唱这个戏。《黄河阵》是怎么个剧情哪？是武王伐纣，姜子牙带着八百诸侯走到半道儿，出来一个赵公明。赵公明摆了一个阵，挡着武王的大队不让过去，这阵叫"黄河阵"，很厉害。姜子牙打不开，正着急哪，燃灯道人来啦。燃灯道人跟赵公明俩人是道友，一见面儿哪，劝劝。赵公明不说理，说什么我得摆这个阵，你来啦，你打打我这个阵。俩人越说越戗啊，打起来啦，就这工夫儿，唱错啦！

原来俩人都是朋友嘛，都下了脚力——就是骑的牲口。赵公明骑黑虎，燃灯道人骑梅花鹿，赵公明把马鞭儿放下，好比这是黑虎；那边燃灯道人把马鞭放下，好比下了梅花鹿啦。俩人说着说着打起来啦，一打，他得上自己的脚力呀，这儿有两句唱词儿，唱词是什么哪？这边儿："赵公明把黑虎跨"；那边儿哪："燃灯道人上梅花"，俩人打起来啦。

这赵公明闹错啦，头一句他唱：

"赵公明，骑梅花。"

他把梅花鹿骑上啦！回头燃灯道人再骑梅花鹿？就俩梅花鹿！燃灯道人没词儿唱啦，他给来了这么一句，一指赵公明：

"你骑梅花我骑啥？"

你骑梅花鹿，我骑什么哪？

赵公明不错，还算有词儿：

"我的老虎你骑吧！"

俩人换换！燃灯道人唱：

"我骑老虎我害怕。"

那这出戏还怎么唱啊！

我二十来岁那年哪，在北京，梆子正时兴，金刚钻儿，小香水儿呀，他们在三庆戏院表演。谁闹错儿呀？开场戏。可不是名角儿。哪出戏？《渭水河》。这位演姜子牙的闹错儿啦。原词儿是这么几句："家住在东海岸老龙背，姓姜名尚字子牙，道号叫飞熊"，这么个词儿。他呀，把"道号叫飞熊"忘啦！

"家住在东海岸老龙背，姓姜名尚字子牙……"唱到这儿忘啦！落不下腔儿呀，这儿也不能行腔儿呀，没词儿呀。没词儿怎么办？还重这句：

"字子牙……"

胡胡儿，"咚噻根儿噻。"还想不起来：

"字子牙……"

唱了五六句，台头里一听："怎么回事啊？"有位挨着台的观众给他来个倒好儿：

"好！"

这一叫倒好儿哇，他跟这位一对眼睛："你别叫倒好哇，我想一想啊。"他嘴里可不能住，老这句呀："字子牙……"胡胡儿："咚噻根儿噻。"又一位观众：

"好！"

"字子牙……"

"好！"

"字子牙……"

谁叫好儿，他冲谁"字子牙"，来了二十多句。

挨着台的这位观众实在绷不住，站起来啦！

"你还字子牙哪？你当我们爱听这句是怎么着？这不是叫好儿，这是倒好儿！"

一提"倒好"俩字儿，他想起来啦：

"道号叫飞熊。"

合着这位给他提了词儿啦！

（张寿臣述　何迟整理　张奇墀记录）

道光吃热汤面

今天说这段哪，是《清官秘史》里的片断。清朝啊，是咱们中国的最后一个王朝，宣统逊位，清朝垮台，到如今哪不到一百年。皇宫里头什么样儿啊？老百姓觉着新鲜，故此就有许多传说，这些传说就是秘史，也叫野史。说书的说得颠来倒去，正史里头找不着。比如说吧，雍正夺嫡是真的假的？说不清楚，同治得什么病死的？讲不明白。我今天说这段哪，也是野史，正题叫《道光吃汤面》。

清朝入关以后，在北京一共坐了十位皇上，哪十位呀？顺治、康熙、雍正、乾隆、嘉庆、道光、咸丰、同治、光绪、宣统。道光皇上哪，排着数第六位。从道光年开始，清朝由盛而衰，一年不如一年了。

这一天早朝以后，道光皇上想着朝廷内外的事情，心里头烦。怎么？官僚腐败，外夷入侵，没有一档子顺心的事。如此下去，大清江山难保啊。想看书看不下去，睡觉睡不着，信步闲游，在皇宫里头瞎溜达。走着走着，走到东华门口儿去了，心里想：我出去转转，散散心。皇上要出皇宫，道光说：

"来人哪！"

御前太监赶紧过来了："喳，伺候皇上。"

"为朕找身儿便装，朕要出去转转，别声张，谁也别告诉。"

"喳。"

其实啊，宫里有宫里的规矩，皇上不能随意出皇宫，即便出去，也得有人陪着，可是这规矩是皇上定的，皇上不守规矩，谁敢管哪。道光皇上换好了便装，出东华门，出了东华门往南走，过了前门就是前门大街，前门大街热闹呀，人来人往、有买有卖，道光皇上这儿走走，那儿看看，心里痛快了。这阵儿可就中午了，皇上觉着肚子有点饿，往路边一瞧，路西有一家小面馆儿，牌匾儿上写着西来顺，道光皇上手掀门帘儿往里瞧了瞧，两间小门脸儿，屋里挺干净，客位还不多，皇上进来了，找了一张靠边儿的桌子往那儿一坐。掌柜的四十来岁，是个山西人，一见来了客人，赶紧过来招呼："这位爷，您吃点儿什么呀？"

吃点儿什么？皇上心想：我没下过饭馆儿，头一次来，我哪知道吃什么呀？别露怯，问问吧："你们这儿都卖什么呀？"

掌柜的说："我们是家面馆儿，专门卖面，有山西的刀削面、柳叶儿面、猫耳朵面，还有贵宝地的炸酱面、热汤面。"

道光皇上在皇宫里头哪儿听说过这些面哪，除了热汤面，一样儿没记住，也没多问，说："行啊，就来碗热汤面吧。"

工夫儿不大，掌柜的把热汤面端上来了。嘀，这碗热汤面，看着就好看，小半碗汤，多半碗面，汤里头有几片绿菠菜，一绺鸡蛋穗儿，还有几片儿白肉，上边儿漂着俩虾仁儿。道光皇上用筷子吃了一口面，又端起碗来喝了一口汤，嘿，还真香！好吃。吃得直咂嘴儿，"啧，啧"，那位说：这皇上太没出息了。您哪，别看他是皇上，在皇宫里面，山珍海味不新鲜，热汤面从来没吃过。三口两口就把一碗热汤面吃完了，吃完了还想吃：

"掌柜的，再来一碗。"

掌柜的又给端来一碗，道光皇上把两碗热汤面吃下去，吃的是又舒服又饱。面碗往前一推，掏出手绢擦擦嘴，擦完嘴，往口袋儿里放手绢，随手拿出来一块银子，这块银子足有五两，往桌上一放：

"来呀，算账！"

掌柜的跑过来，看见桌上这块银子，足有五两，吓了一跳，怎么哪？他这小面馆儿一天也卖不了五两银子，掌柜的满脸赔笑："这位爷，我这小本经营，您……您这块银子我找不开。"

皇上心里踏实了。怎么？他在皇宫里，不知道外面的行市，往外拿银子心里犯嘀咕：两碗热汤面，这么好吃，这块银子够不够啊？听掌柜的说找不开，心里有谱了。既然钱够了，我就大大方方的，说："找什么呀，这块银子都是你的。"

掌柜的不信："您别玩笑了。"

玩笑！皇上想："什么，玩笑？我是皇上，能跟你玩笑嘛！"说："不是玩笑，拿去吧，拿去吧。"

掌柜的还是不敢拿，站在一边儿愣着。道光皇上看面馆儿掌柜的真的不敢要，索性问问价儿，心里也有个底儿："你这热汤面，卖多少钱一碗哪？"

"跟爷回，我这热汤面，卖一个大枚一碗。"

"什么！"

"一个大枚一碗，您吃了两碗，两大枚。"

皇上听掌柜的报完价钱，不由得叹了一口长气。心里想："这么好吃的东西才卖一个大枚一碗，俩大枚吃饱了。给五两银子不敢要。皇宫里头，往省里说，每顿饭也得百八十两银子，我要用这百八十两银子吃热汤面，能省多少钱哪？"皇上想到这儿，跟掌柜的说："甭管多少钱一碗了，算你走运，甭找了，这块银子都归你了。"站起来走了。

皇上走了，掌柜的拿起来银子，心里纳闷儿啊："这人什么人？怎么这么大方？"

道光皇上回到皇宫，这心思还在前门大街哪，还想着热汤面哪。怎么？两碗热汤面不至于呀？清家的十个皇上啊，道光算是勤俭的，再说，内忧外患哪，国库空虚，道光皇上比别的皇上更清楚，没钱不办事，不省着花不行。故此哪道光过日子有个算计。他这么想：一碗面才一个大枚，我这一顿饭就百八十两银子。后宫哪？大臣的俸禄哪？要是都能省着点儿；国库不会那么大的亏空啊。正想着啊，御膳房掌案来了。皇上一抬头：哟，天都快黑了，该吃晚饭了，吃了两碗热汤面，还不饿哪。

掌案在地下跪着："给皇上磕头，皇上今晚用什么饭哪？"

皇上随口搭音儿："给朕来碗热汤面吧。"

掌案一听，嗯，皇上今天怎么了，平日不挑食儿啊，怎么想起要改口儿了。这可是个捞钱的机会，眼珠儿一转："奴才遵旨，可是……"

皇上说："可是什么？你说。"

御膳房掌案说："是。启禀皇上，御膳房缺少做热汤面的家伙，一时做不了，望皇上开恩。"其实做热汤面极容易，先和好了面醒着，随后炝锅，倒汤，再放白肉、菠菜，最后抻条儿，得了。用不了多大工夫儿。可是道光皇上不知道啊！他就知道热汤面好吃！怎么做，用什么东西，他满不懂。皇上说："好，好，添置什么，全由掌案操办。需用多少钱哪？"

掌案听皇上答应了，心里高兴："回禀皇上，大约需用纹银一万两。"

一万两！皇上一听，什么呀，就一万两。一万两白银光吃热汤面，我后半辈儿也吃不完哪！我倒要问问他，这一万两白银怎么开销："掌案，这一万两白银怎么花呀？"

掌案说："回禀皇上，奴才用这一万两白银先雇用两名工匠，在御膳房为皇上搭造一个专做热汤面的炉灶，而后再定制做热汤面的家伙。有煮面用八角团龙纯金锅一对，和面用团龙纯金盆一只，盛面用一色官窑瓷器四套，各种应用器皿两套。家伙备齐后，选头号白面十担，油鸡、填鸭各十只，虾仁儿、肘子、海参各十斤，鱼翅、燕窝、猴头、银耳各五斤。余外，在红、白两案雇用专做热汤面的名厨各十名……"掌案的还要往下说，让皇上给拦住了："得了，得了，你别费这事了。前门外路西有个小面馆儿，名叫西来顺，专卖热汤面，一个大枚一碗。现在就去，给朕端两碗来，去吧，去吧。"

掌案一听，当时出了一身冷汗，心想：坏了，我说今天皇上好不当儿的想改口儿哪？听皇上的口气，皇上一定是出皇宫了，不出皇宫不会知道这么详细。嘴里答应着，身子可没动弹："奴才遵旨，可是……"

皇上一听，怎么又可是了！

"现在天色已晚，大小店铺俱已上板关门。望皇上开恩，明天奴才一定交旨。"

皇上心里想：这才几点哪，店铺就关门了？可也不能饿着他。您别看皇上权力大，不能饿着说，饿着说？一个时辰以后掌案回来了，愣说店铺关门了，皇上一点办法没有。皇上说："行啊。昨天晚上吃什么今天晚上还吃什么。下去吧。"

"嗻"，御膳房掌案下去了。掌案回到御膳房，心里犯嘀咕了。心里想，明天皇上一定吃热汤面哪，去还是不去哪？不去？抗旨不遵；去？钱捞不到手是小事啊，弄不好来个欺君罔上，脑袋就许搬家。越想越害怕。我呀，一不做，二不休。"来人哪！"

两个小太监过来了："伺候掌案。"

"给你们俩一个差事，前门外路西有个面馆儿，叫西来顺，你们俩现在就去，给他把门封了！"

俩小太监不明白怎么回事："为什么呀？"

"别多嘴！到了前门外，问准了是西来顺，卖热汤面，就给他封门。快去快回。"

俩小太监不敢问啦，又带了两个人，来到前门大街。一看路西有个面馆儿，叫西来顺，"就是这儿，就是这儿。""敲门，敲门。"

西来顺掌柜的上上门板儿，刚要睡觉，听外边儿敲门，声音挺急，掌柜的从被窝儿里又出来了，问："谁呀！"

外面："这是西来顺吗？"

"是西来顺。"

"卖热汤面吗？"

"卖热汤面。"

"出来！"

掌柜的穿上衣服出来了。俩太监一扒拉掌柜的，"靠边儿站着。""拿封条来，给他封门。"

掌柜的蒙了："二位，二位，什么事呀？给我封门！"

俩太监："什么也不为，卖热汤面就封门！"封了门扬长而去。

掌柜的吓傻了："卖热汤面招谁惹谁了，今天这事儿可邪了！"屋也封了，也进不去了，掌柜的这一宿往哪儿睡觉去，咱就不管了。

第二天早朝以后，道光皇上脑子里还是热汤面。"来人哪，传御膳房掌案。"

掌案来了，往地下一跪。

皇上问："去西来顺给朕端热汤面了吗？"

"回禀皇上，为了皇上吃热汤面，奴才昨天晚上一宿没睡，今天一大早就来到前门大街西来顺，可是……"

皇上说："又可是什么？说！"

"西来顺面馆儿因拒纳皇税，昨晚已被查封了。"

道光皇上听罢掌案一番话，心里明镜一般，可又无可奈何，叹了一口气，说："唉，朕为一朝天子，竟然吃不起一碗热汤面！"

（张寿臣述　张铁山整理）

小淘气

　　我今天这个题目是什么哪？叫《小淘气》。就是说这小孩儿啊淘气。说这小孩儿淘气呀，如今跟旧社会不一样。现如今小孩儿玩耍游戏跟我们小时候都不一样，现在的小孩儿，不用说到了年龄上学的，就说不上学的，三五成群排个队呀，赛跑呀，想个题呀，拍个皮球啊，都是游戏，都好；我们小时候，没有这游戏，您拿我说呀是倒退五十多年的小孩子，那时候玩什么哪？说出来二十多岁的弟兄们都不知道，您不信跟五十多岁、六十多岁的人打听，准知道。玩什么哪？打鞋桩啊，轱辘核头窑儿、磕边儿……您瞧这游戏。什么叫打鞋桩啊？一群孩子，鞋都脱下来。把鞋一只一只都立在一块儿，立一只，孩子多了那鞋不就多了嘛！拿着一只呀，往这上打。光着脚，您看，打一次鞋桩，袜底儿也磨破了，脚也脏了，回家还得让妈妈给洗脚，有个钉子瓦碴儿把脚扎了，这事常有。磕边儿，到北京叫撞钟。赢什么哪？不赢钱，赢这样儿东西太特别，二十多岁的弟兄听着新鲜，叫什么？叫赢拱的。磕边儿赢拱。这拱是怎么意思哪？把这腮帮子拱的都肿了，拿腮帮子拱，到冬景天儿都裂口儿。一人拿着一个老钱，在墙犄角儿上一磕，这个出去三丈，那个一磕呀，赶上一下坡儿，这钱一轱辘，五丈五。得了，这算赢了。那三丈的得拱过去。怎么拱呀？得趴地下，把这手搁在钱这儿，钱在哪儿手搁在哪儿，把这钱夹在手缝儿里，拿腮帮子这么一拱那钱边儿，"唉"，这钱这么一轱辘，多咱轱辘到那儿多咱算完，过了庄了，过了再往回拱。您瞧，我们小时候的游戏跟现在一比，差远了。这阵儿小孩儿也有淘气的，淘气的呀，叫人瞧着有意思。我们那阵儿小孩儿要是淘气呀，叫人瞧着可怕。如今哪。说服教育，小孩儿呀，你顺着，顺着他就好办，他倒不淘气了。你戗着他，越馋着他越来。小孩儿淘气惹祸，说大人打，错了！越打越坏。独单淘气的孩子，你打吧，你怎么打也管不过来。

我们街坊有个小孩儿，谁馋着他谁吃他亏。这个小孩儿叫什么？叫搋。我们一般大的。几年前，我回北京还见着哪，比我大几岁，六十多了。搋这个字怎么写哪？提手儿草字头儿一个水字，水底下一个土字。怎么讲哪？想当初，清朝那个皇上乾隆啊，上江南去打江南围，坐船，江里有那沟啊，沟里长着苇子，他顺手揪了两根儿，船行着哪，他就把这苇子揪出水了，苇子这么一响哪，"搋"。就这么一个声儿。乾隆一问体仁阁大学士刘墉刘石庵，说："搋怎么写哪？"刘墉脑筋清楚啊，对于这字上有办法，拿过来就写了。要是我，我写不上来。提手儿、草子头儿、一个水底下一个土。怎么讲哪？草啊、苇子是草本哪，有草字头儿；在江里长着，江里是水呀，才有水字；底下这土啊，没土它不能扎根儿呀。上边儿是草，当中间儿里水，底下是土。提手儿就是手啊，手这么一揪，"搋"，响了。就是这么档子事。

搋这孩子，谁瞧见谁都爱他，爱可都怕他。怎么哪？这孩子鼓鼻子鼓眼儿的，八九岁，胖胖嗒嗒的，长得出众。梳着一个冲天锥，冲天锥就是小辫儿，打着一个小蜡扦儿，又叫冲天杵。红头绳儿这么一缠，有这么顷。嗳，挺好。这小孩儿要是有人缘儿啊跟这没人缘儿的小孩儿瞧这辫子绳儿。辫子绳儿两天一洗那是有人缘儿的孩子，五天也不换，那是没人缘儿。有人缘儿的孩子他那辫绳儿脏。新辫绳儿，走到哪儿，谁瞧见谁就逗他，逗他就揪小辫儿："哪儿去你？"小孩儿一回头："咳，撒手，撒手，挺疼的。""叫大爷，叫大爷撒手。""我不叫你又怎么样，不叫你揪，你给揪下来。"您看，他这一晃悠哪，手上有汗，一攥就潮了，再一刮风招土哪，辫绳儿不就脏了嘛。搋这孩子可有人缘儿，他这个辫绳儿啊，十天八天的不换，没人敢揪，谁揪他辫子谁吃亏。怎么哪？梳得了辫子哪，他把他姐姐的绣花儿针都要过来了，照着镜子就扦到里头了。绣花儿针不大呀，辫子挺顷，往里头一扦哪两头儿不露尖儿，即使露尖儿也露不了多少，扦那么十来个。谁爱揪他辫子他在谁头里跑；好比几个人在那儿说话了，他往这儿挤："借光，借光。"

一瞧搋来了，"哪去？嚯！哎呀！"扎二十多窟窿。这孩子就这么淘。

买卖铺儿也怕他。杂货铺儿啊，我们北京叫油盐店。他弄一个破瓶子打香油去，那位说："破瓶子还瞧不出来呀！"他那个瓶子是净掉底儿呀，四外一点儿也不动。那位说："怎么那么寸哪？"拿石头冲啊、拿铁筷子砸？不成，一砸砸碎了。他把瓶子搁到炉台儿旁边儿烫着，烫热了时节，一碗凉水往上一倒，"奔儿"，底儿就掉，净掉底儿边儿不动。拿着这个破瓶子去了。

"哎，掌柜的，打半斤香油。"

掌柜的做梦也不知道这瓶子没底儿呀！拿着瓶子奔油海了，半斤香油拿这四两的墩儿，四两的墩儿这么大了，现成的漏子，拿着墩子往油海里："咚"，往瓶子里一倒；"哗"，满漏！鞋袜子满脏，他跑了。你回头找他们家去，他不认账。这孩子就这么淘气。

口儿外头有个粮食店，掌柜的山东人，大胖子，五十多岁，姓崇，崇掌柜。跟搋他爸爸发孩儿。搋他爸爸在这儿是老住户，掌柜的想当初在这学徒的时节就在一块儿。搋论着叫三大爷。这一天，粮食店门口儿过来一辆搬家的车，车上拉着许多东西，什么水缸啊炉子呀，风门子大柜呀全在上头。小孩儿扒车尾儿，搋在车边儿上挎着。走到粮食店门口儿，他往下一跳：

"哎，停车呀！"

这个大胖子山东人哪，挺喜欢他，在门口儿站着，一瞧搬家的车。

"哎，搋你这上哪儿？"

"三大爷，我们搬家了。"其实他们家没搬。

"怎么搬了哪？"

"我们那房卖了，搬德胜门去了。"

说这话是在南城，南城的外头。离德胜门一面十里地，连进城拐弯儿抹角儿的，十五里地开外。

"我爸爸说了，让您给送一百斤面哪，一百斤米，您给写上账，先不给钱。"

"好，好，先生，给写上写上。"

先生拿笔："搬哪儿去了？"

"德胜门。"

"德胜门哪儿？"

"有人胡同，"那时还不兴门牌哪，"木头门儿，一找就找着。"

"好好好。"写上了：德胜门有人胡同木头门儿。搋走了。

掌柜的派学徒的："一百斤米，一百斤面。"那阵儿的"福金"面哪，一百斤装一个大口袋，这么高，这么预。一百斤米呀一包。那阵儿不像现在，现在有手车、有自行车，搁上，一个人就推去了。那阵儿这学徒的得扛，俩学徒的，一人扛着一口袋米，一人扛着一口袋面，一百斤哪！掌柜的给个条儿，拿着条儿送德胜门搓他们家，有人胡同木头门儿。俩学徒的打城外头就扛起来呀，打粮食店直扛到德胜门，压得浑身是汗。拿着条儿见走道儿的就打听：

"借光您大爷。"

"什么事？"

"有人胡同走哪？"

"什么？"

"有人胡同。"

"有人，有人胡同？"

"有人哪，有啊，有没有的有，天地人的人，这条儿写着哪。"

这位接过来一瞧："有人胡同，哎呀，我在这条街上长起来的，我还不知道谁家住有人胡同哪，您慢慢找吧，反正哪个胡同都有人。"

"木头门啊？"

"木头门对，全是木头门，没有石头门。"

嗬，这俩学徒的，二十来岁，挺结实，满世界这么一找有人胡同，街里找完了没有，进胡同儿找还没有，出了城了，找到关厢儿也没有，快到清河了也没找着有人胡同。回来吧，不回来不成啊，回来掌灯一大后了。您算，这俩学徒的，晚饭也没吃，走了这么一天，一人扛着一百斤，鞋也破了，袜子也烂了，脚底磨好几个大泡，搁那儿口袋，起不来了。明儿得歇工，一歇歇三天。掌柜的：

"找有人胡同找不着，怎么回事？搬哪儿去了？这米面得送去啊，怪不错的。"

嗯，第四天瞧见搓他爸爸了，门口儿一走，掌柜的就出来了。

"啊，大爷。"

"噢，三哥，好您哪。"

"哈哈，打听您点儿事。"

"什么事？"

"您柜里坐。"进来了。

"什么事？"

"我说您多咱搬家了？"

"没有啊，没搬家呀，谁说的？"

"没搬家，哈哈哈。"

"什么事三哥，怎么回事呀？"

"怎么回事呀？您看我们这俩学徒的，今天还没起来了，还躺着了。"

"怎么了？"

"我告诉你呀，你可别生气，这个小孩子淘气，你别打他，你要一打呀，我脸上挂不住，咱哪皮孩儿。你嘱咐嘱咐他，你看，他那么闹着玩儿，我们学徒的受不了啊。你要打孩子我是狗。"

"怎么回事呀？三哥。"

掌柜的把这有人胡同木头门儿这事一说啊，嗬，把搓他爸爸气着了。崇掌柜直劝：

"可不许打人，你要打孩子我是狗，你可对不住我，嘱咐嘱咐他，往后啊别让他那么淘气。"

不打？说着不打，不打他也不饶。第二天早晨堵被窝儿，拿板子在屁股上这么一打，打二十多板儿，把屁股打肿了。街坊一劝，这事也就完了，虎毒不吃子啊。这不是把孩子打完了嘛，搓这孩子连他爸爸都记上了："行啊，你打我吧，让你打，我给你淘半包你尝尝，不让你知道我的厉害，我不叫搓。"

这孩子，当天不来，当天来他爸爸明白了。转过一天来晚上，他爸爸睡觉前喝壶茶，这是北京的习惯。夏景天儿，家里头差不多火早灭了，那时又不兴暖壶，沏壶茶还渴，怎么办？就得口儿外头水铺儿沏。北京不叫水铺儿叫茶馆儿。

"沏壶茶去！"

这孩子拿着壶沏茶去了。沏茶呀，他给兑了一碗凉水，这凉水兑坏了。单喝凉水不怕，就怕茶里兑凉水。阴阳水儿，喝了就拉稀，明儿早起准闹肚子。他爸爸一喝顺口儿啊，夏天喝喝不出来兑了凉水啊，就睡了。这一睡呀，搓他爸爸这肚子里头跟开车一样，咕噜咕噜，呼噜呼噜。成了！这搓啊，太阳还没龇嘴儿哪，就起来了。起来以后呀，把他爸爸那双鞋拿起来，一掀炕席，扔到席后头了，他到门口儿玩去了。

太阳出来了，这位大爷睡不着了，肚子憋得疼啊，得上茅房解手儿去。这茅房在院子里有，是我们北京啊两三家儿的住户啊，差不多都有茅房，男的女的都上一间茅房，两三家儿的可以，十几家儿的就不成了。要说，男女上一间茅房不像话呀，没回避不合适呀。直到现在北京也这规矩，好比说吧，北房，东西厢房，没南房，茅房都在西南犄角儿。随着墙啊，用砖砌成一个围脖儿，两面儿这么一个八字，这儿有门。那男的要是上茅房，女的进不去。怎么？他有回避的法子。男的上茅房，不是蹲坑子吗，一进门儿，先把裤腰带解下来呀，往墙头儿上一搭，里头半截儿外头半截儿。女的一瞧有裤腰带，她就不进去了，知道有男的。那女的要上茅房哪？女的上茅房有长杆儿烟袋。我们小时候，老太太都抽来长杆儿烟袋，那时还不兴烟卷儿哪，大长杆儿、银嘴儿、银锅儿啊，抽烟叶儿。点一袋烟哪进茅房，到茅房跟前哪，她把烟袋立在墙上再进茅房，男的一瞧有烟袋就不进去了，知道有女的。这孩子淘气呀，他不是太阳还没出来他就起来了嘛，把他爸爸的鞋扔到席后头去了。东屋老太太起得早啊，刚笼火。

"二大妈，二大妈。"

老太太："哎，搓，什么事？"

"我妈犯烟瘾啦。抽烟哪，那烟袋倒油子，拿纸捻儿一捻哪，折里头出不来了，急了一身汗，借您烟袋抽两袋烟。"

"噢，成啊，拿去吧，拿去吧。"

他把老太太烟袋弄过来了，弄过来立墙那儿，他出去了，在门口儿那儿等着去了。

搓他们家住北房，北房三间一明两暗。是北京的房都是前檐炕，这炕挨着窗户，当中间儿大玻璃挂着纱窗户帘儿，往外瞧挺真往屋里瞧不见。躺着不是头冲里嘛，搓他爸爸头冲里躺着。这肚子一疼，拧啊，他坐起来了。他坐起来脸正对着窗户啊，就瞧那茅房，一瞧茅房立着烟袋："哎，不凑巧啊，里头有人啊。"又躺下了。

他躺一会儿肚子拧得疼啊，又坐起来了："哎呀，这老太太还没完哪！"又躺下了。

躺着躺着又坐起来了，这么一瞧："哎呀，这老太太怎么拉线屎呀！没结没完！"再躺躺不下了。怎么哪？独单要拉稀的人，昨个儿是着的凉是喝的乌涂茶，今晚要拉稀，要不起来还能待一会儿，他这一起来又躺下，来回这么运动，都晃了三回了，哎，就下来了。

"嗬！不成，外头解手儿去吧！"

站起来一挽裤腰，小褂儿没穿光着脊梁，袜子也没穿，找鞋，下地找鞋没了！"嗬！这不是要命嘛！"呱唧，跳地下了，呱唧呱唧跑出来了。

茅房在北口儿外边儿了，一出门儿往北跑。搓哪？正在门口儿玩哪。一瞧他爸爸出来了，光着脚丫子，挽着裤腰，光着脊梁。搓在头里跑，一边儿跑一边儿嚷：

"街坊啊！叔叔大爷呀！救命啊！我爸爸要打死我哟，救命啊！"呱唧呱唧，呱唧呱唧，头里跑。搓他爸爸在后面追，颜色不是颜色，呱唧呱唧，呱唧呱唧，可就瞧见茅房了。

口儿外头这茅房啊，旁边儿就是粮食店。这崇掌柜的正在门口儿站着哪：

"哎，这可不对，我直起誓说不让你打孩子，你打孩子我是狗，怎么还打呀！这是哪儿的事情啊。"

"哎呀，三大爷救命啊，救命啊！"

"上我脊梁后头来。"崇掌柜下台阶儿把这位大爷拦住了："别别别，大爷，有什么事找我。"

"哎，三哥，你别管，你管不了。"

"我管，我正管。"

独单这拉稀尿，他要瞧不见茅房还能跑几步儿，瞧见茅房一步儿也跑不了："咳！这不是那个事儿！"他用手一扒拉崇掌柜，搓这儿：

"三大爷救命！"

这崇掌柜的大胖子把搓他爸爸抱住了：

"大爷，有什么事……"

"哎！三哥……"

枯嚓！闹一裤子。

（张寿臣述　张铁山整理）

张飞爬树

这回呀，我说的这段儿叫《张飞爬树》。

那位说啦：《三国演义》我看过八遍啦，没瞧见过"张飞爬树"这段儿啊！您要是真没瞧见哪，那……那就对啦！怎么呢？当初罗贯中写这本儿书的时候哇，把这段儿给落下啦。他不是落下了吗？哎，今天我给补上啦！

您翻开《三国演义》。第一回是："宴桃园豪杰三结义"。桃园结义，说的是刘备、关羽、张飞这哥儿仨拜把兄弟的故事。人们都以为这哥儿仨呀，刘备岁数大，是老大；关羽，老二；张飞岁数最小，是老三。按岁数排的。其实啊，满不是这么回事儿。据我的考证啊，岁数最大的不是刘备，最小的也不是张飞。他们仨人儿岁数一般大。不单是同年，而且还是同月，同日，连时辰全一样。哎，您说赶得多寸！

过去拜把兄弟叫"永结金兰之好"。先撮土焚香，祭告天地，然后写"金兰谱"。仨人儿拜把子，写一式三份儿，上书姓名、籍贯、出生年月。按出生年月来分谁是老大，谁是老二。

这三位呀，一写"金兰谱"，全愣住啦！嘿，赶得太巧啦，同年，同月，同日，同时。嗬！这怎么分长幼啊？

谁个儿高，谁是大哥？这……不像话呀！

后来哪，张飞愣想出个主意来。就说啦：

"依我看哪，这么办吧，咱们仨人儿比爬树，论高低，分大小，怎么样？"

关羽一听，一挑卧蚕眉，一瞪丹凤眼，把嘴一撇：

"哼，别看你身大力不亏，爬树算什么呀，行！实话告诉你吧，我小时候净上树捅老鸹窝……哎，我怎么把这说出来啦！"

刘备在旁边儿一琢磨：爬树？嗯……有了！就说：

"遵从二位高见。"

张飞说：

"那好，咱们一人爬一棵树，谁也不碍谁的事。来来来，站好。我喊：一、二、三——开始！"

要说张飞，真不愧是屠户出身，有把子力气。噌！噌！噌！几下子就爬树梢儿上去啦！他稳住了佛，往两边儿一看哪，嗬，心里这份儿高兴啊。关羽呀，抱着树刚爬了一半儿，再看刘备，好嘛，还抱着树根哪！

张飞乐得在树梢儿上就说啦：

> 翼德是英豪，
> 抢先上树梢，
> 咱仨我为大，
> 比你二人高。

哎，这大哥是我的啦！

关羽正抱着树干哪，一听：什么，你当大哥？别忙，我也说几句儿：

> 云长英雄汉，
> 附身在树干，
> 中为栋梁材，
> 大哥应我占！

关羽眯缝着丹凤眼，微微一笑：

"嗨嗨，我是大哥。"

再看抱着树根的刘备，神态自若，慢条斯理儿地说上了：

> 树梢不为贵，
> 树干也不对，
> 事由根底起，
> 大哥是刘备！

嗯，他不往上爬，还有理啦！

关羽美髯乱抖，张飞哇哇直叫。俩人跳下树来，冲着刘备就喊上啦。

张飞说：

"我爬得最高，我当大哥！"

关羽说：

"我在树干，应为长兄！"

刘备胸有成竹，不慌不忙，咬文嚼字儿地问上啦：

"请问二位，谁家种树，先长枝叶，后长树根哪？如枝叶为先，树根在后，岂不本末倒置乎？"

关羽一听：嗯，"乎"得有理！就冲张飞说了：

"哎，树木都是先生根，再长干，后发枝。看来呀，你还在我关某之后矣！"

张飞心里这个气呀：

"噢，他说'乎'，你说'矣'；我哪，不'乎'，不'矣'，全没理！"

嘿！

这时候，刘备把手一拱：

"你我欲建宏图大业，不能只凭力胜，更应以智取，今后遇事要多讲谋略才是呀！二位贤弟！"

"哎！"

嗯？关羽、张飞，没防备这手儿啊，脱口而应。

"哎！——噢，这就论上啦？！"

又一想：可也是呀，刘备一下儿树没爬，倒当上大哥啦。咱们俩哪，卖了半天傻力气，白爬啦，又后悔，又惭愧……

张飞呀，越想越窝火，一憋气，呼！——脸黑啦！

关羽哪，越琢磨越不如人家刘备，空长八尺之躯呀，一害臊，刷！——脸红啦！关羽为什么是红脸儿呢？哎，就是那回臊的！

（刘宝瑞述 殷文硕整理）

姐夫戏小姨

一个人是单口相声，两个人是对口相声，三个人是群口相声。那位说了，要是一百二十人哪？那是听相声。

有这么两句话，到现在我也不知谁说的对，有人说"酒是穿肠毒药"，当然不能喝啦，毒药嘛！可是也有人说"无酒不成宴席"，要是请客吃饭非得有酒不可，饮酒谈心嘛！能说服毒谈心吗？甭谈啦，全送火葬场吧！后来我才明白，饮酒要适度，过度饮酒有害身体跟服毒差不了多少。还有人把自己做错了事推到酒的身上去，"你看那天我喝多啦，把你打啦，真对不起。"完啦，是酒闹的，没他什么事，你自己找大夫瞧病吧，他不管了！今天我说的这么个笑话，就是把自己办的错事推到酒上去了，这段叫《姐夫戏小姨》。

说的什么事哪？说的是有这么个年轻人，家里很有钱，就是母子过日子，这小子游手好闲，没事就喝酒，他还说哪，当初李白就好喝，要不怎么说"太白斗酒诗百篇"哪，他要学李白，可是学李白喝酒，做诗他学不了。人家李白喝个三斤五斤的也不醉，可他呀三口五口的就趴下啦！他妈一瞧这孩子老这样可不成，干脆给他说个媳妇就把他拴住啦。他家有钱，在那个时候有钱的好办事，经过媒人一说，这门亲事就成啦。喜事办完了，小夫妻很和美，老太太也高兴。

过了半年多这天是他岳父的生日，一家三口去给他老丈人祝寿去，他岳父一见特别的高兴，赶紧请到里院，他岳父是书香门第，外院是书房，里院是四合院，都请到上房，摆了一桌酒席，把这娘儿俩请到上首一坐，陪席的是他岳父、岳母、大舅哥、小姨子，这小子没喝两三盅就醉啦！拿着酒壶，舌头也短啦："来！再干，干一盅！"哗！全倒脑袋上啦，往下一出溜跑桌子底下去啦。他岳父一瞧姑爷喝醉啦，这要是再一吐酒，别人就甭吃饭啦，赶紧说："来！把他搭到书房去歇一歇。"就把他送到书房去啦，书房有张竹床，他躺在竹床上，大家都回去吃饭，这小子躺在床上一个劲地折腾，他心里难受哇，枕头也掉地下啦，脑袋在床边上耷拉着，说睡也睡不着，想起也起不来。就在这时候外边进来一个人，谁呀？他小姨子，到这儿来拿东西，进屋一瞧，姐夫在那儿躺着，脑袋在床边那儿耷拉着，那份难受哇！她们姊妹感情好，对姐夫也是关心，一哈腰就把枕头拾起来啦，用左手一托这小子的脖子，那意思是把枕头给他垫上。这小子迷迷糊糊的，就觉得有人摸他的脖子，他眯缝着眼一瞧是他的小姨子，他小姨子比他媳妇长得还好看，他一闻他小姨子身上的香粉味，他可就没安好心眼儿，他要调戏调戏她，他就用手一拽他小姨子的袖子想找便宜。他小姨子把袖子往外一拽骂道："什么东西！"右手抬起来就要抽他的脸；这小子一看，心说坏啦！非挨打不可，干脆我装睡觉，一想不行，我闭眼装睡觉叫她打老实的！我呀一个眼闭着装睡觉，一个眼睁着瞧着点，她要真打呀我好跑，他睁一眼闭一眼打呼噜，把他小姨子吓一跳，"哟，什么毛病！"她想，打他吧，他醉啦，不打吧？这口气又出不去，她一瞧桌上有文房四宝，我呀写首诗警告警告他。他小姨子拿起笔在墙上写了一首诗，是这么写的：

好心来扶枕，
不该拉我衣，
不看姐姐面，
定打准不依。

下边还写了四个小字：可气，可气！

她生气啦，写完了把笔一放她走啦，这小子可躺不住啦，噌的一下就起来啦，酒劲全吓跑啦！他想，他小姨子没打他，在这儿半天干什么哪？他往墙上一看，那儿有字，他走过去一念，心说坏啦，小姨子恼啦，我呀给她赔不是去吧，一想不行，那非挨打不可。怎么办哪？唉！有啦！她会写诗，我也写首诗，他写诗可就把这事推给酒啦，他是这么写的：

清酒红人面，

一阵心发迷，
我当我妻到，
原来是小姨。

在下边也写了四个小字：得罪，得罪。

我得罪你啦，写完啦，把笔一放就跑啦，他刚走又来一个人，谁呀？他媳妇，俗话说再近，近不过夫妻，自己男人喝醉啦，她能不关心嘛！她嘴里叨叨唠唠地往书房走："哪辈子没喝过酒哇！见酒就没命，要醉出毛病来可怎么办？"来到门口一拉门："我说……哟！"一看没人啦，哪去啦！再往墙上一看有字，她走过来一念。她也看明白啦，可也想错啦，"噢！装喝醉啦？你们甭来这套！我懂！你们会写呀，我也会写。"她也写了一首诗，是这样写的：

不该来扶枕，
不该拉她衣，
双方都有意，
题诗是假的。

四个小字是：可笑，可笑！

她看笑话啦。写完了她走啦。又来了一个人，谁呀？这孩子他岳母，丈母娘疼姑爷呀，老太太不放心来这儿看看，没拉门先说话："这会儿好点啦吧。"拉门往屋里一瞧没人啦。"哪去啦？"一抬头可就看见墙上的诗啦，老太太一念，"咳！大丫头哇！大丫头！她怎么看笑话呀，她一看笑话，这事不就闹坏了吗？得啦，我也写一首。"他岳母也写一首，是这么写的：

应该来扶枕，
不该拉她衣，
同是我的女，
大的是你妻。

四个字是：错了，错了！

你们都错啦，写完啦，老太太走啦。他大舅哥来啦："兄弟！怎么喝多啦，来吧，咱俩下盘棋。"开门一看没人，再一瞧墙上的诗，当时就把眼睛瞪起来啦，"好哇！你小子跑我们家来干这个，你要是不跑，我非揍你不可，你这一套哇我懂！我也写一首诗。"他是这么写的，就把这事给揭穿啦：

> 以酒假装醉，
> 这事人人会，
> 不是跑得快，
> 一定把你揍。

四个小字是：得揍，得揍！

要揍他，写完了他走啦。里院可乱啦，怎么哪，二姑娘掉眼泪，大姑娘生气，老太太耷拉着脸，独生子从外边进来瞪着眼，老头一看这是什么毛病啊！一想，甭问这事都出在姑老爷身上吧？我去看看，他岳父来到书房一看人没啦，又一瞧墙上的诗，那脸儿刷一下子就白啦，气得手直哆嗦："咳！咳！这是怎么说的！这不是往我脸上抹黑吗？我在这条街上也是有头有脸的！这要是传出去我是活着我是死啊！咳！得啦！我也写首诗劝劝我自己。"他要写首诗劝劝自己，是这么写的：

> 姐夫戏小姨，
> 世上常有的，
> 一把没揪住，
> 跑了算便宜。

四个小字是：万幸！万幸！

写完了他走啦。这孩子他妈来啦。怎么哪，这一家子人都是那个模样，老太太想错啦，怎么着怕我们娘儿两个再在你们这儿吃晚上饭哪！我们走！老太太来这儿叫着自己的儿子走，到这儿一看人没在这儿，上哪儿去啦，一瞧墙上的诗，老太太可不高兴啦："你们这不是欺负我们吗？噢！你们人多，我儿子写了一首，你们写了这么些个！欺负我们人少，我也会写！"她要写首诗，给自己的儿子争争理，她是这么写的：

孩子年纪小，
把事办错了。
其实也没啥，
下回不用跑。

四个小字是：再来！再来！
他还来哪？！

（杨金声述　新纪元整理）

卖黄土

说个笑话，有人问过我，你的相声开粥厂，黄土马家，卖黄土。因为你们岁数小，过去北京有卖黄土的，冬天摇煤球，煤面里边兑黄土。北京买煤，买二百斤、三百斤，有煤面儿、煤块儿，块儿可烧，面儿就要加黄土，不加黄土就散了，成不了煤球。天津就不是这样，要煤，煤块、煤面分着卖，要煤球单有摇煤球的，北京就不行了，没有摇煤球的，只能自己在家买黄土兑，天津没有卖黄土的。

过去时有小木头车，一车一车地拉黄土的。（唱）拉黄土哟，卖黄土哟，摇煤球哟。有一对夫妻摇煤球的。女的三十多岁，男的四十多岁两口子摇煤球，拿一个大筛子，放上煤末，倒上黄土，放上水，一边摇一边出煤球。可是男的想待着，女的做饭，咱们得用煤呀！过几天下大雨，怎么办，男的说你干去吧！女的说：我刚染完指甲，指甲刚长出来让我团煤球，你弄吧！我，我什么也不干，等着吧！听着点，卖黄土的多，摇煤球的少，这媳妇天天就站在门口等着，三十多岁好打扮，擦一脸粉，梳一个大盘头，也不是干活儿的人呀。站在门口倚着门框剔着牙，一个是望事，另一个是让别人看她，穿着打扮，就等着那个摇煤球的，等了两天也没来。有一天她站在一个杂货店的门口，突然过来一个二十多岁的小伙子，一看就有劲，就说，来，来，进来呀！我家就我一人。小伙子一看挺漂亮的一个人，没事，进去，说着就跟着进来了。刚进门就把上下门插关儿给插上了。媳妇进门阿嚏、阿嚏打了两个喷嚏，紧接着门外边喊上了，把门开开呀！开开。哟，我爷们回来了，你叫我怎么办哎，他一见生人就动刀哎！那我藏哪儿？我想起来了你也别藏，我门口有黄土，装摇煤球的，他拿东西来了，回来一会儿就走，别让他动刀哎！小伙子摇上了。开开门，找着了？可不是找着了，你可倒好！我在那边胡同找着的。小伙子能干呀！我在这儿瞧瞧，拿个板凳坐那儿看着，小伙子心想，拿完东西快走吧！小伙子也不能闲着，快干吧！

二百多斤煤末子受得了受不了，连脑袋、耳朵都成黑的了。看差不多了，男的说，我出去一趟，一会儿就回来，我就爱看小伙子干活儿，麻利。小伙子这时连眼都睁不开了，想班也别上了，先上澡堂洗澡去吧。晚上，两口子一看这乐呀！一子儿没花，二百斤煤末给摇完了。第二天，她野呀！又站在门口，长得漂亮。小伙子上班又走到这儿，又说就我一人。小伙子说了，真快呀，烧完了。

（马三立演出稿）

增和桥

　　俗话说上有天堂，下有苏杭。杭州有座"增和桥"，横跨钱塘江上。这桥太长啦，在桥的当中间儿和两头都有凉亭，好给过路人歇个腿呀，避个雨的。有一天哪，下大雨，在亭子里有两个避雨的，一个是和尚，一个是秀才。他们俩一边避雨，一边聊天儿。和尚自认为读过几卷经文，是满腹学问通四海；秀才自认为自小苦读圣贤书，已是才华横溢达三江。两个聊的是天文地理，诸子百家，丸散膏丹，武术戏法，满嘴放炮，想啥说啥。就在俩人吹得神乎其神的时候，从远处跑来一个十八九岁的姑娘。身上的衣服叫雨淋得都粘身上啦。小村姑打算进凉亭里去避避雨，可是她一看亭子里头有一个和尚和一个秀才，就没进亭子里去，站在亭子檐下避雨，想等雨小了再走。和尚眼珠一转，坏水就出来啦。他想把村姑赶走，就问秀才："施主，在这儿避雨有个规矩你知道吗？"秀才说："不知道哇，有什么规矩？"和尚说："在这儿避雨得会做诗才行，要不会做诗，这儿不让他避雨。不会做诗的漫说下大雨，就是下刀子也得顶着刀子走。"秀才一听就明白啦，这是挤对那个姑娘哪，赶紧帮腔："对，这个规矩都得遵守，万万不能改。老和尚，这诗怎么个做法呢？"和尚说："这不，这座桥叫增和桥吗，正好是三个字，咱们避雨的正好是仨人，咱们一个人占一个字，做它四句诗，然后拿这四句诗的末后那个字当字头再做四句，还要联系到本人身上，前言搭后语，那两个人听完了还得高兴。做得上来的在这儿避雨，做不上这两首诗的，赶紧走人！"秀才说："这个主意您出的，大和尚，您先来。您占哪个字呢？"和尚说："我占这个增加的增字，您呢？"秀才说："我占和平的和字。"秀才跟和尚两人起哄，冲那个姑娘一块说："喂！会做诗不？不会做诗赶紧走人，就剩这个桥字啦！"

姑娘嘴角上露出一丝冷笑，说："哟，不就是剩桥字啦吗？归我！"和尚说："好！你们俩听着：说有土念个增，没土还念曾，去掉增边土，立人念个僧。"秀才说："大和尚，你这四句是僧字底，你拿僧字当字头，再来四句联系到你本人身上，前言搭后语，我们俩还得爱听，才让你留在这儿避雨呢。"和尚说："听着啊：僧前一本经，每天苦修行，有朝功德满，成佛起在空。"秀才说："好，这两首诗做得太好啦！"和尚说："该你的啦！"秀才说："好，听着啊：有口念个和，没口还念禾，去掉和边口，添斗念个科。科考一才郎，用功在书房，进京去赶试，得中状元郎。"和尚说："好！这两首诗做得太好啦！"说完了他和秀才一块抬着夯起哄："该谁的啦？就剩这个桥字啦！会做诗不？不会做赶紧走！"姑娘哼了一声："哼！该我的啦。听着：有木念个桥，没木还念乔，去掉桥边木，添女念个娇。"和尚跟秀才一听，嘿，这个姑娘还有两下子。他们俩说："你这四句是娇字底，拿娇字当字头再来四句，这四句得联系到你自己身上，前言搭后语，我们俩还得乐意听，才能在这儿避雨。后四句做得不好或者文不对题，下多大雨你也得走！"这姑娘说："和尚，秀才，你们俩听着：娇女避雨来，见俩狗尿苔：一个蠢和尚，一个酸秀才！"再一看，他俩走啦！

（祝敏述　张克明整理）

问　路

　　这回我给您说段儿单口相声，什么叫单口相声，就是一个人说的相声叫单口相声。两个人说的叫对口相声。三个人说的那是群口相声。三百个人在一块儿说的那是相声开会，也没那么多人凑一块儿，"相声大会"归里包堆也就十几个人，还有别的节目哪，只不过相声的比重占得多一点儿罢了。在相声行儿里比较不好表演的，还就属单口相声，为什么？因为就一个人哪，势单力薄，从开始到完了就一个人滔滔不绝，不容易，所以一般说单口相声的都得上了点儿年纪的，见多识广，舞台经验丰富。有人缘，观众捧场啊！您看我一上场，大伙儿就鼓掌，您这是捧场啊！您这是捧我，我得卖卖力气给您说段儿好听的。

　　今天给各位说的这段儿是我们家自己的事儿，我乡下有个亲戚，是我舅舅的儿子，我的表弟。今年有三十多岁了，可头一回进天津，到我们家来，来的时候是熟人把他带到我们家的，熟人走了就把他一个人留在我们家了，白天我们都得出去找事由，忙生活。只有晚上大家全回来啦，这才能在一起聊聊，刚开始新鲜还过得惯，天长日久，就有点儿受不了啦，为什么？您想啊谁都知道天津卫好玩儿、好看的地方该有多少。"大红桥小红桥，鸟市南市金家窑，东北角西北角，红蓝白绿电车跑，鼓楼炮台铃铛阁……"这吃的喝的，玩儿的乐的，瞅的看的逛的蹓的太多啦，可是来这么长时间，他大门没出二门没迈，一天到晚就在家里蹲着，谁也得烦了！那位说了他怎么自己不出去转悠哇，他得敢哪！怎么回事儿，他怕不认得路，这么大个子怎么还不认得路呢，他不是不认识字嘛，从小没上过学，一个字儿不认识。两眼儿一抹黑这要是走远了回不来怎么办？又说不清楚更写不出来，那要是走丢了怎么办呀！没辙只好在家里待着，老待着也不行啊，天长日久出去逛逛天津卫，这心气儿越来越高，这一天他实在憋不住了，俗话说得好，笨人有笨法子，他心想，我不会写没关系，我可以描，胡同口儿那儿有块牌子，听说这牌子就是这胡同的名字，我把它用铅笔描在纸上，万一走远了，不知道回来的路，我把这纸条递给人家，向人家一打听，人家一看纸条，准能告诉我怎么走，我这不就顺顺当当，安安全全地回来了吗。嗳，就这么着啦！我们照常都出去啦，他也开始行动了，把门一锁，把钥匙装好，来到了胡同口抬头看着那块钉在墙上的木牌子就描上啦！照猫画虎，照葫芦画瓢，您还别说一会儿的工夫描完了，对照了一下一笔一画儿一模一样儿，一点儿都没错儿，这才小心翼翼地把纸条放在了口袋里，出了胡同口向左拐上了大街了，其实我们住的地方好找，就在两个林子当中，森林！我成野人啦！左边儿是"狮子林"，你听明白喽，它叫狮子林别说狮子连老虎也没地方找去，这是个地名，右边儿是"小树林"儿，它叫小树林儿，其实连个树苗都看不见，我们家就住在"十字街"柴家大院。照理说一出胡同口儿，往左一拐走"十字街"奔"狮子林"到了"望海楼"，过了"狮子林大桥"就到了"娘娘宫"啦，出了"娘娘宫"就到了"官银号"，到"估衣街"还是"鸟市"就都不远啦！嗳，我这表弟还真是这么走的，他去了"鸟市"，在"鸟市"里边儿足这么一转悠，您听明白喽，他是从电影院这头进去的，也就是靠"估衣街"这头儿，从"大胡同"走出来的，一出来还好走到了"金刚桥"，其实他过了"金刚桥"就是"菜市场"口儿，过了"菜市场"口就到了"望海楼"啦，走"狮子林"，过"十字街"这不就到了"柴家大院"了吗，也就到了家啦！是呀，要是这么简单不就没这段儿笑话了吗。他从"鸟市"一出来，一看见"金刚桥"他就糊涂啦！纳上闷儿啦！嗯，不对呀，刚才我过的那个桥是木头桥，怎么一会儿的工夫变成铁桥啦……这是变的呀！不对，再变也变不了这么快呀……好么他当戏法儿啦！我明白了，这木桥哇跟这铁桥不是一码事，哎哟，难怪人家都说娘娘宫大呢，真是耳听为虚，眼见为实，是大，太大啦，要不怎么这一个娘娘宫里会有这么大的两座桥……什么乱七八糟的！我这是在哪儿呀？我怎么回去呀？得，找不着方向不认识家了，这时候他想起来揣在怀里的那个小条子，那上边儿有他描的地址呀！他拿出来一问人家，人家都识字一看准能告诉他怎么走，当时立马儿从口袋里把纸条儿拿出来，手上拿着纸条，到处找，找什么？找人哪！那位说这么大天津卫多的就是人，还用找，我表弟干吗找哇，他是找那戴着钢笔的，他是这么想的，他怕找一个跟他一样不识字的这倒是小事儿，他不认得，顶多再找一个，他就怕碰见这种主儿，自己不认得，胡说八道给他乱指，指"小王庄"找谁去呀，那是枪毙人的地方，找死呀！

要是找个戴着钢笔的肯定有文化、有学问、有知识……人家就会根据纸条上描的地址一五一十地告诉他怎么走。所以他在那儿找戴钢笔的，工夫不负有心人，还真让他给碰上一位，他赶紧走过去一鞠躬把这纸条递过去，"先生，我迷路了，又不识字儿，这是我家的住址，谢谢您告诉我该怎么走哇？"

这位把纸条接过来一看，瞧了瞧我表弟，然后冲他"扑哧"一笑。急忙把纸条塞表弟手里捂着嘴笑着就跑啦。

"嗳，先生……您告诉我呀，别……有什么毛病吧，再问一位……"好容易又找到一位戴钢笔的，我表弟赶紧走上前去很礼貌的一鞠躬，"先生，我迷路了，又不识字，这是我家住址，谢谢您告诉我该怎么走哇。"这位接过纸一看，瞧了瞧我表弟，然后冲他"扑哧"一笑，急忙把纸条塞到他手里，赶忙转身走了，头也不回，捂着嘴一边儿走一边笑。我表弟也纳闷儿，这都是得的什么病呀！一句话没有，就知道笑。得，我再找一位看他还笑不笑，他要是再笑，我就拉着他不让他走，非得给我说出理由来，正想着呢，一看胡同口有一位，这位学问准大，你看他有这么多钢笔，赶紧走过去冲他一鞠躬，"先生……"还没等我表弟开口哪，那位说了一句话，我表弟一听他扭头儿就走啦，他说："先生您修钢笔吗？"敢情这位是修理钢笔的。难怪摆那么多钢笔呢，都是些零配件。我表弟一琢磨这不行，干脆找警察得了，正好有位警察在马路当中站岗，我表弟急忙跑过去，冲警察一鞠躬，"对不起，警官先生，耽误您时间，我迷了路，又不识字，不过这儿有个纸条，这条儿上写的就是我家住址，劳您驾告诉我，这地方在哪儿呀，怎么走哇？"别说我表弟今儿个还真走运，这警察还真不赖，挺客气地把纸条儿接过来，打开一看，不打开还好，一打开一瞅一看我表弟"扑哧"就笑了。我表弟心里话儿怎么都得这病啊！噢，我明白啦！他们这不是笑我，是笑他们自己，因为他们也不识字。对不起，这回我非得打破砂锅问到底，还没等警察把纸条儿塞到我表弟手上，我表弟先把警察的手给挡住了……"警官，您笑什么呀？您倒是告诉我这地方在哪儿呀！"我表弟不说话还好，一说话这警察笑得连气儿喘不过来啦。"警官您别光顾了您自己笑啦，您倒告诉我这地方在哪儿呀？""这地方……它……哈哈哈哈……"又笑上啦！"警官你看这时间不老早的啦，我得赶紧回去，不然家里人着急，他们不知道我出来，回头满世界找我可就麻烦啦！"警察一听我表弟这么一说，也就忍住了笑说："这不像是你们家呀。"我表弟急忙说："是，警官没错儿，这就是我的家。""这是你的家？""对，你快告诉我吧……""写的不是呀。""那不是写的那是我描的……""描的也不对呀！""这上面到底写的什么呀？""你想知道？""多新鲜！我不想知道问你干吗……""好，你听着，这上面写的是：此处禁止小便……""啊！"

（薛永年搜集整理）

避　雨

　　我来说段单口相声，说在清末的时候，有七个赶考的举子进京赴考，几个人凑在一起就想推举一位能说会道的，好遇到有什么事儿的话，由他出面料理解决。七个人选来选去的只有一位叫"话三千"的他可以。您听这名字"话三千"，不单爱讲话，一开口滔滔不绝，一说就得三千句，再加上他年长，论学问也比那六个强。"话三千"也不推辞，反正这是为大伙出力跑腿儿动嘴儿的事，从此只要是出头露面的事就全由"话三千"包了！

　　那个时候交通不方便，有钱的人骑马乘轿，家人跑前跑后的伺候着，他们几位都是贫穷之家出身，所以只好以步代劳，每天几个人朝行暮宿，饥餐渴饮，省吃俭用，向京城赶路，一路上的辛苦自不必多说，好在几位都是有学问的人，走在路上吟诗作对儿望山看水，谈古论今也倒快活。话说这一天几位正走着哪，突然乌云遮天，狂风四起，瓢泼大雨从天而降，正所谓天有不测风云，几位立马被淋成了落汤鸡，浑身上下被雨一淋，全湿透了，风一吹，那真是寒风彻骨，冷得几位上牙和下牙碰得直响，这人一冷肚子里就显着没食儿就饿，饿得咕咕直叫，这哥几个没辙全冲"话三千"喊："年兄这又冷又饿天降大雨如何是好？""话三千"这时候话也不多了只说一句："找个地方避避雨吧。"这几位一听说避雨，异口同声地问"话三千"："上哪儿避雨去呀！""话三千"心里话儿，嘿，真有你们的，合算我全包啦！俗话说得好，无巧不成书，就在前边不远就有一处大宅院儿，"话三千"说："看见没有，老天饿不死咱们这几个穷家雀儿（读巧儿），快走几步到前面那个大宅子里避避雨去。"这人要看见希望，干什么都有股子劲儿，一溜儿小跑就来到了大宅院门口，二话没说全跑进了门洞里避雨。

　　这家儿一看就是个有钱的人家，虽然没有回事房、管事处，但这高大的门楼，宽敞的门洞，四季平安的影壁墙都显示出当年车水马龙，人来客往的繁华情景，您猜怎么着，一点儿不假，这还真是个官宦人家，主人姓陈叫陈芝麻，曾是两榜进士，现在告老还乡，膝下无儿只有二位千金，一个叫大桥一个叫小桥，都生得娇小玲珑，如花似玉。那真是比花花结蕊，比玉玉生香，真是沉鱼落雁之容，闭月羞花之貌，那小脸蛋儿，白中透着粉，粉中透着红，红中透着润，润中透着泽……论相貌、论才学这两位小姐是远近闻名，提亲说媒的人可以说是踏破了门槛儿，可就一门亲事看不中，原因很简单，不是长得不中看，就是没有文才，陈芝麻就是想找个要长相有长相，要能耐有能耐，站在厅前看得过去，坐在堂中讲得出口，可是偏偏就没有，天长日久把二位小姐的事给耽搁下来了，但无论如何这是陈芝麻的一块心病。常言说得好，男大当婚女大当嫁，怎么着也不能让这美若天仙的两个女儿就这么空空地等着、盼着，什么时候是个头哇！陈老先生一想起这二朵花儿心里就发烦，再加上天降雨书房又闷，他想走出来到大门口透透气，穿廊过院绕过了影壁墙来到了大门洞，抬头一看瞧见了这七位上京赶考的水鸡子，这七位又冷又冻又饿又着水淋能有好样子吗？陈芝麻一看这气不打一处来，想过去把他们连推带踢地赶出去，可一琢磨不妥，他们浑身上下没有一点干的地方，我这一推一踢他们走不走还不一定，反倒把我的干净衣服给弄湿弄脏了，这不是自找苦吃。干脆我把他们骂走，骂他们总脏不了我，刚要开口骂一想也不行，我是堂堂的进士及第，出口不逊这让外人知道了岂不笑我是村野之人成何体统，骂不能骂，打不能打，总不能眼睁睁地让他们在这儿祸害吧！有了，我不免以文数落他们几句，看他们知趣不知趣，于是脱口而出："天留过客谁是过客主？"这几位都是有学问的一听还不明白，几位，看来主人是叫我们走哇，他不让我们在这儿避雨，"话三千"说话啦，"别价，这么大的雨他忍心让我们走，我们怎么忍心出去挨雨淋哪。"可是光厚着脸皮不挪窝儿也不是个事儿啊！大伙你看看我，我看看你全没主意，真是走也不是，不走也不是，"麻秆儿打狼——两头为难"。"话三千"说，得了，谁让我是咱们领头儿的呢，还是我"狗掀帘子——拿嘴对付"去吧。当时"话三千"走到陈芝麻面前深打一躬，说："雨阻行人君是行人东。"你不是问谁是过客的主人吗，我告诉你不是别人就是东家你。陈芝麻一听完了，敢情我自己挖的坑，自己往里跳。好，既然事已至此也不能当溜肩膀，好歹咱也是两榜进士见过世面的人，既然他们把我当东家，那就叫他们先进屋待一会儿，雨一停让他们走，也就没话说了，想到这便客气地说道："既然几位都已到舍下，不如请到寒舍一叙。""话三千"倒是脑子快接茬说："那就有劳了。"请，请，他这儿"拜山"来啦！

七个人跟着老进士到了书房，没等主人说话，哥几个一屁股坐下了，还真整齐！陈芝麻心想这是跟我泡上了，心想没那么便宜，"来人，把这半壶剩茶兑上请各位喝。"他那意思我请你们喝剩茶，你们一生气肯定拍屁股走人，这不就没事儿了嘛。当时把茶倒了七杯，陈芝麻说："请各位饮清茶半盏。"几位听这是送客呀，刚要站起来走，"话三千"说话啦："劳东家备斋饭一餐。"啊，还要吃我呀！

没想到这姜是小的辣，好！咱们骑驴看唱本儿——走着瞧！你们不是要在我这儿吃吗，我让你们喝，喝酒，喝个够，喝得你们东倒西歪，然后连滚带爬地出了我的庄院，一个个摔得鼻青脸肿我才高兴呢。这可真应了那句话"黄鼠狼给鸡拜年——没安好心哪"。陈芝麻吩咐下去，只一袋烟的工夫，家人们就把酒菜准备好了。那位说这也太快了点儿吧，不快，你听明白了，酒是现成的，挪个地方就是了，菜是炒白菜，熬白菜，炖白菜，凉拌白菜……整个一个白菜大团圆，您说这能用多大会儿的时间，也就一袋烟的工夫。几位一瞧，好嘛拿我们七个当菜虫子了，不会吃别的就会啃白菜帮子。好嘞，今天你不仁也别怪我们不义，非给点儿厉害你看看不可，不然的话你不知道马王爷几只眼！马王爷三只眼嘛，对，皆因为他们这里边有三个马王爷。

陈芝麻一看酒也上来了，菜也摆齐了，笑眯眯地把酒杯一端，"来，各位，我们能坐在一起全是天意，难得无甚佳肴只备园中青菜，老夫敬各位一杯，干！"陈芝麻话音未落，"话三千"接过来就说上了："天降大雨，多蒙老夫子怜悯之情让我等在此讨扰，多谢了，有此美酒只差笼中黄鸡……"陈芝麻心里话儿宝贝儿呀，有白菜就够对得起你们啦，怎么着打算动我们家鸡的主意，没门儿，对付着喝吧。要说这几位酒量还真可以，你一杯我一盏地一直喝到了三更天，怎么知道是三更天呢，有打更的，就听见外面锣声，"当—当—当"，梆声"梆—梆—梆"陈芝麻一看，好，这都什么时候啦，不行，我得让他们走啦，当时对着大家伙儿说："你且听谯楼上叮叮当当几更几点？""话三千"接着说："我等在厅堂上说说笑笑饮到天明。"啊，喝

避雨

一夜呀！受不了！"这等饿客快去快去。""话三千"说："别发火呀！有此佳东再来再来！"还想来哪！陈芝麻听完以后不但没发火还笑了，他为什么笑呢，他看着这几个年轻人想起了自己两个女儿来啦，他想两个女儿的婚事到现在都没办成，眼睁睁的都老大不小的了，何时才能完婚呢？嗳，这突然之间来了七位进京赶考的举人，一直到现在都没走，这是天意呀，这是老天爷给我送上门来的女婿呀，我怎么啦。真是老糊涂啦！在他们之中选两个出来这可是姓郑的嫁给姓何的——正合适呀！人逢喜事精神爽，陈芝麻心儿里美，脸上堆着笑："各位，各位，俗话说得好，有缘千里来相会，无缘对面不相识。咱们爷们儿是有缘哪，是这么回事，老夫无子只有两个女儿，现已成人，远乡近邻说媒相亲者不计其数，怎奈无一人看中，今日七位来到，如天外来客，老夫见了你们总觉得格外亲，有似曾相识之感，现在我想从你们之中选二位作为我的女婿，不知各位可愿否？"当时七个人差点没蹦起来，"话三千"嘴快："老夫子得亏你是现在说，您要是说早了这白菜席说什么我们也不吃，我们吃宴席多少带点荤腥儿。"陈芝麻知道话里有话，忙说对不起各位，待女儿大事定下来我是一起奉陪……大伙说："我们这七个您只要两个，可要哪两个呢？""老夫想以文择婿，我说个对子的上联你们谁能对上个下联，谁就是我家姑老爷，我的上联是珍珠倒卷帘由一到十，你们得由十到一，现在我就开始说上联啦！'一女大乔二小乔，三分姿色四寸腰，擦上五六七盒粉，装出八九十娇，好，我的上联说完啦，现在看你们的啦。"哥几个听完了足足一个时辰你看着我，我看着你，来了一个猴儿舔蒜罐子——全都翻白眼儿啦，张三推李四，李四让王五，推来让去没有一个人能对得上来，七个秀才这回可全现眼啦，这个说："咱们还上京赶考哪，在这儿就栽啦。"那个说："没承想我们这么几个有才学的人，今天个个都是饭桶。"还有的说："赶考咱也别提，成亲更别想，当务之急，是咱们总得有一位出头露面，管他是骡子是马的，弄他几句咱们好出这大门儿啊！"想来想去还只有让"话三千"出面了，"话三千"说："真有你们的，严嵩打嚏喷——倒霉旗手，你们全当缩头乌龟，让我出头。"大伙儿说："年兄，您若是不出头咱们可就没有出头儿之日啦，咱们怎么走出去呀；走出去，怎么有脸见人哪，您一向足智多谋、学富五车、才高八斗哇，这下联还就得您对啦！""话三千"说："各位这是个美差呀，如果我要是能对上来，一能救大家二能救美女，两全其美这是多好的事儿呀！可惜呀我这不也没办法吗，不过既然到了这一步了，我也就'砂锅捣蒜——一锤子买卖了'。""话三千"话是这么说了，可心里一点谱儿都没有，一个人在屋子里左三圈儿右三圈转了不知多少圈儿，你还别说大家伙就这么看着他转圈，谁也不敢说话，谁心里都明白，谁说话都惹火烧身，所以只好看着他转呀，转呀一直转到天快亮了，"话三千"猛抬头一看窗外虽然已近黎明，可朦胧的月色依稀可见，也许是见景生情，"话三千"突然哈哈大笑起来，所有在座的人都吓了一跳，都以为他神经了呢！异口同声地喊："年兄你不会……""话三千"说："你们想到哪里去了，告诉你们我的下联已经有了。"陈芝麻说："真的有了？""话三千"说："这还有假。"老夫放心了，我女儿可以嫁出去啦！好嘛生怕嫁不出去！陈芝麻忙说："既然下联已有，那么快快说将出来我们好欣赏评判。""话三千"说："陈老伯再把你的上联说一遍。""听好：一女大乔二小乔，三分姿色四寸腰，擦上五六七盒粉，装出八九十分娇。""听我的下联：十九月亮八分圆，七个举子六个完，五更四点鸡三唱，二乔伴我一床眠。"全归他啦！

（薛永年搜集整理）

学京话

有这么一位乡下人，是个大财主，爱管闲事，爱了事，上北京学京话，瞅人家说话他要学，可巧有一位叫门，里边问："谁呀？""俺们呀！"他也记得。人说："你多晚回来的？""昨天晚上啊！""那是啊！""别理他了。""得了吗，这不结了吗！"他记准了这五句了，他也不知怎么讲。离开北京城回家，走到沿路上就学，"俺们呀！""昨天晚上啊！""那是啊！""得了吗，这不结了吗！"他回到家里一叫门，家里人也问："谁呀？"他说："俺们呀！"俺们就当我讲。家里人也乐了，开开门，让他吃饱了睡觉，天明出来一溜达，街坊问他："你多晚回来的？""昨天晚上啊！"街坊也乐了，你这是怎么了，你上北京开了开了眼，逛了个够。"那是啊！"众人说别理他了，"得了吗，这不结了吗！"众人都乐，后来有人问他这是什么话呀？"这叫京话，这叫撇京腔，这个村子里没有会说京话的，就是我会撇京腔。"这以后呀！就是这一套，就这五句，这个村子里，千十来户哇！都知道他会说京话，撇京腔了。

这一天可倒了大霉了！村子外头打死一个人，找不着凶手，报了官了，官来验尸，摆好了桌案椅子，安排好了这个位置，啊，这个官哪，落了座，"传地方。"地方一想，啊！是京官，北京的京官，找个会说京话的才好呢！就把他找来了，他就是这几句呀！那官哪人命案要紧，就当他是个精明强悍、绅商富户呢！问他说："这个人谁打死的？""俺们呀！"官这么一听，啊，是正凶，真出好汉子，"多晚打死的？""昨天晚上啊！""啊！打死人你得偿命啊！""那是啊！""安顿好了，把他锁上，把他交衙门枪毙了。""得了吗，这不结了吗！"

好嘛，这几句学的倒不错呀，命没了，这个京话学不学的不要紧，这个京腔撇它干吗呢？这是一段《学京话》，诸君多多原谅，吉坪三下台鞠躬。

（吉坪三唱片录音　新纪元搜集记录）

戏迷传

　　在下吉坪三给您说一回《戏迷传》前后传。北京有一个人中了戏迷了，十五六岁，走到马路上也唱，走到胡同里也拉胡琴，人家在头里走，他在后头"等不等不等不等不等不等，你等不等"？人家说："我等谁呀？我等不等？""冷不冷不冷不冷不冷不冷不冷，你冷不冷？"人家说："我不冷，我还出汗呢！"一看他是戏迷，他爸爸让他上书房念书，头天拜圣人，教书的先生给他上了四句："赵钱孙李，周吴郑王，冯陈褚魏，蒋沈韩杨。"说你念吧！四句。戏迷说："四句归了西皮了！我按八句唱原板！"先生不明白，说："你怎么了！你念哪！""冷不冷不冷不冷不冷不冷不冷，你冷不冷？"先生说："我不冷。"（唱）"唉，赵钱孙李，周吴郑王，冯陈褚魏，蒋沈韩杨，先生哪……""崩登仓。"把书桌子踢翻了，先生说："我不要你了，你走吧！"戏迷家去了，他爸爸给他找事，让他卖包子，到包子铺卖包子，北京的包子是吆喝着卖，"羊肉白菜热包子。"戏迷不这么吆喝，一挽袖子，用手一指，跟包子瞪眼，"啊！噗！"掌柜的说："别吹了，你都吹凉了，可就不好卖了！你吆喝呀？""哎，是了，大台。""哎哟，还带着家伙来的呢。"他两手一磕这包子，把包子磕到苇帘子上，他用手一指，跟包子瞪眼："哎，（唱）这发面包好馅子白菜羊肉，三个子顶大天只卖一个。""空匡，啪！"两手一拍，他把包子都拍扁了，掌柜的说："我不要你了，这包子都趴下了，都成了蒸饼了，你走吧！"戏迷说："我走了，你我有缘再会。"掌柜的说："别会了，再会这包子就更倒霉了。"您请听后传。

　　接演《戏迷传》后传，人家不要他了，他家去了！他爸爸把他打了一顿，又圈了些日子，他到了十七八了，要他帮人卖馄饨，人家掌柜的挑着馄饨挑子，他后边跟着，到大街小巷卖了两个多月。这一天，掌柜的有点不好过，让他挑着卖，不卖不行，怕馅子坏了！他可好，挑着馄饨挑子大街小巷净唱，不是《黑风帕》，就是《锁五龙》，不是《丁甲山》，就是《闹江州》，他净唱，他不爱吆喝馄饨。北京这馄饨还讲究吆喝，"馄饨开锅。"他净唱，大街小巷绕了一天；撂下挑子，包了几个馄饨，锅开了，拿起两把勺来，锵、锵、崩登锵，把两把勺扔挺老远，众人说他是疯子，你吆喝呀？戏迷说："是了，吭咪吭咪吭咪台一台吭。""哟，还带着家伙哪！"（唱）"馄饨开锅煮上就捞，自己和面自己包，忙活开锅汤真好，大家过来瞧一瞧，一文钱一碗真不少，把香菜、紫菜、醋白饶，吆喝了半天我就一碗没卖了，白绕了一天我丢了两把勺。"卖馄饨的把勺丢了，麻烦了，挑回去，掌柜的不要他了，他家去了。他爸爸把他送到他舅舅家，他舅舅家开烧饼铺，吊炉烧饼，炸的叫"油炸鬼"，到了天津叫"馃子"，让他看着油锅卖"油炸鬼"，大师父不知道他是戏迷，说你吆喝："油又清来面又好，炸的真老，三个钱买一个，你尝尝好不好。"你这么吆喝，戏迷说："是了，大台。""哟。"大师父说，"你要拆台呀？""唉，冷不冷不冷不冷不冷不冷，你冷不冷？"大师父说："我不冷。""等不等不等不等不等不等，你等不等？"大师父说："我等谁呀？你吆喝，唱。"（唱）"油又清面又好炸的真老，三个钱买一个，你尝尝好不好。"崩登呛，啪。把油锅给踢翻了。诸列位见笑，这是前后《戏迷传》奉献。

（吉坪三唱片录音　新纪元搜集记录）

行　话

　　旧社会，干我们这一行的说话的时候总爱调侃儿。什么叫调侃儿啊？就是行话，也叫术语。这句话说出来呀，外行人听不懂。比如说吧，管伙计不叫伙计，叫老合；看一看不叫看一看，叫把合；女人那叫果，老太太叫苍果，好看叫尖局；长得不好看叫念嘬……这是几个例子，要是全说上来，再说两钟头也说不完。

　　这些个调侃啊，我全会，可我不喜欢说，怎么哪？为了调侃儿我吃过一次亏。怎么回事哪？您听我慢慢说。

　　二十五岁那年，我结婚。您想啊，那个年月，吃上顿没下顿，一天不上买卖一天就没饭。因此哪，结婚就没敢操办，亲戚朋友都没惊动，就是一家人吃顿捞面，我照样儿上园子说相声，就真结婚了。

　　嘿嘿，没想到有人挑眼了。谁哪？侯一尘和常连安。侯一尘跟常连安说：

　　"寿臣结婚也不告诉个信儿，走，咱们看看去，看看这个嫂子长得怎么样，找个机会，逗逗新娘子。"俩人商量好了，趁着我上园子没在家这工夫，上我那儿去了。

　　到了我们家，啪啪一打门。我女人在屋里坐着哪。听见外边儿有人敲门，赶紧问："谁呀？"开门一看，不认得："您二位找谁呀？"两个人要是说话不就没事了嘛，俩人不说话，站那儿调侃儿。

　　侯一尘说："哎，老合，把合。"

　　常连安一撇嘴："嗯，念嘬。"

　　说完话俩人走了。

　　这一来，给我惹祸了。

　　晚上，我下了园子，到家一推门，我女人坐那儿正运气哪！我不知道怎么回事啊，我说："怎么啦？跟谁呀？你可说话呀！"问了半天，我女人才说话：

"我说，你认识的人都是外国人哪！"

我说："这话从哪儿说起呀？都是中国人。"

"中国人，中国人怎么说外国话！"

我说："你快说，到底是怎么回事啊？"

"刚才来俩人，问他们找谁也不说话，贼眉鼠眼，一个说：'老合，把合。'一个说：'念嗅。'说完了就走。今天你给我说清楚了，这几句话到底怎么讲！说上来，咱二话不说，说不上来，我跟你没完！"

这时候我才明白，赶紧解释吧。我说：

"噢，原来为这事啊，这两个人哪，都是说相声的，他们说那话呀，叫调侃儿，是我们的行话。老合哪就是伙计，把合就是看看。两个人要看看你。"

"那念嗅是怎么回事？"

她问这句，我为难了。怎么？这个丑人哪都护短儿，我要是说俩人说你长得丑，长得不好看，我女人一定不高兴，她不高兴，半个月不晴天，我们这日子还怎么过！没办法，说谎吧。我说：

"这个念嗅呀，哈哈，念嗅是说你长得漂亮，长得好看。"

说到这儿，我女人才见笑脸儿：

"啊，这还像话，我念嗅，我是念嗅，我要知道这俩小子来，我擦点儿粉，我更念嗅。"

（张寿臣录音稿　张铁山整理）

说大话

　　有一个爱说大话的人叫"张大话"。他除非别说话，一说话就云山雾罩，小虾米游西湖——没边儿没沿儿的。有一天，"张大话"在街上遇见了个熟人，俩人儿一见面儿，这位问了一句："哟，是张大——"刚要叫张大话，一琢磨不行，这是拿他开心，给他起的外号哇，我要是当面喊出来他准得跟我急眼，可是这大字已经出口了，怎么办呢？这位脑瓜子还真灵，改口这意思就变了："哟，是张大——哥呀……"好嘛，还带大喘气的。"您这是上哪儿去呀？""我呀，买点雪花膏。"

　　"您买的什么牌子呀？"

　　"我是买的零卖的。"

　　"哎哟，零卖的可没有名牌儿的好啊！"

　　"不！特好，就拿这香气来说吧，你擦上这雪花膏，它的香味儿能飘出十里地去。"

　　"又说大话了，无论怎么香，也不能香出十里地去呀。"

　　"孤陋寡闻，古人云：开坛十里香嘛！"

　　"人家说的那是酒香。"

　　"是啊，酒能香十里；那雪花膏为什么不能香十里呢？"嘿，他倒有理了。打那儿以后，甭管谁只要瞅见"张大话"，就躲得远远儿的。俗话说：无巧不成书。有位姓刘的，人称"刘不服"，也是说家儿。怪了，他还就不服这位"张大话"。有一天他可巧儿撞上"张大话"了，"刘不服"赶忙打招呼："哟，张先生。"

　　"哟，刘先生。"

　　"好久不见。"

　　"有日子没碰着啦。"

"您到哪儿去呀？"

"我刚吃完饭。"

"今儿您吃的什么饭哪？"

"刘先生，不瞒您说，这两天手头紧，没辙，只好吃饺子。""刘不服"一听这话儿里有话儿啊！行，没关系，想叫我服你呀，没门儿。忙说："张先生，巧啦，您爱吃包饺子，我也喜欢吃包馅的。"

"那么说你也吃的饺子？"

"不，是包子！"

"我不但喜欢吃饺子，我还最爱吃自己家里包的饺子。因为自己包的饺子个儿大。我们一家子六口儿吃一个饺子，愣吃了一天半。您猜怎么着，还没吃着馅子呢。吃到两天头上，吃丢了一个人，我们最小的那个孩子不见了，这孩子您说够多淘哇，他自个儿钻到饺子里吃馅儿去啦。"

"刘不服"一听：你又跟我说上大话啦，能服吗？不能啊！叫你也看看我"刘不服"的厉害："不错，要说张先生家里包的这个饺子个儿是不小，可是要比起我们家那个包子来呀还差得远哪。""张大话"一听心里明白了，这是不服哇，我倒要看看你有多大道行，你不服也得服："请问刘先生，您这个包子有多大呀？"

"刘不服"把两眼一翻，嘴一撇，嗬，那劲头儿，就跟拿醋泡了一样，别提多酸啦："我们家也是六口人儿，蒸了一个包子，两天还没吃完，吃到了第三天的时候，捡到一个木牌，木牌上写着：'此处离馅二里。'这是不是比您的饺子大多啦？"

"张大话"听完以后把脑袋一歪，手往后一背，右腿前后这么一晃悠，就那模样看着也够倒牙的："嗯，要说刘先生家里这包子，是比我们家里的饺子大多了，可是在下有一事不明，还得在老兄面前动问一二，不知肯赐教否？"他还转上了。

"有话请讲当面，何言赐教二字。"这位也不含糊。

"我想问问您，您这么大的包子是拿什么锅蒸的呀？""刘不服"一声冷笑："这还用问吗，我就是拿你煮饺子的锅蒸的。"嗳！"张大话"他服了。

（韩予康述　薛永年整理）

财迷还家

　　干什么也别入迷，可是你看这"迷"有多少，书迷，戏迷，酒迷，财迷。我二大爷就财迷，做梦老梦见数钱！醒了一看，把衬衣都挠破了。

　　我二大爷过去在珠宝店里当二柜，二柜是干吗的呢？就是专管收活儿！你像什么珍珠、玛瑙、翡翠、钻石，一看就知真假，戴那眼镜也不知道多少度，一圈套一圈，老远一看，跟戴两小草帽似的！

　　有一天，他去吃六碗，什么叫吃六碗？就是去参加一个婚礼，不光吃饭还喝了点儿酒，晕晕乎乎的往家走，走到大南门那儿呢，吧唧！没留神摔一大跟头，眼镜也不知摔哪儿去了，摸吧，冬天，连冰带雪，摸着了——哎！什么玩意儿？冰凉梆硬，捡起来一看——翡翠！有一巴掌长短，一寸来宽，这翡翠要过五寸，美玉之主，值老银子啦。借着月光他好好看看，中间白的是翡，两边绿的是翠，佛光翠！怎么叫佛光翠？你把这块翠立起来，像佛祖后边的佛光似的，所以叫佛光翠，这地方怎么能有这样的宝物呢？过去大南门那儿有亲王府！备不住哪位王爷掉的，活该我发财，我呀！我把它变钱吧，抹回身奔翠华金店去啦！

　　那时候的珠宝店，晚上有收活儿的，晚上虽然上栅板，它留个小窗户，这么大，我二大爷到窗户跟前拍门："掌柜的！掌柜的！哎！我送点'俏货'！"俏货是术语，就是稀有的宝物，里边值班的是一老头，一听俏货，啪！把灯打开啦："来啦！"披上衣服下地，啪！把小窗拉开啦："什么俏货？"

　　"翡翠！"

　　"拿来我看看！"我二大爷小心翼翼，从兜里把这翡翠掏出来！从小窗户递进去:"拿好!摔了你可赔不起!"老头轻轻接过来,走到柜台那儿,翻过来看,调过去看,啪!又把大灯打开了,打开抽匣拿出一放大镜,里外看了半天,然后又走到小窗户边:"谁的俏货?"

我二大爷乐坏了:"我的!"

"你把脑袋伸进来!"那小窗户才多大,大脑袋伸不进去,多亏我二大爷小脑袋,上边一伸,底下一滑,吱溜!进去了!我二大爷心想,为什么叫我把脑袋伸进来,这叫小嘀咕,小嘀咕就是怕别人听见!怕别人听见就是价码太大,你要二角五,他早给你扔出来了,这指不定多钱呢!我二大爷着急:"给多钱?"那位说怎么这味?他卡着脖子能是味吗?

你猜那老头给多钱?一伸手给这大数——啪!这大嘴巴子,我二大爷连躲都躲不了!脑袋卡住了!

"你干什么打人!"

"打你怎么的!你小子三更半夜放着觉不睡上这儿折腾我来,还什么俏货翡翠!你自个看看这是什么?"

我二大爷拿过来仔细一看——冻白菜帮子!

(杨振华述　新纪元整理)

磕巴论

今天给大家说的这段叫《磕巴论》，为什么叫《磕巴论》哪？就是说这磕巴分好几种，有"前磕巴""中磕巴""后磕巴"，什么叫"前磕巴"？就是说话的时候，这一句话的前边磕巴，前边一说出来：后边"秃噜"全出来了，"中磕巴"是这句话的中间磕巴，"后磕巴"是这句话的结尾磕巴。

我有个街坊，是个小伙子，他就是磕巴，不过他这磕巴特别，既不是"前磕巴"，也不是"中磕巴"和"后磕巴"，他是"全磕巴"，每一句话的每个字都磕巴。所以他平时不爱说话，为什么呢？怕人笑话。

有一天，他去相亲，相亲的地点在小北门，可是走到半道儿这小伙不知道怎么走了，小伙子就想打听打听道，一看前边有一老头，就想问问他："大爷，小北门在哪儿？"他磕巴，不愿意多说话，今个不行，相亲啊？事情紧急不说不行啦，他这才不得不问？

就"大爷！小北门在哪儿？"这句话，要是"前磕巴"他这么说："大……大……大爷！小北门在哪儿？"那"中磕巴"要说这样："大爷！小……小……小北门在哪儿？"这"后磕巴"要说是这样："大爷，小北门在……在……在哪儿？"

相亲这小伙是"全磕巴"啊！前后带中间全磕巴！他一说这样："大……大……大爷……小……小……小北门……在……在……在哪儿？"那老头等到他说完了连理都没理他，把脸转过去了，这小伙以为他没听见，追到这边又问："大……大爷……小……小北门……在……在哪儿？"那老头还没理他！小伙可有点急了，心里话，你这老头太不够意思了，知道的就告诉我，不知道你说不知道，干吗不理人！这么不懂人情！"大……大……"磕巴就怕着急，越着急越磕巴！

"大……大……大爷，小……小……小北门！在……在哪儿？"这老头，可气不！还没理他，把脸一扭，又转过去了！这时，把旁边的一老太太气坏了！"老先生，这可是你的不对了，知道就告诉他，不知道就不知道，说句话少你什么了！"老头实在没办法啦："我怎么说话！我一说话，他该说我学……学……学他了！"

后磕巴？！

（杨振华述　新纪元整理）

磕
巴
论

中秋节的生日

有一个老员外，虽说算不上书香门第，可他好附庸风雅，有点儿学问，没事愿意破个闷儿啊！就是猜个谜语啊，对个对子啊，玩个文字游戏什么的！他跟前有仨姑娘，大姑娘许配个秀才，二姑娘许配个举人，三姑娘也错不了，许配个傻子，说怎么许配给傻子啦？因为傻子他们家有钱哪！敢情在过去也有这么势利眼的！这大姑爷、二姑爷都有学问哪！三姑爷就不行了，不但不会说话，而且说出话来还特别的不吉利。

这一天是中秋节，正好老员外过生日，三个姑爷都来给岳父拜寿，老员外高兴了，一边赏月，一边说："今天是八月十五，又是我生日，咱们爷几个做一回文字游戏，谁要是说上来，就吃月饼，说不上来的不给他月饼吃！"大姑爷、二姑爷都说好，就三姑爷没言语。

老员外接着说："我给你们出的题就是什么圆又圆？什么缺半边？什么乱糟糟？什么静悄悄？"

大姑爷说了："岳父老大人，这太好回答了，我先说。"老员外高兴了："大姑爷先说吧！"

"八月十五的月亮圆又圆。"有道理，八月十五月亮圆嘛。"什么缺半边？"

"要不是十五缺半边！"

"什么乱糟糟？"

"满天星斗乱糟糟。"

"什么静悄悄？"

"太阳出来了就静悄悄！"

好，不错，大姑爷吃月饼。

　　二姑爷一看大姑爷抢先了，也着急了："岳父老大人，大姐夫说得不错，该我了！"

　　"好，二姑爷，说什么圆又圆？"

　　"你桌上摆的月饼圆又圆。"

　　"什么缺半边？"

　　"我咬一口就缺半边。"

　　"什么乱糟糟？"

　　"我在嘴里嚼碎了乱糟糟。"

　　"那什么静悄悄？"

　　"我把它吃光了就静悄悄！"

　　"好，也不错，二姑爷也吃月饼！"这时候三姑爷说话了："岳父大人，你看大姐夫、二姐夫都说得不错，也都吃上月饼了，是不该我说了？"

　　"你说可是说，今天是我生日，你可别说那不吉利的话。"

　　"那您放心吧！"

　　"好，你说吧！什么圆又圆？"

　　"岳父、岳母圆又圆。"

　　"我们俩圆什么呀？"

　　"你们俩团圆吗？"

　　"啊！那你说什么缺半边？"

　　"你们俩要死一个就缺半边！"

　　"那什么乱糟糟？"

　　"我们一哭肯定就乱糟糟！"

　　"那什么静悄悄？"

　　"要死绝了就静悄悄！"

　　再看老员外，气昏过去了！

　　　　　　　　　　　　　（冯景顺述　新纪元整理）

忌 字

我说个笑话，现在说笑话嘛，只要我会这个故事，把您逗乐喽就行。过去可不行，你在台上说老得留神，您不知道哪句话呀，就说错了，说错了这就是麻烦，您甭说在台上，就是那时讲究上堂会呀，那阵上堂会太难了，得打听啊，本宅忌讳什么，忌什么字儿，得打听，不打听说出来当时他就往外轰。因为我由打九岁就学艺，一直到现在，这个经验太丰富了，过去呀没法儿活，我小时候跟着我们老师上堂会，我老师当然喽，他那意思总惦记我说一个，那么借这台面演习，那阵叫什么？不叫曲艺，叫杂耍。那回在北京"杂耍"，挺大堂会，是一个外县知县，给他父亲过生日，这老头在头了坐着，大伙冲这老头唱，我们老师说："连安，你来一个吧，借台演戏。"我说："好吧。"我们老师给量着，老师站这儿，我站这儿，我们老师那意思呢，就是要俩赏钱，怎么要俩赏钱？"小孩啊，这是常连安，我徒弟，让他卖卖力气啊，好好说一段。"好好说一段，得有赏钱那意思"可得卖力气啊"。我也不知道，我说："没错，我要不卖力气，我是小狗子。"这是我一个由打心里说话，真卖力气，回头把赏钱得给您讨下来，我不卖力气我小狗子，我这句话还没说完呢，这知县就在犄角站着："哎哎哎那小孩，下去，别说了。"我们老师也傻了，一歪嘴，下去吧？我也下去了，我们老师也下去了，不知道什么事？一句没说轰下来了，您瞧这事！后来一打听，这才知道敢情这知县他爸爸小名啊！叫小狗子。我哪知道哇？

在过去没法说，在我们老家哪！还有一个财主，金财主，其实也不怎么样，但有几个买卖，有点地，大伙那阵捧臭脚呗，金财主，了不起。家里一办事，也是，嚯！车马迎门，也是老太爷办生日，他不算大地主，也算个地主吧。去的亲友还真不少，去的亲友不少呢，他让他儿子到这客厅告诉大伙，告诉什么呢？今天随便划拳，随便吃酒，无酒不成席，可是有一节，爱说什么说什么，可忌字儿，忌什么字儿呢？"死"字不许说。说那位要说什么笑话，说这个死了，有这死字怎么说呢，别说"死"，说这个人哪！"喜"了，喜了这多吉祥啊，可千万要记住。他哪位要记不住，老员外可说了，今天所有的这菜钱、酒钱，哪位说出这个字，哪位给。大伙说："好！我们赞成，赞成！"捧臭脚呗！

　　说话到了钟点摆席，这边呀，老员外通知这个财主近亲，什么大姑爷、二姑爷、三姑爷，这圆桌面，那边是老太太跟姑娘，大姑娘、二姑娘、三姑娘。近友，近亲有钱的都这桌，往下摆二十多桌，摆好了老头站起来了："哎呀，今天我的贱辰，大家很赏脸，酒席宴前呢，无令不成欢，随便划拳行令，说笑话，随便说啊，爱说什么说什么。"他这怎么意思，爱说什么说什么呀，就是没忌讳，随便说什么没关系，没关系，其实要把这"死"字说出来，酒席子钱他给，他这是迷惑大伙，大伙说："好！"那么那边又划拳的，这边又行令的，本桌上有三位姑老爷，这大姑老爷一想，我们这老丈人，总得拍拍他的马屁啊！岁数不小了，七十多了，倒是精神不错，"啊！岳父老大人，这个东北呀，有一位阮老先生，阮国长，这位老先生活了多大年岁呀？一百四十多岁，他是一百四十多岁，您的精神很好，您比他还强，我呀有句赞语，岳父大人，您听听。""好！好！大姑老爷请讲吧。"哎，大姑老爷有点儿学问，"说东北有位阮国长，一百来岁还健康，岳父大人您身体多康健，您比国长寿还长。""呵！好！噢，一百多岁还很结实，活了一百四十岁，那么后来这位阮先生怎么样了？他怎么了？"他怎么？他拿这话勾他呀？你只要说出这字来，酒席钱你给。大姑老爷说："他活一百四十岁以后嘛，他就死……"这死字都到这儿了，他又回去了，他一想我别说这个字呀？我说，这酒席我包圆呀，我给呀？"哎，一百多岁呢，后来这位老先生呀，'喜'了。"他跟这桌挨着呀，这大姑奶奶听着别扭，哟，我们这丈夫怎么意思？酒还没喝呢，怎么舌头短了，什么叫"喜"了？这阵二姑老爷站起来了："大姐夫说这个真好，不光他说这个阮国长，我还听人家说呀，还在最古老的时候有一位老先生，彭祖，八百多岁，寿活八百八十八，我也有几句赞语。""好，二姑老爷，您可以说嘛。"二姑老爷说得也不错："彭祖寿高最为先，活到八百八十年，岳父身体真康健，至少得活一千年。""噢，八百八十八年以后怎么样了？""哎……怎么样了，后来不是也'喜'了吗！"那边二姑奶奶听了，哟，他们这舌头怎么都这味呀？什么叫"喜"了？这三姑爷吧，没有多大学问，没有学问，他有个琢磨劲，他一想阮国长一百多岁"喜"了，这人没有了，彭祖八百八十八也完了，也"喜"了，喜了他还是不吉利吗？他一下站起来了，没多大学问："啊！岳父老大人，我有几句赞语。""好！三姑老爷，您说吧！""二姐夫说话真有理，岳父大人好身体，您的寿数好比您三姑娘的脚，成年倒辈她总不洗（喜）。"

多脏啊？这个！

（常连安录音稿）

跑媒拉纤

今天给您说一段《跑媒拉纤》，干吗还非得叫跑媒拉纤啊？为什么有个"跑"字啊？过去生活不易，跑还来不及呢！要走，你非饿死不可，所以无论干什么都爱带个"跑"字，你像什么跑江湖，跑码头，跑龙套，跑解马，跑外的，跑道的，跑堂的，跑媒拉纤的。全跑到一块儿啦！

那么什么叫跑媒拉纤呢？其实是两种行业，跑媒就是说媒的，一般都是女的干，媒婆嘛！谁家有个姑娘，谁家有个小伙儿，她从中给说合，人家要成了小两口，她挣跑腿儿钱。拉纤就是人家有房子有地，肯定有买的也有卖的，他从中间给说合。说合的这个人就叫拉房纤的。跑媒的、拉纤的都是一样，这事说合成了他就挣钱，要是说合不成，那就挣不着钱了，所以说这两个行业有一个共同的特点——没准。

过去我有个街坊就是拉房纤的，他媳妇是媒婆儿，您瞧这两口子多般配。他们两口子一有买卖就是一有钱了，就开始大吃大喝，胡糟，一点积蓄也不留。而且我们街坊这个人还特别好面子。可一到没买卖的时候啊！就是没钱了，怎么办呢？他就当东西，当到最后把家里的东西全当了，就剩四个旮旯和一家三口人，他俩跟前还有一个儿子，每人一身衣服和一床被子。可还是没买卖，甭说拉房纤的，就是说媒的也没有，怎么办？还得当，当什么？当衣服，当被子。这可好，全家就剩一条裤子和一床被子了。一条裤子怎么办呢？他有主意，他要有事出门，他穿着，让他媳妇围着被子在炕上，不下地，他媳妇要下地做饭，他媳妇穿这裤子，他上炕围着被子，当了点儿钱买了点儿小米回家，熬了点儿小米粥喝，光喝小米粥，连点儿咸菜都没有，这出去嘴上没油不好看，怎么办呢？他到卖肉的那儿捡了一块猪油，弄根绳子拴上，拴在门背后了，临出门他把那猪油往嘴上一抹，仿佛刚吃完了好的似的，这位好面子啊！出门还好吹，人问他："你早上吃的什么呀？"他说了："啊，吃的月牙。"什么是月牙？月牙就是饺子。人家知道他家是怎么回事啊！挺长时间没买卖了，还吃月牙？这位也故意和他闹，给他沏了一壶酽茶，嗬！这壶茶，茶叶都满了，倒水都困难，勉强倒出一碗茶来："说了半天话儿！给您来这个去去油腻。""好，谢谢您！"他想都没想一饮而尽。你也不想你吃的什么，一肚子小米粥，连咸菜都没有，能架住这酽茶吗？他一恶心，"哇"就吐了。大伙一看，"你这吃的也不是月牙呀？"他还吹呢，"看我怎么样，吃月牙，吐星星，这得多大能耐。"大伙一听这个全乐啦！正这时候，他儿子跑来了，"爸爸，爸爸，不好了，咱家出事了！"

"出什么事啦？"

"出大事啦！"

"快说出什么大事啦？"

"你抹嘴那块猪油不是挂在门背后了吗！"

"怎么啦？"

"猪油有腥味，把猫招来了！"

"招来猫怎么样了？"

"那猪油让猫给叼跑了！"

他当时急了："混蛋，你跑来告诉我干什么？你怎么不叫你妈追去呀？"

"我妈追不了哇！"

"你妈怎么追不了？"

"我妈那裤子不是让您给穿出来了吗？"

好嘛，全露馅儿了！

（孟庆丰述　新纪元整理）

买金笔

旧时的北平，在西单牌楼道两边的地摊是密密麻麻一个挨着一个。行人走路都不方便，影响交通。警察取缔不准在大街上摆摊。要是被警察抓住轻的没收货物，重的还要抓人，小摊小贩只要听见有人喊："警察来了。"是兜起货物就跑。等警察走了仍旧回来在原地摆摊，每天都闹腾几次。这些小摊上无非是卖点铜器、瓷器、木器、锡器、镜子、水壶、玉石、书画、钟表、钢笔、刀叉、匙勺、花瓶、玻璃杯、皮靴、毛毯，各式的小玩意儿。

有个外地来北平读书的学生，借住在北平一位远房二大爷家。这学生放了学，路过西单牌楼，瞧见地摊上有书就停下来拿起来一本书翻看。摊主就问："您要不要这本书？"学生说："我看看再说。"这时打旁边儿跑过来一个人手里拿来一支金笔对着摊主说："我有一支金笔是花十块大洋买的，真正的二十四K，今儿我急着用钱，将金笔卖给你，你能给多少钱？"摊主接过金笔一看说："确实是金笔，可到不了二十四K，我给你两块大洋你卖不卖？"卖笔那人说："十块大洋的东西你才给两块大洋？"卖笔那人转脸对学生说："他们摆摊的真是吃人不吐骨头，您看这笔真正二十四K纯金的，您要，我五块大洋就卖给您，要不是急着用钱，赔一半的钱谁愿意卖呀？您就是在当铺也能当四块五块。"这年轻学生心里贪便宜，一时冲动，掏出五块大洋买下了这支金笔。回到家拿出书本正好用这支金笔写字。二大爷看见学生手里这支金笔就问他："孩子，这支笔是打哪儿来的？"学生说："二大爷，是我在地摊上花五块大洋买的。"二大爷说："是什么笔这么贵，要五块大洋，你可别乱花钱。"学生说："二大爷，这可是二十四K纯金的金笔，不信您看看。"二大爷接过金笔一看说："孩子，你把买笔的经过仔仔细细说给我听听。"学生就把整个经过说清楚啦。二大爷一摇头说："孩子，你被人骗了，这支笔是镀金的，实际上是支铜笔，顶多也就值一块大洋，这卖笔人和摊主是同伙，北平人管卖笔人叫'贴靴'。"学生一听就愣了，这可怎么办？心想，五块大洋对我一个穷学生来说可不是一个小数目。二大爷也看出了他的心思说："孩子，明天你再去那个摊上买四支这样的金笔，我给你二十块大洋。"学生说："二大爷，还买呀？"二大爷说："你只管买笔，别的你就甭管了。"

第二天，还是放学那时候，学生还打西单牌楼那过，他边走边找那个小摊。二大爷在他身后不远的地方跟着，假装不认识。这摆摊的摊主还在原来的地方摆摊没挪窝儿。那位就说了，摊主就不怕别人找他算账吗？您这担心还真多余了，怎么呢？卖笔给学生的又不是摊主，摊主没拿学生一文钱，你有什么理由找摊主啊！学生走到摊前对摊主说："我昨天在这儿买了支金笔，今儿还想再买四支同样的金笔。你要是遇见昨天卖笔那人，让他再卖我四支，价钱好商量。"摊主说："你买这么多干吗？"学生说："我们同学看着金笔都挺喜欢，托我帮他们买。"摊主一听心里暗暗高兴，脸上可没挂出相来，说："这价钱可不能少，五块大洋一支，四支二十块大洋。"学生说："行啊，二十块就二十块。"摊主说："你再去转一圈回来一准儿有金笔。"学生转身就走了。学生刚一走，卖笔那"贴靴"就凑到摊主面前说："大哥，没什么事吧？我怕那学生找麻烦就没过来。"摊主说："没事儿，这'呆鸟儿'还要买四支金笔，已经讲好了五块大洋一支，你给我四支金笔就走人，要不就露馅了。"卖笔那"贴靴"放下四支金笔就走了。过了半个钟头，学生就回来了，摊主笑眯眯地说："这是您要的四支金笔，二十块大洋在哪儿呢？"学生接过金笔放进口袋又掏出二十块大洋交给摊主，摊主接过二十块大洋还没来得及数数哪，就听二大爷在那儿喊："警察来了，警察来了。"摊主吓得赶紧揣起二十块大洋，兜起货物就跑了。

学生回到家，二大爷已经在屋里等他啦。学生掏出四支金笔交给二大爷，二大爷是哈哈大笑说："这下子总算扯平了。"学生就问："二大爷，什么扯平了？"二大爷说："昨天你花五块大洋买了他们一支金笔，就值一块。今儿我弄他们四支金笔值四块大洋，刚好是五块。"学生说："二大爷，不对吧，您买这四支金笔可是又花了二十块大洋呀？"

二大爷说："这金笔虽说是假的，可最不济还可以写字用，我那二十块大洋比这金笔还假呢！是一文不值。"

嘿！二大爷在这儿等着他们呢！

（吴穷搜集整理）

◆

买
金
笔

◆

八大棍儿

江南围

　　乾隆多次下江南，这里边有很多原因。第一次下江南时有陈太师在杭州接驾，皇上就住在太师家了。吃完了晚饭，皇上坐在书房喝茶，太师的夫人三次来给皇上问安，每次都是很长时间不愿离开书房。皇上纳闷儿，不知是什么缘故。皇上就一个人溜溜达达来到花园。在花园里面有三间花把式住的房子，屋里还有灯光，皇上就奔这房子走来。离这三间屋还有一二十步远，就听里面有人说话："老人家，您刚才说今天老夫人得一宿睡不好觉，为什么呀？""你们这些后生真爱打听事儿，抓住我这句话就刨根问底，告诉你吧，这跟皇上有关。"这句话把皇上吓了一跳。皇上心想，怎么与我有关呢？他站住不往前走啦，要听一听究竟是怎么一回事儿。就听屋里接着说啦："这还是老皇上没继位的时候的事呢。"皇上心说，这我得听听。"那时老爷在京做官，夫人生了一个男孩才三天，贝勒府来人说，贝勒的夫人要看看小少爷，就叫奶娘抱着孩子去啦。谁知道哇，抱去的是小子，回来变闺女啦。老夫人非要去贝勒府讲理，把孩子换回来。可是老爷不叫去，说事已至此就算了吧。"屋里越说声音越小，皇上听不见啦，就再往前凑凑，又听里边说："别说这些啦，要是叫前边的人听了去再找出麻烦来，睡觉吧。""噗"，把灯吹灭了。皇上想听也听不见啦。乾隆皇上想把他们叫起来问个明白，又一想不行，他们见着我就不敢说实话啦。这时有巡夜的人往这边走来，皇上一想我得赶紧回去睡觉，不然回头巡夜的再拿我当小偷就麻烦啦。皇上回到书房，怎么也睡不着，心想先王真有这么回事儿吗？又一想要是真有此事儿，我母后准知道，不如回京问皇太后去。

　　第二天，皇上传旨回京，等回到北京，皇上为难啦，我怎么问呀。

乾隆皇上很聪明，就想了一个办法。一天，皇上给太后请安问好去，乾隆就故意穿了一身汉装来见太后，皇太后一见吓了一跳，说："皇儿为何这般装束？"皇上说："儿这次下江南有人说儿貌似汉人，所以我穿了这身汉装看看像不像汉人。"皇太后心说，这准是有人跟皇上说了什么，要不他怎么能够说出这样的话来呢。可是过去的这件事儿又不能跟皇上说。老太后说："皇儿，想是我们生在关外，自从老祖宗进关四代了，已有一百多年，水土变了，人的模样也有变化。如果你穿汉装恐怕家人们不服，还是改穿满装吧。"皇太后的意思是说就算你是汉人的后代，现在你是皇上，也不能改为汉人，那些亲王们也不干哪！乾隆皇上是个聪明人，一听太后这话心里明白了八成，可是怎么才能把这事弄明白了呢？这是第一次下江南给乾隆皇上留下了一块心病。

第二次下江南，皇上夜宿秦淮河，这是皇上的一段风流事，把正宫皇后给气死啦。这回下江南打围，是第三次。因为皇上听说陈老太师在杭州开馆讲学，皇上想借这次打江南围，见着陈太师把自己这件事闹明白了。其实这事儿刘墉也听父亲说过，这回皇上自己把自己发到江南打围，刘墉就有点明白啦。他跟和珅保驾，只带三千御林军，由京城起驾了，每天只走六十里，这算一站地。这天君臣走到杨柳青，天到过午，正往前走，皇上一看，前边一千五百御林军都回头瞧。皇上纳闷，心说都瞧什么哪？皇上一回头，看见后边的御林军也回头往路旁瞧，这时和珅、刘墉也顺着大家的眼神儿往旁边一瞧，原来是在大道旁边有个农村妇女在碾小米，这个女人长得好看，围着碾台推碾碾米。刘墉转过脸来，就听皇上自言自语地说了几句打油诗：

"登古道，过荒庄，见一女子碾黄粮，玉腕杆头抱，金莲裙下忙，汗流粉面花含露，糠扑娥眉柳带霜，勤扫帚，慢簸扬，可叹红颜多薄命，配与村夫郎。"

刘墉听了从鼻子里哼了一声，心说皇上从宫里才出来这么几天，就瞧别人的媳妇好看啦。到晚上来到行宫住下，吃过晚饭没事儿，君臣三人坐在一起喝茶说闲话，突然皇上问刘墉、和珅："和珅、刘墉，你们说从古至今什么人的力量最大？"和珅一听，说："要说力量最大的，得说楚霸王项羽，能横推八马倒，倒拽九牛回，气吹房前瓦，恨天无把，恨地无环，那力量可够大的。还有三国的吕布，唐朝的李元霸……"皇上一摆手，"不对！刘墉你说从古至今什么人的力量最大？"刘墉说："臣我看，从古至今力量最大的莫过于美貌的女子。"

皇上说："怎见得？""今日您我君臣走在途中，路旁有一女子碾粮，长的貌美，三千御林军都走过去啦，还回过头来看一眼，那女子没用吹灰之力，全凭美貌就把三千御林军的脑袋都揪过去啦，您说这力量不小吧！"皇上一听："哼，不小！""还不用说三千御林军，连我主万岁您都回头瞧啦，还作了一首诗：登古道，过荒庄，见一女子碾黄粮，玉腕杆头抱，金莲裙下忙，汗流粉面花含露，糠扑娥眉柳带霜，勤扫帚，慢簸扬，可叹红颜薄命，配与村夫郎。万岁您是一朝之主，见过无数的绝色女子，这村妇貌美皇上您都作诗称贺，可见女子貌美这劲头够大的吧？"皇上一听："啊，是不小。"心说我得留神点儿，刘墉真厉害，连这点小事儿他都不放过呀！从这天起，皇上处处对刘墉都留神。

这天来到杭州，皇上要去金山寺。原来陈太师就在金山寺里讲学，皇上以上金山寺游玩为名，为的是找这位陈国老查问当年换子之事。皇上来到金山寺，老方丈带领众僧接驾，皇上传旨众僧免接，老方丈禅堂备茶侍候。和珅、刘墉随同皇上往里走，进了山门来在头层殿，殿当中供的是大肚子弥勒佛。这个佛像和一般的佛像不同，挺胖挺胖的，大耳朵耷拉到肩膀上，笑嘻嘻的。皇上问刘墉："刘墉！这是什么佛？"刘墉心说，你连大肚子弥勒佛都不认识？又一想，我要说是大肚子弥勒佛，他问我为什么叫大肚子弥勒佛，那我就得给他讲大肚子弥勒佛的来由吧，得讲多长时间呢，干脆我给他来个省事儿的。刘墉好转轴儿，赶紧回话说："万岁，此乃喜像佛，您看他多喜欢啊。"皇上一听这个气呀，心说明明是大肚子弥勒佛，他偏给胡起名儿，皇上想到这儿，主意来了："刘墉，我来问你。"用手一指大肚子弥勒佛，"他为什么见了我就笑哇？"刘墉心说，这不废话吗，他就是塑的这个模样儿。刘墉的话来得快，皇上一问，他的词儿就来啦，"万岁！此乃是佛见佛笑。您是佛爷，他也是佛，所以他见着您就笑啦。"皇上一听，心说他还真有词儿，"刘墉，他为什么见着你也笑哇？"刘墉一听心说，多新鲜哪，他见了谁都是这个模样，可是刘墉怎么说哪，见了皇上说佛见佛笑，跟皇上一样，那非剐了不可。刘墉的心眼儿多，话也来得快，皇上一问："他为什么见着你也笑哇？"刘墉说："他笑为臣没修道。"那意思是他笑话我没修道，是个凡夫俗子。皇上心说，我就问不住他。这时老方丈请万岁禅堂用茶，来到禅堂，皇上一边喝着茶，一边问老方丈陈太师在金山寺设馆讲学的事儿："陈太师在此设馆讲学，有多少门人？馆址哪里？"老方丈赶紧回话，"陈太师在此讲学门人三十，都是当地的举人秀才，馆址设在西院。""你去把陈太师请来，朕有话问他！""回禀万岁，陈太师因为身体有病，头几天已回家乡去啦，众门人也都去四处游玩，不在馆中。"和珅不理会皇上的一举一动，刘墉可特别的留神，听皇上一问陈太师，刘墉就吓了一跳，因为皇上的这事儿刘墉知道，听和尚一说陈太师不在，他就放心啦。可是还怕皇上传旨叫人去找，虽说陈太师的家离这儿远，也用不了三两天的工夫。刘墉赶紧把话给岔开啦，"万岁！来到金山，何不观看金山的美景啊。"皇上正在想，陈太师不在，我是打发人去叫他去呀，还是不叫他呢？听刘墉一说观看金山美景，那就逛一逛再说吧。于是君臣离了禅堂，老方丈带路在金山寺前后游逛。来到庙后，在庙的后边有一口钟，钟上有两个字，是"虫二"二字，传说当初青白二蛇水漫金山时，法海用这口钟扣过青蛇白蛇。其实没有那么回事儿。可是对"虫二"两字又没有别的解释。和珅他就把白蛇传的故事给皇上讲开啦，皇上也知道没有青蛇白蛇水漫金山这回事儿，也不反驳和珅，随他说去。刘墉围着这口钟转了一圈，又钻到钟的里边看了看。皇上见了刘墉这个样，心说，这么大岁数跟小孩一样。皇上来到山头，登高一望金山美景是好看，俗话说：上有天堂，下有苏杭嘛。皇上想要说景致优美还是江南，真是山清水秀，朕我要是能在南方建都多好哇，皇上想到这顺口做了一首诗：

金山竹影几千秋，
云锁高峰水自流。
万里长江飘玉带，
一轮明月滚金球。
远望湖北三千里，
朕到江南十六州。
美景一时观不尽，
天缘有分再来游。

皇上有了在江南建都的念头。可是刘墉在旁边一瞧心说，怎么着，您想在南方建都，不想回去，那哪儿行啊！你打江南围是我参的，您又是我保驾前来的，你不回去，我跟满朝文武怎么交代呀？刘墉一着急也顺口做了一首诗，要劝劝皇上别净贪玩儿，还是想着点国家大事儿。他这诗怎么做的呢？他这么说的：

> 我主吃水玉泉山，
> 万寿昆明紧相连。
> 楼台殿阁层层美，
> 庵观寺院处处全。
> 绣龙墩上龙虎聚，
> 文武百官个个贤。
> 千里长河观古画，
> 校尉三军演战船。

刘墉的意思是叫皇上饮水思源，头一句就是我主吃水玉泉山吗。还劝皇上多练海军战船。因为当时中国的海军很差，刘墉又是军机处大臣，他能不知道吗？那意思是：别光在南方游玩，还是回去办理国家大事要紧。暗含着就是咱们回去吧，不过没有明说。乾隆皇上也聪明，一听刘墉说的这首诗就明白啦，皇上一想，回去那就回去吧！

君臣三人离了金山寺骑马往回走，和珅心里不高兴，心说还没玩够呢！怎么就回去啦？一边骑着马走着，他一边给皇上讲着白蛇传的事儿，讲来讲去又讲到那口钟来啦。皇上想这"虫二"究竟是什么意思哪？这时离金山寺约有六里多地，皇上猛然把马勒住啦，和珅、刘墉也把马勒住啦。皇上问："刘墉、和珅，朕已知道'虫二'两字的原因了，不是扣过青蛇白蛇，乃是铸钟人赞美金山美景，用'虫二'两字夸奖，说金山寺的景致是风月无边，'虫二'两字加上边儿便是风月了。"和珅一听，"万岁所见甚是，奴才实为庸俗，还以为是青白二蛇哪。"皇上又问刘墉："你说对吗？"刘墉说："万岁说得很对，不过臣我早就知道啦。"皇上一听不高兴啦，"你什么时候知道的？""臣在金山寺看钟的时候就知道啦。"和珅在旁边不服气："刘大人，你说你在看钟的时候就知道了，有何为证哪？"刘墉说："我在钟的里边写上了'风月无边，刘墉题'可作见证。"那意思是我都写在那儿啦，皇上也不信，说："你我君臣回去看看。"君臣三人骑马又回来啦。来到挂钟的这个地方，皇上问："刘墉你写在哪儿啦？"刘墉用手一指："在钟里边呢。"皇上跟和珅蹲下腰往里边一瞧果然有"风月无边，刘墉题"七个字。皇上看完了，说："看来朕的学问跟你比起来还差着六里地呢。"要不怎么说现在有人说"论学问你跟我比，差着六里地呢"！就是打那会儿留下来的。不信，你要不信就去查历史去，保险历史上——没有。

　　他们君臣来回地一折腾，天晚啦。只好就住在金山寺。吃完了晚饭坐那禅堂喝茶，蜡烛的灯光很亮，皇上往后山墙上一看啊，挂着一张画，画上画着荷花出水。画得真好，可是不知道谁画的。因为这张画只有画没有字，怎么能知道是谁画的呀。皇上想，刘墉这个人从来没有叫我问住过，今天我非把他问住不可，我问他这画是谁画的，他也没法知道。想到这儿就问刘墉，"刘墉，你看这张画好不好？"刘墉顺着皇上的手一看忙说："这张画画得真好。""那我来问你这张画是谁画的？"刘墉心说，我哪儿知道哇，这上边一个字没有！又一想我要说不知道就叫皇上把我问住了。他眼珠一转，主意来啦，"臣启万岁，这张画要是从卖画人处买来的必有下款，某年某月某某画，要是本庙僧人画了准备送与别人的必有上款，赠与某某的字样。这画上下款俱都无有，想必是本庙僧人自己画了自己挂，就不需落上下款了。如臣说得不对，请万岁您说这画是谁画的？"皇上一听，唉！他倒问起我来啦！皇上心说，我哪儿知道谁画的呀。"按你说来，这'画上荷花和尚画'。"皇上说完了一想，这是个很好的对子上联，可是下联不好对，因为这是个珍珠倒卷帘，如果写出来这上联在字上是有区别的，可是从口头上说出来字音是一样，从上往下念是"画上荷花和尚画"。要是从下往上念也是"画尚和花荷上画"，听起来都一样。哎，我叫他给我对下联。"刘墉，你给我对个下联！"刘墉说："请万岁出题。"皇上说："你没听见啊！朕我说的是'画上荷花和尚画'。"刘墉说："臣给您对'书临汉墨翰林书'。"也是珍珠倒卷帘，跟皇上出的上联是一样的意思，乾隆皇上一听，心说我就是难不住他。就在这个时候，禅堂外边乱了，怎么啦？因为天黑以后凉下来了，在禅堂外边也就是方丈院儿有个荷花池，池塘里的蛤蟆叫起来啦。俗话说蛤蟆吵湾吗，那个乱劲就别提啦。皇上一听蛤蟆叫唤心说我叫你给我逮蛤蟆去，我问你这是什么喧哗，你准说这是蛤蟆叫唤，我说我没见过江南的蛤蟆，你逮几个来我看看，省得你总有的说。皇上想到这儿就说："刘墉、和珅！这外边什么喧哗！"和珅心说这不是蛤蟆叫吗，张嘴就要说，他把嘴都张开啦，皇上一瞧，心说要坏，没等他说出来，皇上先说啦："和珅，你的知识浅薄，准不知道，还是刘墉你说吧。"刘墉想，这蛤蟆他也不知道哇！还得问我……不对，这里边有事儿。我要说是蛤蟆，皇上说没见过蛤蟆叫我给逮几只去。我不上这个当。"万岁您问外面什么喧哗，乃是金山寺里的学馆讲学，众学生在那儿念文章哪。"刘墉想，你是皇上，不能说没见过念文章的吧。皇上一听那个气大啦，心说你刘墉太坏了，念文章的都成蛤蟆啦，我非叫你逮蛤蟆不可，"噢！是学生念文章，不知他们学得如何，刘墉你去叫几个学生来我要问话！"刘墉说："是！"得！还得去逮蛤蟆。刘墉从禅堂出来奔荷花池，来到池边把靴子脱了，袜子扒啦，裤腿往上一挽下河逮蛤蟆。可是蛤蟆一见有人来都跳水里浮到那边去啦，刘墉转到那边儿，蛤蟆又浮到这边来啦，刘墉来回好几趟也没逮着一只蛤蟆，把刘墉急得直出汗。可巧在池边趴着一只王八，伸着脖子正在那儿喝风呢，刘墉一见心说，得啦，拿你交旨去吧！刘墉慢慢过去一伸手就把王八的脖子给卡住了，往起一提。这王八纳闷啊，我在这儿趴得好好的，你提拉我干吗呀！刘墉提拉着王八来到禅堂，往那儿一跪，把手往上一举说："臣刘墉交旨！"皇上一看，那气大啦，"刘墉！朕我叫你去学堂叫几个念文章的学生来，你为什么把这肮脏的东西拿来见我？""臣奉旨去学馆，没想到学生念完了文章都走啦，我把老师给您提拉来啦！"

（张春奎忆记）

借轿子

刘墉这个人跟谁都冒坏，他对他府中的佣人也犯坏。他在生活上特别俭朴，该俭朴的俭朴，不该俭朴的他也俭朴，就拿他坐的轿子来说吧，还是他做知县时的那顶轿子哪，轿围子都坏啦，不换，再补上一块，要补一个颜色的也好哇。绿轿围子补红补丁。轿竿拆了绑上半截扁担，就他这种轿子一阵风就能刮散了。轿子不换还可以，抬轿的得换换哪？他也不换，他那四个抬轿的，都是抬他爸爸刘统勋的，四个人是把兄弟，大爷七十四啦，最小的都六十九啦。都抬不动啦，四个抬轿的找刘墉请假。"中堂，我们跟您请长假啦。"刘墉一听："怎么着？不愿抬我啦？""中堂，不是我们不愿意抬您，是我们年岁大啦，腿脚不利索啦，我们摔着倒没什么，万一要把您碰着啦，我们担当不起！请中堂您赏假吧！"刘墉说："噢！为这个呀，好办，你们回去吧，明天我有主意。"抬轿的以为他明天找着人就换啦，谁知第二天抬轿的一起来，见抬轿的住的屋子里贴着好些纸条，纸条上是刘墉亲笔写的字，抬轿的一看哪，都把鼻子气歪啦。上边这么写的：本府抬轿之人嫌脚迟慢，可拄拐棍儿一根。抬轿的拄拐棍儿！这轿子抬起来可热闹啦，轿子里咳嗽，轿外边也咳嗽，别人的抬轿是四个人八条腿，他是十二条腿，还经常误事，别人上朝，他们也上朝，可是没一天不晚的。三更天起来四更天上朝，等刘墉到朝房啊，人家都办完国事要走啦，他也得回去。一天两天没关系，长了可不成啊！

这天，刘墉把抬轿的都找来啦，说："咱们上朝天天晚可不成！"抬轿的抓住理啦，说："中堂！我们岁数大啦抬不动啦，干脆换人吧！"刘墉说："不能换！老中堂去世的时候说得明白，咱们府的佣人一个也不许我辞。我有办法，别人上朝是三更起床四更上朝，咱们改改，二更起床三更上朝就晚不了啦。"抬轿的一听，是非抬他不可呀，没办法只好依着他。每天早起一个更次。这天睡迷糊了，他一睁眼看屋里很亮，是月亮照的，他以为天亮啦，他把张成刘安都叫起来啦，"张成！刘安！快起来。"俩人睡得迷迷糊糊的就爬起来啦："什么事中堂？""快叫抬轿的，顺轿上朝。"张成刘安到抬轿的那儿，也不知道是哪的事，把轿子抬出来，刘墉上了轿，张成打引马，刘安骑跟骡，刚到东华门，老远就听：梆！梆！梆！三更天，刘墉一听赶紧用靴子一跺轿底，轿子打住，张成下了引马来到轿前单腿打千："中堂！什么事？"刘墉说："什么事？早啦，刚三更，城门还没开哪。"张成说："那咱们回去吧！"刘墉说："不行，三更到这一回去就四更啦！再回来咱们又晚了。""那怎么办呢？"刘墉说："我有主意，把轿子放在甬路上，你们把马拴在树上，你俩靠着树睡一会儿，抬轿的靠着轿子迷迷糊糊，我在轿里打个盹。"好吧！一个中堂带六个佣人打野盘。凉风一吹都睡着啦，开城打点他们没听见。上朝的一拨一拨的全来啦。来得最早的是和珅，他是九门提督，和珅那四个抬轿的都二十多岁，高个子腿长过步大，走起来跟一阵风似的，这四个抬轿的有首诗：头一个是扬眉吐气，第二个不准放屁，第三个低头看脚，第四个多走八里。什么叫头一个扬眉吐气呀？第一个抬轿的是阔胸脯，一手叉腰，轿竿在肩膀上吃五分肩，嘴里说行话，一走起来是这样的（学抬轿的动作）：左边照，右边照，边门大踢，踢不着，左脚蹬空，右脚蹬空。这是什么呀？这是抬轿的行话，左边照是叫后边抬轿的往左边瞧，右边照是往右边瞧。边门大踢是道路当中有块石头，踢不着是碰不上，左脚蹬空，是左边有个坑，右脚蹬空，是右边有个坑，说起来一串儿，非常好听，"左边照，右边照，边门大踢，踢不着，左脚蹬空，右脚蹬空"。那要双脚蹬空哪？这掉沟里啦！管家和喜打着引马，轿后有两个人打着气死风的灯笼，灯笼上边写着九门提督，斗大的一个和字，一阵风似的就来啦。和喜打前引马正往前走，一看前边甬路上黑乎乎的有东西，仔细一看把和喜吓了一跳。他一看就知道是刘墉的轿子，因为是绿轿子补的是红补丁，轿的四个犄角挂着四个小灯笼，里边有半截蜡头总不点，就半截蜡头在灯笼里都两年半啦，和喜心说，就这个轿子一扒拉就碎，风一吹就散，刘墉把这个破轿子落在这儿不一定要讹谁哪？甬管谁只要是碰坏了，他准得讹人家个新的。别给我们中堂惹祸，干脆走甬路下边吧。甬路下边是走车的，高矮不平，坑坑洼洼。和喜一领马头就下甬道啦。抬轿的跟着引马走，引马上哪儿，抬轿的就上哪儿。到甬道下边一走，头一个抬轿的也就不扬眉吐气啦，因为下边净是砖头瓦块，深坑浅坑，也踢不过来啦，也净蹬空啦，四个抬轿的摇摇晃晃，和珅在轿里，那乐子大啦。脑袋净碰轿帮，"梆！"左边一下，"梆！"右边一下。和珅一跺轿底，轿子打住，和喜下马请安，问："中堂，什么事？"和珅说："把看街的给我叫来，这路为什么不平？"和喜说："中堂，甬路很平，咱们走的是甬路下边。"和珅说："为什么不走甬路上边？""回中堂，上边过不去，有人挡着哪！"和珅问："谁这么大胆子，敢挡着甬路。"和喜用手一比画说："他！"拍了拍自己的后背，和珅就明白了是刘罗锅，和珅心想你刘墉谁都讹，今天又把破轿子挡着甬路，不叫别人走，别人怕你，我不怕，想到这儿说："上甬路！撞！"和珅没想到刘墉在里边坐着，他要知道刘墉在里边，他也不敢。抬轿的一听叫撞，主人有话他们还敢不撞吗？其实刘墉这轿子甬撞，一碰就散，和喜没敢撞，骑马从旁边过去啦，和珅的轿子从旁边也能对付着过去，他说让撞，这四个抬轿的你一拳，我一脚，刘墉这轿子"咔嚓"从甬路上边摔到甬路下边来啦。抬轿的砸醒啦，张成刘安也醒啦，赶紧把轿子扶起来，再找中堂没啦，他俩直喊："中堂！中堂！"西北角有人说话："别嚷，我在这儿哪。"俩人过去赶紧把中堂扶起来问："中堂，没摔着你哪？"刘墉说："没摔着，去看看，谁的轿子撞的咱们？"张成撒腿就跑，没多远就看见和珅轿后的气死风的灯笼啦，赶紧回来禀报："是和中堂的轿子撞的。"刘墉心说，和珅！你要把我撞死呀？心里生气，脸上可没有带出来，说："别嚷啦，人家不是撞咱们，是叫咱们来啦，咱们的轿子不太结实啊，人家一扒拉就掉下来了，谁也不能往外说，怪寒碜人的，来把轿子扶起来，上朝。"抬轿的说："中堂，您骑马吧！"刘墉说："我是文官，不能骑马，坐轿。""轿子坐不了了。""怎么？""底掉啦。"轿子没底那还能坐呀！刘墉说："没关系，你们把轿子搭起来，我从底下钻进去，你们抬着走，我在里边溜达着。"那多难看哪，四个人抬轿，下边十条腿！刘墉没办法只好骑马。皇上赐给他的穿朝御马，他骑马上朝，抬轿的修理轿子。

刘墉来到朝房不动声色，办完国事，到了下朝的时候，满朝文武先后都走啦，朝房里只剩下刘墉跟和珅啦，和珅站起来冲着刘墉一抱拳说："刘中堂，学生跟您告辞。"刘墉说："和中堂，明天我要出门会客，我想跟您借样东西。"和珅一听心说来啦！刘墉接着说："我那个轿子实在坐不出门去啦，我想借和中堂的轿子坐一坐，成吗？"和珅一想，他借了去要不往回送，我怎么往回要哇："这个……"刘墉没等和珅说话，"我不但借轿子，还得借抬轿子的，我那抬轿子的岁数大啦走不动，连你今天那四个抬轿的一块借怎么样？"和珅一想这行，他不能把抬轿的轰回来把轿子留下，那样抬轿的有话说，你把轿子留下，我们回去怎么说呀。和珅说："刘中堂，您什么时候用？""明天。""好，我明天叫他们把轿子给您送去。"刘墉说："我谢谢您。"说完话两人分手啦，刘墉回府先不提，单说和珅回到府中，把抬轿的叫到书房说："你们今天惹祸啦，把刘中堂的轿子给撞啦！"四个抬轿的一听，说："中堂！是您叫撞的。"（倒口）和珅："你们不用害怕，刘中堂要借咱轿子和你们四个人用一天，你们四个人明天一早把轿子给他送去，每人在账房领两吊钱的饭钱，刘墉那个人很小气，他不管饭不许你们跟他要饭吃，听见了没有？"和珅他不嘱咐还没事，他这一嘱咐倒出事啦。

第二天早晨起来，四个抬轿的每人领了两吊钱，抬着轿子来到四牌楼礼土胡同刘墉府门口，把轿子放下，正赶上刘安从里面出来，四个人赶紧请安："给管家大人请安，你们中堂哪管我们中堂借的轿子来啦。"刘安说："你们四位在这儿等一等，我给你们回禀一声。"刘安到书房，刘墉正在书房坐着哪，"给中堂请安，和府给您送轿子来啦。"刘墉问："抬轿的来了吗？""来啦。""是昨天撞咱们轿子的那四个小子吗？""是那四个人。"刘墉说："传话出去，说我出迎。"刘安一听，怎么还接抬轿的呀！刘安来到外边就喊："中堂出迎！"四个抬轿的纳闷：他们府里怎么还接抬轿的呀？刘墉从里边走出来啦，穿一身土紫花布的裤褂，山东皂鞋，白袜子，手里拿着长杆旱烟袋。四个抬轿的赶紧请安，"给中堂请安。"刘墉抱拳拱手说："辛苦！辛苦，有劳你们把轿子送来啦，张成啊，快到客厅打帘子，四位客厅请！"四个抬轿的都糊涂啦："中堂！客厅不是我们待的地方，我们在门房坐会儿就行啦。"刘墉说："不！外来的是客！请请请。"说着话他头里走，四个抬轿的没法只好在后头跟着，来到客厅张成打起帘子，刘墉往里边让，"里边请！"四个抬轿的不敢往里走哇。刘墉先进了客厅，站在屋里点着手叫："进来！进来！"四个抬轿的没法只好进来啦。刘墉往当中一坐，四个抬轿的一边俩往那一站，刘墉叫张成、刘安："刘安、张成看座！"张成、刘安赶紧搬来四把椅子。刘墉说："请坐！"四个抬轿的赶紧请安:"在中堂面前哪有我们的座!"刘墉说:"我这府里跟和中堂的府里不一样,这是上台一出戏,下台狗臭屁。上朝办公我是中堂,你们是佣人。公事办完了就是那么回事。我没事儿还跟张成刘安老妈子一块斗纸牌哪?昨天张成还赢了二百四十吊钱哪!是吧张成?"张成说:"啊!"心说这都是哪儿的事呀?四个抬轿的这才坐下,可是不敢坐实在了,都是两手按着磕膝盖,挺着腰板,屁股挎着一点椅子边,防备刘墉问话,他要问谁,谁好站起来回话,今天刘墉也怪啦,不问是不问,一问就四个人一块问:"你们四位都贵姓啊?"四个人全站起来啦,"中堂,我姓王,他姓李,这个姓张,那个姓赵。"刘墉说:"坐下吧。""是中堂。""你们四位都是一个地方的人吧?"四个人都站起来啦,"回中堂,我们都离着能有几里地。""坐下吧。""是!""你们四位多大啦?"四个人都站起来啦:"'我二十七,他二十六,那个二十五,这个岁数最小才二十一。""坐下吧!""站着吧!坐下起来更累得慌!"刘墉一回头叫了一声:"刘安!"刘安答应:"在。""我光顾说话啦,你倒是快去沏茶呀!沏我茶叶罐里的好茶叶。"刘安答应转身拿了一把茶壶,打开茶叶罐的盖,往壶里抓茶叶,他眼瞧着刘墉,手里抓茶叶,自言自语地唠叨着(学抓茶叶的动作):"我跟中堂这些年都没在他面前坐着过,今天这四个抬轿的倒坐着,中堂不定安的什么心哪?反正没好事儿,他能有这好心眼,哟!"都抓满啦,又倒出来点儿,拿到厨房沏好茶端回来,倒了四碗,每人面前一碗,刘墉说:"这茶叶是安徽道台送给我的,我都舍不得喝,我知道你们抬轿子的好喝茶叶,来,你们尝尝吧。"四个抬轿的一看这茶是金黄色,一闻香味扑鼻,四个人一个喝了一碗,是真好哇!可坏啦,这茶一下去,这肚子受不了啦,就听肚子里直叫唤:"咕噜,咕噜,咕噜。"直响啊!刘墉叼着烟袋问:"真的,你们四位吃了饭没有哇?"这可叫四个抬轿的为难啦,怎么说,临来中堂嘱咐叫我们别跟他要饭吃,要是说吃啦,他叫抬他走,还不知道上哪去。还是那个抬轿的头儿会说话,赶紧站起来说:"回中堂,您问吃饭了没哪,吃啦,吃啦是吃啦可是昨天晚上的,今天早上他们仨吃啦,我还没吃哪。"那仨人小声说:"我们也没吃哪。"刘墉一听就乐啦:"吃啦是吃啦,没吃就没吃,人是铁,饭是钢,不吃饭哪儿行啊,你们等着,我去吩咐去。"

说完话他出去啦!遄奔厨房,他来到厨房,厨子正忙着做饭哪。刘墉一进厨房就问:"厨子,会做饭吗?"厨子心说,厨子有不会做饭的吗？厨子可不敢说会，他怕刘墉跟他犯坏，说："中堂，您说说做什么饭，也许能做。"刘墉说："今天我请客，这客人是和中堂府里抬轿子的，因为昨天他们撞了我的轿子，差一点把我摔死，所以今天我请他们吃饭，也不用做好的，就是请他们吃炖肉烙饼，你给炖四斤肉，烙四斤面的饼。"厨子一听这饭好做，说："行！"刘墉问："这肉怎么炖哪？"厨子说："白水把肉炖烂，放好调料，炖烂了就成啦。"刘墉说："不行！他们都好吃咸，不用水炖，用酱油炖，加上四斤盐，要是不够咸现倒上一罐豆腐乳。"厨子说："行啦！"刘墉说："烙饼用二斤盐水和面，每张饼里再加二两细盐。"厨子说："这还能吃吗？""就这样做！"刘墉回客厅，没有多大一会儿，厨子把饭做好啦，来到客厅，在哪儿开饭，刘墉说甭上饭厅啦，就在客厅吃吧，厨子把饭菜端进来往那儿一放，厨子出去啦，他可没走，站在外边，心想我得听听这是怎么一回事儿。四个抬轿的一看这炖肉的颜色这个好哇，就是那个肉都在碗里立摆着，盐拿的。刘墉说："我这也没什么好的，炖肉烙饼，我就爱看你们下力地吃饭。头几天我花园的墙塌了，找了几个瓦匠修墙，其中有个能吃的，我一看高兴了，赏给他二两银子，今天你们谁吃得多，我也赏银子。"抬轿的一听高兴啦！轿夫头儿往起一站说："这肉是四碗，咱是一人一碗，饼是十六张，咱一人四张，我这个谁也不能动。"他说着话把袖子挽起来啦，小辫盘好啦，伸手拿起筷子，夹了一块肉往嘴里一扔，嚯！就这一下连舌头都木了，这块肉在嘴里来回倒，就是咽不下去呀！实在没办法，又吐出来了，刘墉在这儿看着哪！用手一捋脖子这块肉才下去。旁边那个抬轿的一瞧就问："怎么啦？""怎么啦？咸啦？"那个一听不高兴啦！"肉咸啦！肉咸啦！在家吃炒黄豆芽不咸！我就不信它咸啦！"说着他也拿起筷子来了一块，跟他一样照旧咽不下去，在嘴里倒了半天也用手捋下去啦，"是咸啦！"他俩这么一来，那俩也不敢吃啦，四个人瞧着炖肉谁也不敢动。刘墉问："怎么不吃了。噢！大概是口轻了吧！来，切点咸菜来！""不，中堂，口重呢！"刘墉一听："怎么，口重了，我尝尝。"他把筷子拿起来啦，他不夹肉，他用筷子蘸点汤往舌头上一点，刺了一下，这舌头当时就木了，往外一唾，呸！"这个厨子！"厨子在外边听着哪。一听口重了，说要坏！就听刘墉说："我能吃这么咸的，他们哪儿吃得了哇。"厨子心说甭装蒜，你也没法吃，刘墉说："你们也是，先吃肉还不咸吗！"说着话他把饼拿过两张来，往桌上一铺，把肉往饼上一夹，用饼把肉这么一卷说："这么吃不就行了吗。"轿夫头儿一看，还是中堂会出主意，您赏给我吧。他把饼接过来就咬，咔嚓一下那饼里的盐还没化呢。刘墉问："怎么样？""怎么样，更咸了。"刚吃咸吃过两口来就不咸啦，嘴都木啦，等饭吃完啦，这四个抬轿的嘴里连一点吐沫都没啦。这会儿，像刚才喝的那个茶来两碗多好哇，抬轿的再找哇，连茶影儿都没啦。刘墉说："今天拜客的路远，在京西门头沟哪。"抬轿的一听，啊！好嘛，六十里。

刘墉吩咐顺轿，四个抬轿的光比画不说话，舌头都不能打弯啦！刘墉坐着轿，张成打引马，大轿往前走，走了没有半里地，这抬轿的受不了啦，这个跟那个说："你扶着点，我喝水去。"上哪儿喝去呀，找水井吧。这个抬轿的找到水井喝了一气凉水回来啦，那个抬轿的问："你在哪喝的？"这个说："那边有水井。"那个说："我也喝点去。"四个人来回地替着喝凉水，肚子里的肉本来就不熟，饼也是生的，再一喝凉水，这肚子受得了吗？又走了不到半里地，这个说："不行！得拉屎。"那个给扶着点他撒腿就跑，找个没人的地方解开裤腰带，往那一蹲，哗！就拉开稀啦，这个回来那个又去啦，四个人倒换着拉稀。出城走了十几里地，刘墉用靴子一跺轿底，轿子打住，张成问："中堂，什么事？"刘墉说："看我这记性多不好，今天不能去拜客呀，人家没在家，得明天去，咱们回府吧。"又把他给抬回来啦！到府门口刘墉下了轿说："四位吃了晚饭再走吧！"四个抬轿的一听吓得直摆手："不啦！"刘墉说："回去替我谢谢你们中堂。"刘墉进府啦。这四个抬轿的往回走，来的时候这四个人都是腆着胸脯精神百倍，现在呀，头也耷拉啦，胸脯也哈啦，腿也哈巴啦，抬着轿子用一只手扶着墙就回来了。来到府里碰着和珅，和珅一看，这四个抬轿的快死了是怎么地？就问："刘中堂给你们什么好吃的把你们撑的这个样啊？"抬轿的一听说："什么好吃的，酱炒盐！"和珅问怎么回事？抬轿的把送轿子、请进府里喝茶吃饭的事一说。和珅这气就大啦，先叫抬轿的去休息，和珅想你刘墉太不对啦，撞坏你轿子的是我，你为什么跟抬轿的一般见识，你不敢惹我，拿抬轿的出气，又一想不对，他为什么不敢惹我呀？他这是先给我送个信，我得留神，再一想光留神不行，朝中有他，就没有我的好，干脆先下手为强，走对脚步我先要他的命。

（张春奎忆记）

讨军饷

　　和珅依仗着他在皇上面前得宠，在满朝文武官员中他谁也看不起。别说，他就是不敢惹刘墉。因为刘墉的底子硬，有真本领，办法多，和珅真有点斗不过他，可是和珅总想找个机会叫刘墉吃点亏。这天凑巧啦，皇上又给和珅加了个官衔，又封了他个什么官儿哪？皇上叫他管带正黄旗满洲都统。圣旨一下满朝文武都给和珅道喜，刘墉也过来给和珅道喜："和中堂，恭喜！恭喜！"和珅一见刘墉给他道喜，他的主意来啦，咳嗽了一声说："刘中堂，您看我多了一份差事，多一份麻烦，我刚刚接任，下边的公事就上来啦，说军兵饷银不足，要我在皇上面前讨讨饷，刘中堂，您想想我刚接任就给讨饷？为这事我还是真发愁。刘中堂，您在皇上面前很有人缘，我想求您在皇上面前给美言几句，替八旗军兵讨讨饷如何？"刘墉一听心说，和珅你别给我来这套，你给八旗军兵讨饷是应该的，你是满洲都统，你不管谁管哪？叫我管，我管得着吗？再者说我是汉官，管不着八旗的事，我跟皇上一说，皇上准恼，说我是沽名钓誉，就得罚我的俸银赏八旗。我要说我不管，你背地里说我刘墉没本事。今天我装回傻，叫你和珅看看我有没有本事。想到这儿刘墉问："和中堂，不知要讨多少日子的饷银才够哇？"和珅心说多少日子，你跟皇上一说，皇上就得恼。和珅说："还多少日子，能讨个十天半月的就不少啦。"刘墉说："那够干什么用的，十天半月的就不费那个事啦，不讨是不讨，要讨就得像个样。"和珅说："刘中堂，你说讨多少日子的？"刘墉说："要讨就讨一年的。"和珅说："我先替军兵谢谢您刘中堂吧。"和珅心说你也就是说说大话吧。

　　就在这个时候太监传旨："有本出班早奏，无本卷帘散朝。"刘墉搭茬儿："刘墉有本！"小太监往上回奏，皇上叫刘墉随旨上殿。刘墉来到金殿三拜九叩，山呼万岁，愿我主万寿无疆，臣刘墉见驾。皇上闪龙目往下观看。什么叫龙目哇？因为皇上自称真龙天子，所以皇上浑身上下都有个龙字。眼睛叫龙目，脑袋叫龙头，可不是自来水管子。手叫龙爪，脚叫龙足，脖子叫龙梗，娘娘哪叫凤梗，做官的虎梗，老百姓叫脖梗轴子。反正什么到皇上那就得带个龙字。皇上问："刘墉有何本奏？"刘墉说："启奏万岁，臣上殿一不参文，二不参武，没有折子奉上，也没有国事议论。只是臣走在大街之上，看见八旗军兵实在困苦，食不充饥，衣不遮体，望万岁开恩！"皇上一听心说，刘墉往常说话非常留心，今天可露空啦，他这是给八旗军兵讨饷啊，你是汉官管不着八旗的事。我问他，你给军兵讨饷啊，你只要说是，我就罚你的俸银赏八旗，你这叫越权。皇上想到这儿就问："刘墉，听你之言是给八旗军兵讨饷啊？"刘墉心说只要我一答应，他就罚我的俸银赏八旗。刘墉说："臣不是给八旗军兵讨饷，是为了我主的江山社稷平稳。"皇上说："你明明是给八旗军兵讨饷，怎说是为我的江山平稳？"刘墉说："八旗军饷银要足，一个个吃得是虎背熊腰，抵压外国也不抗上，岂不是为我主的江山平稳吗？"皇上一想我别问他啦，再问他也有词，"刘墉，你说他们苦必是苦，朕我赏给他们两个月的饷银。"刘墉一听心说我还没说完哪，你就给两个月，我得要一年的哪。可是刘墉不敢说不行，皇上说出来叫旨意，不听是抗旨不遵，掉头之罪，刘墉一想先领两个月的再说。刘墉磕头谢恩，来到朝房，和珅在那儿等着哪，就问："刘中堂怎么样了？"刘墉说："皇上给两个月的。"和珅心说他怎么叨咕的，"刘中堂您不是说一年吗？"刘墉说："是一年，明天再去就够一年啦。"和珅想，今天他走运，讨下两个月的来，明天他就不敢去啦。

刘墉干吗不敢去呀？第二天他又去啦，他往金殿那一跪还是那套词，一不参文，二不参武，没有折子奏上，没有国事议论，走在大街上看见八旗军兵实在困苦，食不充饥，衣不遮体，望我主开恩。皇上一听跟昨天一样，心想我别跟他废话，反正我问不住他，他早把词想好啦，干脆再给两个月就完啦。皇上叫他给唬住啦，皇上说："刘墉，昨天你说他们苦，朕给了两个月的饷，今天你又说他们苦，朕看在你的面子上，再给两个月的。"皇上也动心眼儿，送刘墉个人情，今天是看你的面子。刘墉谢恩下殿来到朝房，和珅问："刘中堂怎么样？"刘墉说:"又给两个月的。"和珅纳闷呀!说:"这还不够一年哪?"刘墉说:"明儿再去就够啦。"明天还去?转过天来刘墉又去啦。来到金殿往那儿一跪。皇上一瞧跟头两天一样,没等到刘墉说话,皇上就说:"刘墉!你今天上殿是一不参文,二不参武,没有折子奏上,也没有国事议论,又是在街上看见八旗军兵实在困苦,食不充饥,衣不遮体,叫我开恩!对吧!"皇上这是恼啦!要是别的做官的随便找个话题就走啦,刘墉不是这样,他赶紧磕头,"谢主隆恩。"皇上说:"你谢什么恩?"刘墉说:"您说啦是,就省得臣我往上回啦。"皇上说:"你省事啦!刘墉前天你说他们苦,朕当赏了两个月的,昨天你说他们苦,朕我又赏了两个月的,今天你还说他们苦,朕当再赏两个月的,那就半年啦……"刘墉说:"谢主隆恩。"皇上说:"你又谢什么恩?"刘墉说:"您不给俩月啦,给半年的啦。"皇上说:"嗳!我说前天两个月,昨天两个月,今天再给两个月加在一起不是半年吗!"刘墉说:"您没说明白,臣也没听明白,君无戏言,我已经谢了恩啦,得啦!您就给半年吧!"皇上一听,说:"半年就半年!"刘墉说:"谢主隆恩!"皇上问:"你又谢什么恩?"刘墉说:"您给一年啦。"皇上说:"谁说给一年啦?"刘墉说:"您刚说半年就半年,您想这半年再加上半年不是一年吗。"皇上说:"一年哪,行!"怎么行啦?皇上不敢说一年就一年,那就成两年啦?

　　八旗军兵一领饷银就是一年的,那街上还不繁华吗?有两个人都从户部里领出银子来,前边走的是个上了岁数的,后边跟着的是个年轻的。两人一人兜着一兜银子,前边的老头没留神掉了一包银子,后边年轻的看见啦,喊前边的老头:"老大爷,掉银子啦!"前边那个老头连头也没回就问:"是大包的小包的?""大包四两二。""大包的我也不捡啦,一毛腰就头晕,得啦!小伙子你捡起来闹碗茶喝吧!"那个小伙子一听不高兴啦,"什么?我捡起来闹碗茶喝,别来这套!你有钱是怎么的,你是皇上家的旗人,我也给皇上当差!凭什么你的钱我捡起来闹碗茶喝!"说到这儿小伙子把银子往地下一倒:"来,您捡起来弄顿饭吃!"他把银子倒那儿啦,老头一听可急啦,一转身说:"你敢跟我比!告诉你我三个儿子哪个也比你强!你倒这儿我不敢倒吗!"说着也把银子倒那儿啦。"来!您闹顿饭吃!谁要捡这银子谁他妈的不是东西!"两人一个往东,一个往西都走啦。看街的过来啦,"咳,二位回来!你们把银子倒这儿是怎么回事儿,待会有人走在这儿要是硌了脚儿怎么办？这都没影的事。"看街的拿来耙子搂吧搂吧搂吧垫了车辙啦。亭上的老爷看见啦，过来给看街的一个大嘴巴：他妈的！垫这啦？那轿车过来要是硌坏了车瓦哪！撮起来倒沟里去！要不怎么留下这么一句话哪：乾隆年，乾隆年，遍地都是银子钱。您想，当时北京就仗着八旗军兵，他们的钱多做买卖的兴旺，茶馆，酒铺，饭馆一天到晚是拥挤不动。

在东四牌楼有一家饭馆叫避难馆，这是这家饭馆的外号。因为每年的大年三十这天晚上，别的饭馆和买卖都不营业啦，这家饭馆还是照常营业专卖包饺子。有的人欠债还不了，三十晚上债主要账，逼得没有办法，上哪躲着去呀？就到这家饭馆来躲账，谁要是到这家饭馆来要账，饭馆掌柜的跟谁拼命。谁在三十晚上找这个不痛快呀！日子长啦，都叫它避难馆。外号叫开啦，反倒没人叫这家饭馆的字号啦。在这饭馆里，有几个人喝酒吃饭，其中有个人就问同桌吃饭的，"你说皇上为什么给咱们这么多的饷银？"那个说："一定是皇上知道咱们苦吧！"那个又说："皇上在皇宫里能知道咱们的事？这是有大臣保的本。"旁边那个问："谁呀？""谁？我听说是刘中堂刘大人给咱们讨的饷。"旁边一位说："哎呀！刘大人是汉宫，管不着满洲人的事啊。"这个说："是呀！刘大人是汉宫，倒给咱讨的饷，和珅倒是满官，那他怎么不管咱们的事。他刚荣升任九门提督的时候，一年就欠了咱们两个月的饷。其实皇上给啦，全叫他扣起来了，要不他又置房子又娶姨太太，那钱是哪来的？都是咱们的。"大家你一言我一语的就议论开啦。有人就说咱们怎么谢谢刘中堂啊，有人说咱们送给刘中堂万民衣，万民伞，万家送给一块匾，来表表咱们的心。大家这么一议论，北京四九城都知道啦，就在八旗军兵中推选了几个有年纪的人去办这个事，可是都叫刘墉谢绝啦。大家没办法，也不知谁出了个主意，等刘墉上朝来的时候给刘墉烧香！这事一传开可不得了啦，北京所有香蜡铺的香都卖完了。来买香的说："掌柜的，我们买香。"掌柜的说："对不起，香卖完啦。"买香的说："掌柜的，我们是给刘中堂烧香。"掌柜的说："给谁烧也没啦。""你那里放的什么？""那是线香。""线香也行。反正是香。"一会儿把线香卖完啦。又来了四十多人买香，"买香！买香！"掌柜的说："众位！连线香也卖完啦！""那是什么？""那不是烧的香，那是熏蚊子用的蚊香。""蚊香也行！只要冒烟就行。"把蚊香也卖完啦。又来了六十多人买香，掌柜的说："这回可没办法啦，连蚊香都卖完啦。""那儿放着一摞一摞的是什么？""那是盘香。""盘香！也行，拿竹竿挑着烧。"

这天刘墉上朝，才到东华门大街，在甬路两旁就像两条火龙似的，把刘墉吓了一跳，怎么活着就给我送三哪！刘墉用脚一跺轿底，轿子打杵，张成赶紧下马来到轿前请安："中堂！什么事？"刘墉问："这么多烧香的是怎么回事？把地方官给我叫来！"张成答应是，把地方官叫来啦。刘墉问："你是地方官？""给中堂当差。""你姓什么？""我姓全。""叫什么？""我叫全不管。"刘墉一听全不管！"这么多人烧香是干什么的？""回中堂！这都是八旗军兵，因为您给讨了一年饷银，大家感激您，给您烧香。"刘墉一听，我赶紧下来吧。刘墉下了轿，吩咐地方官，"你去把他们当中上了年纪的找几个人来，我有话说。"地方官找来十几个岁数大的来到中堂面前，大家给中堂请安。刘墉说："你们大家不要给我烧香，这样不好，要是叫御史知道了，参我个沽名钓誉我担当不起。再说这银子是皇上给的，你们应当把武艺练好，一旦国家有难，你们要为国出力报效，养兵千日用兵一时啊！你们去跟大家说，快散了吧！"就在这个时候有一个大个子手里拿着四五股香，火苗子有三尺多高，来到刘墉面前说："中堂！这烧香是我出的主意！"他把香往前一伸，刘墉说："慢点！我胡子全烧着啦。"刘墉叫大家散开，他才上轿。刘墉的轿子刚过去，后面又来了一顶轿子，也是冤家路窄，来的正是和珅，他的轿前轿后都有灯笼，一看就知道是他。烧香的这些人还没走哪，有人说："瞧咱们的官，不管咱们的事，还克扣咱们俩月的饷，干脆咱把香都扔在他的轿子前边，叫他闻闻味。"一个带头扔全都扔，把和珅吓得不轻。和珅一跺轿底，轿子打杵，和喜下马，和珅吩咐把地方官叫来。和喜赶快地把地方官叫来啦。地方官心说今天我倒忙啦，来到轿前请安，"中堂您有什么事？"和珅问："你叫什么名字？""回禀中堂，我叫全不管。"和珅说："我看你就是全不管，这么多人是干什么的？""是烧香的。""上哪儿烧香？""回中堂，是给刘中堂烧香的。""为什么给他烧香？""因为刘中堂给军兵讨了一年饷银，大家无恩可报，给烧股香表表心意。"和珅一听心说我没阴了他，反倒给他买了好，可是他又不能说呀。就问："为什么我来啦都把香扔到甬路上？"地方官说："也不知道是谁说的，说这事儿是您的事，可是您不管，还有人说，可不知道是谁说的，您要叫我找这个人我也找不着。他们说您刚接任提督时，就克扣了俩月饷银，都叫您娶了姨太太啦。"和珅一听这个气呀！说："胡说！我娶姨太太不是那个钱……那是……你就别管啦。"差一点说了实话。和珅心里暗恨刘墉，他心想只要有刘墉在朝为官，我就显示不出来，非得把他除掉了不可。这天在朝房说闲话，和珅想了个办法是要害刘墉。

（张春奎忆记）

九头案（上半部分）

这个笑话的名字叫九头案。为什么叫九头案呢？就是在清朝道光年间北京顺天府的一个案子。牵涉到九颗脑袋的一桩公案。也就是这个故事的最后审出九个人头，一个也不少。那位说要是不够呢？没关系，差多少就把说相声的脑袋砍下来凑上。可是得砍他们那些个说相声的，可别砍我的，因为他们都不会说这段儿。

这事儿出在西四牌楼南边有个砖塔胡同，住着哥俩，姓塔，一个塔大，一个叫塔二，他们是旗人。老二在提督衙门当差，老大是个厨子，他可不在饭馆里干活儿，他是"红白口"的厨子，就是谁家办喜庆寿日请客他去造厨，没事就在家里待着。塔家一共三口人，塔大夫妻俩和兄弟塔二。塔大塔二的岁数差得很大，塔大三十多快四十的人了，老二才二十出头儿；因为塔二在三岁的时候父母就去世了，塔二是跟着哥哥嫂子长大的。塔大是戴孝成亲。过去那会儿，父母过世，三年内不能成亲，也就是说结婚得等三年孝满才成。因为塔二太小，塔大有时还要出去干活儿，没人照顾老二。亲戚朋友也知道塔大已定了亲，就劝他赶快成亲，也好照料家务。所以过了百天孝日，大家帮忙塔大就把婚事办啦。塔大奶奶家姓李，是彰义门外小井的，过门那年才十五岁。进门后要操持家务，还得拉扯三岁的兄弟，自己的丈夫有时活儿忙，三天五天的不回家，家里一切都塔大奶奶一个人忙。这六七年的光景，她把家治得井井有条，尤其对二弟特别的疼爱，她自己没有生养，把二弟看成自己的孩子一样。塔二在十八岁那年在衙门里当上了差，上两天班休息一天，上班时塔二就住在衙门里，休息这天就回家住，他嫂子总是在老二休息这天做点好吃的，有时兄嫂弟三人一块吃，塔大活儿一忙，就剩下叔嫂俩人。第二天老二上班，他嫂子总是把这两天老二该换的衣服准备好了带上，等下回休息再把换下来的衣服拿回来，她给洗洗。老二每月领的饷钱拿回来交给嫂子，他把嫂子看成自己的母亲一样。他嫂子总是把老二交来的钱单放着。她有个想法，老二快二十的人啦，也该成亲啦，自己又没有孩子，等老二娶了媳妇有了孩子，虽然我没有生儿养女，也算我对得起塔家，所以她就托人给塔二说媳妇。说媒拉纤的人走东家串西家，谁家有姑娘没婆家她们都知道，没有几天就有媒婆来提亲。媒婆的嘴都能说会道的，能把死人说活了，一见面就说这个姑娘怎么好，怎么能干活儿，简直的一点毛病也没有。可是塔大奶奶问明白了这个姑娘家的地址姓名，叫媒婆听信。她托人一打听，这个姑娘在家够疯的。大奶奶心说，这可不行，我得对得起老二，不能说十全十美，也得说得过去。媒婆说一个不成，就再说第二个，一连说了好几个，都不成。媒婆可就抱怨开了。媒婆就是指着说媒拉纤吃饭，总是说不成白跑腿，心说塔大奶奶挑得太厉害啦，可就不往好处想啦。有一天在街上两个媒婆见着啦，可就把自己胡思乱想的事全说出来啦。"哟！这不是张二嫂吗，您忙什么哪？""噢，刘大嫂哇！我这不是正忙着给人家保媒呢吗。""给谁家保的媒呀？""就是塔家的老二。""噢，塔家呀，成了吗？""没有哇，这不是昨天他嫂子跟我说，这个姑娘手拙，不会做活儿，叫我再给他找个好点的。""叫我说呀，您就别跑这瞎腿啦。头两个月我跑了好几趟，净姑娘说了四五个，一个也没成。""是呀！挑得这么厉害！""可不是吗，不是说人家的姑娘长得不好，就说什么手太笨啦，要不就说人家不正经啦。其实她根本没打算给老二说媳妇。人家不正经！我看她才不正经哪。你想想，塔大长的那个模样，跟半截黑塔似的，一脸上供的麻子，都一摞一摞的，她跟他能安心吗。老二又年轻，长得又漂亮，甭问，她准是跟老二有一腿，要不怎么说了这么多的姑娘都不成哪……""哟！照你这么一说，不成了塔大塔二这哥俩娶一个媳妇了吗？……"她们俩正说到这儿，身后有人咳了一声，俩人回头一看吓了一跳。谁呀？塔大。"哟，大嫂哇，这两天我肚子不好，我得赶紧回家。"说完了就走啦。俩媒婆都吓跑啦，她们说的话塔大全听见啦，一瞧两个媒婆全走啦。唾了一口吐沫，"呸"，心说什么东西，就凭我们那位大奶奶，可以说是百里挑一，自从进门之后，帮助我把兄弟拉扯起来，家务事没叫我操过心，把兄弟当成自己的孩子一样，能像你们说的那样吗？塔大没往心里去。也该着出事儿，过了几天，有两件事叫塔大疑心了。头一件事是塔大买了一件衣料，拿回家叫大奶奶给他做件大褂，大奶奶接过来打开包一看就乐啦，问塔大："谁做大褂呀！""我呀。""你也不看看，这颜色你穿好看吗？"什么色？是浅湖蓝，塔大说："这色多漂亮。""色是够漂亮，可得分谁穿哪。你长得本来就黑，再穿上这浅色的衣裳，更显着寒碜啦。我看这块料子给老二做得啦，老二年轻长得又漂亮，穿上准好看，明天我上街再给你扯块深色的。"塔大也没说什么，这事就过去啦。塔大这个人要是不喝酒，很明白，要是喝了酒哇，可就不那么明白啦。这是一件事。又有一次，这天塔大给人家帮了三天厨，活儿完了，早晨喝了点酒就回家啦。也是巧劲儿这天塔二也休班，塔大奶奶知道自己丈夫和二弟今天都回来，就买点菜和肉准备包水饺吃，弄好了馅，和了面自己连擀皮带包，这时塔大回来啦，一进门看大奶奶正忙着哪，就说："你忙什么？""我知道你今天没活儿，老二也歇班，给你们包水饺吃。""家里的，你还真疼我呀！"两口子，又没旁人说个笑话儿，大奶奶瞟了塔大一眼，鼻子里哼了一声说："要是你一人歇班呀，我才不理这个事哪，你们当厨子的什么好吃的都得先尝尝。今天是老二歇班，你呀……"说到这儿大奶奶一笑，"也就是沾老二的光吧。"塔大一愣，心说我真多余，刚要说话，大奶奶说："你把东西放下，洗把脸，我这就给你下水饺，省得一块吃再供不上。"塔大把家伙放下，什么家伙？就是厨师用的两把刀，用围裙裹着就放到桌上啦，洗完脸坐在那儿等着吃饭，一看没有酒啦，就拿了把酒壶去打酒。在砖塔胡同外头路西有一家酒店，酒店掌柜的是山西人，跟塔大常开玩笑。塔大来到酒店把壶往柜台上一蹾："喂，给咱好朋友打半斤。"掌柜的一看塔大就乐啦（学山西方言）："你是谁的好朋友？谁有你这样的好朋友，好朋友有这个吗？（用手比王八爬）谁不知道你们哥俩娶一个媳妇，你在家你媳妇跟你睡觉，你不在家你媳妇跟你兄弟睡觉。那天你在家里睡觉，你媳妇在门口站着，你兄弟回来啦，就在门口搂着你媳妇亲嘴，亲得那个响啊！我在胡同外边都听见声儿啦。"说着笑话，把酒打好了，往柜台上一放说："给你拿回喝去吧，喝完了睡觉，省得你兄弟回来搂着你媳妇亲嘴，你看着也难受。"本来塔大和掌柜的常开开玩笑，要是往常塔大准还嘴说掌柜的，然后两人一笑就完啦。可是今天塔大没还言，只是两眼发直脸上一红一白的，拿起酒壶转身就走。酒店里有好几个喝酒的，先听他们玩笑都在旁边拾笑。塔大一走，有个喝酒的就说掌柜的："你们这玩笑开得太大啦，塔大脸上的气色不好，可别闹出事来。"掌柜的说："不能。我们过去玩笑有时比这还厉害，再说塔大也不是那样人，出不了事。"怎么出不了事？事儿，就出在今天。塔大往家走，边走边想，心里说大丈夫难免妻淫子不孝，要不怎么这么多的人都说我老婆跟我兄弟……噢，对啦，那回我买回来的衣料，她说我长得黑，穿浅色的不好看，说老二长得漂亮。哼！她是早就看不上我呀。塔大回到家，他媳妇在厨房下水饺，塔大在堂屋椅上一坐拿着酒壶嘴对嘴地喝，自言自语："没想到哇，会出这个事！在门口就搂着亲嘴儿，胡同口外头都听见啦……"他说到这儿，大奶奶端着水饺进来啦，就听见说胡同口外头都听见啦，就问塔大："什么胡同口外头都听见啦？"把水饺放在桌上。塔大一瞧他媳妇进来，本来有点醉啦，就问塔大奶奶："我问你点事，是我娶的你呀？还是我兄弟娶的你呀？"大奶奶一听这气可就大啦。这不像人话呀！还能有好话回答吗？大奶奶的嘴也够厉害的："那我可不知道，你们塔家的事儿，得问你自己，还问得着我姓李的吗？""那好，我再问问你，我在家你跟我睡觉，我不在家你跟谁睡觉？"差一点没把大奶奶给气死，这都是没影儿的事。大奶奶说出来的话更难听，拿话塞他："你不在家我也许跟倒水的睡去，不放心哪，你把我锁柜里，我还许跟耗子飞眼儿呢。""什么，跟倒水的睡，要真跟倒水的睡去倒好啦！可是你……没出自家门呀，你跟老二……咳，我真没法说呀，你们也别背着我在门口搂搂抱抱的，干脆我走，你们放心大胆地去睡，我也别碍你们的眼！睡可是睡，可别把脑袋睡没了，我走啦。"说完了一提手，把围裙包的两把刀往胳肢窝里一夹就走啦。塔大说这话的时候，大奶奶气得直哆嗦。塔大一走，大奶奶哇的一声就哭啦。她心里难受哇！心想我哪一点儿对不起你们塔家，我十五六过门，虽然没有侍候公婆，可是三岁的兄弟是我把他拉扯起来的，你们哥俩穿的戴的哪一样不是我一针一线给做的，大奶奶先是有声有泪地哭，后来是无声流泪地抽泣。就在这时塔二回来啦，今天塔二歇班，早晨从衙门出来给朋友办点事，赶着中午回家来吃饭，塔二来在家门口，一看门没关，迈步就进来啦，到院里往北屋一瞧，隔着玻璃就看见嫂子一人在屋里那儿哭呢。塔二咳嗽了一声，没往自己住的南屋去，就往他嫂子的北房来了。大奶奶隔着玻璃一看老二回来啦，赶紧拿手巾擦了擦脸，心想三天才歇一天班，别叫他心里不痛快，这事可不能叫他知道了。这时塔二走进屋来，给嫂子请了个安，就说："嫂子，您又跟我哥哥生气啦？你们都是老夫老妻啦，还抬扛拌嘴干吗？得啦！您也别生气了，什么事儿都看着我，等我哥哥回来我说说他，给您消消气儿。"他嫂子心说，不看你还好，看你就更坏啦。原本大奶奶不想把今天的事儿叫塔二知道，可又一想不成，要是不跟老二说清楚了，到了晚上塔大回来胡搅蛮缠，就是有理也说不清啦，想到这儿她眼泪又下来啦。擦了擦眼泪说："老二，你坐下，听嫂子我跟你说，今天我跟你哥抬杠，这里边可有你。"塔二一听可纳闷了，心想我好几天没回家来，虽然这是我哥哥嫂子，可是跟父母差不多，从小把我养大的，怎么他们打架会有我呢？就问："嫂子，怎么有我？"他嫂子叹了一口气："也不知道你哥哥是听谁说的，愣说你我叔嫂有……"下边的话可就说不出来啦，老二紧盯着问："嫂子，他说咱们有什么？""他说咱们叔嫂有不规矩……"塔二一听就把脸气白啦，瞪着两眼，大声叫着哥哥："哥哥呀！哥哥你怎么说出这种话来，我嫂子是什么样的人，你能不知道吗？自从嫂子到咱家来福没享着，累没少受，谁不说哥哥你有福气，娶了个好内助。兄弟我又是什么人，从小是哥哥嫂子把我拉扯大了的，我拿哥哥嫂子跟爹娘一样。"塔二压了压气儿，就问他嫂子："您打算怎么办？"大奶奶这会儿也不哭泣了，就说："我倒是有个办法，我虽没念过书，可我知道人活着得有个好名声，现在落了个这么坏的名声，活着还有什么意思呢，我也没法跟你哥哥讲理，我死了上阎王爷那里告他去……"塔二一听，心说坏啦，要出人命。塔二这二年在衙门里当差，总比他嫂子想得宽点儿，说："嫂子您这么想可就错啦！您怕名声不好，您死啦，我就不嫌寒碜？我和您一样的想法儿，我也得死。可是您我都死啦，这名儿可就摘不掉啦。"大奶奶一听说："那你说怎么办哪？"塔二说："我有办法，我哥哥不是说咱们别把脑袋睡没了吗，这就说明他今天晚上要来捉奸。可是俗话说，捉奸要双，拿贼要赃，要是您和我都在家，他晚上回来拿刀乱砍，咱们是有理说不清。依我说呀您走，先回娘家住几天，我一个人等我哥哥，他回来一看就是我一个人，他还能拿刀乱剁吗？我用好话把他稳住喽，等到天亮，我把亲戚、朋友和老街坊都请来问问他：这事是他亲眼看见的，还是听谁说的，叫他把说这话的人找出来，问问他们说这话有什么根据，再叫大家说说，给评一评这个理。然后把家一分，我自己搬到外边去住，您跟我哥哥安安稳稳地过日子，您看好不好？"大奶奶一听，兄弟说得有道理，就说："可是我走了，你哥要回来，你可不能和你哥哥吵，更不能打起来，慢慢地跟他说理。我不放心的就是你们哥俩打起来，谁把谁打了都不好。""您放心地走，我绝不跟我哥哥打架，他打我我不还手，这您还不放心吗？""好吧！我收拾收拾东西，你去给我雇辆车去。"塔二答应一声就去雇车去啦。他们是住在砖塔胡同路北的一个小胡同道里，对着胡同口的门是塔家。路西还有个门，这门里住着的是个寡妇，三十来岁，丈夫死了两年多啦，可是她还是穿白戴孝，长得也不错。从她丈夫死了不到俩月，就常在这胡同口上站着卖弄风流，招得附近的青年小伙子们总在这胡同口来回地乱转，大伙给她起了个外号叫白芍药。塔二从家里出来，正巧白芍药在门口站着，一看塔二从门里出来，就笑嘻嘻地跟塔二说话，她早就惦记着勾搭塔二，可是塔二为人正直，总是低头来低头去，有时白芍药跟塔二说话，塔二不是哼一声就是啊一声就走，从不跟白芍药说话，越是这样，白芍药越是想和塔二亲近亲近。今天，塔二一出门，白芍药把路挡着跟塔二说话："哟，这不是塔二兄弟吗？"塔二哼了一声，往旁边迈步就要走，白芍药往旁边一拦说："二兄弟，今天歇班呀？"塔二又啊了声往那边一闪，迈步又要走；白芍药一伸胳膊把塔二拦着了说："二兄弟，嫂子我跟你说话哪！"塔二可急啦，把眼一瞪说："我不愿理你！"用手一扒拉白芍药就走啦，遛奔四牌楼雇车去啦。把车雇回来，叫赶车的在小胡同口外头等着，自己往回走叫他嫂子去。刚才白芍药被塔二一扒拉差一点没趴下，这气就大啦，心说塔二啊塔二，你真狠心差点儿没摔着我。有多少小白脸儿想跟我说话我都不理他，你倒好，我上赶着跟你说话，你还扒拉我，我跟你完得了吗？她这正想着哪，塔二雇车回来啦，她一看见塔二不但气没啦，那个贱劲又来啦，"哟，二兄弟，刚才你扒拉我，差点没把我摔着，你可真舍得！"塔二这个气呀："怎么没把你摔死！"塔二来到家里，他嫂子收拾了两个包袱，除去自己随时穿的，还有给他们哥俩没有做完的衣服。一瞧塔二回来啦，就问："车雇好啦？""雇好啦，把车钱也给啦，我给您拿着包袱。""不用啦，我自己拿吧！"说着话，伸手提起包袱往外走。塔二送，可是他嫂子还不放心，就嘱咐塔二："我走了，你可千万别跟你哥哥吵架，慢慢跟他说，我真有点不放心。""您就放心地走吧，我绝不跟他闹。"说着话来到门外边，白芍药还那儿站着哪。她一看塔大奶奶拿着包袱出来啦，就赶紧走过去跟塔大奶奶说话："哟，大嫂子，您拿着东西，这是上哪儿去呀？"挨门的街坊，女人们哪有不说话的："哟，是白大妹子，我这是回娘家住几天去。""塔大嫂，这不节不年的走娘家，娘家有事吗？""也没什么事，我也老没回娘家啦，也想回去看看。因为他们哥俩抬两句杠拌两句嘴，也把我给掺和到里边啦，人家是亲兄弟，咱们是外姓人，要是搅到里边就不好啦，所以我回娘家住几天，等这事过去，我再回来。"这会儿塔二在旁边着急，就催他嫂子说："您快走吧，别跟她说这个。"他嫂子心里正发愁呢，真要是哥俩打起来，连个劝架的也没有。就跟白芍药说："他白嫂子，我托付您点儿事，到晚上您要是听见这院里有打架的声儿，您受累过来给劝一劝。"白芍药一听，正对自己的心思，就说："大嫂子，您就放心吧，到晚上叫二兄弟到我这院里来睡……"塔二这个气呀，"嫂子，您就快走吧。"推着他嫂子出了胡同口，他嫂子上了车走啦。塔二这才回来。这时白芍药也回家啦，塔二进去回手把门关好，来到屋里坐在那儿这气可就来啦。别看他跟他嫂子说得很好，什么跟他哥哥讲理啦，他那是压着气儿，为把他嫂子打发走，其实他憋着跟他哥哥拼命哪。坐在那儿他就想，我还跟你讲理，你拿着屎盆子往自己脑袋上扣，传出去叫我没脸见人，今天不是你死就是我不活。咱俩全死啦！他把他上班戴的腰刀拿了过来，使了好大劲才把刀拉出来。他上班戴的腰刀也就是个样子，刀跟刀鞘都锈住啦。他把磨石拿过来就磨这把刀，一边磨一边叨唠，"你有刀！我也有刀！不是你刀我，就是我刀你，我把你刀上，我也不活了，用刀我把膛开开，让大家伙瞧瞧我塔二的心，是红的还是黑的。还是黄的、蓝的、紫的……"成花花的啦。他把刀磨得挺快，就立在门后头啦。他这会儿也觉着有点饿啦，桌上有他嫂子给塔大煮的那盘饺子，塔大不是没吃就走了吗，塔二看见啦，伸手把他哥哥喝剩下的半壶酒也拿过来啦。塔二本来不喝酒，今天他是心里愁得慌，嘴对嘴把半壶酒都喝啦，吃了有半盘饺子。这会儿太阳已经偏西啦，塔二根本不会喝酒，那一壶酒是半斤，他哥哥没喝多少，剩下的他都喝啦，他哪儿受得了哇！塔二就觉着头发晕，心发慌，天旋地转的。他可就坐不住啦，往床上一躺他就睡啦。他也不知道睡了多长时间，后来把塔二给渴醒啦，他睁眼一看屋里漆黑，赶紧把蜡烛点上，把茶壶拿过来喝了一气凉茶，这会儿觉着心里好受得多啦，他坐在那儿两眼发直回想白天发生的事。就听外面街上"梆！噹！"才定更天，也就是八九点钟。塔二一听才定更，这会儿还早。我哥哥要来捉奸怎么着也得三更天以后。他想我哥哥要来了我是跟他拼命哪，还是跟他讲理呢？怎么着我们是亲手足，还是跟他说理！不！不能跟他说理，还是跟他拼了吧……他正在前思后想，这时外边叫门，塔二心说哥哥你这捉奸的也来得太早啦，他提起腰刀往外就走，他的意思是开开门我就先剁你一刀，他来到街门里边一听就愣住啦，怎么哪？他听着这叫门的声音不对。想想啊，要是捉奸的叫门是带着气来砸门，这叫门的不是用手拍门，是用二指和中指撣门环的声儿。这声音是"哗啷，哗啷……"的声音，塔二就问："谁？"外面没人言语，塔二又问，"外边谁叫门？"外面还是没人回答，塔二可急啦，"你说话不说话？再不说话我可就拿着刀隔着门缝儿往外捅啦！"外面才搭茬，媚里媚气地回答了一个字"我！"塔二没听出来，跟着就问："你是谁？"外边说："我是白芍药。"塔二一听这个气呀，"你来干吗？""你嫂子不是托付了吗，我是来劝架的。""我们还没打，你就劝哪？"就听外边的白芍药说："二兄弟你开开门叫我进去，我有话跟你说。"塔二想我可不能叫她进来，这个女人可不正经，街坊邻居都知道，我要是叫她进来，要是我哥哥这时回来，我说我是好人，好人能往家里招她吗？想到这儿就说："有话就在外头说，我听得见。"白芍药说："其实我也没有什么跟你说的，就是你们哥俩都不在家的时候，我跟你嫂子常在一块做活儿，那天哪，我们姐俩在你们家做活儿，我临走把一样东西忘在你家啦，我是来拿东西的。因为我等着用。"塔二一听，"噢，你来拿东西。好吧，你说你把东西忘到哪儿啦，我给你拿去。找着从墙头给你扔出去。"白芍药说："我忘的东西你找不着，再说我忘下的是我们女人用的东西，怎么能叫你们男人找呢，你要看见那东西不倒霉吗？"塔二一听，心说什么东西都往我们家放啊！"好吧，我给你开门，你把东西找着可得赶紧走。"说着把刀就立在墙根，两手把上下插棍儿一拉，双手把门一开。就在这时，白芍药一哈腰从塔二的胳肢窝底下就钻进来啦。塔二没看见，他把门开开就说："白芍药，哼！"他一看外头没人，心里纳闷，怎么没人哪，明明白白的是白芍药叫门，怎么？闹鬼，我们家该倒霉啦。他想着转身回来，把门关好往屋走，屋里点着灯，隔着玻璃就看见白芍药在屋里坐着哪。塔二纳闷，她什么时候进来的？他进屋就说："白嫂，把您的东西找着，赶紧走。"白芍药不慌不忙嬉皮笑脸地说："我找什么东西，我呀就找你这个小东西！"塔二的脸腾的一下就红啦，"你别胡说！你……快走！"白芍药坐在那儿，瞧着塔二那着急的样说："你呀！可真是个死心眼儿，跟你说实话，我惦记你可不是一天啦，别瞧我每回跟你说话，你都跟吃了炮药似的往回揍我，要是换个别人儿我早就骂他一顿啦，唯有你，说话越难听我听着心里越舒服。"这不是贱骨头吗？塔二一听就急啦，"我告诉你，我塔二可不是那种人，你不要脸，你去找别人去！"白芍药也急啦，把眼一瞪说："告诉你塔二，你别不知好歹，今天你答应也得答应，不答应也得答应，你要是把我惹急了，我把脸一抓，衣服一撕我就喊人，人来了我就说我在门口凉快，你把我揪到你家里来要强奸我！"说着用手抓着衣服就要撕。可把塔二吓坏啦！他想这娘们可什么事都做得出来，她真要是这么一来，我是有口难分哪。一急，急出个主意来，可是说得不大像话："你别撕，我答应还不行吗！"本来白芍药是吓唬塔二，一听他答应啦，当时就变了个模样，"啊！你要早这样，我何必着急哪。""这样我可不答应。""怎么？"塔二接着说，"我得到街上香蜡店去请个天地码，请股香，回来供上天地码，烧上香，咱俩拜了天地，我才答应哪。你要是不答应，我也把衣服撕了把人喊来说你要强奸我！"有倒强奸的吗！白芍药听了她可想错啦，她想塔二年轻脸皮儿薄，有点害臊。她笑嘻嘻地说："好吧，我答应，你去请天地码和香，我等着你。"塔二心说你等着吧。我呀才不回来哪！塔二出来把门开开也没把门带上就走啦。白芍药可忙啦，把洗衣服的大盆拿来，倒了一盆水，把衣服一脱洗开澡啦，洗完了把盆往边上一推，也没穿衣服，躺在床上等着塔二回来。塔二是请天地码儿去啦吗？没有，他跑啦。塔二想，得啦，你给我看家吧。反正我哥哥回来一看就是白芍药一个人，他也没办法，有什么话明天再说吧。可是我上哪去呀？这时已是二更啦，猛然想起一个地方来，有啦，上我师父那儿去，他师父是谁呀？砖塔胡同往南走不远有个关帝庙，庙里的老和尚是塔二的师父。塔二是关帝庙里的跳墙和尚。什么叫跳墙和尚？就是他降生后由家里人在庙里许的愿，把这孩子许给庙里和尚当徒弟，等孩子长到六七岁的时候，到庙里来还愿，就是送孩子来当和尚，事先就跟老和尚说好啦，当个跳墙和尚，就在还愿的这天在山门里头放上一条板凳，烧完香孩子一磕头老和尚给起了法号，家里的人带着孩子就跑，小孩从板凳上跳过去这就算还俗啦，家里再给庙里施舍点香火钱。这就是跳墙的和尚。塔二就是关帝庙的跳墙和尚。后来塔二长大了，念书的时候经常到庙里来跟老和尚下棋，塔二到衙门里当差，只要他歇班的这天他都要到庙里来看看师父，跟老和尚说说话下两盘棋再走。塔二想起师父来，他就奔关帝庙来啦，来到庙外用手一打山门，这时老和尚带着个徒弟正念经哪，听见有人叫门，老和尚就叫徒弟："徒儿，快去开门。"他这个徒弟是个小和尚，也就十六七岁，长得挺好，说话嘴甜，跟蜜罐似的，所以老和尚就管他叫蜜罐儿，蜜罐儿可还留着一条辫子，可不是俗家人的辫子，是他从小的时候在脑瓜顶儿上留下了一片头发，现在也就有烧饼那么大。他七岁那年进庙当的和尚。当时老和尚没给他剃了去，因为当时老和尚看着很好玩，慢慢地看习惯啦，就不提给他剃头的事啦，别看辫顶不大，可他这头发也个别，根根都长得那么长，在脑袋绾了个疙瘩鬏儿，脖子上挂着个木鱼儿，有饭碗那么大，手拿木槌敲打木鱼，在旁边站着。听师父叫他去开门，赶紧往外走，把山门开开一看，"阿弥陀佛！原来是师兄。"塔二一瞧是师弟蜜罐儿，就问："师父睡觉了吗？""没有，还没念完经哪。"塔二进了山门，蜜罐儿把门关好。两人来到屋里，塔二一见师父就跪下啦，眼泪汪汪地说："师父，您得救救我呀！"把老和尚吓一跳，一瞧是塔二，"有话站起来说，别跪着。"塔二站起啦，蜜罐儿站在旁边手拿木槌又敲开木鱼啦。老和尚就问塔二："你深更半夜的到这来，有什么事？""师父我们家出逆事啦。"就把他哥哥说他跟他嫂子不规矩，他把嫂子打发回娘家，自己等着哥哥讲理的事说了一遍。老和尚听了念声佛号，"阿弥陀佛，你哥真是糊涂！别人不知道我和尚还不知道吗！你们父母在世的时候就跟我有交情，看着你们长起来的。你嫂子那是贤惠女人。她嫁到你们塔家来，没少受累，到头来受这冤枉，你见着你哥哥啦？""没有，我哥哥还没来哪，可是白芍药就来啦！"老和尚就问："什么白芍药？""就是我们胡同里住的那个白家的寡妇。""听说那个女人很不正经，你怎么招惹她哪？"塔二又把白芍药的事跟师父说了，老和尚听了还真生气啦。可是小和尚蜜罐儿在旁边听着塔二一提白芍药，手里拿着木槌一劲敲木鱼儿，心说塔二啊，你真他妈的傻帽儿，白芍药多漂亮，人家送上门来你倒跑啦！真没造化。我那天买菜去，见白芍药她看着我冲我一笑，回来我一天都没吃饭。老和尚说："这事怎么会掺和到一块啦，老二啊，你今天就住在庙里吧。等明天我把附近的街坊请来几位年高有德的人，出头给你们办理办理这家务事。关于白芍药这个伤风败俗的人，让官府出头办理。"塔二一听，"师父您多慈悲吧！"老和尚一回头叫了声"蜜罐儿！"蜜罐正想着白芍药，他没听见，可是手里没闲着，一劲地敲木鱼儿"梆梆……"老和尚这个气呀！大声又叫道："蜜罐儿！"他这才听见，"师父。""去到厢房把棋盘拿来，我跟你师兄下盘棋。"蜜罐儿答应一声往外走，心里还想刚才塔二说的白芍药的事。心说多好的事呀，都叫你塔二遇见啦，我怎么碰不上啊。他来到厢房搬起来就走，往师父面前一放说："给您棋盘。"老和尚一指："你拿来的是什么？""是棋……噢，画板！"又搬回去啦，把棋盘搬来。老和尚跟塔二下棋，蜜罐儿在旁边站着一个劲儿敲脖子上挂着的木鱼儿，老和尚说："别敲啦！我跟你师兄下棋，你也去睡觉吧。明天早晨还有事哪。"蜜罐儿回到屋里哪儿睡得着，他心里净想着白芍药哪！一想干脆我去找白芍药去。他去！他也不想一想，外边还有个捉奸的塔大哪。他偷偷地把庙门开开，就上塔大家来啦，来到门口一看门没关，他进来也没关门，到屋门口隔着帘子往里一看白芍药没穿衣服在床上躺着，蜡烛灯光很长，他慢慢地进来，一口气把灯吹灭了，上床就把白芍药抱住啦。白芍药睡觉了，突然叫人给搂住啦，睁眼一看屋里漆黑，她以为是塔二回来啦，就问："这你就不害臊了吧。""不害臊了，阿弥陀佛！"他还念佛哪！白芍药说："你不害臊啦，可我心口这怪硌的慌。"蜜罐儿才想起来木鱼还没摘哪。他俩睡啦，外边捉奸的塔大来啦。塔大由家里出来，先找了个饭馆吃饱喝足了，上澡堂去洗澡睡觉。天黑了从澡堂出来，一想刚黑天回去捉奸太早，就找了个说书的茶馆去听书，他没心听书为的是耗时间，等书也散啦，塔大出了书馆，就听见远处打三更，心想到时候啦，他就往家走，一边走着一边收拾，把灶厨用的油围裙扎在腰里，两把刀一把夹在胳肢窝里，一把在手里提着，来到家门口一看，门没关，心说你们好大的胆子，连门都不关；他轻手轻脚地进了院子，来到屋这一看门，门也没关，只挂着竹帘子。塔大就进了屋子，他拢了眼神，仔细地看了看，见床上两人搂抱着睡得正香，因为半夜看不清模样，两人拥抱得很紧，头挨头，脖子离得也很近。塔大把刀往起一举，就他这把刀，背又厚，刃又薄，背厚有一指，刃薄够半丝，磨得特别快，对准两人的脖子往下就砍，这把刀也太快，这两人的脖子也太糟，咔嚓一下俩脑袋全掉下来啦，塔大把油围裙解下来铺在地上，又用手去提拎人头，用手抓头发。蜜罐儿不是留了个小辫吗，塔大杀了人心里有点害怕，所以他也没注意辫子太小，提拎起来就放到围裙上了。用围裙把脑袋包上，用手一提往外就走，他干什么去？到衙门去打官司。那么他杀了人就不怕偿命吗？按当时清朝的法律，真正是本夫捉奸杀了人，经仵作也就是法医验证确定男女通奸被杀，杀人的本夫无罪，只打四十板子，这叫打打他的杀气，然后给十两银子，十字披红送出衙门就算完啦。塔大走在街上，这时四更过啦，塔大被凉风一吹，脑子清醒了点，他想先别去衙门，先到我媳妇娘家去，叫她娘家也知道知道他家的姑娘丢人现眼，对，上她娘家去。塔大来到城门，刚刚开城，塔大出了城就奔他媳妇的娘家去啦。他媳妇的娘家在彰义门外小井李家庄，娘家人口不多，就老两口和小两口也就是他媳妇的父母和哥哥嫂子，昨天大奶奶回到家，家里人都很高兴，出门的姑奶奶回来啦，这位姑奶奶又不经常回来，家里赶紧杀鸡买肉招待她，当时大奶奶也没好提家里的事，等吃了晚饭，妈妈嫂子陪着她说话。老太太疼闺女，从自己的女儿一回来，老太太就瞧出来是有事，这时就问："丫头哇！你回家来有事吗？"被妈妈这么一问，大奶奶实在憋不住啦，这眼泪刷的一下就下来啦，往娘怀里一扑，哇的一声就放声地哭起来啦。老太太吓一跳说："闺女别哭，有话慢慢说。"这时她爹和她哥哥也全过来啦，你这是怎么啦？大奶奶哭了一阵，觉着心里痛快多啦，就把家里的事都跟爹娘兄嫂说了。她哥哥一听就急啦，把眼一瞪说："好你个塔大呀，我跟你完不了，明天我就找你去，我要叫你说个明白！谁叫我妹妹嫁给你了哪，你说清楚了还则罢了，你还是我妹夫，要说不清，我拆了你的王八窝！"他妹妹一听："这像话吗？"老太太搭茬啦："别嚷啦！你明天早起就去找你舅舅和表弟，连你的二姨夫带你的小舅子都找来，咱们找塔家给你妹妹出出这口气！"第二天大清早她哥哥连饭都没吃就走啦，找人去啦。家里吃完早饭正说话哪，塔大来叫门。大奶奶一听说："妈，他追家来啦！"老头沉得住气，"甭慌！你们娘仨先上里间去，我看看他来干什么！"这娘仨上里间屋去啦，老头出来开门，把门开开一看塔大，一手提着个包袱，那只手空着，他的刀呢？他杀人的时候全扔屋里啦。塔大一瞧开门的是他岳父，他也没叫，迈步就往里走，老头也跟着进来，门也没关。到屋里老头先开口，"塔大呀！这么早你来有事吗？"塔大说："有事，这事还不小，我说出来你可别挂不住！"老头沉住气说："有什么事你只管说，我这脸皮厚，没有什么挂不住的！"塔大的气就上来啦，就把他媳妇跟他兄弟的事全说啦，最后说："你的好闺女，我的好兄弟！我是一个没剩全砍啦！"老头吓一跳："你……你把……谁砍啦？""你闺女，我兄弟。""我闺女？……""啊。"老头这回可沉不住气啦，一回头冲里间屋说："你出来！"塔大不知是怎么回事，也往里间门口看，见帘子一起大奶奶从里间屋出来了，可把塔大吓坏啦，他想我在城里把她杀啦，怎么到城外头又活啦？那活得了吗！

（此为《九头案》上半部分，以下付阙）

（张春奎忆记）

张广泰出世

京东武清县所管的河西坞是个水旱码头，紧靠运河，河西坞设有巡检司，虽然地方不大，可是非常繁华，这条街上有粮店、当铺、商号，并有明场赌局、暗娼妓院。

其中在富贵胡同里有家妓院称四美堂。开堂事的老板叫王九妈。这四美堂有一新挂牌的妓女，叫赛美人儿韩红玉。这韩红玉与别的妓女可不一样，她是沧州双侠大刀韩胜公的女儿。姑娘有两个哥哥，大哥韩龙，二哥韩虎，兄妹仨人都有一身好功夫，只因为大刀韩胜公和红胡子马杰为了打劫一个赃官，被官兵把父女捕获，韩龙、韩虎跳后山逃走了，马杰押着劫下来的赃银去山东放赈去了。韩胜公问斩死啦，姑娘被打成官卖（啥叫官卖呢，就是归公家处理啦），身价白银三百两。可当地人谁也不敢买，一则知道姑娘有一身好功夫，二则知道姑娘的父亲是个杀赃官除恶霸的英雄。可巧王九妈从南方回来，路过沧州，听说有个官卖的姑娘，她去瞧了一眼，姑娘长得甭提有多好啦，心说这要是买到手里是棵摇钱树哇，于是她交了三百两银子当堂领了文书，她算把姑娘买来啦。可是王九妈也会办事，她没有把韩红玉直接带到妓院去。她把姑娘带回家中，跟姑娘说，我没儿没女，虽然我是拿钱把你买来的，咱们就是亲母女一样，这也是前世的缘分儿，将来你一出嫁，我还得跟你去享福呢！韩红玉听了半信半疑。没过几天，姑娘越看越不对劲，到家里来的人都是一些娇艳的女人，都管王九妈叫干娘，姑娘心想：这个王九妈究竟是干什么的？又过两天姑娘全明白了。韩红玉一个人在屋中暗暗地掉泪，自己叫着自己的名字："韩红玉呀韩红玉，你怎么落到这步田地，难道说就落到娼门无路可走了吗？不，我走，可我往哪儿走呢？母亲去世，爹爹被杀，两个哥哥不知下落，叔叔马杰在哪儿？我一个姑娘家往哪走哇？我空有一身本领叫我怎么办呢？"猛然间姑娘想了一个主意，我给他拖一天算一天，实在不行了，有我这身功夫，我就跺脚一走，谁也拦不住我。姑娘想好了主意，趁着王九妈不在的时候，偷偷买了一把匕首藏在自己的屋中做防身之用。王九妈可没想到这姑娘屋里还藏着把刀哪，这一天，王九妈把韩红玉叫到跟前："闺女，你知道我买你干什么吗？"韩红玉一听心说，来啦，可是韩红玉装作糊涂："妈妈，您不是说您没儿没女，将来我把您养老送终吗？"王九妈一听："哟！我的傻闺女，妈跟你说了吧，我买你是为了赚钱，妈妈是开堂事的老板，就凭闺女的模样，只要一挂牌，有的是花钱的老爷、公子哥们来捧你，可你哪，每天是吃、喝、玩、乐，你看着好的留他过夜，看着不顺眼的应酬应酬就拉倒。给我赚三年二年的，找个投缘对劲的从良一走，咱们还算门子亲戚，你看看多好哇。"王九妈嘴里说着，眼睛瞧着，心里想着，看着姑娘脸上的表情的变化，心想只要你一摇头说不干，我就把厉害的拿出来叫你知道知道。可是韩红玉早就拿好了主意，准知道王九妈早晚要跟她明说，所以，韩红玉脸上毫无表情，等王九妈的话说完啦，姑娘一笑说："妈，您不说我也知道。""啊！你知道什么？""您想，我不糊涂不傻，就是看我也看出点儿来呀，您今儿把话说明白啦，我也不能叫您的指望落空呀，不过……"说到这儿，姑娘把话停住啦，王九妈赶紧问："不过什么呀？"姑娘说："不过我想让您成全成全我。""有什么事儿，姑娘你只管说，只要我能够办得到的我都答应你。""您想我爹爹才死了两个来月，怎么着也给我爹穿够百日重孝吧，再有一个月百日孝满，我再给您挂牌接客，不知您能不能答应哪？"王九妈说："成！"心说，慢说是一个月，就是三个月两个月的我也等你，只要你一挂牌接客，我就等着用筐往家抬银子吧。姑娘的意思是先推一个月，自己好想办法。可是转眼一个月过去啦，韩红玉还是没有办法。王九妈又来催姑娘。姑娘说："还得过两天。""怎么？一百天孝满啦！""孝是满啦，我这两天凉着啦，浑身不舒服，您再等两天吧！""好！"过了两天王九妈一问，还没好就又等了两天，一连气就是半个月过去啦。王九妈又问："怎么还没好吗？""好啦，昨天晚上就好啦，好啦倒是好啦，今天早起，着点凉又犯啦。""啊！"王九妈心说，你跟我软泡哇，不给你点厉害是不行啊，想到这儿把眼一瞪，叫人端出一盆凉水，水里泡着一根懒驴愁鞭子，这鞭子懒驴见了都发愁，是六股皮条拧在一根七寸多长的木头把上，鞭子长有二尺多，前边绾着个算盘疙瘩，蘸着凉水要是抽在身上能带下一条肉来，王九妈指着屋里喊："你给我出来，今天非要打死你不可。"这会儿围过好几个人来，有堂子里的伙计、管账的先生，还有几个妓女，有劝九妈的说你别生气，有劝韩红玉的说咱们落到这儿都是苦命人，咱们是人家拿钱买来的，就是打死喽也是白死，不如听人家的，叫干吗就干吗，省得挨打。王九妈意思是一个十七八岁的姑娘，我一吓唬，大家一劝她，说句好话，只要答应接客能给我赚钱就行啦。她哪知道这个姑娘就是不怕横的。姑娘把手一摆："谁也别拦我，看她能把我怎么样。"她大模大样从屋里出来往那儿一站，用手一指王九妈："你要干什么！"王九妈两眼都气红啦，"干吗！我要打你！"说着话她就把水盆里泡的鞭子抄起来啦，鞭子扬起就要往韩红玉的身上抽，可没等鞭子往下落，韩红玉脚下使劲往上一蹿就上房啦，王九妈的鞭子在半空中就画圈啦："呦！上房啦！快下来姑奶奶。"韩红玉从房上跳下来，一指王九妈："告诉你，老鸨子，姑娘我要走早就走啦，我不忍心坑你白花三百两银子，好说好商量，可是想动武吗，我叫你看一样东西。"说到这儿韩红玉一转身进屋啦，从被褥底下抽出来匕首，又来到院中，往王九妈面前一站说："你瞧这个。"王九妈一看姑娘手里攥着一把刀，吓得说话的声儿都岔啦："呦！刀刀……刀！"姑娘说："你要把我逼急喽，这把刀就是我的护身符，也是你的冤家对头，我把你堂子里的人一个不剩全捅死，然后我跺脚一走，这人命官司你打去吧。"王九妈一听，一害怕一摊屎全拉裤子里啦："我说姑奶奶！您可千万别动刀哇！您怎么说都行。"姑娘叫王九妈进屋里说去，王九妈敢进去吗？姑娘说得好，你只管进去我决没有歹心，王九妈还是不敢进屋，姑娘把眼一瞪："进去！""哎！"她进屋啦。姑娘到屋里把匕首重新放到被子底下。王九妈一看她把刀收起啦，这才稳住神儿。可她坏心眼子又来啦，她对韩红玉说："闺女，我也不愿意这样，你想我花三百两银子买你，我这三百两银子来得容易吗？你也说啦，不能坑了我，可是我也不能逼你，我也不敢逼你，你愿意挂牌就挂牌，不愿意就拉倒，你说咋办就咋办吧。"说着话带着一种可怜相，眼泪扑簌簌地下来了。韩红玉看她这模样十分生气："别废话！""哎！""听我跟你说。""哎哎。""刚才我说啦，决不坑你，我把这三百两银子给你赚回来。""那敢情好。""明天你给我挂牌。""挂牌？"王九妈简直不敢相信自己的耳朵，韩红玉又重复了一句："对，挂牌！"王九妈的精神来啦，心说该我发财啦。韩红玉接着说："挂牌可是挂牌，我的屋里不准进男人！"王九妈一听脑袋又耷拉啦，这不是跟不挂牌一样吗？就听韩红玉说："我和你买的别的姑娘不一样，我只接一个客人，只要和我年貌相当的，你就把他带到我的门外，离屋门五尺，面对屋门站好，你把门关上，我站在屋内从门缝儿往外看，我看行了点点头你就把他请屋里来，我当面跟他说，叫他拿出银子把我赎出去。我要是摇头，你就把他带走，你要叫他进我的屋，这儿可有把刀，我就把他宰喽！"王九妈心说，我这三百两银子弄来了要命鬼。韩红玉的意思是这样一来，外面必然到处传说，或是我叔叔马杰，还是我两个哥哥，只要有一人听说准来救我出去。王九妈又不敢不听，只好按照韩红玉的吩咐去做。就这样四美堂挂出了赛美人韩红玉的牌子。

挂牌当天晚上四美堂可热闹啦。一位绸缎庄的少东家同几位朋友到富贵胡同来逛，一看这有个新挂牌的姑娘，就跟朋友说："走，咱们看看去。"他们进了四美堂，伙计把他们让到屋里，王九妈赶紧张罗："呦！几位大爷呀，是来挑个姑娘陪您玩玩？""你把赛美人叫来我们看看。""呦！这个姑娘跟别的姑娘可不一样，她不来见客人。""那好，我们见她去。""您要见她可有规矩。""什么规矩？""您得站在门外，姑娘挤着门缝儿看您，她要愿意请您进屋。"旁边的朋友们一听说："是客挑姑娘啊还是姑娘挑客呀！"这位少东家一听说："没关系，我又不缺鼻子少眼，咱就叫她看看。"王九妈把他们带到韩红玉的跨院，到门外用手一指："您就站在这儿吧。"王九妈进屋回手轻轻把门关好来到里间屋，见韩红玉穿一身平日的旧衣服，头没梳脸没洗，正在床边坐着，王九妈进来说："姑娘你看看这个客人去？""门关好了吗？""关好啦。"韩红玉来到外间屋对准门缝儿往外一瞧，对着门站着一人，二十岁，穿戴讲究，长得也不错，就是脸上带着一种轻飘气度，韩红玉看罢心说，这是个纨绔子弟，仗着父母的财产挥霍度日，父母一死财产一完，他也就完啦。韩红玉把头一摇进里间屋里去啦，王九妈一看知道不行，赶紧来到外边对那位少东家说："大爷，对不起，我们姑娘不愿意。""吹啦！"这位能干吗？当时就发脾气啦："什么？她不愿意，你们的窑姐儿的架子太大啦！挑起客人来啦，大爷我是花钱的，她不愿意我愿意，你把门开开大爷我进去。"王九妈说："您进去，那也行，您得先写给我一张字据，找上中保来人，您到屋里发生意外我概不负责，她那儿拿着刀哪。"这位一听："什么拿刀，我还没听说过，混事的窑姐儿敢拿刀的，你躲开我进去，看她能把我怎么着。"韩红玉在屋里听得清楚，一听他要进来，立时就把刀抄起来，站在里间门口看着屋门，那个意思是只要你敢推门往屋里走，我过去就是一刀。你别瞧那位嚷得厉害，可是心里也有点发怵，来到门外没敢推门，他扒着门缝往屋里瞧，往里一瞧吓得他一缩脖子："嘿！是拿着刀哪？"吓跑啦。头一天吓跑了三四伙，没过三天这个赛美人儿成了没人儿理啦，谁花钱去冒这个险去呀。就是不知道的想去，跟朋友一说："听说四美堂来了个赛美人儿，咱们瞧瞧去。""别去！她拿着刀哪。"王九妈这下可犯愁了，我这不是拿钱找麻烦吗？还不敢说，怕姑娘动刀。

　　过了十来天，这天来了一位客人单找韩红玉，这人是谁？就是要说的张广泰。他家是河西坞的首户财主，家里开着三间门头大粮栈，粮栈字号就是广聚粮栈，张广泰家中弟兄三个，老大广聚，老二广兴、广泰行三。广兴、广泰和广聚是一父二母，广聚四岁时母亲王氏夫人去世，广聚的父亲又续娶康氏。康氏过门后非常疼爱广聚，过了几年康氏生了两个男孩，也就是广兴和广泰，有了这两个孩子后，康氏对广聚就越发的疼爱。广聚十七岁时父亲去世，在广聚的父亲临危时，康氏就给广聚成了亲，广聚妻子李氏为人贤惠。广聚父亲去世后，康氏就把全份家产交广聚管，广聚粮栈里有个管账的先生同广聚的父亲是好友，粮栈的事用不着广聚操心。为什么康氏这么做呢？康氏想，广聚不是我生的可是我把他带大的，不管什么事我都偏疼他，他也不会错待我。哪知道张广聚这个人心术不正，自从他接管了家业，他总是想，我爹要是不娶我这后娘，这份家业不就是我一个人的吗，现在可好，我俩兄弟得分我三分之二去，可后来一看，老二广兴是个窝窝囊囊的老实人，唯有老三广泰为人精明强干，他想只要有机会把老三除掉了，这份家业就是我自己的啦。张广泰自从不念书以后，是游手好闲，又交了几个朋友。常言说人的一生最难得的是三个教育，一是母教，二是师教，三是友教。要不孟子的母亲为教育好孟子搬了三回家呢，孟母三迁嘛。徒弟学不好是老师没尽到心，三字经上有这么一句"教不严，师之惰"呀。交朋友也是一样，好人总和小偷在一起还能学出好来吗？尤其是年轻人。张广泰有三个朋友，一个叫李贵，是在运河上扛粮的，一个叫邹忠，在巡检司里当小伙计。三个人拜了盟兄弟，李贵行大，邹忠老二，广泰行三。后来又交了个何九，这个人是专门吃人的。自从张广泰与何九交了朋友，首先学会了唱曲儿。当时盛兴的就是八角鼓，在河西坞有几家票房，到票房来玩的都是八角鼓爱好者，张广泰不但能唱还学会了乐器，也就是三弦、四胡、横笛之类的东西。吹、拉、弹、唱，他一学就会，而且学得很精。一些老票友都喜欢他。何九是帮吃帮喝帮花钱，他又带着张广泰到富贵胡同里妓院来玩。因为广泰花钱大方，说话和气，没有一二年张广泰在这些地方可就大有名气。只要有人一说三东家，就都知道提的是张广泰。张广泰听说四美堂来了个赛美人韩红玉，拿着刀把客人都吓跑啦，感觉非常新鲜，出于好奇心，他决定来瞧瞧，他找着何九就来到四美堂。一进门伙计一看："哎哟！三东家您好！屋里请。"把广泰让到屋中，伙计把王九妈叫来就去沏茶去啦。王九妈一进门就说："我可要发财啦，哪阵风把三东家刮来啦！"张广泰说："九妈，你好吧？""托您的福，还算不错。您怎么老没来玩呀？""今天不是来了吗，九妈我想在您这院中找个姑娘行吗？"王九妈说："您在我这院中挑个人，还不是您抬举她们，我把她们都叫来。"张广泰一摆手："这些位我可不敢惊动大驾，我说的是赛美人韩红玉。"王九妈一笑："您一进门，我就知道您是为她来的，嘿嘿嘿，不过，您可别跟她怄气，前些日子来了几位客人，全叫她拿刀吓跑啦，要是把您气着，我老婆子可担不起呀。"张广泰说："没关系，我就让她看看，不行也没什么。"王九妈这才把张广泰带到韩红玉院里来。"三东家您就站在这儿吧。"张广泰往那儿一站心说，烟花妓院有这样规矩我还是头一回听说哪。

王九妈进房把门关好，来到里间对韩红玉说："姑娘你看看这个客人去。"韩红玉无精打采地站起来，没吱声。王九妈继续说："姑娘你可长住眼哪，这个人是咱们本镇的首户，广聚粮栈的三东家，人品好，还没娶妻，过了这个村可就没有这个店啦。"姑娘恨不得一步跳出这个火坑，可是终身大事又不能马马虎虎，韩红玉明白自己身在虎穴，随时都有献身的危险，开妓院的还有好人吗，王九妈是什么坏主意都想得出来。韩红玉站在门里从门缝往外看了看，问王九妈："您说的是哪个？"因为旁边还站着个何九哪，王九妈看了看说："就是鼻子对着门缝儿那个年轻的。"韩红玉仔细一看，心说这人不俗，从神气上看为人刚强，将来准能飞黄腾达，绝非池中之物。要说韩红玉还真有眼力，后来张广泰真的做了巡河副将，二品大员。这是后话。姑娘愿意啦，可是又说不出口来，站在那手不知道放哪儿好啦，羞答答地低下头，王九妈是风流场中老手，一瞧韩红玉的姿态心说有门儿。就问韩红玉：“你看怎么样？”姑娘当时脸一红，就跑到里间去啦。王九妈念了一声：“阿弥陀佛！可算是开张啦。”王九妈开门出去，喊道：“三东家，恭喜你了！姑娘愿意啦！”就她这一喊哪，把四美堂里的人全惊动啦，都听着新鲜，伙计、先生、打更的，还有同院的妓女，连做小买卖的呼啦一下把张广泰给围起来啦。这个说三东家可真有您的，有多少阔少爷全叫姑娘给吓跑了，今天见您就愿意啦，那个说也不是我说，比您有的，长得好的，我们这个妹妹都没看上，单单看上您啦。那个说给三东家道喜，这个说三东家得请客，最后大家异口同声说：“我们得庆祝您，庆祝三东家艳福无边！”这是成心起哄。王九妈一边叫大家不要乱吹，一边赶紧打起帘子请三东家里去，广泰与何九来到屋里，王九妈张罗沏茶，拿瓜子端鲜货。可是张广泰到屋里一看没人，何九就坐在那儿啦，广泰一看里间门挂着软帘，广泰一挑软帘往屋里一瞧，韩红玉脸朝里在床边上坐着，从背影看，心说这姑娘长得绝错不了。张广泰迈步来到韩红玉背后，用手一拍姑娘肩头，张嘴刚说出一个“咳”字往下还没说，可坏啦，姑娘虽然点头愿意啦，自己坐在里间屋心里咚咚乱跳，脸上发烧，要不张广泰走到她身后她都不知道呢，猛然间肩膀被人拍了一下，姑娘可急啦，一转身，柳眉倒立，杏眼圆睁，伸手一指说：“你要干吗？”张广泰一看姑娘涨红着脸，瞪着眼，微微一笑说：“咱到外屋说话去。”他边说着就用手去拉韩红玉的手，这可把姑娘气坏啦，姑娘心说这人从外表上看很规矩，可是为什么这么轻薄呀，没等广泰手挨着姑娘的手，韩红玉一翻腕子就把张广泰的腕子薅住啦，往外一扔，说了声：“你给我出去！”张广泰的乐子大啦，往后倒退了四五步，噔噔噔，吧唧，就坐在外屋地下啦。张广泰还能不急吗？“你还敢打人！”这时王九妈端着茶进来一瞧，心说好不容易这位姑奶奶愿意啦，看样子还得给捧跑喽。何九比张广泰还嚷嚷得厉害。王九妈赶紧说好话，又把别的姑娘叫过来陪着说话，张广泰坐那儿不吭一声，何九也就不闹啦，可就是没台阶走。何九站起来说：“兄弟你先坐着，我办点事。”何九走了。没有喝杯茶的工夫，伙计在外边喊：“三东家！玉壶春何九爷请！”张广泰知道这是何九给找台阶下，忙站起身来，伸手拿出五两银子往桌上一扔，往外就走，王九妈赶紧往外送，嘴里直说好话：“三东家您别生气，这姑娘不懂事，待一会儿我非打她一顿不可。”伙计在旁边要乐，心说你敢吗。送走了张广泰王九妈的心可就凉啦，暗中说总算是接了个客，还是个财神爷，又叫她给搅跑啦，张广泰恐怕不会再来啦。

可是没想到第二天张广泰又来啦，张广泰别看昨天被韩红玉摔了一个跟头，生了一肚子气，回家后怎么也忘不了，自己想啊，这个妓女的屋子从来不许男人进，可是见了我，王九妈说她愿意啦。为什么又把我搡出来呢？想到这儿又想起韩红玉红着脸问："你要干吗？"这事儿也怪我不好，才一见面就动手动脚的太不规矩，明天我一个人去，看她怎么样。所以第二天他又来啦，刚一进门王九妈就看见啦，她眉开眼笑地直接把张广泰就让到韩红玉的屋里来啦，一边让还一边喊："红玉姑娘！三东家来啦！"她那意思是你点头愿意的，张广泰来到屋里往那儿一坐，王九妈沏茶倒水一劲忙，要是韩红玉从里间屋出来说一句话，三东家昨天您没气着哇，这不就完了吗。可是韩红玉在里间没动，心说这个败家子儿又来啦。王九妈忙这忙那，她不敢叫韩红玉，可又怕张广泰呆坐着。你看吧，她里外这一阵忙啊。张广泰坐了一会儿，也觉着没味，站起来说："我还有事，明天见。"伸手拿出五两银子，桌上一放走啦。这回张广泰气可大啦，心说，好！你不理我，我见天见来，看你说不说话。从这起，张广泰是每天准来，一天两天三天五日。一晃就是半个月，可韩红玉仍没说一句话，这天张广泰在澡堂洗澡，一边洗着一边想，心说这半个月我是一天五两，再搭上听曲儿，买东西足有百十两啦，可她连句话也没说，这钱就这么花吗？这不是上傻劲吗。想到这儿自己笑啦，把旁边洗澡的吓一跳，这人有什么毛病啊；广泰拿定主意，今天我去问个明白，我也别犯这个傻劲啦。想到这儿，张广泰不洗啦，出来穿好衣服离了澡堂，也就是下午四点多钟就来到四美堂，他往里就走，王九妈没在，伙计一看刚要喊，广泰一摆手不叫伙计喊，说："我不叫你不要进去。"广泰来到韩红玉的屋中，外间没人，广泰掀软帘往里一看，见韩红玉脸朝里在床边上坐着，这回张广泰可没敢过去动手，他怕韩红玉再来一个"你要干吗，给我出去"，屋里又没劝架的，我还真不准打得过她。他就在里间门里的一张凳子上坐下啦，自言自语地说："看样子你也不聋也不哑，即便是聋你也看得见，就是哑巴也应该打打手势吧。我来了半个多月，你就连句话也不说吗？难道说你也不憋得慌，你要是看不起我，你也应当说句痛快话，我也就死了心不来啦，可是你什么也不说，我又不是你肚子里的蛔虫，谁知你想的什么……"韩红玉原来坐着睡着啦，就听有人嘟嘟囔囔地说话，心说这是谁呀，敢到我屋里来，细一听，听出来是张广泰，心说又是这个冤家，一听张广泰说的这些话，一想也是呀，我看他不错才叫他进我的屋，原本想把自己的终身大事对他说的，只要他愿意我就嫁给他，可这话怎么说呀。我这么大个闺女怎好开口说我要嫁给你呀，又一想我不说他怎么能知道哇，不行，我别害臊，光顾害臊谁又能替我说呀，于是狠了狠心自己说。韩红玉就觉得心在跳脸发烧，慢慢转过身来，颤颤巍巍哆里哆嗦地说了一声："三、东、家，您跟……我说……话……哪。"张广泰一听，"噌"就站起来啦，说："啊！谢主隆恩，你可说话啦。"就要遭奔韩红玉，姑娘把眼一瞪说："坐那儿！""哎！坐这儿！""我来问你，这是什么地方？""烟花妓院哪。""这烟花妓院也是你这年轻人来的地方吗？"就听韩红玉接着说："我是说像你这样的人应当力求进取，增光耀祖于家门。我是个落难女子，又是王九妈用三百两银子买来的，她逼我给她接客赚钱，我不答应，我要想走是很容易，不过我有我的难处，我这才答应她，我只接一个客人，如果这个客人愿意，我就以身相许，我看三东家一表人才，为人正直，所以把您请进房来，就是要把话跟您说明白，您只要肯给王九妈买我的身价钱，最多不过多给她一二百两，我连吃带住，衣服首饰也花了不少。您能把我接出去我就跟你做白头到老的夫妻。不知三东家您是否愿意？"张广泰忙说："嘿！有这话，你怎么不早说呀？要是头一天你就把这话告诉我，当时就把你接出来啦，到现在连孩子都有啦。"这也太快啦！"你等着，我去拿钱去。"说着话站起来就要走，韩红玉又把他叫住啦："你先别忙，我想问你，家里都有什么人？""家里有大哥、二哥、大嫂、二嫂，还有咱们的妈。""那谁当家呢？""外边大哥当家，家里二哥主事，咱妈什么不管，我是吃饱了没事。""那好，你回去跟全家人商量商量，要是愿意，你再拿钱来把我赎出去，要是大家不同意你快些回来，咱们再想办法，要是哥嫂们不同意，你也拿不出钱来，觉得没脸见我，你就不要来啦。"说到这儿韩红玉稍微一停说："三东家，我的话说出来啦，你若愿意，我等你三天，有钱你来，没钱你也来，三天之内你要是不来，你来看，"说着用手一指房梁，韩红玉的眼泪下来啦，边哭边说，"这房梁就是我的去处，我活着是张家的人，死后是张家的鬼，到阴曹地府问我是谁，我就说是张广泰之妻。来也在你，不来也在你，你去吧！"张广泰站在那儿都傻啦，韩红玉一哭他的眼泪也下来了，咧着大嘴哭着说："你别哭，你一哭我也不好受，你等着我准来，啊！"他哭着就出来啦。

　　走在街上被凉风一吹，脑子清醒一点，一想啊这钱还真不好拿，二哥、二嫂是当家不主事，手里没钱。老太太有钱也不多，要个三五十两的还行，大哥呢？他想到这心里就害怕，他就怕他大哥："哎！对，找大嫂要钱去。"因为他大嫂最疼爱他。他想到这儿紧着往家走，他想只要大哥不在家跟大嫂要钱，她要是不给，我就跟她死缠硬磨，她一缠不过我就把钱给我啦。他想着想着来到家门口，迈步往里走，刚一进大门，迎面扑过来一只白狗，冲着广泰摇头摆尾。这条狗是广泰从街上捡来的野狗，长了一身的癞，广泰养着它，把癞治好啦，蜕了一身毛，长出来的一身白毛非常好看，要是平常他见着这条狗就逗它一会儿，可是今天有事，他没心思逗狗，用脚一踢嘴里说着："去，去！"把狗拨开往里院去啦。白狗一瞧说："哟嗬！咱哥们不错呀，今儿是怎么啦，看不起我，你要知道，等你大哥害你的时候我还得救你的命哪！今儿个你就这样对待咱哥们，赶明儿我也不管你……"这狗不会说话呀！里院是一座四合房，正房五间是老太太住，东西厢房各三间，西厢房是大爷广聚住，东厢房老二广兴两口，南房倒座儿广泰住。张广泰来到里院往西一瞧，透过玻璃见大嫂一个人在屋做活儿，广泰推门就进去啦，大嫂一见赶紧放下手中活计，站起来说："三兄弟有事吗？"广泰想了一肚子话，可是见着大嫂又不知说什么好啦，他结结巴巴地说："大嫂，家里有人吗？""你二哥出去啦，二嫂回娘家有事，老太太那儿喝茶呢，你有什么事。"张广泰一听，说："没人就好。"一回手"噌"，他把窗帘拉上啦，"我大哥在家吗？""你大哥上柜上去啦。""太好啦！""咔嚓"他一转身把门插上啦，转过脸来跟大嫂说："我大哥不在，家里又没人，就是你跟我，那什么……你也别嚷嚷，越快越好……我也这么大啦……"他大嫂用手一指："你要干吗？"张广泰红着脸："我这么大啦，您也该给我说个媳妇啦。"他大嫂这一口啐的："呸！不嫌寒碜，快把门开开，这么大个子来跟我要媳妇来啦。"又把口气缓和下来说："老三，不是嫂子我不关心你的婚事，你二哥的婚事还不是我一手操办的吗，可你不能和你二哥比，你精明，我得给你挑一个能配得上你的人，要是娶过来你不称心，嫂子我也落埋怨哪。""嫂子，您找的我能称心吗？现在有一个称心的，又怕嫂子您不愿意。"他大嫂心说，人大心大，不用问不定是看上谁家的闺女啦："三弟你说的是谁家的闺女？只要人家还没婆家，我就托媒人去说，凭咱家的家财，凭兄弟你的人品还有不愿意的吗，你说吧，哪家的姑娘？"张广太吞吞吐吐地说："那家的……是……是窑……姚家……的。"他大嫂一想河西坞没姓姚的，就问："在哪住，谁给你做的媒？""在……在富贵胡同，媒人是九干妈。"虽说大奶奶料理家务不出门，也听广聚说过，知道富贵胡同是烟花妓院，她能不急吗？把眼一瞪："老三，你说实话！"广泰没有办法只好把怎么认识韩红玉，韩红玉怎么跟他说的，对嫂子说了一遍，最后说："您给我五百两银子，把她接出来我就称心啦。""不成，咱们虽不是官宦之家，可是务农经商的规矩人家，哪能从妓院里往外接人哪，再说那里边没有好人！我给你拿银子？叫你从妓院里买姑娘？老太太不埋怨我呀？""那不要紧，咱妈那儿我去说，好嫂子您就给我五百两银子吧！"他说话都带着哭音儿啦。他大嫂一瞧这个意思是不给他钱他是不走哇，我呀得把他吓唬走了："好吧，给你五百两银子。"张广泰一听高兴啦："您真是我的好嫂子。""你去叫伙计套车来。""干吗套车呀？""你不是要五百两银子吗？家里没那么多钱，到柜上找你大哥去，跟他说明白了，他给你钱你就去接人去，他不给我也管不了。"广泰就怕他大哥，一听："啊，我不要了还不成吗，您也别告诉我哥哥。"他从家里出来啦，走在街上一想怎么办，干脆不去啦，不行！我不去她要上吊怎么办，又一想我来的时候她说有钱没钱都叫我去，对，还是去。

张广泰回到四美堂，他来到韩红玉的屋中往椅子上一坐，不说话啦，韩红玉一瞧他这个样子估摸着是没拿回钱来，就问："怎么啦？这么不高兴？""还怎么啦哪，家里不给钱。"接着张广泰把自己回家要钱，大嫂不给又说这里没有好人的话全跟韩红玉讲啦。韩红玉听了心里十分难过。暗想他大嫂说的不是没有道理，娼门妓院里实在好人太少哇，即使好人也会学坏的。再瞧张广泰这个为难样子心里又疼得慌，忙说："没钱也不要紧，等我慢慢想个办法。"其实她有什么办法哪，不过是用话来安慰广泰，可是张广泰一听她有办法高兴啦："快说，你有什么办法？"这一问倒把红玉姑娘给难住啦；是啊我有什么办法呢。一见红玉没有回答，广泰就说："干脆，我回去跟他们分家，反正老人留下的家产有我一份。"姑娘一摆手说："不行！不能为着我闹得你们弟兄不合，那可就应了你嫂子的话啦，这里真的没有好人啦。"说到这儿姑娘有了个暂顾燃眉的主意，她叫张广泰每天到这儿来，晚上回家睡觉，第一将来自己嫁给张广泰之后叫他嫂子知道这里也有好人，第二有广泰每天来那王九妈一时还不会想坏主意，自己好慢慢想个脱身的办法。张广泰听了韩红玉的话很高兴。韩红玉可不是为张广泰的钱，可老板王九妈是个没钱不办事的人，她背着韩红玉跟张广泰说："这人你要不要？""要哇，就是暂时没钱。""没钱也不要紧，三东家您把人接出去，您想在这吃住穿戴，煤笼炭火的我垫不起呀！我的三东家！""那没关系，你缺什么跟我说我想办法。"从这起王九妈没什么就跟张广泰要，他上哪里弄去，只好是赊呀，借呀，仗着自己是广聚粮栈的三东家。不到一个月河西坞的大买卖，他都赊遍借到啦，事这么办啦，这祸也就出来啦。

这天是八月十二，再过三天就是中秋节，过去那年月，五月节、八月节和春节，都是买卖家清理账目的日子，欠人家的得还，欠自己的得要，这天张广聚从粮栈出来没两步，斜对门银楼的掌柜出来啦，冲着张广聚一抱拳："大东家忙呀。"广聚一看："噢！李掌柜，买卖不错吧。""大东家咱们都是做买卖的，过节吗总是有这么个规矩，按理说对口街坊用不着这套，不过交代交代俗理儿吧，我这有个条子您看看。"说着话把账条递过来啦，张广聚接过来一看，是首饰全套，一套都是什么呢？就是簪、坠、钗、环、镯，外借了二十两银子，共计五十四两八钱银子。广聚就问："这是谁来拿的？""您那的三东家，怎么？您不知道！""知道。"心想这能是老太太叫他拿的？也不是哪个老太太？"好吧李掌柜；等一会儿叫伙计给您送过来。""没什么，不方便就过节再说吧。"张广聚刚一转身，绸缎庄的王掌柜拦住啦："大东家您把这个捎着。"说着把账条递过来啦，广聚一看，绸缎各一匹，借钱二十两，"好，我给。"刚往前走，这边叫："大东家"，那边喊："大东家"，大东家广聚伸手接账条嘴里说："我给，我给。"最后一家又一个叫："大东家"，张广聚一看是煤铺的掌柜。"等等！我们三东家也短你们的账？"煤铺掌柜的说："不多，四千斤煤还借了十两银子。"广聚想不对呀，家里买煤买炭有广兴哪，老三向来不管这事儿："掌柜的，借的银子我还，我问你这煤你送哪去啦？"煤铺掌柜的一笑："大东家您不问，我就不说啦，您要问煤送哪去啦，告诉你吧都送四美堂去啦，你们三东家在四美堂认识一个赛美人。"张广聚一听"噢"了一声，记得前些日子听自己妻子说过这事，就跟煤铺掌柜的说："一会儿我叫人把钱给你送过来，从今往后不准再借给三东家钱，以后他的账我是一文不还。"说完了广聚找了一家买卖进去借算盘,把账条一打,嚯!一千多两银子,张广聚把账条叠好揣在腰里,走出这家买卖铺,来到街上一想,啊,要照他这样花钱还得吗?借这机会我得除去后患。

想到这他直奔四美堂,来到四美堂的门口,他的主意也想好啦。他走进去伙计不认识,就往屋里让,王九妈正在柜房坐着,听伙计一让客,她一瞧心说,糟啦,他怎么来啦,赶紧从柜房里出来说:"大东家,您怎么有工夫到这来呀?""九妈,我问你,老三来了吗?""老三?哪个老三哪?""我们三东家广泰。""没来,没上这来过。""没来?他没来?这煤怎么送来的?""这……""别废话,看看去!"王九妈答应着就往跨院来啦。这些日子韩红玉教广泰练武,广泰教姑娘写字,一练武广泰总是挨姑娘的笤帚疙瘩。今天两人又练上啦,广泰挨了几下打有点急,喜得韩红玉咯咯地笑。就在这个工夫王九妈闯进来啦:"别打啦,大东家来啦。"张广泰一听就愣啦:"啊!我大哥来啦。你快去告诉他,就说我没在这。"王九妈也吓糊涂啦,跑到张广聚这屋就说:"大东家,三东家说他没在这。"这像话吗!张广聚一瞪眼:"废话,带我去。""哎!"王九妈就把张广聚带到跨院来,伙计高挑竹帘喊了一声来朋友,张广聚来到屋门口没过去,往那一站,张广泰在外间屋站着低着头,韩红玉站在里间门口,足有一两分钟张广聚没说话,只是用眼瞧着广泰和韩红玉,半天才轻声地说:"老三,今儿都到了什么日子啦?你还有心在这玩儿,家里柜上的事你就一点也不管,王先生病啦,柜上的账拢不起来,你也知道我的算盘上不行,就指望你能帮帮忙,你可倒好,金面、银面给我个不见面,我上哪找你去,你玩,哥哥我也没拦过你呀!你把正事办完了,再玩还不行吗?你这来。"一点手把广泰叫到外边来,站在离房门远点的地方,广聚低声问:"我听说你跟你嫂子要钱,要接个姑娘出去是哪个?"张广泰用手往屋里一指:"就是这个。""多钱?""五百两。""什么?就这么漂亮帅姑娘才五百两,人家这是拿你开心,不用说五百两,你就是给一千两恐怕你也领不出人来。""不,是五百两。""那好,等过了节我给你拿五百两,有事跟我说,你嫂子又当不了我的家,她能给你钱吗?"说到这儿一回手从腰里把账条全掏出来啦:"这都是你办的?"张广泰红着脸点了点头"嗯","还嗯哪!一千多两,你要早跟我说,这钱两个都领出去啦,明天先帮我把账拢起来,我也不到屋里去啦,你也早点回家。"

说完张广聚走啦,好厉害的张广聚呀,他怕把广泰吓跑喽,要是见面一瞪眼，广泰一害怕给他个不见面就不好办呢，所以他先把广泰稳住，好下毒手。张广聚来到街上，从对面来了个卖耗子药的，广聚就问他："你这耗子药管事吗？"卖耗子药的说"不管事？！耗子吃了准死。""人要是吃了呢？""这您可得留神，人吃了也活不了。""那好，给我来十包。"他买了耗子药就回家啦，到家奔厨房找了一个酒嘟噜灌了半嘟噜酒，又拿了带盖的砂鼓子盛了半大锅熟肉，然后他把耗子药掏出来，倒肉里五包倒酒里五包，把酒嘟噜晃荡匀，用勺子把肉搅了搅，酒放到桌下边，肉往灶旁一放，回到屋里跟大奶奶说："灶上的砂鼓子里的肉可不准动，明天是我请客用的。"他全安排好啦，就等明天叫张广泰吃啦。张广泰看大哥走啦，心里也非常高兴，来到屋里，韩红玉就问他大哥说什么啦，广泰就把他大哥说的话告诉了姑娘，红玉心里是半信半疑，就对广泰说家里事都办完了再到我这来，如果到十六还来不了，你千万想办法给我个信。因为姑娘见张广聚这个人有点阴险，又不好明说。第二天早晨起来，张广聚就等广泰啦，可是广泰快到中午啦才起床，漱口洗脸又忙了半天，这才来到外院屋里，这屋里没有多少摆设，对着房门是一张八仙桌，两把椅子，桌上放着账本、算盘、笔、墨、砚、文房四宝，靠后墙是一张条几，条几上并没有什么讲究的陈设，可是放着一个酒嘟噜和一个砂鼓子。张广聚一瞧广泰进来了就问你才起来呀，我等了你半天啦，先吃饭吧！广泰摇了摇头说："不用啦，还是先算账吧。"他是想赶紧算完了好去找韩红玉去。"那你就边算账边吃饭吧。"张广泰把椅子一转坐好就把账本打开啦，用无名指和中指夹着笔，可是笔尖朝上，他是眼、手、心一起用，眼看着账本，手打着算盘，心里想着韩红玉，张广聚回手把酒肉拿过来了，倒满一杯酒递给了广泰："你也先吃一点。""哎。"广泰答应着，手可没闲着，还在打算盘："您看这笔账错啦，得改过来。"他不停地打着算盘，毛笔一倒个改账，广聚说："老三，你先吃点东西。"广泰左手端起酒杯，他的眼睛看着账本，把酒杯送到嘴边一扬脖儿就把这杯酒喝啦，右手放下笔拿起筷子来夹了一块肉就吃，紧跟着又算上账啦。张广聚的二盅酒又倒上啦，往过一推："老三你喝呀。"他端起来又喝啦，张广泰是个精明人，要在往常，这酒他是不会喝的，因为酒里掺了耗子药发浑，一闻有味他能喝吗？可是今天就不行啦，一是因为他刚起床还有点迷迷糊糊，二是他的心早就跑到四美堂去啦，他是心不在焉，神不守舍，所以他没注意。等张广聚这第三杯酒递过来，张广泰就觉着心里不好受："哼！我心里怎么难受哇？""你可能是酒喝猛啦，来多吃点肉。"张广泰说："不……"他一抬头眼前发黑，下边的"好"字还没出口，身子往后一仰连人带椅子咔嚓就倒啦。张广聚口吐白沫，人事不知。张广聚早就准备好啦，从袖口里掏出一块手绢，先把广泰的嘴堵上了，一回手从椅垫底下拿出来一条绳子和一个盛粮用的布袋往下一套，就把张广泰装在口袋里，再用绳子把口袋嘴一扎，然后他把椅子立起来。就在这个时候帘子一起，从外边伸进一个脑袋来，抽身又出去啦，帘板吧嗒一响。张广聚没看清就问："谁？"外边答话："是人。"（倒口，学怯口，以下就不再注明了）"进来！"帘子一掀走进一人，广聚一看是扛长活的侯来庆："你到这干什么？""大东家干活用的木锨找不着啦，我到这院来看看有没有。"张广聚想是不是刚才的事他看见啦，他要是看见啦可不好，又一想一个也是埋两个也是埋，干脆连他一块带上吧，想到这就问侯来庆："今年过节二东家给你们什么吃呀？""大东家今年和往年一样，熟肉一大碗馒头随便吃。""没给点酒喝吗？""一个人二两酒。""怎么才给二两酒？太少啦，来吧我这有现成的酒和肉，来庆啊你就放开肚子吃吧。"他的意思把侯来庆药死，和张广泰一起埋。侯来庆看了看张广聚："大东家我才吃罢饭，这酒哇，不瞒大东家说；我是不喝呀，不用说是您的酒我不喝，就连给我的那二两酒我都给了李老万啦，我从来就不喝酒。"张广聚一看他不喝，又一想我下手也太早啦，这才中午哪就到天黑啦，我不能大白天的把广泰扛出去呀，不如叫侯来庆给我看着，我先刨个坑，天黑了再埋："来庆啊，你不喝就算啦，你摸摸那口袋是什么。"侯来庆走过去一摸，吓得都蹦起来啦："大东家，是人！""别嚷。"张广聚一瞪眼："那里头是我们老三广泰。""你怎么把三东家装口袋里养着。""我跟你说实话，因为他不学好，吃、喝、嫖、赌，为了嫖不到一个月就花了一千多两，所以我才在酒里肉里下上了毒药把他药死啦。"侯来庆一听心里这个骂呀，心说好你个王八的孙子，怪不得叫我喝酒哪，想连我一块害呀。张广聚阴险地一笑："刚才我叫你喝是打算连你一块埋了，可是你没喝。该着你发财，我给你二亩好地三间房，再花点钱给你娶个老婆，你这一辈子没问题啦；可是你得帮我点忙，跟我一起把广泰埋了。你要是不答应，哼！可别说我厉害，我到巡检司告你谋害三东家。你可知道司官跟我是把兄弟，我再把二亩地三间房的钱花到巡检司，这官司你打去吧。"乡里人最怕打官司，侯来庆一听:"大东家,我没说不管,你怎么说就怎么办还不行吗?""那好,你在这给我看着,有人问你就说是我叫你在这看东西,谁也不准在这屋里待。"张广聚知道侯来庆是个老实人,也不敢往外声张这个事,广聚安排好了,就去刨坑去了。屋里就是侯来庆一个人啦,他待到下午三点多啦不见张广聚回来,他自言自语地唠叨:"这回你完喽,谁叫你不学好呢?没事就吃、喝、嫖、赌,你吃!"他还是越说越来气;一来气这嗓门儿是越来越高,声音越来越大:"你甭吃喽!甭喝喽!天一黑就把你活埋喽!"他的声儿一大,叫里院的大奶奶听见啦,心说这是谁在外边说话呀,李氏出来啦,一听是外院屋里,李氏来到外院屋外,掀帘子一瞧,原来是侯来庆一个人儿在那里说话,李氏进屋就问:"侯来庆,你跟谁说话哪?"侯来庆自己正说着说着听帘子一响,一瞧是大少奶奶,听这么一问,他赶紧站起来结结巴巴地说:"哦……我没……跟谁……说啥。"李氏一瞧这屋里头桌上有酒有肉,地下有条口袋,里边鼓鼓囊囊,再瞧侯来庆说话脸上变颜变色,心说这里边有事儿,就对侯来庆说:"你没跟谁说话?我都听见啦,我看你是不打算在这儿干啦,明天就给你算账。"李氏绷着脸这么一说,侯来庆还是真害怕,这是内当家的,他赶紧说:"我说东家奶奶您先别着急,你摸摸这口袋里是啥。"李氏过去就摸,差点没吓趴下:"哟,是人!"侯来庆把张广聚对他说的话拿出来对李氏说:"别嚷,是人你知道是谁吗?""是谁?""是广泰。"李氏一听就一哆嗦,侯来庆继续说:"你知道为什么把他装口袋里吗?因为他不学好,吃喝嫖赌,一个来月就花了一千多两银子,大东家生气啦,在酒里肉里下了毒药把他药死啦,天黑了活埋,大东家叫我看着他,刨坑去啦。"李氏听着心里别提多么难受啦,心说当家的你的心怎么这么狠哪,你和他虽不是一母所生,可也是一父之子,他不学好你管他是应当的,你是做哥哥的可以打他、管他,实在不听话你把他的腿砸折了都行,你不能害死他呀。我得把三弟救了,一想救不了,这儿还有个侯来庆看着哪,唉!我得把侯来庆吓跑喽就行啦。想到这就对侯来庆说:"你说大东家把三东家害啦,我不信,人家是亲兄弟,没见亲哥哥害死兄弟的,我看这是你害的!""今儿害三东家,明儿害二东家,再害大东家,你想图谋家产,我这就去喊人把你送衙门打官司去!"侯来庆一听,啊,吓得直哆嗦:"这里没我的事,不信你去问你的当家的,我走咧。"侯来庆吓跑啦;他连铺盖都没拿就回老家去啦。

李氏见侯来庆跑啦，就赶紧把口袋解开，从广泰身上把口袋褪下来，解开捆住的绳子，扶广泰坐起来，又把堵在嘴里的手巾往外一揪。张广泰可没死，他一共喝了两盅酒吃了几块肉，药力并不大，当时是晕过去啦，李氏从他嘴里往外一揪手巾，广泰就觉得有什么东西从胃里往外翻，嗓子里发紧一张嘴"哇"酒肉全吐出来啦，他慢慢地睁开了眼睛，一看屋里很乱自己倒在地下，大嫂站在自己对面，就问："嫂子，我哥哥哪？"李氏一听，眼泪就下来啦："还找你哥哥哪，你哥哥要把你害死。""啊！为什么？""还不是因为你不学好，一个月挥霍了一千两银子，他在酒肉里下了毒药，把你药过去；他去刨坑，天黑就把你活埋啦。"可把张广泰吓坏啦，他眼泪汪汪的："嫂子，我怎么办哪？"李氏叹了一口气："咳，广泰，我做嫂子的不该说这话，你大哥对你们哥俩就没安好心，他总想要独霸家产。你二哥老实，唯有你精明强干，所以趁你挥霍钱财想把你除掉，就是我今天救了你，这个家你也不能待了，老三那你想啊，他总想害你，就是这回躲过去，谁知他又要想出什么主意来呀，依我说你远走高飞自己创出一番事业，那时他就不敢把你怎样啦，不知你愿意不愿意？"张广泰本来就吓傻啦，他还有什么主意，听嫂子这么一说："嫂子我愿意走。""那好，你等着我给你收拾收拾东西去。"张广泰穿的戴的都在李氏屋里放着，她来到自己屋里把广泰穿的包了一个包袱，还怕他不够用的又把自己娘家陪送的两副金镯子也给包上啦。把包袱拿到外院屋里交给广泰："这是包袱，趁你哥哥还没回来你赶紧走吧。"广泰接过包袱说："嫂子，我走之后咱妈要问我，您千万别说我走啦，省得叫妈担心。"张广泰跪在地下给嫂子磕了个头，又冲里院上房屋磕了三个头，算是拜别了母亲，站起来拿包袱就走。李氏把他拦着了："你不能从前门走，要是碰上你哥哥怎么办，你从后门走，出去千万别走大街。"李氏把张广泰送出后门，把门关好回到外院屋里心里念了声佛："这回可好啦，总算我这做嫂子的对得起广泰，他走啦就好啦。"说着一低头瞧见那口袋瘪啦："这回就糟啦！"李氏想广聚回来一看口袋里没人啦，他找侯来庆一问人给放走啦，他跟我完得了吗？老三是他亲兄弟他还用毒药把他害死哪，何况我是外姓人哪。又一想自己嫁了这样狠心的人，知道的是他心狠意毒，不知道的准说是我从中调唆的，这不叫人指着脊梁骨骂呀，我还有脸活着吗？不如我替广泰死了就完啦。女人的心窄，她想到死，就转不过弯来啦，在条几上有个针线簸箩，她从里边就把剪子拿起来啦，两手攥住剪子把，剪子尖对准了嗓子就扎。就在这千钧一发的工夫，就听帘板"吧嗒"一响，李氏回头一瞧，她以为是张广聚回来啦，原来是张广泰养的那条白狗进来啦，李氏一愣神的工夫，这条狗是摇头摆尾，张开嘴巴，地下有张广泰吐出来的肉哇，狗见了肉还有不吃的吗，过去就吃啦，它不知道肉里有耗子药哇，吃完啦这药劲也上来啦。转了两圈"唤"的一声死啦。李氏把剪子放下，用绳子把狗捆好了又用手巾把狗嘴扎着，把狗装进口袋，系好口袋嘴，一看跟人差不多，李氏这才放心回到里院自己的屋里去啦。这时候太阳压山天快黑啦。再说张广聚在自家坟地边上刨了一个坑有一丈多深，等到天快黑才回来，来到外院屋外叫了声"来庆"，里边没有人答应，他赶紧来到屋里，也没点灯，因为天将黑，影影绰绰的还能看见点，一瞧屋里没人口袋还在那放着，心想准是侯来庆胆小跑啦，就得我自己扛吧，张广聚抓住口袋嘴一使劲就扛起来啦。别看张广聚心狠可是他也害怕，他知道口袋里是张广泰，心里怦怦乱跳，扛着就走，出了河西坞奔自家的坟地，他扛着口袋一颤一颤地走着，这狗哇又活啦。耗子药是药耗子的，药狗不大管事，狗活啦可是叫不出来，嘴捆着那。这狗也纳闷儿，我这是在哪儿呢颤颤巍巍的，这会儿可就来到张广聚刨的坑旁边啦。坑有一丈多深，张广聚站在坑边上又有五六尺高，他一歪肩膀就把口袋扔下去啦，一丈六七尺高"啪嚓"一甩这狗受得了吗？嘴捆着又叫不出来，它使劲一叫"嗷"的一声，把张广聚吓了一跳，心说老三哪，活着你唱八角鼓死了还唱梆子哪？张广聚活埋了白狗，他以为是把广泰给活埋啦。他想要独霸家业的美梦做成啦。

（张春奎忆记　新纪元　邵绅绅整理）

张广泰学艺

　　张广泰走出自己家的后门，不敢在大街上走，怕碰上他大哥，只能从小胡同绕着走。转了半天直到天快黑了他才走到了运河岸边。他顺着河边往前走。八月十五的夜晚，月亮升起的很早，照得很亮。突然一块云彩把月亮遮住，张广泰打了一个冷战。他才十七岁，刚刚放下书包过着无忧无虑的生活，真是衣来伸手饭来张口，身不动膀不摇的广聚粮栈的三东家，他哪里一个人出过远门哪。他这次离家出走，又是被迫，不走不行，上哪儿去，连他自己也不知道，走累了就坐下歇一歇再走，他整整走了一夜，天亮他就来到了天津卫。

　　张广泰来到了西关厢，西关厢的买卖铺户才下门板，路北有一家客店，字号是吉祥马家老店。伙计正在门口扫地，张广泰走了一夜是又饿又困，一想找店住下再说。他来到了马家老店往里就走，伙计一瞧有人进店赶紧过来问："客官，您找人哪？"怎么问找人哪？早晨起来进店的差不多都是找人的，晚上进店来的才是住店的哪，所以伙计问："您找人哪？"广泰说："住店。"伙计心说，这位是一宿没睡呀！"您里面请。""有跨院吗？""有。"把张广泰领进跨院。跨院是三间上房，来到屋里广泰坐下伙计就问："您一共几位？""我一人。"伙计心说一人住三间房，可是又不敢多说，因为张广泰穿得讲究，张广泰也有点瞧出来啦，就说："我这个人爱清静，你先给我来点吃的，吃完了我好歇会儿。"伙计赶紧叫来饭菜，张广泰吃完饭可就睡啦，走了一宿的路，骨头节都酸啦，一觉就睡到中午。

　　张广泰醒后叫伙计打水沏茶，张广泰洗完脸喝着茶，伙计过来问："客官您还用什么吗？"广泰说："我要吃饭，你们这都卖什么？""我们这是应时小吃应有尽有还有包办酒席。"广泰就问成桌的酒席多钱一桌？伙计说："有上、中、下三等的。上等酒席四两二，中等的三两六，下等的……"没等伙计说完，张广泰就说来上等酒席一桌，伙计一听心说一人吃一桌呀。便告诉了厨房赶紧做，没有多大工夫一桌酒席摆上了，伙计在一旁侍候着鹿鞭和张广泰说话："没领教客官您贵姓？"广泰说："我姓张名字叫广泰，排行在三。""喔，张三爷！您贵行发财？"张广泰心想我干什么的连我自己都不知道我哪行发财，可是人家问出来了就回答人家，我说我干什么的好呢？他想起何九对他说过的在外面跑腿得会说大话，得胡吹海唠才行，对！我也得拣大的吹。就对伙计说："你问我哪行发财，我得先问问你贵姓？"伙计说："我姓刘行二，因为我爱说笑话人家都叫我笑话刘。""好！刘二我听说干你们这一行的眼力很好，你看看我像干什么的？"张广泰一反问，刘二倒为难了，因为什么哪，在那个时候干哪行的都带特征，比如说做买卖跑外的有特征，他们多数穿灰色长袍青坎肩，说话不离生意经。要是在衙门里当差的说话硬气，不吃亏。跑江湖的人说话和气，店里的伙计一猜就猜得差不多，可是张广泰他都不带这些特征，刘二还真没法猜，他可有的说："您让我猜您是干什么的不是我说大话，是住我们这个店的，我跟他说上三句话，我就能知道他是干哪行的，就从您进店的一言一行一举一动早就看出来您是干什么的啦！这还用的猜吗，您准是……""干什么的？""您自己知道。"这不是废话吗。说了半天你不知道哇。刘二一笑说："我们哪有这么好的眼力呀，三爷还是您说吧。"这时广泰也想好了吹的办法了就说我干的属于红货行。刘二一听，说："这个我知道您是贩卖珠宝玉器的。"广泰说："你说的是红货行，我是属红货的。""您是卖古玩字画的。""不！是属红货的。""我猜不着啦，您是怎样属红货的？""我是卖猪血的。""噢！这个红货行啊！您要是卖豆腐的准是白货行啦。""我是属红货行的。""您是怎么个属红货行的？""我是憋宝的，这次我们十二人去南洋憋宝回来我打前站，他们押着货物在后头，我骑的马在路上病啦所以就把它卖了，我住这儿等我们的伙伴。"刘二一听心里非常高兴，对张广泰侍候得更加周到，他这一位就吃一桌酒席，要是他的伙伴都住在我们这个店里每天得卖十来桌酒席。

张广泰一桌酒席没吃多少就吃饱了，叫伙计把残席撤下去，刘二一看还有十来个菜没动哪，就说："三爷！我把没动的菜拿碗给您扣起来晚上再给您热一热就行啦。"张广泰说："不用了，你拿下去吃了吧。"刘二高兴啦，他赶紧把菜撤下去又给张广泰沏了一壶好茶送来，"三爷您喝茶。"张广泰喝着茶刘二在旁边陪着说闲话："三爷您这趟憋宝都憋着什么啦？"张广泰心说我憋着一肚子大粪，我胡说他还真信了，就说："我们伙计憋了不少什么玛瑙、翡翠、猫儿眼、珊瑚、宝石、祖母绿，谁都憋了三筐两筐的。"刘二一听把两眼瞪得跟包子似的："三筐两筐的！三爷您憋了几筐啊？"张广泰说："我一筐也没憋着。""这您白跑了？""我也没白跑，憋了个小玩意儿。"刘二泄气啦，"憋个小玩意儿有什么用啊？"张广泰说："我憋了个翡翠大叫驴。"刘二一听，用手比画着："就这么点儿的驴能值多钱？"张广泰说："跟真驴一般大。"刘二一听，说："什么？真驴那么大的翡翠叫驴？"张广泰点点头："啊！还会叫哪！"哪有这事儿呀，张广泰是信口开河，伙计刘二还真信啦。到晚上吃饭张广泰又是一桌上等酒席，刘二心说他吃不了全归我。到晚上关门以后，刘二还跟掌柜的马洪说："掌柜的咱们这个店发财啦。"掌柜的一听，就问："怎么？""今天早上来了一位住店的，一个人住跨院三间，一个人叫一桌上等酒席，吃不多少就不要了，这要是住上十天半个月的，我们就发财啦！"马洪一听摇了摇头说："那倒不一定，你知道他是干什么的？""人家是憋宝的，珍珠玛瑙都成筐装，他还憋了个翡翠大叫驴哪。""翡翠大叫驴？你看见啦？""我没看见是他亲口说的。"掌柜的说："对呀！你没看见就凭他一说你就信听，今天他吃了两桌酒席，店饭算在一起十来两，明天你把钱要来，他要悬蒙吃蒙喝的，我可扣你的工钱。"刘二说："好吧，你就是势利眼，认钱不认人！"马掌柜的也不跟刘二多说。第二天早上张广泰起来洗脸喝茶，刘二在旁边说："三爷，您可别在意，昨天您来也没在柜上交钱，我们这个买卖本小利薄垫会不起，您是不是先把昨天的账结一下，我跟掌柜的也好交代。"广泰一听要钱，他在家花惯了就打开包裹把嫂子给的钱拿出一半交给伙计刘二："你先把这些钱拿去吧。"刘二接过钱来说："我给您存在柜上吧！"广泰点点头，刘二拿钱来到前边。掌柜的正在柜房算账，刘二把银子往柜上一扔，说："银子！称！多少！"掌柜的用天平一称一百两。刘二说："都存在柜上！"掌柜的问："谁的？""翡翠大叫驴的！你瞧不起人家，可人家有钱，这你就放心了吧。"没过几天钱用完啦，掌柜还是叫刘二去要钱，刘二跟张广泰一说，张广泰又把那一半拿出来给了刘二。又过了十几天刘二又来要钱，张广泰没钱啦，就把那两只镯子给了刘二。张广泰是八月十五住的店，到九月二十几就把钱花光了。

这天早晨起来，广泰把刘二叫来说："伙计我跟你商量点儿事，我来到这住了这么多天，我的伙计们还不来。我的钱也花完啦，先跟你们柜上赊赊账行不行，要不行我这就走。"刘二心说你别走啦，我还想看一看翡翠大叫驴哪。"三爷！这有什么，不过您别每顿饭一桌，您一个人也吃不了。我给您要一角，就是一桌席分四份也足够您吃的，三爷您看怎么样？"张广泰说："行啊！"就这样又过了三四天，伙计刘二一看翡翠大叫驴还是没来，可是张广泰欠店里二十多两银子啦。这天吃过晚饭，伙计刘二来到张广泰的屋里，说："三爷！您那个翡翠大叫驴来得了吗？"张广泰一听，那脸刷的一下就红啦，可是穷逼得没办法还得说瞎话，"可能快啦。"刘二说："甭管翡翠叫驴来不来，您得想办法给店钱，掌柜的催着要钱，我要有钱就先给您垫上啦，可是我没哇，三爷您得想个办法呀，不能这么等着呀！"张广泰又不是那没皮没脸的人，听刘二这么一说，就说："好吧！明天我给你钱。"刘二说："那咱们明天见。"说完刘二走啦，屋里只剩下张广泰一人面对独灯。九月底天已经凉了寒风吹得破窗户纸哗啦啦地直响，蜡烛火苗来回乱摆，张广泰两眼发直，瞧着灯光思前想后，屋外传来秋虫凄惨的叫声。也不知他呆坐了多长时间，远处传来了梆锣之声，梆！梆！梆！天交三更，张广泰想起了家中年迈老母，二位嫂嫂对自己的照顾，大哥的狠心，韩红玉对自己的情义，一桩桩的往事涌上心头，不由得长叹一声，暗暗叫着自己：广泰呀！广泰，你也老大不小的啦，今年也十八岁了，在母亲面前不能尽孝，阖家不能团聚，一个人漂流异乡举目无亲，欠下店饭账说明天给人家钱我到哪里弄钱去，我本来是说笑话，说我有翡翠大叫驴，其实我连条驴尾巴也没有哇！到明天人家跟我要钱难道说我厚着脸皮跟人家要赖吗，他是越想越没有出路，又一想还不如一死了事，他想到了死他再也想不出别的出路啦，他站起身来把裤腰带解下来往梁头上一搭系了一个扣，两手一揪这个套，心里一难过叫了一声："娘！""娘啊！娘！我不能再跟您见面了。"说完就上吊啦，他这一吊把外边一个人差一点吓死，谁呀？马掌柜的，他半夜起来解手，刚走到跨院角门往里一看正赶上张广泰往梁上搭裤腰带，因为灯光把广泰的影子映到窗户上啦，马掌柜看得很清楚，尿也顾不得撒啦，往柜房就跑。

刘二在柜房外边门道里边搭铺睡觉啦，这时刘二正做梦哪，他梦见跨院里的张广泰的伙伴们都来啦，大筐大筐地往里抬宝贝，就是张广泰手里拉着翡翠大叫驴，嘿！大叫驴真来啦。就在这会儿掌柜的叫他："刘二醒醒！醒醒！"刘二没睁眼听见掌柜的叫他就说："掌柜的！你看翡翠大叫驴来啦！"掌柜的上去给他一巴掌："醒醒！翡翠大叫驴上吊啦！"刘二迷迷糊糊的没听清楚，他听喊他要啦，刘二用手指着掌柜的鼻子说："你要啦！你要得起吗？"掌柜的这个气呀，用手一揪刘二的耳朵说："跨院里住的人上吊啦！"刘二这才听明白，吓得连鞋都没有来得及穿就往跨院里跑，把门踹开一瞧，张广泰已经吊上啦，正在手刨脚蹬挣命哪，刘二赶紧用双手托住张广泰的胳肢窝，磕膝盖顶住臀部往上一托就把他给解下来啦，然后放在地上盘上双腿，胡噜前胸捶后背嘴里喊着："三爷！客官！翡翠大叫驴！您醒醒！"张广泰苏醒过来"哎哟"了一声，睁开眼一看自己坐在地下，刘二一瞧说："您可缓过来啦，有什么想不开的事儿跟我说说，也别寻短见哪！"广泰的眼泪下来啦，一边擦着眼泪一边说："刘二我跟您说实话吧，我也不是憋宝的，也没有翡翠大叫驴。"刘二说："你就别提翡翠大叫驴啦！""我是武清县河西务广聚粮栈的三东家，因为我在妓院里认识了一个韩红玉，她对我很好，我要把她接出来，我手里没钱，我大哥知道了这事儿。八月十三用毒药酒把我药死要把我埋了，多亏我大嫂救了我，我才没死，嫂子怕我大哥再害我才给我钱叫我逃出来闯一闯再回家，可是我肩不能担担，手不能提篮，住在你们店里把钱花完了又欠下店饭钱，我说明天给你们钱，我拿什么给呀，我有家不能回有娘不能见，到天亮我又没脸跟您说不如干脆一死了事！"刘二听着也替广泰难过，就劝广泰："您也真想不开，就这么点事值得上吊吗，您不就是欠我们二三十两银子吗，您这命就这么不值钱哪！您想开点，没有过不去的火焰山，活人还能叫尿憋死吗！您说您会干吗，我给您想想办法。"广泰说："我会花钱。""噢！就能花钱哪！"刘二说："我就不信你这么大的人就什么也不会？"刘二这么说，张广泰还真想起一件事，他跟韩红玉学了一趟拳半趟刀，就说："我会练把式。"刘二一听："这就行吗，我看那打把式卖艺的都不少赚钱，今年正月里我们店里住了一个打把式卖艺的，十个月赚了三四十两银子，走的时候忘在我们店里一把单刀到现在也没回来找，明天我先借给你，你就在我们店门口打把式卖艺，赚了钱我给你收着，除去你的吃住剩下的还账，可是你不能住这三间屋啦，我给您找个小单间，吃饭哪可就是斤饼斤面，吃饱了就行，等您赚钱多了您爱怎么花就怎么花，我就不管啦，您看行不行？"话是开心的钥匙，张广泰一听有了出路也就不想死啦，本来嘛寻死都是一时想不开，觉得没有活路啦死了吧。刘二这么一说，广泰点了点头说："我听你的，天也不早啦你也去歇着吧。"刘二说："不用啦！我在这看着您吧，我走啦，您再上吊就麻烦啦。"就这样一直到天亮。刘二把张广泰安排到了一个小房间去住给预备饭暂不细说。到了太阳偏西，刘二来找广泰，手里还拿着一把单刀，说："走吧！咱们练把式去。"带着张广泰来到店门口的一片空场子上，刘二对张广泰说："您就在这练吧，您练完了跟看热闹的人说说就要钱，有时候得到人家跟前伸伸手说您给个钱吧，人家就给您钱啦，您练吧，我回店忙去啦。"刘二走啦。

张广泰他没干过这个，打把式卖艺的有一套办法，先折折腰，踢踢腿，等瞧热闹的人围上啦再说一套跑江湖的话，然后再练，练完了再要钱。可是张广泰不会呀，他刘二走啦，自己就练吧。他先打了一趟拳，围了不少人看，拳打完啦又练了一趟刀，练完了往那里一站也不作揖也不行礼，只说："要钱啦。"围着瞧热闹的一看这个打把式的不会说客气话，想给钱的也不给啦，全走啦。张广泰一看没有给钱的全走啦，一瞧西边站着一个老头没走，冲着他直笑，张广泰又想到刘二对他说过要到看练把式的人面前伸手要钱，这可真难坏了广泰，他长这么大也没伸手问别人要过钱哪。又一想头一天练把式怎么也不能空着手回去呀！他狠了狠心来到老头面前没说话脸先红啦说："您给几个钱吧。"老头问："干吗？""要钱。""呸！"老头这一口唾沫全唑在广泰脸上啦，"要钱！昨晚上尿床还没揍你哪。"扭头走啦。张广泰哪里受过这样的屈呀，拾起地上的单刀，一扭头跑回店里，来到屋里坐在那里一动不动，这时候刘二进来啦，他瞧见了张广泰回来啦，他来找广泰要钱来啦，进门一伸手说："拿来吧！""拿什么？"张广泰正发愣哪，听刘二说拿来吧，就问拿什么，张广泰问："你要什么？"刘二说："钱哪。""呸！昨晚上尿床还没揍你哪！"刘二说："您这是怎么说话？"张广泰说："我怎么说话？他怎么说我我怎么说你。"张广泰就把练完了没人给钱，自己找老头要钱，老头怎么说的全跟刘二说啦。刘二一听说："噢！这么回事呀，这没关系，俗话说：一回生两回熟，您明天再去练准有人给钱，这叫头三脚难踢嘛。我给您端饭去。"说完了刘二出去啦，张广泰想我明天还去练哪！我别在这里丢人现眼啦！还是死了干脆，我也别在店里死，找个没人的地方去死。

张广泰出了店房低着头往前走；这时天可就黑下来啦，张广泰来到关厢外大道上往前走了没多远，路旁有一片树林，张广泰进了树林一看原来是一片坟地，四周栽着树，其中有一棵歪脖子树，广泰来到树下一想我就在这儿上吊吧，把腰带解下来往树上一搭系了三个扣，两手扶套叹了一口气："咳！人生有处，死有地，没想到我张广泰……"他的话还没说完就听见树林外边有人喊："上吊的！等等我！咱俩一块吊！"张广泰一听心说上吊还有搭伴的哪。从树林外边跑进一个人来，来到广泰面前一伸手打了广泰一个大嘴巴："谁叫你跑到这里来上吊的，你不知道这块坟地归我看着吗？你死在这叫我去打人命官司啊！"张广泰仔细一看来人，这气可就大啦，正是白天看练把式啐他一脸唾沫的那个老头。张广泰一赌气把腰带解下扎在腰上说："噢！这归你管，好我走！"张广泰出了树林，也没上大道在漫荒野地里往前走，走着走着耳旁听到哗啦啦的流水声，抬头一看才知道自己已来到运河边，广泰一看水流得很急看样子也不浅，张广泰一想我非得上吊呀，跳河不是一样死吗。想到这里往后退了两步，用夹袍一蒙脸，他那意思往前跑几步一纵身就跳下去啦，可是他还没往前跑就听后边有人喊："咳！跳河的！等等我！咱俩一块跳！"张广泰一愣神儿那人就到了，绕到张广泰面前抬腿就是一脚，把张广泰踹了个仰面朝天，"你这人吃饱啦，不叫你上吊，又跑这跳河，这段河归我管，成心给我找麻烦。"张广泰爬起来一看又是那个老头，心想这个老头跟我干上啦，又一想不对！他这是不叫我死啊！想到这他给老头作了个揖说："老人家您救不了我，我是非死不可啦。"老头说："这么说你就没有活路啦？""有活路我就不寻死啦。""那你说说究竟为什么寻死，要真的没活路你再死我也不拦着。"张广泰心说这个老头刨根问底干脆我跟他说了吧，就把大哥害他，嫂子救了他，从家里逃出来，到天津困在店中，练把式的事全说啦，最后说："你看我还有活路吗？"老头一听乐啦，"你叫什么？""我叫张广泰。""好。"原来这个老头有个古怪脾气，他姓穆单字英。自幼练身好武艺，他有十二个徒弟，这十二个徒弟的名字都带个泰字，他想再收个徒弟也得带泰字，凑个十三太保，白天在店门口看见广泰练把式，他一瞧广泰练的净是挨揍架势看着可笑。张广泰以为他看着好呢，才过来跟他要钱，他啐了张广泰一口就走可是他偷眼看着张广泰，一看广泰回店啦，他就到店的对过一家回民小饭馆里吃饭去啦，吃完饭出来正赶上张广泰从店里出来。一瞧张广泰的神情不对，就在后边跟着张广泰，所以上吊，跳河都没叫他死，一盘问才知道他叫张广泰，老头高兴啦，我再收个徒弟就够十三太保啦，所以才说："好！你不是没有活路吗，就跟着我学练武吧，吃穿住我管，你先回店，明天我去接你还清饭店账，我带你去个地方学去，这样你还死不死啦？"张广泰一听心说上哪找这好事去？"老人家我就拜您为师啦。"说着广泰跪下就给老头磕头。这就算是拜了师。

张广泰回店。第二天穆英来到店里把账还清带着广泰就走。张广泰跟着离了关厢往西走了二三里路，这有一片菜园子，园子不大，有三间草房，两间是里外间，里间靠前沿是一铺，炕上有两套被褥，外间有一张白茬儿的桌子两条板凳，桌上有一套茶壶茶碗。他们刚进屋坐下从外边又来了一个人，扛着一个口袋，提着一个篮子，进门就把东西放下说："师父您叫我预备的东西全齐啦。"穆英把广泰叫过来给引见"这是你师哥"。张广泰过来行礼拜师兄，那人说不要多礼啦，就回过头跟穆英说："老师还有旁的事吗？要没有我得赶快回柜上去，这两天有几个地痞总是到柜上捣乱，我不在伙计们对付不了。"穆英说："你到时候就来送东西就成啦，你回去吧。"从这天起张广泰是事事从头学起，自己起头做饭，吃饱了就练，一晃两年过去啦，张广泰是马上步下，十八般兵刃件件精通。上马一条枪有万夫不当之勇，下马能蹿高纵矮飞檐走壁，一口短把刀和闭血镰是神鬼莫测。这一天老英雄穆英对广泰说："为师有事，要出去一趟你要好好练功，我多则十日少则五天我就能回来。"说完了穆英就走啦。广泰一人这几天除去吃饭没事就练。第六天穆英回来啦，带回一个包袱来，一进门笑呵呵地说："广泰我都给你预备齐啦。"说着话把包袱打开，张广泰一瞧，是一口短把刀，一支闭血镰和一身夜行衣，还有一本厚厚的书像个账本。就听师父说："这是咱们的规矩，我这当师父的得给你备齐。这刀没有什么说的，你的这闭血镰可有说法，你看这镰后的绒绳拴着十三个算盘疙瘩，这说明你是我第十三个徒弟，以后你若见了使闭血镰的，绳有几个疙瘩就是你的几师兄，夜行衣是我找人给你做的，这个本子上全是江湖上用的术语，你把它背熟于心，见说江湖黑话的一听就知道说的是什么，明天你我师徒要分手了，我要去江南访友，你先到你七师兄柜上帮忙，有机会谋个出头之日。"张广泰听着听着眼泪就下来啦，因为师徒相处两年多，情同父子，说分开就分开，广泰也知道老师的脾气说了不改，就问：“师父，不知咱们师徒多咱再能见面？”“咱爷俩河西见面。”“我还能回家？”“你还能不回家吗？”爷俩正说话，广泰的七师兄来啦，就是经常来送东西的那个人，广泰叫了一声师哥，他师兄说：“师弟，老师要走啦，你跟我先到柜上住着，以后再说，把你的东西收拾收拾。”张广泰也没有什么可收拾的，就跟师父告别随师兄离了菜园子。

　　他师兄姓白名桂泰，在天津开包子铺，桂泰叫他住在柜房里，跟他说今天先住下，明天你看看你愿意干什么就干什么。第二天张广泰一瞧哇，有和面的，剁馅的，刷盘子洗碗的。白桂泰问他：“你看你能干什么？”张广泰心说干什么？和面？抱着大盆一劲和，一盆面四五十斤，天这么热，不行。蒸包子？六月天靠着火炉子受不了，刷家伙洗碗太脏。跑堂侍候人不行，他用眼一看，在包子铺门口站着一个伙计，手里拿着一个竹筒子，里边有好多的竹签一劲颠打。这是干什么的？是抱筒子的，那时在天津卖包子的门口都有个抱筒子的，是一种赌博，竹筒子里有三十二根竹签，一头有三十张骨牌的点，买一个包子钱一个，你要是给抱筒子的一个钱，抽三根竹签下面有点，三张骨牌的点除去三个一样的，够十四个点抱筒子的给你一个竹牌，凭这竹牌吃五个包子，这叫赢了。要是不够十四个点，这一个钱算是白花了，也就是输了。可是张广泰不懂，就在他瞧的这工夫，过来一个人给抱筒子的一个钱，伸手抽了三根签儿，这三根签有五个一样的点，敢情抽签有规矩，四个一样的点输，五个一样的点赢，这叫巧儿牌。抱筒子的一看说了声：“巧儿啦！”回手拿三个竹牌给那人，那人进来交牌端五个包子就吃。张广泰一看干这个行，收一个钱接过三根签说一声巧儿啦！就没我的事儿啦，我干这个。他用手一指：“师哥我干那个吧。”白桂泰心里高兴，心说我这个师弟给我抱筒子我就放心啦，就他这身功夫，地痞流氓敢来捣乱，有十个八个的我甭露面，广泰就全对付啦。白桂泰把抱筒子的伙计叫过来说：“把筒子给我师弟，你先干别的。”伙计把筒子递给广泰，张广泰接过筒子往门口一站。从那边过来一位给张广泰一个钱伸手抽了三个签，这三根签不成副输啦，这位把签儿交给广泰转脸就要走，张广泰喊上啦：“巧儿啦！”这位一听什么就巧啦，张广泰拿了个竹牌往前一递。这位一想这个抱筒子的是不懂啊，还是成心叫我白吃包子，白吃为什么不吃呢，这位拿牌白吃了五个包子，这位出来碰了个朋友，一说刚才的事，也许是伙计跟掌柜的闹别扭，成心叫人白吃你去试试，这位听说过来给张广泰一个钱抽了三根签儿，也是输啦，递给张广泰，张广泰接过来往筒子里一放，嘴里喊："巧儿啦！"这位也白吃了五个。这俩人一传说，一传十十传百，都白吃包子来啦，一会儿包子铺里坐满了。白桂泰在柜房一瞧，嚯！今天我这买卖真兴隆啊，甭问我这师弟人缘好，他往门口一站……白桂泰想到这不自觉地往门口一看，抽签的都排长队了，白桂泰出了柜房来到广泰身后一站。这时过来一人交给广泰一个钱，抽了三根签连看都不看就递给张广泰，广泰也没看，手往筒里放嘴里喊："巧儿啦！"叫白桂泰一把抓住啦："等等！什么就巧儿啦！"一看这三根签输啦，就问广泰："这是输啦，你怎么喊巧儿啦？""啊！这还有输有赢啊！我以为收一个钱接过三根签，喊声'巧儿啦'就叫人来吃包子哪！""没听说过！你还是到柜房歇着去吧！"张广泰心里觉得不好意思的，可是白桂泰什么也没说，给张广泰排了个活儿，叫他给写写账，这个张广泰不外行，他家是开粮栈的。

这天晚上，上了门板伙计都回家了，就剩下哥俩啦，桂泰对广泰说："我今天晚上有点事出去一趟，你给我等门。"说完了白桂泰走啦，张广泰一人等门，就把师父给他的那本江湖黑话的书拿出来看，这几天把这本书看了好几遍啦，差不多都快背熟了，张广泰看到二更多还不见师哥回来，又不敢去睡觉，正在着急听见师哥叫门，赶紧过来开门，张广泰是拔掉门插关，两手抓门左右一分把门开开，外边是他师兄，桂泰见门开了卧腰抬腿就是一脚，这一脚正踢在广泰前胸，把张广泰踢得往后倒退了一步就躺下啦，桂泰过来用手一指："你练了两年多就这个本事！连门都不会开！还在那里躺着干吗！起来！睡觉去。"说完奔柜房上床睡啦。张广泰爬起来躺在床上睡不着，他想你是我师哥，你来叫门我还防备什么，踢我一脚还说我没能耐！又一想，哼！他是成心，那天我给他输了那么多包子，他嘴里没说什么心里生气成心找寻我。过两天我也出去，照样给你一脚，我就问你，你是师哥你怎么学的。这一天张广泰跟他师哥说："今天我出去玩玩，您给我等门。"他出来没处去呀，就逛大街，转来转去好不容易到了二更天，回到包子铺门口叫门："师哥开门！"说完了就把劲憋足啦，净等着门开了就踹。白桂泰出来开门，拔开上下门插关，就把身子闪到旁边支巴着，张广泰你倒瞧准了人再踹呀！门一开他这脚就踹进来啦，白桂泰一伸手从底下就把脚脖子给摆住啦，往上一扬往外一推说："躺下吧！"

张广泰还真听话，躺下就躺下吧。白桂泰用手一指，"就这能耐还想踢人哪！你怎么学的！起来！进屋睡觉去！"张广泰说："唉！睡觉去。"来到屋里张广泰就要上床睡觉，白桂泰把他拦住啦，说："先别忙睡觉，咱哥俩好好谈谈，你认为我踹你一脚是为了你给我输了包子我成心出气吗？你要是这么想可就错啦，我这是教给你！练武的少不了会得罪人，要防人暗算，所以开门要闪身，踢人要看准。你开门不闪身挨踢，踢人看不准要挨打。你要记住咱师父临走时对我说：你只是自己单练啦，没有实际用过，不但开门或是踢人，就是双方动手都要看准对方用的是哪门的拳脚，如果不认识对方的门路就不能进招，进招必输，这叫拳打不识，要闭住自己门户以防待攻，等看准对方的拳路变化才能进招……"张广泰都听入了神儿啦，把挨摔的事全忘啦。从这一天起每天晚上白桂泰都要给广泰讲一些江湖上练武胜败输赢的故事。虽然张广泰没有在江湖上闯荡过，在师兄的讲说中间接地懂得了好多事。

　　这天是六月三伏天气很热，张广泰坐在柜房一劲擦汗，就跟白桂泰说，"师哥，今儿太热啦，我出去走走凉快凉快！"白桂泰叫他带上两吊钱零花儿。张广泰离了包子铺，这时虽说是下午四五点钟可是还不凉快，又往前走了没多远觉得对面吹过一阵风有点凉快啦。张广泰一看有点纳闷，很多人都和他走的是一个方向，有男有女有老有少，一边走着嘴里还说："快走！快走！晚了就占不着好地儿啦。"有的说："走哇！咱们听曲去！"张广泰明白啦，那边有唱曲的我也去听听，随着人群往前走，没走上一里地就来到了运河。河岸上站着好多人都往河里看。他挤进人群在河坡上往运河里一瞧，原来在河中停着三只官船，头只官船的桅杆上扯着一面黄旗，黄旗上黑月光绣白字，横着三个字是上海道，当中月光是个"哈"字，被风一吹哗啦啦地乱抖。船头上撑着蓝布天棚，天棚下放着一张茶几，茶几后边有一把太师椅，那边站着四个当差的，四个当差的前边站着一位七品顶戴官，他就是天津县的知县。这位上海道姓哈行四，都称呼哈四大人，名字叫哈宝泰，到上海赴任，因为天热昨天到了天津，知县要迎接过境的官员，哈四大人叫他给找个唱八角鼓的，知县就叫两个八班总头去找，这两个头一个姓丁，一个姓窝，丁头窝头找来个双目失明的先生给哈四大人唱曲，先生唱了两段，哈四大人一高兴也唱了两段，他是旗人（满族人），京字京韵，唱得又好，河坡上有很多人听，唱完了两段给了先生二两银子，叫管家哈喜给先生说明天还来，后天才起程哪，这事叫老百姓知道啦，一传十，十传百，所以今天来的人就更多啦。知县得在这侍候着。这时舱帘一起从里面走出一人，回手高挑舱帘哈四大人出来啦。哈四大人有四十多岁，留着两撇八字胡，穿着两截的截褂，腰扎凉带七丝罗的中衣，飘带扎腿，大拇指戴白玉扳指，出舱之后往太师椅上一坐，知县赶紧过来请安："卑职给大人请安！"哈四大人一伸手"贵县免礼"，知县往旁边一站，哈四大人问："唱曲的先生来了吗？"知县赶紧回话："等候大人吩咐。""把唱曲的叫来。"知县回头对两个头说："把唱曲的叫来。"俩头答应，脚登跳板下了船，原来唱曲的先生就在岸边等着哪，俩头说："先生咱们走。"伸手拉住先生的指明杖，俗说就是马竿儿，把先生领上船。"给大人请安。"俩头对先生说，"先生是瞎子看不见，大人在西北上坐着，先生冲正南请安。""给大人请安！"那边啊！有人给先生搬来了马扎叫先生坐下，哈四大人问："先生你今天唱段什么？"先生可会说话啦："大人！我不用唱啦，我唱了倒叫您笑话，还是您消遣消遣吧，我也学学。"他叫哈四大人消遣就是叫他唱。哈四大人好戴高帽子，一听先生这么说倒高兴啦："那你弹我唱。"瞎子一弹弦张广泰一听平常，可是哈四大人一唱，张广泰知道这位大人在唱上下过工夫，一个岔曲儿还没唱完，就唱倒了一个字，不懂的听不出来，张广泰是行家，一听把字唱倒了就叫了声好，这叫好有正好，有倒好，哈四大人不唱啦，把脸一沉问道"贵县"，知县赶紧请示，"卑职在"，"把叫好的给我找来"，"是！"知县心说这是谁呀，这不是给我上眼药吗，一回头："来呀！把叫好的给我带来。"俩头答应，丁头跟窝头下了船就问："谁叫好来的？是谁叫好来的？"张广泰一想我这是干吗呀，他唱得好坏与我有什么关系，干脆我别答应，就把草帽往前拉了拉，盖住眉毛装作没听见，可是俩头来到张广泰这就不走啦，一劲地问："谁叫好来的？"怎么回事？原来看热闹的没说话就告诉俩头啦，就是他叫好来的，怎么哪？在张广泰前边的人回头看往前走躲开啦，右边的往左看往右闪，左边的往右看向左闪，后边的伸着脖子往前看往后退，就把张广泰摆在那儿啦，那意思是说，就是他！所以俩头站这冲着张广泰问："谁叫好来的？"张广泰左右一瞧，哟嗬！全躲开啦，自己再不搭茬多寒碜哪！就把草帽往后推，用手一指自己的鼻子说："我叫好来的！""走！大人叫你哪！""他叫不着我，他唱曲不奉官，我叫好不犯法，他凭什么叫我？"俩头一看张广泰这个横劲，衙门里当差的能吃这个吗！"别废话！把他锁上！"丁头就把锁链掏出来啦，哗啦啦一抖，就往张广泰脖子上套，要是套住拉着就走。张广泰早就看好了自己站的地形啦，河坡是外高内低，自己站在高处，右边地上有一根拴船用的木桩子在地上钉着桩子，左边地上是个窝子，那是把拴船的木桩拔走啦留下的窝，这时丁头的锁链套来啦，张广泰往左一闪，伸右手把丁头的手腕抓住，伸右腿一斜身顺势一带丁头就栽那儿啦，窝头一看，说："你敢拒捕！"一抖锁链直奔广泰，张广泰把丁头给摔趴下啦，一瞧窝头过来啦，就往右边一闪，左手抓住窝头的腕子一拖说："趴下！"窝头还真听话，就趴下啦，脑袋正摔在那个窝子里。丁头儿钉在这边啦，窝头儿就窝在那儿边啦。丁头的脑袋钉了个大疙瘩，窝头的脑袋也歪了。俩人回去啦，来到船上知县就问："把叫好的带来啦？"俩头赶紧回话："没带来！我就钉那儿啦。""我就窝那儿啦！"这时从哈四大人身后边走过一个人来，是管家哈喜，哈喜上前说："二位快班老爷连个叫好的都带不来，还怎么抓差办案哪！"俩人一看是管家大人，不敢说别的就说："您说得容易，这人手底下可利索啦，我们俩糊里糊涂就趴下啦！"哈喜一笑："还用动手？用唾沫就能把他粘过来！"俩头儿一肚子气，心说你说得轻巧，你要去了也得搀回来，可是嘴里不敢说，那是管家，宰相门前七品官，"二爷！您去粘粘我们看看！"那意思是你甭说风凉话儿，有本事你去呀！哈喜也明白，说："我去把他粘来！"说着就下船啦，刚才的事哈喜都瞧见啦，他下船后就奔张广泰这来啦，来到广泰面前一抱拳说："刚才是尊驾您叫好来的？"张广泰一看，刚把那俩揍跑喽又来一个，就把眼一瞪说："是我叫的好，怎么样！"哈喜一听心说是够横的，"不怎么样，本来呢，许他唱曲就不许别人叫好吗，您说对不对？"张广泰一听，这个人说话还通情理，就问："那你为什么还问谁叫的好呢？"哈喜说："朋友！有句俗话儿您没听说过吗？常言说当官的动动嘴，当差的跑断腿儿，您一叫好，当官的要见叫好的，我们就得来找叫好的人，这么多的人我们知道是谁叫的好呢！就要问谁叫的好，您说要不问能知道吗？"张广泰一听对呀，哈喜接着说："刚才两个当差的也不会说话，招您生气啦，这话可又说回来啦，您要是不上船去见见当官的，我们怎么交差呀？曲是他唱的，好是您叫的，与我们当差的没关系，我们不过是来送个话，有话您去跟当官的说，别叫我们当差的为难，您既然敢叫好，还怕跟当官的说句话吗？"张广泰没有在江湖上闯荡过，他不懂在衙门里的术语这叫软搭，甭管怎么样只要你跟我见官就算交了差，张广泰哪知道哇！说："好！我跟你去见当官的去。"哈喜前边走广泰后边跟，登跳板上船啦，俩头一瞧："嘿！真粘来了。"哈喜给哈四大人请安说："我把叫好的给您带来啦。"说完往起一站，转身站在哈四大人身后边啦。哈四大人一瞧张广泰也就二十岁左右，身高七尺开外，细腰窄背，贯字的身形，身穿一身灰布的裤褂，青飘带扎腿，黑帆布双脸鞋白布袜子，往脸上一看，宽脑门儿尖下颏，两道眉毛是又长又细，通关鼻子四字口，齿白唇红，面似傅粉，仿佛像十七八岁的大姑娘，尤其是那两只眼睛，黑眼珠真黑白眼珠真白，从眼神里就带着一股子英雄气质。哈四大人是越看越爱看，刚才那一肚子气呀，叫张广泰的模样全给消啦。这叫上人见喜的长相。哈四大人问张广泰那语气里就不带生气的来啦。"刚才是你叫的好呀？"哈喜跟随大人这些年早就摸清了大人的脾气啦，一听问话的口气心说该着这小子走运，大人没气啦。张广泰要是说我听您唱得太好啦，一高兴叫了声好，请您不要见怪，这事就算完啦，可是他听哈四大人这么一问："刚才是你叫的好呀？"张广泰把眼一瞪，"是我叫的好怎么样！"哈喜心说真够横的，哈四大人还没生气倒给张广泰找台阶，"你叫的是倒好还是正好啊？"张广泰要是说叫的正好也完啦，他有台阶不下冲着哈四大人一撇嘴："我叫的倒好！"哈喜一听这小子找倒霉，大人有点不高兴，"这么说你也会唱？""比你唱的好！"哈喜心说这人吃枪药啦，哈四大人说："你唱一段我听听。"张广泰说："叫我唱得给我个座呀。"大人一回头，"给他搬个座！"哈喜心说我们大人的脾气都跑哪儿去啦！搬来一个马扎让张广泰坐下，哈四大人说："把我那张弦子拿来！"哈喜进舱拿来弦子递给张广泰，张广泰接过弦子一看，这把弦子真好，硬木鼓子新蒙蟒皮，金丝楠木支子，乌木垫板，黄杨木的轴子。张广泰一定弦，声音非常好听，定好弦他唱了一个岔曲，他唱的是芦花荡三气周瑜，刚唱了多半段，哈四大人越听越爱听，不由得叫了一声，"好"，张广泰不唱啦，把弦子往船板一放说："我叫你一个好。你叫我一个好，咱们是两够本儿回见！"扭头就走。"回来！"哈四大人又把他叫回来了，"我想叫你给我当差，你愿意？"张广泰一听大人叫跟着他去当差，心想，我还能老在包子铺闲住着吗，跟着道台去当差，也许有出头的那一天，赶紧请安："谢大人提拔。"哈喜一听他敢情还会说人话！刚才张广泰说话横有原因，就是哈喜用好话把他蒙上船，见大人说："我把叫好的带来啦。"张广泰才明白自己上了当，所以一肚子气，带气说话就横了，他一唱曲心里一痛快气消啦，说话也和气啦。大人一听他愿意跟着当差，回头对哈喜说："给他拿一百两银子安家，明天早晨来当差，午饭前我们就走啦。"哈喜给张广泰拿了一百两银子。张广泰下船走啦，哈喜给哈大人请安说："给大人道喜，您又收了个当差的！"大人说："你也多了个帮手，你也是一喜呀！""大人！这个人姓什么？""啊！我没问。""他叫什么？""没问。""他在哪住？""我也不知道。""他明天不来怎么办？"哈四大人一笑："那怕什么，你去找去呀！""我上哪儿找去？"哈四大人也乐啦，心说我这不是瞎摸海吗。就跟哈喜说："他来更好，不来我们也得走，不能误期呀。"

张广泰拿着一百两银子，回到包子铺，跟师哥白桂泰一说，白桂泰非常高兴，"兄弟好好干，攒上点钱将来也好回家。再说你是跟着去上海，咱师父江南访友，也许跟你能见着，要是见着师父，你跟师父说，北京的铁掌方坤请他到京有事。"张广泰要把一百两银子给师哥，白桂泰说什么也不要。晚上弄点菜给广泰送行。第二天早上广泰把自己的东西收拾好，辞别师兄直奔官船，哈喜正在船头上站着，一看广泰来啦，就冲他招手，广泰上船哈喜就问："你贵姓？"广泰把名字告诉他，"你这等一等我给你回禀一声。"哈喜进舱给大人请安，"张广泰来啦。"大人就问："张广泰是干什么的？"哈喜一想，把话就改啦，"就是那个叫好的！"因为哈四大人昨天没问张广泰的名字，他一听叫好就知道，是昨天那个小伙子来啦，就说："把他叫进来！"哈喜出来叫广泰跟他进去，来到舱里，这可是外舱，还有个里舱，里舱挂着软帘，广泰进去见礼大人问他姓名，广泰一一回答，大人说："我给你引见引见。"用手一指哈喜，"他是我的管家哈喜，你跟他住在一起，你们俩一样，他是管家，你是管唱。"张广泰说："什么叫管唱啊？""就是我没事的时候，要是闷得慌，你给我唱唱曲，每月给你几十两零花钱，不够就找哈喜要。"哈喜一听："妈呀，找个大少爷来。"他可不敢说呀。又吩咐完了，传话开船。

离了天津往前走，张广泰跟哈喜在第二只船上，三只船上是装的大人应用的东西。那时的船是人工拉纤，这几天的天气又特别的热，大人传话叫拉船纤夫不用忙，晌午天热要歇歇，等天凉快点再走。这样道上要耽误赶路，第三天来到沧州，这天又是非常热，大人传话停船，今天太热不走啦。拉船的人高兴，因为拉船的船夫是按天拿工钱，一天走十里和一百里都是一样拿钱。听说今天不走啦，就都上岸边的树底下凉快去啦，大人把广泰叫来说："广泰呀，你说今天热不热？""大人，今天够热的。""你再想想，咱们坐着船都够热的，那拉船的船夫更受不了啦。""大人说得对。"张广泰跟大人说了会儿话，觉得天气很热，就下了船到岸上走走，来到河岸上比在船上还热，就想起哈四大人说的话来啦，确实在这样的热天气那拉船的是受不了。看来这位大人还真体谅下情，他想着想着往前走了有一箭之地，眼前出现一片树林，他想到树林里面边凉快凉快，还没等走到树林哪，就听树林里面有人说话："并尖字，把合，龙儿，掏儿，海漂儿，翅字儿。"又听另一个说："油杠海，混天儿，汪点儿，蹬飘儿，亮青子儿溃瓢。"张广泰一听心说"坏啦"，今夜晚有匪徒要杀官劫财。原来树林里边说的那些话都是江湖黑话，第一个说的是：兄弟，瞧，河里大船是官船。第二个说：金钱少不了，天黑三更上船拿刀杀人。张广泰怎么懂这些话啊？他老师给他的那本书上都写着哪。他想什么人这么大的胆子敢劫杀过路官员，想到这紧走几步奔向树林，他来到树林里边一看没人，就出了树林往回走，边走边想：怎么办？有人要杀官劫财我不能不管，又不能跟大人说，说了若贼人不来我成了说瞎话啦。再者说，大人问我贼人说黑话你怎么懂啊，再怀疑我不是好人，不说又怕自己一个人敌不过两个贼，自从学艺之后还没有真正用过。又一想不能说，也试试自己的本领。他回到船上跟谁也没提，等吃完晚饭，大人叫张广泰给他唱曲，张广泰哪唱得下去呀，他一边唱着一边想，今天晚上怎么对付来杀官劫财的强盗。他想着想着就忘了唱了，手里头弹着弦子也没准点儿啦。哈四大人说："你别唱啦，怎么今天你唱不好也弹不好哇？仿佛有什么心事似的？"张广泰心说：我是有心事，这会你听唱儿，待会你脑袋就没啦。他找了个借口说："回禀大人，今天的天太热，我头晕所以唱不好。""别是热着了吧，我这有万应锭你拿点去吃，去歇着吧。"

张广泰回到第二只船上，进了船舱往床上一躺装睡觉，一会儿哈喜也回来啦，进舱问："广泰，好点吗？"广泰装睡着没答话，哈喜也就上床睡啦。过了一顿饭的时间，远处传来了梆锣之声，这时已是天交二更，张广泰听了听，见船上的人都已睡熟，便翻身坐起，从床下拿出自己的包袱，打开取出闭血镖、短把刀，把包袱往床底下一推，然后走出舱来，这时三只船上都没有灯光，张广泰就奔大人的船上来了，来到船上往船头一趴，身挨船板，短把刀交到左手反握着，右手紧把闭血镖。这船离岸六七尺远，张广泰趴在那儿注意河岸上的动静。影影绰绰听见远处的梆锣声。梆……梆……梆！天已三更，就见从河岸远处有两条黑影奔停船处而来，很快就来到啦，就见两个人往河岸上一趴。张广泰心说我一个人得敌两个贼。就听两个贼在商量："哥哥，谁先上？""我先上。你给我把风。""要不我先上。""还是我先上。"就见两贼中的一个站起从岸上往下走，到河边瞧了瞧离船的远近，纵身往船上一蹿，前边的这条腿还没登上船头，后边那条腿可就离了岸，身子是往前探，人在中间这可不能停住，只不过前面这只脚一沾船板，人就算上来啦。张广泰没等他脚沾船板，就一抖手用闭血镖朝贼人打去，闭血镖就像个枪头子似的，不过前边没尖，是个圆疙瘩，他是按人身的穴道打，只要打上浑身发麻就没劲啦。那贼人也蹿起来啦，后脚离岸前脚还没沾上船头，闭血镖也打上啦，身子一麻，"咚"，掉河里啦，可是贼心里明白，知道自己中了暗器，他不敢从哪掉下去再从哪上来，他游下一丈多远往岸上爬，刚一上岸就听："咔嚓""扑通""梆当""骨碌碌！"这是怎么回事？说书的一张嘴，难说两处事，第一个上船的贼被张广泰打下水，岸上的那个贼知道船上有人防备，说了声："我来！"往下一猫腰，跟着一长身仿佛是往船上蹿。张广泰把第一个打下水，一看第二个又要往上蹿，赶紧收回闭血镖，见岸上的贼人猫腰长身，张广泰就二次打出去，这一镖打空啦，因为岸上的贼没往船上蹿，等广泰的闭血镖打空啦，那个贼一纵身可就上了船啦。张广泰一看贼人已经一只脚登上船头，一挺身，刀交右手，左手一拢闭血镖的绒绳，朝贼人面门一晃，右手用刀一削，正削在贼人的脖子上。就这刀！是张广泰第一次用，他也不知道这刀有多快，他用了十足的腕力，"咔嚓"一下就把贼人的脑袋砍下来啦。这就是掉在河里的那个贼爬上岸来听见的"咔嚓"，那怎么还"扑通"哪？张广泰平刀一削跟着是卧身抬右脚，一脚踹在贼人的胸上，死尸掉在水中"扑通"，贼人的脑袋掉在船板上啦"梆当"，脑袋顺着船板往里一骨碌，"骨碌碌"。那个爬上岸来的贼人知道船上有了防备，就问了一声："漂儿上的朋友留个蔓吧？"是问船上的人姓什么。张广泰懂江湖的黑话，心想，我还不敢说吗？"工长蔓，汪点儿。"就是告诉他，我姓张行三。岸上的贼人说："多则二年，少则一年，有人找你报今日之仇。"说完顺着岸边就跑啦。张广泰想上岸追赶，就听舱内大人高喊道："快点灯！有歹人！”张广泰转身拾起一件东西赶紧回到自己的船舱。

　　原来哈四大人正睡得迷迷糊糊，听见：咔嚓！扑通！梆当！骨碌碌！什么……汪点……报仇。知道不好，喊了一声，“快点灯，有歹人！”从人听见喊声赶紧点灯寻查，这时大人也起来啦，一查看见船头上有血迹，斑斑点点的一直到舱门口。大人把所有的佣人全都叫来站在两旁，小声对哈喜说了几句，哈喜点头。大人就问：“你们众人谁知道扑通！梆当！骨碌碌……汪点……报仇是怎么回事？”众人谁也不知道，大人又挨个地问，问谁谁不知道，问来问去就问到张广泰啦，“广泰呀！你知道扑通，梆当，骨碌碌吗？”问完两只眼紧盯着张广泰的两只眼，仿佛要在张广泰的眼睛里找出答案来。瞧得张广泰直发毛：“您问扑通！梆当！骨碌碌！”广泰说：“这个我可不知道。”“大人。”哈四大人回头一瞧是哈喜，就问：“什么事？”“扑通！梆当！骨碌碌！在这里！”说着把手里拿的东西往大人面前一放，张广泰一瞧吓了一跳，原来哈喜把张广泰的夜行包袱给拿来啦。他是按照大人的吩咐，等大人把所有的人都集聚在大人的船头时，他就到各处搜查可疑之物，他就把张广泰的夜行衣、闭血镖和短把刀给搜来了。大人吩咐哈喜把包袱打开，哈四大人一瞧刀上有血，就问张广泰：“这是你的？”张广泰一看知道不跟大人说明白是不行啦，这才交了底：“大人，这是我的，因为我会武功没跟大人您说，一是怕大人您疑心，练武人性情急躁，好惹是生非给您找麻烦，二是怕您知道我会武功，叫我给您抓差办案，是我师父嘱咐我别吃拉锁头的这碗饭，所以您叫我给您当差，我就没把会练武的事跟您说，本想不让大人知道我会练武。不料想咱们在沧州这停船，我到岸上去逛，听见树林中有贼人说话，知道他们要杀官劫财。这才在船头等着贼人，两个贼一个叫我打下水去，一个叫我一刀杀死，您听见的扑通！梆当！骨碌碌！就是当时动手的声音。”“你不是说你不知道吗？”“我是想瞒过去，谁知道瞒不住啦！”“我还得问问你，你杀的人尸体怎么不见哪？”“死人的身子被我给踹河里啦，脑袋掉船板上啦，您一喊点灯，我就把脑袋拾起来顺着船帮一溜给扔水里去啦。”大人叫众人散去，把广泰叫进船舱，让张广泰坐下，说：“你是我的救命恩人，要不是你恐怕这时我也早死啦，有句话不知当讲不当讲？”张广泰说：“有什么话只管说。”大人说：“我有个独生子在京城里，我到上海后把他叫来，让他跟你学习武功，他比你小一两岁，就算拜你个哥哥吧。”张广泰心说，他这个弯绕得不小啊，他儿子拜我为哥哥，我也成他儿子啦，他不明说我也给他装傻，"只要少爷爱学，我尽力地教，等到上海再说吧。"大人一听心里高兴，当时吩咐哈喜今后对广泰要跟对家里的大少爷一样。哈喜答应了一声："是。"这时，就听舱里有问："老爷，我能见一见这位大少爷吗？"张广泰一听是个女人说话。大人说："你出来见见吧。"里面的软帘一起，从里舱里走出两个女人，前边是个丫鬟，也就十七八岁；后面的一位二十三四岁，长得非常好看。哈四大人对广泰说："你见见姨夫人。"这话可有关系，那时做官的都有三房四妾，正配称夫人，娶的二房称庶夫人，三房称如夫人。这三种称呼的夫人之间是姐妹相你，姨夫人可不行，她不过比奴仆佣人稍高一些，伺奉老爷和夫人的。哈四大人就一个夫人，一个儿子，这位姨夫人是哈夫人给哈四大人买来的，哈四大人本不愿意，可夫人硬给买来，他只好留下。在京时大人总是叫她伺候夫人，这次出任上海道台，夫人又不愿意随行，所以就叫姨夫人跟着，她名字叫春姨，小丫鬟叫桃花儿，大人的家规很严，从京城一出来，春姨始终在里舱，有时张广泰给大人唱曲时她只能在里舱听，不能出来。今天听大人说要对广泰像对家里大少爷一样，她要看看这位大少爷。大人叫姨夫人，虽说张广泰家里是开粮栈的大财主，可他对官场中的规矩知道的不多，一听叫他见过姨夫人，赶紧站起来规规矩矩地给春姨请了个跪安，嘴里说："广泰给夫人请安！"春姨头一回听人称她夫人前面没有姨字，受的礼也是第一回有人规规矩矩给她行跪腿大安，心里高兴，忙说："免了吧！"广泰往起一站，春姨一瞧，吃惊不小！这小伙子长得怎么这么好，她当时看得两眼都直了。哈四大人说："回避吧。"春姨转身退回里舱，十分生气。心说这么好看的小伙子你不叫我多看一会儿，就留着你这半大老头子看！春姨生气先不说，单说哈四大人，天早就亮啦，大人吩咐开船，叫佣人去休息，广泰来到自己的船上，哈喜给广泰道喜说："这回您可是少爷身份啦，有事您只管吩咐。"广泰一听有点不高兴就说："管家，可不能这么说，您看得起我，叫我声兄弟，当着大人您怎么叫都行，背地里您要叫我少爷我可真跟您急。"哈喜说："那咱们就兄弟相称吧。"哈喜想广泰这个人真走运，他哪知道张广泰惹下了大祸呀。那两个杀官劫财的正是沧州双侠大刀韩胜公的两个儿子，韩红玉的哥哥韩龙、韩虎。韩龙被广泰打下水，韩虎被杀。韩龙去请朋友帮忙，好找张广泰报仇，这是后话。暂先不表。单说哈四大人到了上海接任，广泰跟哈喜住前院，大人住在中院，后面单有个小跨院落春姨住。大人上任后四五个月，在道台府中出入的人中数张广泰在外边的名声大，他身无职务，全府的人都以三爷的称呼，再搭上张广泰见义勇为，济困扶危，差不多的人都知道道台府中有位张三爷。

这一天，广泰无事出府闲逛，他来到十字路口，一看路旁边围着一圈人，走过去一看，原来在人群中跪着一个人，头上蒙着一块白布，把脸都盖上啦，看不见这人什么模样。地下铺着一张白纸，纸上有字。张广泰一看差一点哭喽！为什么？原来在白纸上写得很清楚，这个人十二岁，母子二人度日，母亲病故，无钱葬母，自卖自身，身价白银十两，这叫卖身葬母。张广泰想起自己的母亲，自己离家三年多，不知母亲怎样，见景生情，所以也是眼泪围着眼圈转。回手摸出散碎银子，用手掂了掂十两兴多不少，一弯腰放在那张白纸上，旁边有个人说："小孩，你别跪着啦，道台府的张三爷买你啦！"张广泰倒不是想买这个小孩，就是直接找他说明无钱葬母，张广泰也会给他十两银子。张广泰纳闷，为什么他卖身葬母要用布把脸蒙起来呀，就说："小孩，把蒙脸的布掀开吧！"这小孩把蒙脸的布掀开一抬头，把张广泰吓了一跳，这孩子长的寒碜劲就别提啦，面色煞白，下边长了一脸的红斑点，两道短眉毛朝下耷拉着，滴溜圆的两只小圆眼睛，蒜头鼻子往上翻着，两鼻孔朝前，嘴角朝上翘，两个虎牙露在嘴唇外边。他这虎牙也特别，一般的都是上边虎牙压着下嘴唇，他是下边的虎牙压着上嘴唇，跟庙里的小鬼一样。张广泰一看说："呵！长得真漂亮！"怪不得把脸盖上哪。他要不盖脸谁敢看哪。张广泰放下银子，转身就走啦。这事也没往心里去，没想到过了三天，张广泰正在自己屋里喝茶，从人进来说："三爷，外边有个叫江玉的小孩找您。"张广泰想我不认识这么个江玉呀："你叫他进来吧。"不大一会儿，从人领进个孩子来，张广泰一看，就是那天卖身葬母的那个孩子。小孩进门跪下就磕头，磕完头说："我把我妈也埋啦，欠的账也还啦，是您买的我，您叫我干什么我就干什么，当佣人也行，当干独生子也行。"张广泰赶紧用手把他拉起来说："那天我看你卖身葬母怪可怜的，给你十几两银子算不了什么，我怎么能买你哪！你走吧。"小孩一听把两只小圆眼一瞪说："什么？那天你给了银子就是把我买下啦，怎么今天又不要啦，噢！你嫌我长得不好看，那会儿你别买呀！既然买啦就别想退，货物出门概不退换！"这时哈喜从外边进来，哈喜没事就找张广泰来说话，他从里边出来听广泰屋中有人说话不知是谁，推门就问："兄弟，你跟谁说话哪？"张广泰用手一指："跟他说话。"哈喜一瞧江玉差点没吓趴下："你怎么把庙里的小鬼给弄来啦？"张广泰就把这孩子卖身葬母，自己给他十几两银子，今天他来啦，非叫我买他不可，不要还不行的事跟哈喜说了一遍，哈喜说："我看你就把他买下吧！这孩子也是个实心眼的人，他要不来你也没处找他去，他自愿来找你这也算言而有信，就冲这一点也得买下他。"张广泰说："不行，我在这里闲住，还没事做，我再收下个孩子，跟大人怎么说呀？""那有什么，咱府里多一个人吃饭，不过多添一双筷子，大人那儿我去说。"一会儿哈喜回来说："兄弟，大人说啦。叫你把他留下伺候你，也省得你一个人闷得慌。"张广泰这才把他收下。随后给他引荐哈喜，又在屋里给江玉搭了个铺，小孩江玉还很勤快，每天沏茶倒水，收拾屋子干得很利索，没有几天张广泰还真喜欢这孩子啦，广泰让江玉叫他三叔。

过了有半个月，这天广泰给大人唱完曲，回到自己的房中一瞧，哈喜在屋里坐着脸上的气色很不好看，广泰就问："大哥，您怎么不大高兴啊？"哈喜说："广泰你坐下我慢慢跟你说，你可不准急。"广泰坐下问："有什么事，您就说吧。"哈喜沉了沉气："江玉来找你，你不要他，是我说着你才把他留下，我要再说他不好，显得我就不对啦，可是太气人啦，他在你面前规规矩矩，背地里见谁骂谁，我都没跟你说。刚才我叫他去给我买点东西，他不去，我不怪他，他是个孩子。可是他说的话太难听啦，他说：'我去给您买东西，我有肉没勺——挨不着。你是什么玩意，倒背后手拿扇子——冒充大尾巴鹰。'你听听他哪儿那么多的俏皮话。"张广泰一听，这孩子可太气人啦："大哥！您别生气，我好好地管教管教他。"哈喜摆了摆手："算了吧，别看我生气，你也别打他，你好好嘱咐嘱咐他，不然出话把你的人缘都给弄没了。"说完了哈喜走啦，张广泰想这孩子不管是不行啊！我把他稳住了打他这一回，就叫他以后再也不敢骂人啦。张广泰想了一个主意把鞋脱下来往床底下踢，自己盘腿横着坐在床边上，左手在外边，右手在里边，他想我叫江玉给我够鞋他低头往床下一钻，我用左手一按他脖子，掐住了往下一使劲，他就趴在地上，用右手狠狠地在他屁股揍两巴掌，看他以后还敢不敢骂人，主意想好啦，就喊江玉，江玉往门里一站他不过来说："三叔，有什么事？"广泰说："你过来！""不过去！""有话跟你说。""有话您就说吧！我在这听得见。""把床底下的鞋给我够出来。""那就叫它在床底下吧，不能够。""怎么不能够？""要是够鞋，怕戳了胳膊，窝了脖子。""别废话！快够！""嗳！"江玉答应完了就蹲着裆往前走，两只眼睛瞧着张广泰，来到床的前边，猛地往下一猫腰往床下钻。张广泰伸手去掐他的脖子，手快掐到脖子上啦，江玉往地上一趴，两手按地擦着地皮儿往后一纵就像条泥鳅噌的一下就到门口啦，张广泰没防备有这手，左手一按，空了，身子歪着就栽下来啦，梆当就戳地上啦，脑袋着地身子往外一翻把脖子也窝啦，江玉在门口那大声说："哎呀！戳了胳膊，窝了脖子吧！"张广泰翻身起来去抓江玉，江玉蹦到院子里去啦，张广泰追出来，江玉上房啦，张广泰蹿到房上，他又下来啦，张广泰下来他又上去啦。当差的一瞧说："好啊，你们爷俩吃饱了没事装猫哪。"张广泰没穿鞋光着袜底不方便，赌气不追他啦，就下来回到屋里去。江玉也跟着进了屋站在门口，广泰在床上说："你过来，我有话问你。"江玉站在门口看着张广泰，那意思只要你一下床我就跑，张广泰也瞧出来啦，就说："江玉，你也别害怕，我也不打你，我有话问你。""三叔，有话您问吧！""我没有看出你有这身功夫，你这身功夫跟谁学的？为什么要自卖自身？你想干什么你得说清楚。"小孩江玉听广泰这么一问就说："三叔，您别以为我有坏心，我这功夫是跟我舅舅学的。""你舅舅是谁？叫什么名字？""我舅舅姓朱名天飞。"张广泰一愣："是不是人送外号云中燕子的朱天飞呀？"小孩说："您认识我舅舅？"广泰说："我是听我师父说过，这人的轻功很好，称得起天下第一。你舅舅现在在哪？"小孩听到这眼泪扑簌簌地说："我要是知道我舅舅在什么地方，我还落不到今天呢，我五岁那年，我父亲去世，就仗着舅舅照看我们母子，我也就跟着我舅舅练武。有二年我舅舅要到上海来谋生，家里的几亩地叫我们母子俩给照管着，自从我舅舅离家后就音信皆无，又赶上家里闹干旱，没有办法我娘带着我来上海找我舅，还没找到我舅，我娘就病了，越病越重，请大夫看病也不见好，一天夜里就死啦。欠下的店钱饭钱，又没钱给我妈买口棺材，虽说我有这身功夫，也不能做贼呀，我只好卖身葬母。"说到这小孩的眼泪下来啦，他一哭张广泰心里也难受，他也想起自己的母亲在家不知怎样，用手擦自己的眼泪，小孩一瞧广泰擦眼泪哭得更痛啦，就在这时哈喜从外边进来一瞧，以为广泰打了江玉又心疼所以孩子哭他也难过，就说："拉倒吧！说他两句就算啦，你干吗真打他呀！"小孩知道是哈喜告的状，没等广泰说话就冲着哈喜作了个揖说："哈大爷，你劝告劝告我三叔别再打我啦，刚才把我的屁股都给打肿啦。"哈喜说："广泰，你也别这么打呀！"张广泰一听这个气呀说："大哥，你看我这袜底都脏啦！""噢！你用鞋底子打的呀！"这都哪的事儿。广泰说："你别听他的，我一下也没打他，他倒把我杠了个跟头。"接着就把刚才的事跟哈喜一说，哈喜也乐啦，用手一指江玉："你这孩子也够淘气的，广泰你穿上鞋，大人叫你哪！"广泰说："我的鞋在床底下哪。"江玉说："我给您够出来，您可别打我呀！"江玉把鞋够出来，张广泰穿好了鞋跟着哈喜到里边见大人去，原来今天大人要叫张广泰到内宅去唱曲，是姨太太跟大人说了好几次，大人没办法才把张广泰叫到内宅，官场的规矩很严，张广泰在外间屋唱曲，只是大人坐在那听，里间屋门挂着纱帘，姨太太在里边听，广泰唱了两段就从内宅出来啦。从这天起，接长不短地被大人叫到内宅去唱曲，张广泰倒没注意这回事，可是姨太太春姨别有用心。

转眼间过了年到了三月，这些日子大人的公事很忙，有几天没有叫张广泰去唱曲，有一天吃过晚饭，张广泰跟江玉爷俩在屋中正说话，外面有人间："张三爷是在这屋吗？"是个女人的声音，张广泰问："谁呀？"门一开走进一个人来，张广泰一看原来是姨太太的丫鬟桃花儿，桃花儿进门就说："大人叫你哪。"张广泰跟着丫鬟从屋里就出来啦，丫鬟说："三爷，从这边走道近。"原来有一条夹道直通内宅，来到内宅丫鬟伸手拉门说："三爷，屋里请。"张广泰迈步进门可就愣住啦。屋里没哈大人只有春姨，姨太太一个人在那儿坐着。张广泰赶紧请安："夫人，我给您请安啦。"今天春姨打扮得特别妖艳，见广泰给她请安就说："免礼吧！请坐吧广泰！"广泰两个字说的又慢声拉的又长，张广泰听着从脊梁沟里冒凉气儿，说："不是大人在叫我吗？"春姨似怒非怒地说："怎么？我就不能请您来唱个曲吗？"当时张广泰没答上话来，春姨又说："广泰呀，你受累给我开开心唱个曲吧。"她说到给我开开心这把话停了停，眯缝着两眼瞧着广泰，然后唱个曲吧是一个字一个字地蹦出来的。张广泰脸也红啦，脖子也粗啦，硬说不出话来啦，就听春姨说："丫头，把弦子拿来，给三爷沏壶好茶！"丫鬟把弦子拿来递给广泰，这时张广泰沉了沉气心想这个女人没安好心，伸手接过弦子，拉了个凳子紧靠屋门口就坐下啦，用手一拨弦那意思就要唱。春姨说："别忙，今天你要唱什么？"张广泰心想我唱什么，我什么都不想唱，就说："我唱草船借箭。"春姨摇头说："不好。""那我唱火烧连营。""也不好。""我唱战长沙。""没意思。"张广泰说什么曲子她都说不好，把张广泰气急就问她："你说什么好？"春姨就等张广泰这句哪，她听张广泰一问就说："要叫我说呀，我就是爱你……"张广泰一愣把两眼瞪得一般大："你说什么？"春姨不慌不忙地说："我就是爱你……唱的那段才子佳人的曲子。"张广泰实在忍不住心里的怒气说："你要听才子佳人的曲子呀，我不会！"把弦子一放转身就走。春姨愣在那儿啦，她想我还没见过这么不开窍的人哪，往你嘴里抹蜜你还咬手指头，她又想这事可不能叫哈四大人知道哇，她为了堵着张广泰的嘴就来了个恶人先告状。第二天她在大人面前说张广泰的坏话。她愣说张广泰在给她唱曲时调戏她，叫她给轰出去啦。哈四大人听春姨这么一说是半信半疑，他想张广泰不会做出这种事来，可是又不能说他绝对不会。再说春姨也不应当把广泰叫到内宅来唱曲呀，有我还可以。这事我得慢慢地调查调查。哈四大人就留神春姨和张广泰的一举一动。

春姨本是风流场中人，她被夫人买来做妾，她本不愿意，她是为了能捞到更多的钱。她跟了大人才两年多，她那几只箱子可以说是"顶盖肥"。自从她对张广泰反咬一口后，显得泰然自若，装出一副正经的面孔，绝口不提听唱曲的事。有几次哈四大人故意地说叫广泰来唱个曲听听，春姨的心里恨不得看见张广泰可她又提防着大人，她也不说听是不听呀，只说身体不舒服，叫大人到外书房去听曲吧。张广泰从那天起心里总是堵着个大疙瘩，他想哈四大人待我不错，他的姨太太做出这种见不得人的事我怎么跟大人说呢？我不说她要是反咬我一口，我是有口难辩跳进黄河也洗不清，所以有时见了大人总是有不安的心情，跟大人说话时很少跟哈四大人对眼光。哈四大人把这一举一动都看在眼里记在心里反复地查看。张广泰后来想出个办法来，他想我不如离开这，可是我走倒好办，江玉怎么办？不能带着个孩子满处走哇。他想要是找到江玉的舅舅可就好啦。他没事就带着江玉去逛街，大街小巷哪都走，江玉可纳闷儿啦，心想我三叔这几天是怎么啦，总带着遛大街呀。

这天又带着江玉出来逛了一头午，到了饭时广泰对江玉说："今天咱们不回去吃啦，找个饭馆吃去。"来到十字街路西一家饭馆，爷俩儿就进去啦。正是饭时楼下吃饭的人真多，没有空座只好上楼，来到楼上一看人也不少，可是还有两张桌子没有人。张广泰带着江玉到里边的那张桌就坐下，离窗口不远的那张桌子还闲着。伙计过来说："您来啦，您是要酒还是要饭？"广泰说："先给我沏壶茶，一会儿再说酒菜。"伙计答应，一会儿把茶沏来，江玉刷茶碗倒茶。可是楼上吃饭的人那没有一个不看江玉的，因为他长得跟庙里的小鬼一样，看那个人长得那么好，带着个这么寒碜的孩子。一个瞧不理会，所有的人都瞧，江玉直发毛，就跟广泰小声地说："三叔，他们怎么都瞧我呀？"广泰说："因为你长得太好啦！""再瞧我就骂他们。""不许惹事，你不瞧别人，别人也就不瞧你啦。"当着广泰江玉不敢惹事，只好倒了两碗茶，递给广泰一碗，爷俩喝着茶，一碗还没喝完，就听楼梯"噔、噔、噔"的一通响，从下面上来一人，往楼口那儿一站，往楼上瞧，也不知是找人那还是找座，看完之后就在离张广泰一丈多远堵楼口的那张桌子那儿坐下啦，这人穿的是一身白，白纺绸的裤褂，白飘带扎腿，脚穿黑缎子薄底快靴，一条白绸子扎腰，腰间挂着一口刀，是绿鲨鱼皮鞘，金饰件，金吞口，刀把上有一个大铜环子当嘟嘟地乱响。再瞧这张脸可吓人啦，黑紫的一张脸，两道眉毛往下耷拉着，一对三角眼眼珠子往外努努着，断山鼻子大鼻子头，咧着嘴唇，从嘴唇到下巴颏长了一块红记，通红通红的，猛一看就像舌头在那耷拉着。整个是一大吊死鬼。楼上吃饭的这些人的眼睛"刷"的一下从江玉那转到吊死鬼这来啦。都看那个吊死鬼啦。江玉跟张广泰说："三叔，您看没有瞧我的啦！都看那个吊死鬼啦。这就叫不怕不识货，就怕货比货。"张广泰说："少说话，吃完饭赶紧走。"那个吊死鬼是不错眼珠地瞧张广泰，江玉对张广泰说："三叔，那个吊死鬼一个劲瞧咱们，您别管，我非揍他不可。"广泰说："不准你惹事，不用理他，咱们吃饭。"把伙计叫过来说："给我们来两壶酒，四个菜，炒虾仁、熘鱼片、干炸丸子、摊黄菜儿。"跑堂的答应一声站在楼口大声一喊把菜要下去啦。那边的吊死鬼把桌子一拍叫道："跑堂的过来！"跑堂的瞧着他就害怕，赶紧答应："来啦！您要什么？""酒来两壶，菜要四个，干炸丸子、摊黄菜儿、炒虾仁、熘鱼片。"跑堂的答应也要下去啦。张广泰先要的菜当然先做好了，灶上当当的一敲勺，跑堂的赶紧下去，不大工夫手托托盘里边放着两壶酒四个菜上来啦，给张广泰这桌上送他必须从吊死鬼坐的那张桌子那儿路过，跑堂的托着盘子刚到那个吊死鬼的桌那儿，就被吊死鬼给拦住啦："站住，盘里的菜放下！"跑堂的说："这不是您要的菜。""我要的什么菜？""您要的是摊黄菜儿、炸丸子、熘鱼片、炒虾仁，两壶酒哇。""这盘子里是什么菜？""它是……这个……咳！客官，菜全是这几个菜，可是，不是您的，是那张桌的，人家先要的，您等一会儿您的菜就好。"吊死鬼把眼一瞪："我不能等，给我放下！"跑堂的说："您这可不讲理，哪有人家先要的菜您先吃的。""别废话，给我放下。"说着一回手，呛啷啷把肋下的那口刀往外一拉，就这口刀真是光闪闪夺人二目，冷森森令人毛孔倒竖，刀柄是蓝瓦瓦蓝中透亮，背后刃薄，手托钢刀说："你要不把菜放这儿，我就给你一刀！""放，为这事也别动刀哇。"跑堂的把菜给这位吊死鬼放下，来到张广泰这说："对不起您，让您多等一会儿，您也看见啦，这吃顿饭也不值得怄气。"张广泰说："行，我们不忙。"这时灶上敲勺"当……"伙计知道菜好啦赶紧端来，小孩江玉憋着个劲，心说吊死鬼我要不揍你，你也不知道马王爷三只眼。张广泰对跑堂的说："再给我们来两碗饭，酸辣汤，肉丝炒佛手。"跑堂吆喊一声要下去啦。张广泰喝着酒跟江玉说："你可不准惹事，不管出了什么事，我不动你就不动，听见没有？"江玉气哼哼地点点头。就听那个吊死鬼叫跑堂："堂倌过来！"跑堂赶紧过来问："您要什么？""给我干饭两碗，佛手炒肉丝，一碗酸辣汤。"伙计答应又要下去啦。还是张广泰要的先做好了，伙计端上来走到吊死鬼这儿又叫他给截住啦，说："放下！"跑堂刚要说话，这个吊死鬼把刀又拿起来啦。跑堂的说："您别动刀，我给您放这儿。"跑堂的又过来跟张广泰说好话；张广泰说："没什么。"一会儿那份也做好啦，给张广泰这端过来，江玉和广泰吃饭。那个吊死鬼先吃的，吃完了瞧着张广泰，等张广泰爷俩吃完啦，吊死鬼叫跑堂的算账，跑堂的说："一共一两二钱银子。"吊死鬼说："两份二两四，总共给三两，六钱是小账。"说完用手指了指张广泰这张桌，跑堂明白啦，原来连那张桌的钱他都给啦，就说："噢！您连那二位的一块给啦？"吊死鬼把眼一瞪："我是说叫他们把我吃的这份一块给喽！""啊！"就瞧吊死鬼冲着张广泰一点手说："弓长张记着点？我在西门外树林中等你！"说完也不走楼梯从楼窗"噌"蹿出去啦。张广泰实在压不住火啦。江玉早就想动手，一瞧三叔跟出去啦，一出溜也蹿下楼去，跑堂的一看，"得，全跑啦，这钱谁给呀？"

吊死鬼在前张广泰在后，江玉紧跟着张广泰。那个吊死鬼跑得还真快，张广泰穿着长衣服跑起来不方便，就一边跑一边把大褂脱下来往腰间一围，追来追去，就来到西门外树林，那个吊死鬼到树林这儿往那一站冲张广泰一点手说："你只管进来，我决不暗算你。"这时江玉也追到了，说："三叔进去咱爷俩揍他。"张广泰说："别忙！"他往树林里看了看，见那个吊死鬼似的人站在树林当中，原来树林当中是一块空地，方圆有六七丈，地上长满了青草，张广泰对江玉说："进去后你不要动手，从他脚下的功夫来看，这个人的武功不错。"江玉心里不服，心说三叔这是瞧不起我，等会儿我露两手让你瞧瞧。这时张广泰就进了树林冲着那个吊死鬼一抱拳说："朋友，我与你素不相识又无怨无仇，你叫我到这来打算怎样？"那个吊死鬼哈哈一笑说："我要领教领教！"说着话往前一进步举拳就打，张广泰一看这个人太不讲理啦，见对方的拳已奔自己面门打来，往旁一侧身，伸手去掏对方的腕子，那个吊死鬼把手往回一抽。抬腿一脚照张广泰肋下就踢，张广泰又往旁一闪，谁知吊死鬼这脚是个虚招，他见张广泰一认，把腿收回，趁势跨步双掌带风朝张广泰的前胸一推，这一招叫进步横推掌，要是推上张广泰非吐血不可。江玉一瞧"啊呀"一声，心说完啦，想过去帮忙都来不及了。吊死鬼的这三招出手神速，张广泰没有还上招。眼看这双掌就要打上啦，张广泰吸气缩胸一斜身用左手从里向外一挂，右手顺着吊死鬼的胳膊底下往里一穿朝吊死鬼的小腹一按。吊死鬼万没想到第三招张广泰会给破了，不但没打上张广泰，反而让张广泰趁势进招，他赶紧倒退两步躲过张广泰的这一掌，二次进招俩人就打起来啦。江玉这才松了一口气心说：这个吊死鬼真够厉害的，我可不能叫三叔吃了亏。他瞧准了吊死鬼就"嗨"了一声奔吊死鬼就冲过来。吊死鬼往旁边一闪说："你们俩打一个吗？"张广泰说："江玉，你躲开！"江玉说："三爷你别管，我非揍他不可！"吊死鬼哈哈大笑说："你一个孩子有什么本领，我用不了三招两式就把你废了。"这可不是吊死鬼说大话，因为他是陕西省有名的英雄，弟兄两个，他还有个兄弟。这哥俩长得都够人看的。他叫张大虎外号叫笑面无常，兄弟二虎外号是催命吊客，这哥俩在陕西一带很有名气，他能把江玉放在眼里吗？江玉一听张大虎说用不了三招两式就能把他废了，这气就大了。用手一指张大虎说："你小子别说大话接招吧！"说着把脚一跺丹田气往上提身子腾空而起，双掌在前，连人带掌朝张大虎的前胸撞来，这手叫腾空双撞。一个人有一百多斤借着往前的冲力足有千斤，要是撞上对方不死也得带伤，如果对方要是吸不住惯力就得摔趴下。张大虎见小孩使了个腾空双撞猛然一愣，赶紧撤步歪身往旁一让，躲开啦，江玉昂头蜷腿往下一落，还没等江玉脚沾地，张大虎"刷"一个扫堂腿，江玉想躲是不容易，因为他是从上往下落，脚还没挨着地皮人家的腿就扫过来啦，要是被人家扫上脚脖子准得躺下。江玉的双腿蜷着，一看对方扫堂腿进来啦，就用右脚一蹬左脚的脚面，丹田气往上提不但人没往下落反而又纵起三尺多高。这手的功夫叫蹬空八纵，是轻功中的绝技。张大虎没扫上江玉，一斜身蹿出去用手一指江玉说；"先别动手，我问你用的蹬空八纵是跟谁学的？"江玉说："你问我跟谁学的，说出来吓你一溜跟头，我这功夫是跟我舅舅云中燕子朱天飞学的；你害怕不害怕？"有这么问的吗。张大虎说："这么说都不是外人，你还是我的侄儿哪。"江玉说："你是我孙子。""你这是怎么说话？""谁让你到这捡大辈来啦？"张大虎说："我跟朱天飞是盟兄弟，你不是我的侄子吗？"江玉说："那也不对，应当说你是我舅舅。"张广泰赶紧过来说："江玉不要没大没小的，没领教尊兄怎么称呼？"张大虎说："我叫张大虎，因力我长得像吊客又好开玩笑所以人称笑面无常，我和我兄弟二虎是一对双生，长的一个模样。他最不喜欢开玩笑，人都叫他催命吊客，我这次到上海就是找朱大哥来的，昨天到的上海，还不知朱大哥在什么地方，刚才江玉说他跟朱天飞学的功夫，想必知道朱大哥的住处啦。"小孩江玉说："我还没找着我舅舅呢，怎么知道他的住处哇。"张大虎一听"啊"了一声说："这可急死人，我得赶紧想办法去找我那朱大哥。"说到这瞧了瞧张广泰又说："实在对不起，我本想今天到道台衙门去找您有事相求，正赶上你们出来，我就跟你们开了个玩笑。"张广泰说："不知您找我有什么事？"张大虎说："实不相瞒，我昨天来到上海就听说兄弟你仗义疏财，好交朋友，昨天夜里我把包袱丢了，这个偷包袱的也是跟我开玩笑，只把银子拿走啦，把包袱拴在房梁上啦，我手中一文钱也没有，拿什么给店钱呢，我正着急店里伙计来到屋中跟我说：店钱有人给啦，您要走就走吧，要是没钱花去道台衙门找张广泰去要。你说这个玩笑开得多有意思？"张广泰说："你没问问店伙计给店钱的人什么样吗？"张大虎说："我问啦，伙计说，这个人给了他十两银子不叫他，我想这不定是谁知道我好开玩笑，成心跟我闹着玩，我得找你要路费哪。"张广泰说："这没什么，您跟我到衙门里去拿吧。"张大虎说："你还是把钱送到我们刚才吃饭的饭馆去吧，那顿饭钱还得给人家哪！"张广泰带着江玉回去拿钱，江玉心里不高兴，因为他跟张大虎没见输赢。回到衙门张广泰取出五十两银子也没带江玉自己又来到十字街的酒楼，上楼去找张大虎，刚上楼伙计就过来啦，说："三爷，您是给那个吊死鬼送钱来啦吧，用不着啦，他已经走了！"张广泰问道："为什么？"伙计说："那我可不知道，他进门给了饭钱，对，连您那份他也给啦，就说了两句话，说您给送钱来他不用啦，以后见面细谈，说完了就跑，好像是追什么人去啦。"张广泰一想可没办法找他啦，离了饭馆就回去吧。刚一进门哈喜就说："你上哪儿去啦，我找了你半天，大人叫你哪，快进去吧！"张广泰想这些日子大人都没找我，怎么今天找我，找得这么急呢，先到自己屋里把银子放下，江玉问张广泰："三叔，您给那人送去啦？"张广泰没工夫跟江玉细说就"啊"了一声，转身出屋奔大人的书房去了，到了书房门外问了一声："大人，您叫我！"哈四大人在屋中说："广泰，你进来！"张广泰这才进了大人的书房。哈四大人坐在太师椅上，屋中并无旁人，张广泰给大人请了安，大人叫广泰坐下才说："我找你来，有事跟你说。"张广泰说："大人有事您尽管吩咐。"哈四大人有点不高兴的样子说："广泰，以后你别跟我这么客气好不好，你是我的救命恩人，要没你我就死在沧州啦，我也看出来你要离开我，这是因为你有难言之处，我也没拿你当外人，今天我才跟你直说，你知道我这次出任上海道台是怎么来的吗？告诉你这是玉亲王的保举，我跟王爷是亲戚，我是不愿意出来做官，可是玉亲王非叫我出来，这里边的细情以后我慢慢地跟你说。这不上海道台任期未满，王爷又给我保举了个肥差事，达摩苏亲王就是神力王赴新疆征剿噶尔丹调我到太原与达摩苏亲王征集粮饷，就这个肥差有人拿银子买都买不到手。可我不愿意干这个，官不大缺德不小，你跟知县要一个，知县就跟地面要三个，当差的去催就变成五个，你想想老百姓还活得了吗？"张广泰说："听您的意思是不想去？""那哪行啊，公事来啦我要不去，我还要不要脑袋呀。我已打发人回京啦，叫夫人回娘家给想个主意把我调回京去，实在不行就请病假辞职。我把你找来是想跟你商量商量，无论如何你也得把我送到太原府，然后再送我回京。"张广泰也不好推辞就答应啦。哈四大人心里很高兴，告诉张广泰三日后动身。

张广泰这一答应送哈四大人就惹出祸来啦。他们是先走水路后走旱路，到了旱路哈四大人坐一辆车，姨太太春姨和丫鬟桃花儿坐一辆车，一辆车拉东西，哈喜、江玉、张广泰都骑马在车前车后地照应着，只要张广泰的马从姨太太的车旁过，春姨不是跟丫鬟大说大笑，就是嘴里哼哼小曲，有意地叫广泰听，张广泰连理也不理，可把春姨气坏啦，心说，张广泰我要不把你弄到我的手里就算我没本事。这天来到洪洞县离太原还有一站地，春姨可真急啦，心想一到太原我就不好见广泰啦，因为春姨在大人面前说张广泰的坏话，一开始大人还有点听，不知怎么啦后来大人不听啦。有一回春姨还碰了个软钉子，她又在大人耳边说张广泰的坏话，大人说："他不好，你俩别管理他，你不愿意看他就不叫他来内宅唱不就完了吗？他敢自己往内宅跑。"春姨也不傻，她知道再说也没用啦，可是她心里头还惦记着张广泰，公馆就在洪洞县南关外的万全老店，是本地知县用心给打下的临时公馆，前后三层院，最后一层是三间楼房，是安排官眷的，春姨就住了这三间楼房。大人在中院，其余的都在前院住，吃了晚饭，大人吩咐早些安息，明天早起身，天黑前赶到太原府，快到二更天大人刚要睡觉，丫鬟桃花儿来找大人说姨太太病啦，叫大人瞧瞧去。哈四大人跟着丫鬟来到后院，上楼进屋一看，春姨在床躺着，天这么热还盖着被子，脸蜡碴儿黄，哈四大人问丫鬟："怎么病成这样儿啦？"小丫鬟桃花儿说："吃饭的时候还好好的，要睡觉啦太太说冷要我给盖上被子，太太的脸通红盖着被子还直说冷，脸也越来越黄，我一摸太太的身上可把我吓坏啦，出了这一身汗哪，跟水洗似的。"大人听丫鬟说着就坐在春姨的床上啦，叫了声"春姨"，边叫边用手去摸春姨的被窝，手往里一伸就"哎呀"了一声，被子里边全是湿的，大人说："出这么多的汗还了得。"就推春姨："春姨，你醒醒！"这时春姨才睁开眼。其实春姨根本也没睡着，她也没病，自从进了店房她就想办法，吃饭的时候她跟丫鬟桃花才想出来装病，丫鬟是她的心腹，她教给桃花儿怎么说，又叫桃花儿打开箱子把画画用的颜色找出来，就用姜黄水洗了脸，桃花儿又提来两大壶开水把被子反过来往上一浇，这被子还不湿嘛！桃花儿去叫大人她就把湿被子一盖装睡觉。大人一推她，她才慢慢地睁开眼，"哎哟"了一声这才说话有气无声地叫了声："大人，您看我这是怎么啦？说病就病成这个样子，恐怕我回不了京城也见不着夫人啦。"她干什么提夫人哪？她知道哈四大人怕夫人。哈四大人的正夫人是玉亲王的远房侄女，别看远可是走得近乎。哈夫人还跟玉亲王能当面说得上话，哈四大人怕夫人是怕夫人娘家的势力。春姨又是哈夫人给买来的，离京时夫人还当着春姨的面嘱咐哈四大人说："春姨年轻在外边要多照应点。"春姨的意思是叫哈四大人知道夫人喜欢我，我要是有个好歹你见了夫人没法交代。哈四大人听春姨这么一说赶紧叫桃花儿：
"去，快把哈喜叫来，让他快去请大夫给姨夫人看病。"春姨心说别请
大夫哇！她这是装病，大夫来了一诊脉"没病！"那不就露馅啦！她
那话也来得快："大人，三更半夜的到哪儿去请大夫去呀！刚才出了这
一身汗我心里好受得多啦，就是浑身没劲，要是明天一上路在车上一
逛荡是非死不可，在这要歇三五天也就好啦。可是大人又忙着上任，
你看怎么办呢？"哈四大人还真有点为难，多住一两天不行，期限到
啦耽误了征集粮饷，贻误军机这个罪可不小，只好叫春姨先住在这儿，
自己去上任，就说："要不你先在这儿住几天，病好了再走。"春姨就
等大人这句话哪："我先住下倒是行，你得给留下几个人，虽说有店里
伙计侍候着，可是不大方便。这地面上又不平静，没个会武艺的人保
护着，我怕出点什么事。"哈四大人说："把广泰留下保护着就不会出
事啦。"这事就出大啦。大人说出来啦也后悔啦，心说我怎么叫广泰留
下哪？话已经说出去啦，跟着又说了两句："再留下两个从人和哈喜保
护着你还害怕吗？"春姨说："大人您怎么办怎么好。"哈四大人又嘱
咐桃花儿好好地侍候着，就回房休息啦。第二天早晨把哈喜叫来告诉
他，姨太太病啦在这儿多住两天，留他和广泰两个从人侍候，其余的
人跟随大人到太原，由江玉保护。大人走后春姨的病也好了，她本来
就没病嘛！哈喜到后院来了两次也没上楼，只是在楼下问了问，都是
桃花儿代为传话。吃晚饭的时候哈喜跟广泰说："大人走啦，把家眷交
咱们保护可算是看得起咱俩，咱俩得格外小心，千万别出什么事儿！"
哈喜这是一语双关，张广泰心里也明白，但是也不好把话说明，就接
着哈喜的茬儿说："大人看得起咱们，咱们就要对得起大人，甭说没有
事，就是有事儿凭我这身本领也不会出事儿。"他把也不会出事儿这
几个字说得特别重，那意思是告诉哈喜我张广泰绝做不出见不得人的
事来。哈喜也知道张广泰的为人，听广泰这么一说就放心了。对着张
广泰会心地一笑，算是表示相信的意思。俩人吃完饭，哈喜是吃完饭
就想睡觉，便跟广泰说："你前半夜值班，我后半夜值班，我先睡啦。"
说完回他自己房中睡啦。张广泰把门掩上回手把包袱拿过来打开，把
自己用的短把刀拿出来放到桌上，又把包袱包好放回原处，这才把刀
拉出来用手巾擦了擦就立在桌子腿旁边，一个人喝着茶，街上要更的
已打过定更，快到二更的时候就听外边有脚步声奔这屋来，张广泰问
了，声"谁"。外边有人问："三爷，您还没睡哪！"随着说话声门一开，

走进一个人来，张广泰一看是丫鬟桃花儿，就问："你来干吗？"桃花儿说："是奉了姨夫人之命来请三爷您，姨夫人说有要紧的事跟您说，叫您马上就去。"张广泰一听心说这个春姨，不知进退，就从鼻子里"哼"了一声说："我知道了，随后就去。"丫鬟桃花儿冲着张广泰眯缝着眼一笑一扭身走啦。张广泰瞧着丫鬟的这个动作这气就大啦，心说这都是跟春姨学的。又一想春姨叫我，我是去还是不去呢？去！看她打算怎样，我先用好言相劝她若不听就别怪我啦。张广泰从桌腿那儿把钢刀拿起来手中一掂，他提着刀奔后面春姨的住房，来到楼下问了一声："姨夫人是您叫我吗？"不大工夫楼上有人答话："是三爷吧！请您上楼夫人正在等候。"这是桃花儿的声音。张广泰这才上楼，来到楼上一转身眼前一晃仿佛有个人影一闪又不见啦，张广泰揉了揉眼睛心说是我眼花了吗？这时他可就来到房门外边啦。张广泰想我不能提着刀进去呀，他就把刀立在门外旁边沉了沉气这才问："姨夫人您叫我呀。"屋内有人答话，"你进来说话。"张广泰答应一声"是"，拢起帘来到屋中，张广泰一看迎门一张桌子两把椅子，靠窗户放着两张方凳，桌子旁边坐的是姨夫人春姨，早晨她还装病哪现在变样了，没穿长衣服，她穿了一身水红色的短衣裤，下穿绣花缎子鞋，小袄的二纽没扣，头上高绾盘龙髻，面擦官粉，两道眉描得又细又长，唇点朱红，似笑非笑往那儿一坐，桌上摆着酒菜。张广泰看罢就问："您叫我有什么事？"春姨说："广泰呀，你先坐下我有话跟你说。"她用手指了指桌旁边的那把椅子，张广泰没有过去，回手就把靠前窗户的方凳拉过一个来靠着门口旁边就坐下啦。春姨"哟"了一声说："你干吗离我这么远哪！"说着就要站起来奔张广泰，张广泰把眼一瞪说："姨夫人，您要尊重些！"春姨就没敢过来。可是她反而一笑，说："广泰，只从在沧州见着你，我是一直没有把你忘了，今天我跟你把话说明白了，哈四大人快奔五十的人啦，我才二十多岁，我能甘心跟他过一辈子吗？再说你也年轻，总不能这样当一辈子佣人吧，你看，"说着用手一指屋里放的那八只箱子，"这是我这几年积攒起来的，你我成为夫妻远走高飞，有这几只箱子，足够我们一辈子用的，保你吃穿不愁，所以我才假装有病，就为了把话跟你说明白了，还告诉你，今天你要答应还则罢了，广泰，你今天要是不答应的话可别说我意狠心毒，我当时就把衣服一撕，脸一板，把人喊来我就说你张广泰没安好心，三更半夜闯进我的房中强行无礼，我一个人说还不算，丫鬟桃花儿可以作证。"桃花儿早叫春姨教好啦，马上就接过来说："我给夫人作证人，就是到了公堂上我也不改口。"张广泰一听心说，这种女人说得出来就做得出来，到那时我是有口难辩。把张广泰急得半天没说出话来。春姨以为这回算是把张广泰吓住啦，她又把话拉回来啦："广泰，你也这么大啦，怎么就是想不开呀！你听我的吃不了亏！"张广泰这才说话："姨夫人，你说的话都听明白啦！"说着张广泰就站起来啦，不动声色地一边说着一边挪动身子，他本来就是靠门口坐着，往旁边跨步一站就离帘子没有多远啦，说着话再往后一挪步身子就靠着帘子啦，背着手往外一伸就把那把刀摸到手中，可是嘴里还说着话哪："你的意思是想背着大人跟我私奔！"这会儿就把刀摸到手啦："你看错人了！"刷！张广泰把刀一摆："我张广泰认识你是姨夫人，我的刀可不认识姨夫人！"张广泰把刀横在自己的胸前，刃朝外背朝内，横刀看着春姨，要说春姨的胆子也真大，张广泰横刀瞪眼，她一点也不害怕，反而笑眯眯地说："怎么？你要拿刀宰了我，你舍得吗？"说着她倒站起来一步一步地向张广泰走来，倒把张广泰吓了一跳说："你要干吗？"春姨一笑说："你不是要杀我吗？"她故意地把脖子一伸说："给你杀！"她用脖子去找张广泰的刀，张广泰的刀是横着的，往外一推就挨上春姨的脖子啦，春姨的脖子也太糟，张广泰的刀又太快，"呱叽"春姨的脑袋就掉下来啦，脖子往回一缩，张广泰怕溅身上血抬腿就是一脚，正踢在春姨的心口上，尸身向后一倒。"噗"的一声一腔子血喷到后墙上啦。丫鬟吓得"嗷"的一声转身想跑，张广泰顺势一刀扎入了丫鬟的后心，也死啦。张广泰一怒杀了春姨就听窗户外边有人叫好："好！杀得好！"张广泰问了声"谁"，起帘栊就出来啦，只见一个人蹿下楼去，张广泰追过来，那人上了墙出去啦。

先叫他们追着不说。再说哈喜，哈喜一觉醒来听了听街头上打了三更起来换广泰，一瞧广泰屋里点着灯，进来一看没人，哈喜心说广泰哪去啦。他从前院往后走，各屋都是漆黑，来到后院角门往里一看，楼上亮着灯，他知道这是姨夫人的住房，心想怎么姨夫人还没睡觉。他迈步进了后院到楼下就叫桃花儿："桃花儿！桃花儿！"桃花儿？杏花也没人答应，全宰啦！哈喜见没人答应，他夯着胆子上楼，边上楼边问："怎么姨夫人还没睡？桃花儿，我叫你，你怎么不答应，睡着啦。"还不见有人说话，他可就来到了房门，他伸手掀帘子往里一伸头嘴里还要说："姨夫人，您的病才好，早点歇着吧！"可是他把脑袋伸进去看见了春姨的死尸，他的话说一半就变味啦：吓的！"姨夫人，您的病才……嗳……呀……妈……哟"往后倒退，退到楼梯这儿就别退啦，他还退，叽里咕噜地就从楼上下来啦，别看哈喜当时害怕，从楼上一摔下来他倒不害怕了。因为当时猛一看是有点害怕，现在他一想姨夫人被杀谁是凶手哇，我得找广泰问问，他又来到张广泰的屋中，还是没人，他纳闷广泰哪儿去啦，一瞧桌上有刀鞘，哈喜一哆嗦，又把张广泰的包袱拿过来打开一看，夜行衣、闭血镖都在就是没了那口刀，哈喜就明白了八成，心说广泰呀你可真糊涂，甭管怎么样，你也别把她杀了哇！这叫我怎么办呢？我得先把这事儿掩盖过去，等广泰回来见了大人再说。

天亮以后两个从人也起来啦，哈喜叫从人去买两口棺材说姨夫人昨夜病重死啦，给每人十两银子酒钱，叫他们帮助把死尸装入棺材。两人把棺材买来，店里的掌柜的和伙计都来帮忙，哈喜说："不用了，要是男人死了大家帮忙还可以，因为是女眷就不用大家帮忙啦。"哈喜他不敢叫外人看见。哈喜心说广泰怎么还不回来呀。两个从人可不高兴啦心想有店里人帮忙多好。哈喜叫人把两口棺材搭到后院，只留下两个从人，其余的全都出去，哈喜这才跟两个从人说："你们也别不高兴，咱们都是跟随大人从京城来的，千万别把这事闹出去，告诉你们姨夫人跟丫鬟是被人杀死的！"这俩一听差点吓趴下"啊！"哈喜说："咱先把死尸装起来，有人问就说急病死的。一切都有我，见了大人再赏你们，多钱我一分都不要。"两人只好答应，管家就是站着的大人谁敢惹呀，把死尸入棺材钉好了钉，由哈喜出面找地方办理借地葬埋，只要有钱什么事都好办，忙了三天把人埋啦，可是张广泰就是没回来。哈喜只好带着佣人去太原见大人去。临走多给店家几十两银子叫他们刷洗房屋不在话下。哈喜来到太原见哈四大人，大人就问："姨夫人来啦？"哈喜把佣人都轰出去，就是大人一个人啦，哈喜才说："大人你可别着急，是这么回事。"接着就把在洪洞县春姨被杀、张广泰不见的事从头至尾说了一遍，最后说："我看这事儿可不能闹出去，您在上海时对我说过恐怕这事由姨夫人所起，现在广泰又没下落还是先掩盖下，这对您的面子上也好看，您看怎么样？"哈四大人问："你说怎么个掩盖法？"哈喜说："这事您就交给我吧。"哈四大人点头，由哈喜去办。哈喜早就想好办法啦，先把两个从人找来用钱把嘴堵上，都按照哈喜教的说，甭管谁问都说姨夫人病故，丫鬟送回家啦，张广泰进京办事去啦。等哈喜都安排好了，刚回到屋里还没坐稳哪，就来了个要命鬼的江玉，一进门就问："哈大爷，我三叔呢？""江玉，你三叔进京办事去了。"江玉说："不对吧，我三叔叫姨太太给拐跑啦吧！"哈喜把眼一瞪："胡说，你三叔是这样的人吗？"江玉说："我三叔不是这样的人，可是姨太太没准。"哈喜说："我敢担保。"江玉说："好等见了我三叔问明白了，要是跟你说的不一样，我跟你完不了。"哈喜心说这孩子人小知道的事还真不少。过了半个来月京城公文来到，哈四大人的病假辞职恩准，办理交代回京。江玉这才相信张广泰是进京啦。哈四大人办理一切起身回京，江玉路上保护，还没到北京就听传说；达摩苏亲王出兵被困，不知是真是假，等他们到了北京，大人直接回家。他家住在宣武门外米市胡同，合家团聚一番的高兴，在没有人的时候哈四大人把张广泰沧州杀贼救了自己的命和春姨的事都告诉了夫人，夫人非常的感激张广泰，又不知道现在张广泰在哪老想以后只要见着广泰应当好好地谢谢他。可是江玉到京不见三叔就去找哈喜，哈喜就说张广泰外出办事没在北京，江玉急啦："到底我三叔上哪去啦？哈喜！你要不说实话，我跟你没完！"他连哈大爷都不叫啦。哈喜说："江玉，你别没大没小的，过不了十天半月你三叔就回来，等他回来我非叫他揍你。"哈喜绷着脸这么一说，跟真的一样，江玉想等着吧。

过了没有三天在北京城里传说一件奇趣，这事连哈喜都感到新奇，就到处打听，可是其说不一，有的说是王爷用兵如神，也有的说这回是险中得胜，要不是一员勇将王爷就没命啦。其中有一件事是真实的，最近两天王爷就到京城，皇上要在金殿封官职。哈四大人就让哈喜每天都要去打听这事。这天哈喜高高兴兴地跑进来直奔大人书房，进门就说："给大人道喜，您知道救王爷的是谁吗？"哈四大人问道："是谁？""是张广泰。"哈四大人说："你见着他啦？""我倒是没见着，可是错不了，达摩苏亲王亲自保举，王爷的兵都扎在德胜门外，我见着王爷的一个亲兵，他跟我说，王爷得了一员勇将，姓张叫广泰，这人才到这一个来月，是在一场战斗中王爷被困，眼看王爷就要被敌人杀害，突然冲出一匹白马，马上一员将手中一杆枪，连杀死敌将十几名，还把敌将首领捉过来。原来打了个败仗，反而来了个大获全胜。王爷的奏折把这次的战功全归到张广泰身上啦，我问他：'你看见这员勇将了吗？'他说：'我怎么没看见哪，我是亲兵。'他一说这人的模样、长相，没错就是广泰。"哈四大人说："你没叫他带你去见一见吗？""不行啊，他说现在张广泰在礼部演礼，明天金殿面君。"哈四大人说："你明天在朝房打听消息，要真是广泰你一定叫他住在咱的府上，夫人还要给他道谢哪。"第二天哈喜老早的就到了朝房，可是他见不着张广泰，他虽是管家但不能进朝房，只能在外边跟别的官员的管家跟班的打听，慢慢地他可就打听着实信啦。张广泰面君，皇上亲赐黄马褂，大花翎，二品顶戴，封为巡河副将，这还不算，皇上指婚，通州守备胡思考的妹妹胡赛花许配张广泰，给假两个月回家祭祖完婚姻。哈喜乐得直蹦，就在这时从里面出来很多人，真是众星捧月一般，前边对兵开道，嘴里吆喝着："张大人过来喽！"哈喜一看真是广泰，他一高兴就叫了一声："张广泰！"卫兵一听抬腿就踹了哈喜一脚："你敢叫大人的官讳！"哈喜心说我这脚挨得才冤哪！

（张春奎述　新纪元　邵绅绅整理）

张广泰回家

在清朝康熙年间，北京东边通州所管地界河西坞是个水旱码头。一条街长有三里，街内有盐商和妓院，三四百户人家，各式各样的买卖铺户一百多家。又是个运粮河上的大码头，所以设有巡检司。因为不是城不能设县衙，虽然是巡检司，可是快班、皂班人数和县衙差不多。当时做官的都愿当八品河西坞司官，不愿做七品的知县。因为这个司官来钱多。这天六月三伏，天气很热，在运粮河上游来了三只官船。中间官船吊斗旗杆上挂一面旗帜，白旗子红火焰，上绣黑字，横着四个小字是巡河副将，当中斗大的一个张字。这三只官船离河西坞还有五里多路就停住了，那面旗子刷啦啦地落将下来，船不走啦。官舱内坐着一位大人，三十岁左右，白净子，一对剑眉，一双虎目，鼻直口阔，牙排似玉，头戴四品顶戴，身穿官服。这就是巡河副将张三大人。

在大人身边站着一个小孩，也就有十三四岁，穿着一身青，面似喷血纸，白脸上长了些红斑点儿，嘴犄角朝上翘，短眉毛，两只小圆眼，猛一看跟庙里的小鬼差不多。这个孩子是张三大人的干儿，可是他管大人叫三叔。因为这位大人还没结婚。他的名字叫江玉。这时江玉问："三叔，怎么到这就不走啦？"张三大人叹了一口气："咳！江玉，我不是跟你说过，我离家已有六年了吗？"江玉想起三叔跟他说的话。原来张三大人家在河西坞，父亲张好善开着一家广聚粮栈。家里兄弟三人，是一父二母，大哥叫广聚，二哥叫广兴，他叫广泰。广聚四岁时母亲死了，张好善续娶妻子姓康，生的广兴和广泰。虽说康氏是广聚的后娘，但是特别疼爱广聚。广聚长大，张好善死啦，买卖由广聚管理，老二广兴照料家务，老三念书。老大和老二都娶了妻，大奶奶娘家姓李，二奶奶娘家姓陈。广聚是人大心大，对他父亲续娶妻室不满。心说，要是父亲不娶我这个后娘，就我一个，这份家业全是我的。这可好，一份家业三下里分。他仔细地观察，老二是个窝囊老实人，没什么了不起。可是老三精明强干。要是想这一份家业都归自己，非得把老三处置了不可。只是没有机会。这年八月十三，张广聚用毒药酒把广泰给药死过去，准备活埋。多亏大嫂李氏把广泰给救了，张广泰才从家中出来。五六年的光景，现在是巡河副将四品官职。江玉听他三叔说过这事儿。广泰说："我离家这么多年，家里怎么样啦？我全都不知道，当初我大哥要害死我，也因为我不学好，什么朋友都交，被朋友引诱去烟花妓院，没想到在那里又……"说到这他没往下说，原来张广泰在烟花妓院认识一个妓女叫韩红玉，两人订下白首同盟，一个非他不嫁，一个非她不娶。这些事张广泰当然不能跟江玉说啦。"反正我不能就这样回家，我得改扮私行，只要我大哥对我母亲和我二哥好，我就什么也不提啦。要是我离家这些年，我大哥对我母亲和我二哥不好，就连害我的这笔账，我跟他一起算清。江玉，你去给我买一身要饭穿的衣裳来。"江玉答应，拿了散碎银子，挎上了自己的腰刀，离了官船遛奔河西坞。

可是哪儿有卖要饭穿的衣裳呀，小孩江玉买不着啦，就又往回走，走了三里来地，天气又热，江玉来到道旁的一片树林，他坐在树林子里凉快凉快。他正坐着哪，往外一看，他高兴啦，从大道上来了个要饭的。有三十多岁，头戴破草帽，汗碱很厚，这身裤褂脏得跟地皮一个颜色，一双袜子都没底了，鞋都开绽啦，用麻绳在脚面上系着，腰里挂着块拉船用的纤板，左手里拿着打狗的枣条，右手提着个黄瓷瓦罐。江玉一看，心说：这身衣服行，给我三叔买着。江玉这个孩子淘气，他等要饭的快到树林的前头啦，猛地往外一蹿，把刀往外一拉，站在路当中，嘴里还有词哪："呔！此树是我栽，此路是我开，要想从此过，留下买路财，牙崩半个说不字，我一刀一个不管埋！"要饭的一见要乐，"我说好汉爷！您劫道也得劫那过路客商，有钱的人哪，我是个要饭的，哪儿有钱哪。"江玉说，"我这个劫道的专劫要饭的！把打狗枣条，要饭的罐子留下。"要饭的说："你这个劫道的就劫这个呀？好！给你。""把草帽摘下来！""这个也要！给你。""扎腰的绳子，拉船的纤板拿来。""好好，给你！""小褂扒下来！""行，给你。""鞋，袜子！""这个你也要！给你。"要饭的说："行啦吧。"江玉说："把裤子脱下来！"要饭的说："不行！你得给我留下这条裤子，要不我光着屁股上哪儿要饭去呀？"江玉把眼一瞪说："你给不给！"说着话，咬牙瞪眼把刀一晃，要饭的一看，说："给！"要饭的把裤子脱下来放在地下，往那儿一蹲，不敢站起来啦。江玉把裤腰带扎腰绳往地下一顺，裤子、褂子、鞋、袜子、草帽都放在绳子上面一系，刀插入鞘中，一手提着一嘟噜破衣服，一手拿着打狗枣条挑着黄瓷瓦罐，转身就走。要饭的一想，他把东西劫走了，我怎么办，上上下下五条线，光着屁股，上谁家要饭谁不揍我呀！我非在这儿饿死不可呀，还不如叫他拿刀杀了我痛快哪！要饭的想到这儿，就喊开啦："嗳，劫道的，回来！"江玉回来啦，问道："叫我干什么？"要饭的说："干什么？你不是有刀吗？拿刀杀了我，反正我也活不了啦。"江玉一听也乐啦，说："我跟你闹着玩哪。"要饭的说："有这么闹的吗？"江玉拿出十两银子说："得啦！你这破烂衣裳算我买啦，给你十两银子。"说着话把十两银子往过一递，要饭的接过银子，江玉拿着东西转身就走。要饭的拿着银子想，我这一身破烂，一吊钱也不值，给我十两算我走运。又一想，不对呀！谁花十两买这个呀？噢！听他说话是江南口音，都说南方人会憋宝，他是憋宝的吧？我那草帽是宝贝？也许我的衣服上有翡翠虱子，珍珠虮子！十两啊，我不能卖。想到这，他往回喊江玉："嗨，劫道的！买破衣裳的！嗨，憋宝的！"江玉一听，我怎成了憋宝的啦？走回来就问："你喊我干吗？""干吗？这衣裳我不卖！十两啊是你的，你当我不知道哪！你是憋宝，我这衣服上有宝贝，我不卖啦！"江玉一听："不卖拉倒！衣裳给你，钱是我的。"拿起银子转身就走。要饭的又一想，不如卖给他吧："咳！卖给你啦！"江玉说："你这不是费事吗？"把十两银子给了要饭的。江玉心想，他光着屁股瞧他怎么走，于是站在远处瞧着。要饭的也有办法，他蹲在那儿拔草，把草拧成了绳子，然后又拾了几块破瓦用绳一拴，往腰中一系，前后挂七八块瓦，一跑起来叽里呱啦的乱响，奔街里买裤子去啦。江玉看着蛮有意思。他提拎着破衣裳往回走，一边走着一边想，这个要饭的说他的衣裳有宝贝，真是穷疯啦，江玉觉着手上痒痒，一看，嚯！真有宝贝，还是活的，虱子爬到手上啦。江玉用那根枣条挑着吧，他回到官船，一想，这衣裳怎么叫三叔穿哪？又不能洗，一洗都成了破布条啦。他还真有主意，把打狗枣条和黄瓦罐放在船头，拿着破衣裳上了第三只船，找厨子去啦，一进舱门就问："大师父！今天中午吃什么？"厨子说："天气又热，吃点清淡的。"江玉说，"来！把这个蒸了。"厨子问："怎么吃呀？""清拌。"说完，江玉去上船头刷瓦罐去啦，厨子没办法，只好蒸吧！要饭的这一身儿上笼屉这么一蒸，味这个难闻哪，把厨子给熏得差点恶心。江玉刷好了黄瓦罐，来到厨房一看，厨子正忙着哪，用一个大盘子，破草帽垫底，上边放上那身破裤褂，两只破袜子往上一搭，一双破鞋底朝上一放，手里拿着个碗正在和芝麻酱哪！江玉一瞧，说："真吃啊！"厨子说："不是清拌吗？"江玉把衣裳拿到外边去迎风一抖，一会儿它干啦，看着还是那么脏，可是没有臭味啦，他把东西拿到了大人的官舱，说："三叔，您换衣裳吧。"张广泰一看："这么脏，我怎么穿？""您别看脏，可是什么味也没有。"张广泰这才换了衣裳，问江玉："你看我像要饭的吧？"江玉看了看说："我看您四不像了。""你这是怎么说话？""您里边套着仿绸的衣服。外边穿着的衣服都破了，露着里边的衣服，再说哪个要饭的有长得又白又胖的？您等着。"说着江玉走啦，没有多大工夫，他找来十几张膏药。"来！我给您粘上。"他用膏药把衣裳破的地方全粘上啦，又去厨房，在锅底下抹了两手锅烟子，回来对广泰说："三叔您闭眼。"张广泰把眼一闭，江玉往张广泰脸上一抹，然后又跟张广泰一拉手，他拿过镜子来说："您瞧瞧看。"张广泰照镜子，把自己也吓了一跳："这是什么模样？"对江玉说："一会儿我站在船头上要饭，你往下轰我，叫我走，借着你的这句话，我再下船，就是有人看见也不会疑心，要不从官船上下来个要饭的，准让人疑心是私访的。等到天快黑了，我要不回来，你牵着我的马匹，带着官服去巡检司接我。你去看看岸上有人吗？"江玉看了看说："岸上没人。"张广泰这才出了官舱，站在船头上，对着官舱就喊："行好的老爷！太太！赏点吃的吧！"喊完了等着江玉出来，可是江玉没出来。张广泰再喊："行好的老爷！太太！赏点吃的吧！"江玉还没出来！张广泰急啦，心说，你不出来我怎么走哇！"行好的！老爷！太太！赏点吃的吧！"江玉这才从舱里走出来。你看他趿拉着两只鞋，高仰脸，嘴里叼着根牙签儿，把嘴一撇说："嗨！嗨嗨！要饭的！你没戴着表哇！"张广泰一听，要饭的有戴表的吗？"你也不看看太阳，早饭过去啦，晚饭还没到，你站在这儿叫唤什么？要是把我家大人惊醒了，砸折你的狗腿，还不给我滚！"张广泰说，回头咱爷俩再算账。

张广泰走下官船直奔河西坞，来到河西坞一看哪，变样啦，有的大买卖现在变成了小铺户，有的矮小的房屋变成了三间门面的大商家。张广泰想，我离家这些年，我家怎么样了？广聚粮栈还有没有？有，还是不是我们家的？我既然来私访，就得打听明白了。张广泰一边走一边想，猛然从前边走过来一个老头，张广泰一看，认识，是过去一家老街坊。张广泰赶忙地把这老头给拦住了："老大爷！"老头一瞧是个要饭的，"咳！小伙子，要饭你找那有钱的人去要哇，我没钱给你！我在家里吃顿闲饭就够孩子们为难的啦。""老大爷！我不是跟您要饭，我是跟您打听点事。"老头说："你打听什么？""老大爷，河西坞有个广聚粮栈您知道吗？""啊！知道哇。""还有吗？""有，不但有，还是张家的买卖。比以前大多啦，以前是三间门脸，现在是九间门面。你打听它干什么？""我听说广聚粮栈每逢初一、十五舍馒头，半斤一个，去一个要饭的就给两个大馒头，我去要饭去。"老头一听连连地摆手说："你说的那是过去，有老掌柜的活着的时候，现在不行了，老掌柜的一死，大少爷当了家，当时老规矩没改，可是最近几年变啦，不但不舍馒头，在门口挂了个牌子，写着'僧道无缘'，要饭的在他们门口要饭，非挨顿打不可。他养着四五十个打手，这条街上谁不知道大恶贼张广聚呀，你千万别去！"说完，老头走了。张广泰继续往前走，心中暗想，我大哥怎么变成这样了，他待我母亲和我二哥怎么样？张广泰正往前走，耳边听见有人喊天："天哪！天！"声音是从胡同里边传出来的。张广泰往胡同里边一看，见一人身穿破裤褂，头戴破草帽，跟自己这身差不了多少。肩挑一担鲜草，一手扶着墙摇摇晃晃往外走，张广泰一看认识，正是自己的二哥广兴，张广兴一边走着嘴里一边叨唠着："天哪！天！都说善有善报，恶有恶报，我就不信！我大哥独谋家产，把我们娘俩给轰出来啦，他也没个报。老三死活不知，我每天打草卖，养活老娘，可是老天爷不睁眼，叫我长病。眼睛烂眼边儿，鼻子不通气儿，嘴里长口疮，耳朵闹耳朵底子，脖子长鼠疮脖子，脑袋后头长砍头疮，脊梁上是瘩背，腰里长串腰龙，下边连疮腿。"张广泰一听，心说你还活得了哇！张广兴挑着草往前走，张广泰后边跟着，要瞧瞧二哥到哪卖草去，然后再问问二哥是怎么一回事，问明白了找大哥算账。广泰在百步以外紧跟着，广兴来到对河居门前放下草担，对河居是河西坞有名的一家饭馆，楼下应时小卖，楼上可以包办酒席。广兴放下挑子拿着破手巾，擦着汗冲里边喊："三叔！三叔！"张广泰在那边一听，心想在这怎么又出来个三叔哇？就见从饭馆里走出一个人来，三十多岁，黄白脸膛，两半截斗鸡眉毛，一对母狗眼儿，尖鼻头，薄片嘴儿，穿一身蓝布裤褂，白围裙。这人是对河居跑堂的，姓刘行三，外号叫刻薄刘三。他见着有钱有势的人能把人捧到天上去，你要放个屁，他说这味特别香。要是见着不如他的，他能把你说得一个钱都不值。他来到张广兴面前把脸一仰："嗨！倒霉张！喊叫嘛？"张广兴赶紧说："三叔！"广泰在哪边一听，"噢！管他叫三叔！"张广兴说："昨天您说我打的草不新鲜，今天我起了个五更头打来这挑草，您看还带着露水哪。您把它搬进去吧？！"刘三把眼一瞪："我说倒霉张啊，谁要你的草哇！你人倒霉，打的草也倒霉。你这草不能喂牲口，马吃了得瘟病，牛吃了肿嘴唇，驴吃了会上房。谁敢要你这倒霉的草哇！挑走！"张广泰在那边一听，这气大啦。心说好小子，等会儿我问你谁的马吃了瘟死了？就听广兴说："得啦！三叔！您把草留下吧！"刘三说："不要就是不要！"说着话把手一抬，照准广兴的脸上"啪"就是一个嘴巴！"挑走！"一转身进了饭馆。

张广兴手扶草挑放声痛哭。张广泰实在看不下去啦，一手拿着打狗枣条，一手提着黄瓷瓦罐就要进对河居找跑堂的讲理，就在这个工夫，从大街上来了一个人。此人身高八尺，膀阔三亭，赤红脸膛，浓眉阔目，鼻直口方，有三十上下的年纪，穿一身蓝宁绸裤褂，脚下是薄底快靴，敞着怀，露着通膛的护心毛，有一寸多长。右手拿着桑皮纸的大扇子，左手提拉着四五尾鲜鲤鱼。张广泰一看认识，磕头的拜把子兄弟，大哥李贵。张广泰想，这几年没见，李贵发财啦。原来李贵是运粮河码头上扛粮卖苦力气的，吃上顿没下顿，后来跟张广泰拜了盟兄弟，时常花张广泰的钱。张广泰想，今天我二哥在这儿受人家的欺负，你不用说给我二哥出气，拔创，你只要叫声二哥再走，我这朋友算没白交，将来我们还是拜把子兄弟。你要是见着我二哥，来个高仰脸连理也不理就走，以后知道我做了官再来找我，我也不认你是我的朋友。张广泰没想到，李贵看见张广兴站那儿哭，老远就把小褂的扣子扣上了，左手的鱼往地下一扔，右手的扇子交到左手，抢行几步给广兴深深地请了个安："二哥您好！"回头再找鱼没啦，叫狗叼跑啦。"二哥您干吗站这儿哭哇？我不是跟您说过吗，打草就送到对河居，甭管多少，哪怕就是一根草叶，只要您送来，就拿两吊钱，您……"广兴没等李贵说完，把手一摆，"你别说啦！你说的比唱的还好听，可是人家饭馆不听你的。昨天我打了一挑子草送来啦，伙计刘三说我这草不新鲜，不值两吊，给了我一吊二百钱，今天我起了个五更头，打来这挑子草，还带着露水哪，他说我人倒霉，马吃了瘟死，牛吃了肿嘴唇，驴吃了会上房。他不但不要，还打了我个大嘴巴。"说着他又哭起来啦。李贵一听，把脸气得都成了紫茄子皮啦，"这话是谁说的？""就是伙计刘三说的。""那好吧！我进去问问去，叫他们把这挑子草买了去。您站在这儿看着我，我不点头，他给您多钱您也别卖。我叫您看个热闹。今儿我放火烧楼！"李贵说完了就往饭馆里走。张广泰在那边听着，心说，李贵说这么大的话，他有把握吗？张广泰哪里知道，对河居掌柜的姓李，跟李贵也不是本家，他把买卖做赔啦，对河居关门啦。李贵请朋友来吃饭，一看对河居黄啦，就问掌柜的为什么把买卖关啦。李掌柜的说没本钱啦。李贵是个红脸汉子，既然问了，就得想个办法，于是李贵拿出钱来，对河居才二次开张。李贵说得好，只要买卖赔了就找我李贵。从那儿以后李贵经常给对河居添本钱，所以买卖越做越好啦。现在这个买卖成了李贵的啦。可是李贵从来没跟李掌柜的提过钱字，就是张广泰离家以后，张广聚把老太太二弟夫妻给撵出家来，住在坟地的三间草房里，说得好听，每月送米送面送钱，可是送了没有三个月，就不送啦。李贵好打抱不平，就去找二爷张广兴，要帮助他找广聚算账。可是老太太不让。老人家说："广聚不是我生不是我养，虽然我把他拉把这么大，他恩将仇报，早晚有一天他会报应。再者老二为人老实，就是找老大去，外人也使不上劲。有一天，老三会回来的。到那时再去找他大哥算账也不晚。"李贵也没办法，就找了磕头老二邹忠，哥俩一商量，干脆把他们娘仨的生活给包下来就完啦。没想到老太太非常耿直，她说自己拉把起来的孩子都不管，何况是老三的盟兄弟哪？说什么也不要他们送来的东西。就连大儿媳妇背着广聚给送来的东西，老太太也叫她们拿回去啦。就仗着婆媳俩给人家缝缝洗洗。李贵实在没有办法了，就想起了个主意来啦。背着老太太叫二爷广兴打草卖草，这草就卖给对河居。李贵跟对河居李掌柜说得明白，草送来不管多少，就算没挑草来，只要二爷广兴来了，就算把草送来啦，就给他两吊钱。这钱哪都记在李贵的账上，草算白要。李掌柜就把这事儿交给伙计刘三啦。刘三是个势利眼，又爱占小便宜，有时少给广兴二百钱，有时故意刁难张广兴，今天该着刘三倒霉，李贵赶上啦。这些事张广泰怎么知道呢？

张广泰就见李贵嘱咐完了张广兴就进了对河居。他来到账房门口就站住啦："掌柜的！"李掌柜正在账房里写账，一听有人叫，隔着玻璃一看是李贵，赶紧出来啦，"大哥！来，里边坐。"李贵把手一摆说："不！你那账房门口写得清楚，'账房重地，闲人免进'，我李贵手脚不干净，你要是丢了东西，我还得遭嫌疑。"李掌柜的一听，"大哥！您今儿个是怎么啦？""怎么拉！我怎么吃的怎么拉！别废话，你把账本翻开，看看我李贵欠你多钱，当时还账。我要是挪挪窝儿给钱，你拿刀子拉我脚心。要是短我的也得当面还清。少一个小钱儿今儿我放火烧楼！"李掌柜的一听，说："大哥甭算啦！这买卖归您，我怎么得罪您啦？您把话说明白喽！"李贵说："我跟张广泰是把兄弟你知道吧？""啊！""可是张广泰活不见人，死不见尸，大恶贼张广聚独谋家产，这事你也知道吧？""不但我知道，河西坞人所共知。""老太太非常耿直，我们弟兄送什么都不要，我这才叫二哥广兴打草卖，把草送到对河居给两吊钱，钱是写在我的账上，草算你们白要，也不过就借你对河居的名。为什么今天把草送来了，你们不要，不要还没什么，为什么说我二哥人倒霉打的草也倒霉，马吃了得瘟病，牛吃了还肿嘴唇，驴吃了什么你妈的会上房，哪个驴上房啦？"李掌柜的一听就问："这话是谁说的？""你们的伙计刘三。"掌柜的说："大哥您别管啦，我叫他好好地把草买进来还不行吗？"李贵说："好！买不进来我就放火烧楼。"李掌柜的心说，刘三哪，刘三，你净给我找麻烦，你要把李贵的那个彪劲给招上来，他真能把楼给烧喽。掌柜的一看刘三正在那边忙着哪，掌柜的过去照准刘三的脸上就是一个大嘴巴，"啪"的一下，把刘三给打愣啦，用手捂着脸问，"您打我干吗？""干吗！我不是跟你说过吗，张广兴送草来就给拿两吊钱，就是不送草来，只要人来了，就给两吊。你今儿个吃饱了撑的。你说他的草倒霉，驴吃了会上房。你看李贵知道了，要放火烧楼，你出去把草买进来，要是买不进来，他就放火。"别看刘三挨了个嘴巴，他倒乐啦："咳！不就是这挑子草吗，那有什么，我出去用不了两三句话，就把草买进来。"说着话刘三走出来啦，这小子还真有两下子，老远的朝着张广兴笑嘻嘻地就过来啦，给张广兴请了个安："哟嗬！张二大爷！"张广兴赶紧地作了个揖，"哎呀，刘三叔！"张广泰在那边一听，心说这是什么辈呀！刘三说："刚才我在里边正忙着哪，那会正是饭时，我真没工夫往里搬这挑子草。叫您在这等了这么半天，这是怎么话说的？得啦，我把草搬进去吧！"说着话就要往里搬。张广兴把扁担按住啦："你先别搬，

张广泰回家

161

你知道我这挑子草卖多少钱吗？""二大爷！您甭说，少给不了您哪，别人的这挑子草也就是二百钱，谁叫你常来这儿送草哪，跟过去一样两吊钱。"说完话这就要往里搬草，张广兴手扶着扁担往对河居里边这么一瞧，见李贵把头一摇，二爷广兴说："两吊哇？不卖！"刘三一听，"两吊您不卖，好！我给您两吊五！"张广兴一看，李贵还是摇头，"两吊五哇？不卖！""给您三吊行啦吧？"李贵在里边一摇头，张广兴说："三吊哇？不卖！""三吊五！"张广兴往里一瞧，"三吊五？不卖！""我给您四吊！""四吊不卖！""您多少钱才卖哪？""多少钱也不卖！""您怎么才卖哪？""多咱这楼冒了烟儿才卖哪！""噢！您非得等着放火呀！"李贵在里边一听四吊，就朝广兴一点头，二爷广兴这才卖了这挑草。

　　刘三把草搬进来放到后院，又到柜房拿了四吊钱，出来交给广兴。二爷广兴接过钱来，按理来讲广兴应该找李贵客气客气，要不是李贵来，这挑子草能卖出去吗？所以广兴是老实人，也就是废物的别名。他把捆草的绳子一挽，往扁担上一套，肩膀上一扛，扭头就走。张广泰一瞧，心说：二哥你也太不通人情了。李贵从饭馆里追出来啦："二哥，您就这么走吗？"广兴回头说了一句话，差点儿把李贵的鼻子给气歪了："我就知道你们这些要把式的人儿不好惹，帮我把草买了，还要分我两吊去？"李贵一听大声说："我干吗这么没出息呀！我是说您吃了饭再走！""吃饭？可得你拿钱！这卖草的钱得给我妈去。"张广泰在那边一听，心说，二哥可真会说话！李贵一拉广兴："放心吧！不叫您花钱！"李贵把广兴拉进了对河居。刘三把二爷的扁担接过来立在墙旮旯儿，李贵广兴上了楼。张广泰一看坏啦，他们上楼我怎么办，他们说话我听不见啦。他趁跑堂刘三没注意也进了饭馆，上楼找了一张靠犄角的桌子就坐下了。跑堂的刘三正忙着张罗李贵这边，也没注意广泰上来。李贵对广兴说："二哥，您想吃什么就要吧！""还是你要吧，不是你二哥我说大话，别人不知道你是知道的，我们家有钱，我吃过见过，我要是要酒要菜都是上等的名酒名菜，花钱多，你一听非心疼不可。"李贵一听："我干吗那么小气呀！您要吃什么尽管要，花掉了脑袋我上一边儿安去。跑堂的！去告诉掌柜的，把门关了，今儿个这买卖不干啦，我一人包啦！"刘三赶紧劝道："二大爷您吃什么尽管要吧，别叫李大爷发疯啦。""好！那我就要啦。"李贵说："您要吧。""伙计，你告诉灶上，把勺刷干净喽！要旺火，用小磨香油，葱花不要葱白，也不要葱叶，要葱白葱叶相接的那一块，叫葱裤，因为那个地方的味香好吃。"李贵一听：嘿，这吃法真讲究。"用好酱油，使老干团粉，出勺后加上一点花椒油。"李贵说："什么菜？""来个烩豆腐。""费了半天事儿，就要个烩豆腐哇，还是我要吧。"李贵要了好几个菜，另外又叫跑堂的要几个软和菜和四碗干饭一盘馒头给广兴家送去，伙计答应一声站在楼口一吆喝把菜要下去了。张广泰点手叫伙计："哎！伙计！"刘三一看："咳！咳！咳！你这要饭的怎么上楼啦，下去！""下边人多我嫌乱。""你这要饭的毛病还不少哇？"广泰说："我着了点凉，想喝一碗酸辣汤，我有钱。"说着话广泰拿出来一串铜钱往桌上一放，"一碗酸辣汤，剩下的钱都是你的。"刘三没说的啦，因为人家花一个钱也是主顾，甭管穿得好坏，都是一样对待，这是做买卖的规矩。"你要碗酸辣汤？"一转身朝楼下一吆喝："酸辣汤一碗哪！"张广泰说："别忙！我不吃葱花。""不要葱花！""我不要姜末。""好，不要姜末！""不要花椒。""免花椒！""不吃豆腐，不要鸡血，别放酱油，不要油，别搁盐！"刘三一听："给你来碗白开水怎么样？""也行。""也行？你成心起哄啊！"广泰一笑："就给我来碗酸辣汤吧。"他把钱扔给了刘三。张广泰不为喝汤，是为了要听听二哥他们说些什么。就见李贵那边的酒菜都上来了，二爷广兴和李贵刚要吃饭，就在这时候，就听楼梯噔噔噔一响上来一人，见此人有三十上下的年纪，黄白净子，高颧骨大眼睛，从眼神上这个人非常精明强干，头戴六瓣青缎子帽垫，身穿两截的截褂，蓝绸子中衣，白袜子，粉底官靴，腰扎一根凉带，上挂着针线活计，手拿一把全宗百将折扇。走上楼来往那儿一站用眼一扫，就看见李贵跟广兴啦，张广泰一看认识，正是磕头二哥邹忠。广泰想，这几年没见，都变样了。原先邹忠不过是巡检司的小伙计，现在是巡检司的八班总头儿，站着的司官。这些年来有的司官上任，邹忠就直接问司官，您上任是为名还是为利？为名三二年中准能叫您混个好名离任，为利他就有办法在三二年里叫你捞到一定的金钱。他交往广泛，真称得起手眼通天。今天巡检司接到了通州守备的公文，说河西坞来了一位巡河副将张三大人回家祭祖，叫司官准备公馆接待，邹忠是奉了司官之命出来迎接张三大人来啦。他还没吃饭，想上对河居吃饭，吃完饭好去迎接这位副将大人。他上楼一眼就看见李贵和张广兴啦，赶紧过来请安："大哥、二哥您好！"李贵一见："哎！老二你来得正好，来吧，一块吃。"邹忠一皱眉头，心说：这哥俩不喝酒没事，一喝酒就想起老三广泰来，一想起广泰就哭，哭起来就没个完。我有公事在身，我是在这劝他们哥俩哪，还是去迎接那位张三大人去呢？他想到这儿，"二位哥哥，兄弟我今天可有公事在身，也不知道咱们河西坞是谁家又出了个做官的，是位巡河副将张三大人。我是奉了司官之命去迎接这位三大人去。"张广泰在那边一听，心说甭接啦，我就在这儿呢。就听邹忠接着说："吃完饭我就得走，今天咱们吃饭谁也不准提他。"说到这他伸出三个手指头，那意思是说不准提张广泰。"要是一提他，你们哥俩一哭，我就甭去办公啦。二位哥哥怎么样？"广兴说："对！还是邹忠说得对，吃饭嘛，就是痛痛快快的。"邹忠给李贵广兴每人斟上一盅酒，自己也斟了一盅。说不哭哇！一喝酒就不由他啦，广兴端着酒盅说。"邹老二说得对。"他喝了一口酒，"咱们不提广泰。"他又喝了一口，"一提我们老三来，我这心里就难受。"又喝了一口，"说不提他呀！还不行，我不喝酒还好，一喝酒我就想起老三来。这些年也不知道他上哪去啦？广泰呀！"他哭起来啦。邹忠一看坏啦，广兴一哭，李贵就快掉眼泪啦。俩人一哭起来就没个完，干脆我叫他们哥俩哭个痛快的。他在楼上扫了一眼说："二哥您别哭，我跟您说实话吧，广泰他呀！死啦！"就这一句话张广泰在那边吓了一跳，我怎么死了？其实邹忠是在说瞎话。说瞎话也不容易，得说得圆全，叫人听了得信。邹忠是在衙门口当差，为人是精明能干，他说完这句话后边的话还没想好哪，可是说的声音有声有色，你一听就是真的。广兴一听广泰死啦，当时就不哭了，"啊！"李贵把眼一瞪："老二你听谁说的？"邹忠叹了一口气："唉！别提啦！这话是昨天晚上，我睡到半夜三更我梦见广泰回来啦，我一看他那个样儿，别提够多难看啦。穿着一身破衣裳，戴着一个破草帽，那双鞋呀，用麻绳在脚上捆着，浑身上下贴着好多膏药，腰后边挂着拉船用的纤板，一手提着黄瓷瓦罐，一手拿着打狗枣条，一见面哭着跟我说：'二哥呀，二哥，我死得好惨哪！'"张广泰在那边一听，心说，他梦见的人怎么跟我一样啊！邹忠是说的瞎话，他得现编，他见在旮旯坐着个要饭的，他就按照要饭的那个模样说吧，能不跟张广泰一样吗？邹忠继续说："他眼泪汪汪地叫着我：'二哥呀，我自从离家以后就流落到江南，什么苦我都吃够了，就想回家呀。可是我分文无有，可怎么回去呢？正好有一只北上的官船，我就拉船纤，我想跟着船能回去了。没想到哇！走到大江以北，正赶上闹瘟病，我染上了瘟病，病了半年多，又没有钱治病，连病带饿我就死啦。你我磕头一场，你若念咱们是磕头的盟兄弟，您就想办法把我的尸骨找回来埋在河西坞。说完了，他就要走，我一揪他，我也醒啦。听了听，正打三更。我记得真真的，可是他说死在江北也没个地名，江北大啦，您说我上哪儿找去！"李贵一听，他咧着大嘴哭开啦："广泰呀！广泰！亲戚有远近，朋友有厚薄，你给你二哥托梦，怎么不给我托个梦呢？你要是给我托梦，甭说江北，就是湖北我也把你的尸骨找回来！广泰呀……呀。"他是放声大哭。张广泰一想我过去吧，要不然等一会儿他能给我烧纸。张广泰这才把草帽往后一推，走到哥仨的这张桌子前边说："三位哥哥不要难过，小弟广泰回来啦！"刚才李贵哭得特别厉害，听广泰一说，他比谁跑得都快，"打鬼！打鬼！"广泰说："我不回来您想我，我这一回来您又说打鬼，有白天闹鬼的吗？"李贵定了定神，过来一把抓住广泰："兄弟！这些年你上哪儿去啦？"张广泰听李贵这么一问，心想我就按照二哥邹忠说的那一套说吧，他这回说瞎话省事啦，有人给他编好啦。离家后怎么去江南要了几年饭，拉船北上又病了一年多，这才回来。就在这个时候，在楼梯旁边一张桌子，坐着二位吃饭的，其中一位是河西坞老户，对广聚粮栈的事知道点儿，一听张广泰回来啦，就注意听他们说话，听张广泰说自己要饭，在外边实在混不下去啦，这才回来。就跟对面那位说："一个人从小就能看出长大了有没有出息，就拿广聚粮栈的张小三说吧！我看他从小就没出息，看来我的眼力还不错。现在长大啦，在外边混了这些年，要着饭回来啦。我要是他呀，真没脸回来！这么大个子也不害臊，扎尿屎的池子里死喽，也不回来现这个眼！"他说的声音很大，李贵听见啦，心说这个人的嘴可真缺德！老三好容易才回来，他一听这话再走了可就不好办啦。老三是个要脸的人，我得把面子给找回来。想到这儿，"老三，你们先吃饭，我出去一趟，这就来。"说完话，李贵下楼出去啦。他干吗去啦？到对过借了一条麻袋，又找大铺户借了些元宝，装了有半麻袋，他背回来往楼口一站说："众位乡亲们听着，我磕头的三弟张广泰回来啦，别看穿着一身要饭的衣服，这叫作改扮私行。回家私访来啦！"这句话叫他蒙对啦，"我兄弟在外边发了财，光元宝就带回三大船，怕众乡亲们不信，我拿半麻袋来！不信你们看看吧！"说着他把麻袋口朝下往楼口那一倒元宝顺着楼梯往下一滚，刚才说话的那个人跟对面坐的那位说："有志不在年高，无志空活百岁，就拿广聚粮栈的三东家说吧，从小我就看着这人有出息，我的眼力真不差，现在真的发财还家啦。"那位一听，说："你这张嘴还有皮吗？"这时李贵叫伙计把元宝拾起来装上麻袋先存在柜上。干吗？一会得给人家送回去，这是刚借来的。这时李贵问广泰："广泰！你家里的事大概你都知道啦，你打算怎么办？你是愿意跟你大哥文斗还是武斗？他不是九间门面的广聚粮栈吗？在他对过我给你开个十八间门脸的广泰粮栈。要是武斗，我手下有百十来个扛粮的，咱们把他的粮栈拆喽！"广泰说："大哥您先别着急，叫我二哥先回家，您到家先别跟咱娘说我回来啦，等我把事办完，我回家再跟娘说。"广兴一听："兄弟，你可别惹祸。咱可惹不起大哥他，干脆咱哥俩一块打草卖吧！"邹忠说："二哥您就别管啦。"二爷广兴回家先不提，单说广泰，"二位哥哥，我想先礼而后兵，我去找大哥算账，一份家业三下分，他要是老老实实地分给我算没事，他要是不分，到那时文的我们上巡检司，武的我也不怕他！"李贵说："他那有三四十个打手，你得多留神。"邹忠说："兄弟，你大哥跟司官是磕头把兄弟，哥哥我是个当差的，到了巡检司要叫你受一点委屈，我这些年的差事算白当啦，别瞧司官比我大，我要叫他挪窝儿，他就在这干不了。我今天有公事在身，得啦，我也不去接什么副将大人啦，我在巡检司等你。"

说完话邹忠下楼回巡检司，张广泰去广聚粮栈。李贵把元宝给人家送回去，就赶紧的往码头去，他去找人帮着张广泰打架，他来到扛粮的住屋子里一看，嗬！这间大屋子里有六七十号人围在那里耍钱，有掷骰子的，有推牌九的，吵吵闹闹的，李贵往那一站说："哥们别耍啦。"大伙一听，呼啦一声全站起来啦，"头儿！粮船来了吗？""没有，我请你们打架去行吗？"这些人一听打架都跟吃了蜜似的，这个说："我去！"那个说："我去！""我也去！""我去！我！我！"李贵说："别忙，你不能去，你也不能去，你们这五个人都不能去！"这五个人一听都急啦，"我们怎么不能去？打起来我们往后跑吗？""倒不是打架往后跑，你们都没裤子，光着屁股怎么去呀？"这五个人的裤子耍钱都输掉啦，这五个人一听，"那我们也能去！""怎么去？""叫穿着裤子的在外边，我们在里边，大伙围着点就能去了吗！"李贵一听，"你真能对付！干脆谁赢的裤子，快给他们！"这五个人穿上裤子，大伙跟一窝蜂似的跟着李贵直奔广聚粮栈。在广聚粮栈对门，有一家酒店。前面是两间门面一个柜台，两张桌子，后院是放酒的地方，搭着天棚，棚底下放着两溜大缸，有几条长板凳，开酒店的掌柜的是位山西人。李贵来到酒店门口往里边一指，"哥们，都上里边去。"这六七十号人往酒店里就闯，呼啦一下全进去啦，可把掌柜的吓坏啦："我说李大爷，我没得罪您！您带这么多人来要干吗？""掌柜的别害怕！我借你这个地方待一会儿，他们这些人喝多少酒我拿钱。这么办吧，你打开一缸酒算我的，让他们随便喝。"掌柜的开了一缸酒，李贵跟大家说："你们在这儿喝着，外边打架没打架你们在里边也看不见，我在门口这儿站着，你们都瞧着我点，我拿把酒壶在这喝酒，我的酒壶老在手里拿着就是没打起来哪，我要把酒壶往地下一摔，就是打起来啦，你们大家就赶紧出去拆他的广聚粮栈。听明白了吗？"大家说："听明白啦，你的酒壶落地，我们就出去跟他干！"李贵右手拿了一把酒壶，左手攥了只烧鸡，一边吃着喝着一边看着对面的广聚粮栈。

　　他等了一顿饭工夫，一瞧张广泰从那边来啦。他回过头冲着院里说："哥们看着我点，来啦！"大伙也不知道谁来啦。广泰这会儿已经来到广聚粮栈门口，一瞧九间门面的广聚粮栈，门上挂着帘子，广泰用打狗枣条一挑帘子就进去啦。仰面是柜台，柜台上放一摞钱板，钱板上放着一串串铜钱，柜台前边是一张八仙桌，桌上放茶壶、茶碗、茶盘子，有两只水烟袋，完全红铜的，上包银花活。两旁有两把太师椅，靠山墙堆着一垛垛粮食包。因为正是中午，没有买粮的，有一个伙计趴在桌上睡着啦。柜台里边是账房，管账的先生迷迷糊糊正在打盹儿，张广泰来到桌子前边，打狗枣条黄瓷瓦罐往那儿一放，咳嗽一声，那个睡觉的伙计醒啦，一看是个要饭的，"嗨嗨嗨，出去！这儿不打发，要饭有进来的吗？"广泰问："谁是要饭的？""你是要饭的，还能我是要饭的？"广泰刚要说话，柜房里边的先生醒啦，就问："咋呼什么？"说话的是山东口音，伙计说，"进来个要饭的，我轰他，他还不走！"先生从柜里边走出来啦，张广泰一看，这个人有四十来岁，长得是肥头大耳的，亮油光的脑袋，一根头发也没有，冲着张广泰把眼一瞪："我说你这个要饭的找死，趁他妈的蹦高，不然我叫人卡你！"广泰一指自己的鼻梁说："我是这柜上的三东家！"先生一听，"三东家！"这个先生才来了两年多，他对张家的事不知道，可是也有个耳闻，知道掌柜的家是哥仨，老二在街上卖草，从来没见过老三，今天听这个要饭的说是三东家，他愣住啦，他一回头对那个伙计说："去！到后院把马先生请来。"伙计转身走啦，没有多大工夫从后院出来一个人，张广泰一看认识，谁呀？是广聚粮栈老管账的先生，姓马行六，他为人耿直，张家的里里外外家产账目都在他心里装着。因为他没有家小，就在柜上养老啦。张广聚怕他，就不叫他管账了，换个管账先生。马六爷心里很明白，知道自己也惹不起张广聚。所以他不多说少道，刚才伙计说外边来了个三东家，叫他出来瞧瞧，他一边往前走，一边想，三东家，难道是广泰回来啦？他来到前边柜上一瞧，是个要饭的。张广泰赶紧过去请安："六大爷，您好哇？"马六爷仔细一瞧，"啊！真是广泰回来啦，你回来干什么？""我来找我大哥算账，您是知道的，这家业应当是我们哥仨的，我大哥一个人独吞家产，这笔账要算清！"马六爷一听连连地摆手，"不行啊，广泰！你大哥结交官府，巡检司的司官跟他把兄弟，他现在有钱有势，你混的这样儿，你斗不过他呀。得啦，得啦，咱爷俩不错，我看你长起来的，我存着还有几十两银子，全都给你。你呀，远走高飞，千万别叫你大哥看见你，他要是见着你，花上俩钱能要你的命。你等着，我给你拿银子去。"说完话，转身就要走。张广泰想，老人一片好心。可是我不能对他说实话呀，怎么办？哎！有了，我先把他气糊涂了，想到这儿他对着马六爷就说："六大爷，您怎么挑拨我们兄弟不和呀！我们家务事我看好办，我大哥也不是不讲礼的人，这份家业是我们哥仨的，他能说不是吗，再说，我为什么拿您的几十两银子就走哇？噢！我明白啦，我们家的这本账都是您管的，总在一起就什么也看不出来，要是往三下里一分，就得算总账，到那时候可能把你管的账里边的毛病就查出来啦，所以你怕我们分家。我说的对吧！"马六爷是个耿直人，一听这话气的胡子都立起来啦，"什么？我管的账里有毛病？我姓马的不是那种人。张三儿，我等着你查账，你要查出一个小钱的毛病，你别叫我六大爷，咱爷俩倒个过，我叫你三爷爷，我等着你！"说完了一转身上后院去啦。广泰一看，行啦，这会儿管账的先生也不敢往外轰广泰啦。就在这时，粮栈门口来了一辆大轿车，菊花青的骡子，槟榔木的车辕，赶车的一勒牲口，"吁！"车停在粮栈门口，从车上下来一个人，有三十上下，高身量，长方脸，两道半截眉毛一对三角眼，头戴纱帽，身穿两截的截褂，蓝宁绸的中衣，鱼白袜子，双脸鞋，手拿折扇，正是广聚粮栈大东家大恶贼张广聚。赶车的打起帘子，张广泰赶紧过去请安："大哥您好！小弟广泰给您请安。"这一下子把张广聚的脸都吓白啦，他知道六年前的八月十三晚上，自己用毒药酒把广泰给药死啦，亲手刨的坑，用布袋装上广泰给埋啦。今天又来到这儿啦，他能不害怕吗？他是撒腿就往柜房跑，边跑边喊："打鬼！打鬼！"管账的先生也追进了柜房："我说大东家，怎么打鬼呀？这白天还有闹鬼的吗？"张广聚这才定了定神，听先生这么一问，差一点把实话说出来。他的瞎话也来得真快："先生，你不知道，我为什么说打鬼，因为老掌柜的去世以后，我们哥仨就分家了，一份家业三下里分，每人一份，我们老三广泰不学好，吃喝嫖赌，把他们哥俩分的家业都花光啦，所以我二弟在街上卖草，他还是经常来找我要钱，开头是三十两二十两，后来是十两八两，长了我也供不起呀，有一回他又来找我要钱，跟我说就要这一回了，再来除非是我死了以后的鬼才来哪。我给了他十两银子，从那时他总没来。今天他这一来，我以为是鬼哪，所以我说打鬼。"他这一套瞎话说得很圆全，把先生给说信啦，"噢！是这么回事儿啊！大东家您甭管啦，我把他打发走了就是啦。"说着话他从柜房里出来啦，伸手从柜台上的钱板里拿了一吊钱，手里一托，来到广泰面前说："我说张广泰呀！你也他妈的没出息，家业分啦，一人一份，你吃喝嫖赌把钱花光啦，再找人家要钱儿，大东家本想一个小钱也不给呀，我是养儿养女往上长的人，别叫你白来一趟，这有一吊钱，拿着，赶紧走。"说着，把这一吊钱往过一递，张广泰伸手接过这一吊钱来，可坏啦！粮店对过就是酒店哪，李贵带来打架的那些人都在酒店后院喝酒，李贵拿着一只烧鸡一壶酒站在门口，摔酒壶为号，里边的人就出来打架呀。李贵瞧见广聚来啦，进了粮店，跑进柜房，先生拿钱给广泰，他那气大啦，嘴里嘟囔着："广泰，这先生不是玩意儿，光在掌柜的面前买好，先揍！"一瞧给广泰钱，"别要，别要！"一看广泰把钱接过来了，他可真急啦，"别……嘿！"他一急，把酒壶往地下一摔，里边那些人以为是打起来啦，呼啦一下子往外就闯，酒缸也倒啦，桌子也翻个啦，李贵赶紧摆手说："别忙！还没打哪！"酒店掌柜的说："那边没打，我这都平啦。"再看张广泰接过一吊钱，托在自己的手掌上问："我们分家的时候是你给写的字据？""不是。""那么是你的保人？""不是。""我不学好吃喝嫖赌你看见啦？""啊……""我赌钱咱俩在一块来的？""这……""我嫖妓院上你家去啦？""你这是怎么说话？""我怎么说话？你全都不知道你为什么多管这闲事儿？这钱哪！我不要！"说着话一抬手，照准了他的秃脑瓜门儿，"啪"的一声就把这一吊钱砸过去啦，广泰手里有功夫，这钱都立着，比刀子还快哪，就这一下，哗的一下这血就下来啦，他一边往柜房跑一边喊："大东家！你们三东家给我开了花啦！"张广聚一声喊："来人！给我打！"从后院出来二十多个小伙子，把张广泰围在当中，这二十来个人都是笨汉子，没有真功夫，张广泰站在当中不慌不忙指前打后指左打右，这二十来个人倒下仨，还没站起来又趴下五个，刚起来俩又倒下十二个。就听哗啦扑通摔得这二十来人躺在那不起来啦，张广泰说："起来！好汉不打躺着的。"这二十来个人说："不起来！起来还得躺下！"张广聚一看，心说："广泰有功夫。"他的主意来啦，往前一上步说："好！广泰你真有本事。来，你打我。"说着话往前一伸头，用手指着自己的脑袋："来！往这儿打！"他是叫广泰上当，只要广泰打了他，他就抓着理啦，在当时的法律兄弟打哥哥是以小犯上，就是一条罪过。张广泰多聪明啊，他不会上这个当："大哥，我找你是为了分家的事，不是来找你打架，他们要跟我打架，我也没办法，只好叫他们知道知道我的厉害。大哥你说，咱这片家业能算你一个人的吗？"张广聚一听这话，眼珠一转主意来啦："当然不能是我一个人的家业，咱们兄弟仨每人一份。不过这些年你没在家，我想分也分不成，今天你来得正好，咱们把家分了。可是不能在柜上分吧？你先回家，等我把柜上的事情安置安置，把老二找来，咱好分家。兄弟，你先回家吧！"张广泰心里明白，叫我回家，是为了他好有时间来对付我。可是我怕什么，河西坞最大的衙门口不过是个小小的巡检司，能把我巡河副将怎么样？想到这，"大哥你叫车把我送家去吧！""好！赶车的送三东家回家！"

赶车的把车停在粮栈门口，张广泰出门上车，赶车的一摇鞭，"嘚驾！"车没走多远，就听后边有人喊："广泰！站着，车别走啦！"赶车的把车停住，广泰从车厢里伸出身子往后一看，原来是李贵。"大哥，您有什么事？"李贵跑得直喘，半天说不出话来，慢慢地才说出来："兄弟，你上哪去？""我回家。""你回那个家干吗？""我大哥说等我回家就分家，我等着分家呀。"李贵咳了一声说："你真傻！你大哥要有好心眼儿，就不会把老太太撵出去啦，他是把你支回家，他好去告你去。巡检司的司官是他的把兄弟，你上当啦。"广泰心说：怎么办？我跟他说实话？不行，这个人是个直性子，他一嚷嚷出去就不好办啦。想到这，说："大哥，我可没想到这一点啊，您得给我想个主意！"李贵说："咱们索性闹个大的，你先回家，要是有官人拿你，你也别害怕，自管跟他们走，巡检司里边有你二哥邹忠，外边有我，这个司官上任时，托邹忠跟我借了一千两银子，到现在还没还哪，只要他一过你的堂，我就在衙门口喊，跟他要账，我叫他过不了堂。"广泰一听心说，这就热闹啦。"您去跟我邹二哥商量商量吧。"李贵点头答应转身就走。张广泰坐着车回家。来到家门口停下车，赶车的朝门里一喊："三东家回来啦！"张广泰下车往里走，从人一看，怎么，是个要饭的？也不敢多问，只好往里回禀。大奶奶一听，三东家回来啦，知道是广泰，心想，当初我救他的时候，说得清楚，发了财或是做了官再回来，甭问他不是做官就是发财啦。这倒不是大奶奶爱财，她知道以上两样只要占一样，自己的丈夫都能回心转意，要不他是不能容下这哥俩的。她是一心想把他们哥俩拢到一起，大家拾柴火焰高哇，所以她一听三东家回来啦，心里高兴往外就迎："三弟在哪里，三弟在……"广泰赶紧请安："嫂子您好。"大奶奶一看："广泰！你怎么这样回家呀？"千不该万不该，他不该跟他大嫂说实话呀！于是他就把在酒楼上说的那套瞎话又说了一遍，大奶奶一听叫了一声："三弟呀！当初我救你时叫你长大立志，可是你要饭回来，嫂子我不是嫌你穷，是你哥哥不能容你在家。假如你有钱或是有势，你大哥就不敢把你怎样，我再慢慢地劝解，使他回心转意，一家人团聚。可是你这样回来，你大哥他绝对不会容你，说不定你还许把命搭上。三弟你还是走吧。我手里也没有多少钱，你大哥从来不叫我管钱财的事，我手里只有一二百两，都给你，你还是远走高飞吧！"广泰知道他嫂子说的都是实话。广泰心说，我要是跟她说了实话，她能乐得蹦起来，可是我不能跟她说。又一想，我大嫂有个毛病，爱哭，从小把我看起来的，有时我淘气，她说我我不听话，气得她直哭。今天我再气气她，叫她再哭一回，以后她想哭也哭不成了。他不想想这是开玩笑的时候吗，差一点逼出人命来："嫂子您说什么？我大哥不能容我？我看不是我大哥不能容我，是您不能容我。这家不分就全是我大哥的，一分就是三分之二出去，当然您要心疼。您想用一二百两银子把我打发走，这全部家业就全是你们的啦。我还不走啦，非分家不可！"他嫂子一听，啊！当时眼泪就下来啦："好，广泰，你真说得出口来？当初你哥哥用毒药酒把你药死，要不是我，你也没有今日，你等着吧，你大哥要是不想办法害你，你就永远别叫我嫂子。"说着哭着，叫从人："快去给打洗澡水，叫他洗澡换衣服。"大奶奶就是疼爱广泰，广泰到厢房洗澡，把从人拿来的衣裳换上，二次来到上房见嫂子，大奶奶一看就愣住啦，为什么呢？因为广泰脸上抹的是锅烟子，一洗全下去啦，又换上新衣裳，大嫂这一看，心说，要饭的都是面黄肌瘦，可是广泰又白又胖，满面红光，哪像要饭的，噢！我明白啦，他不是发了财，就是做了官，故意的打扮成要饭的，好你个三猴子，这会儿我不给你说破，等到时候我不叫你跪着磕头求我，我就不是你嫂子，想到这儿说："广泰，你吃饭了吗？"广泰一听，心说怎么变味啦："嫂子，我还没吃哪。""那好，家里早饭吃过啦，晚饭还不到时候，你上前边书房喝着茶，等着晚上一块吃吧。"张广泰心说，有这么等的吗。张广泰去书房我先不说，单说大恶霸张广聚把广泰打发回家，他赶紧遄奔巡检司，来到巡检司直接去找司官。巡检司的司官姓梁名叫半截，梁半截跟张广聚是把兄弟，一见广聚来了赶紧让座，张广聚坐在椅子上叹了一口气说："我今天找你有点要紧的事。""大哥，您有什么事只管说。""我的家务事。""这我可管不了，俗话说得好，清官难断家务事嘛。""兄弟可不能这么说，你一定帮我这个忙。我三弟回来跟我大闹，今天我要送我兄弟。"当时的法律父亲去世哥哥可以送弟弟的忤逆不孝。司官一听，说："大哥，您兄弟打了您啦？""倒是没打我，可是把我的伙计都打了。""那不好办，您要想叫我把您的弟弟抓来，除非您有伤，不然没有借口哇！这么办，您自己做点伤也行。"张广聚一听，说好，他伸手把茶碟拿起来，照准了自己的脑袋，"啪"就是一下，当时这血就下来啦，"兄弟，这回行了吧？"司官一看说："大哥，您这伤可小点呀！"张广聚一听，"怎么？还小点！得啦，兄弟，咱把话说开了吧，你只要把广泰抓来，打完了一押，哥哥我送你五千两银子，还不行吗？"司官明白广聚的心，又一想五千两我还了账还剩两千两哪。行！就这么办。当时叫当差的去抓张广泰。

一个头儿带着四个伙计遄奔广聚家，走在半路上，头儿跟四个伙计商量："听说张广泰把粮店的二十来个人都打啦，咱们得留点神，这么办吧，到了门口你们四个在门外左右两边埋伏好，我去叫门，只要张广泰一出来，你们四条锁链一齐锁，锁上拉着就走。"他们商量好了，也来到了广聚的家门口，四个伙计往两边一躲，这个头儿冲着门里就喊："张广泰！出来！"张广泰在厢房上正喝茶，听外边一声喊，知道有事了，站起来趿着鞋，拿着长杆旱烟袋往外走，他来门口往外一看，就知道在门外两边有人，心说，这是我大哥到巡检司告我啦，官人来拿人，想到这儿，主意来啦，嘴里说着："哪位找我？"人没出去先把旱烟杆往外一举，一晃来了个圆圈，嘴里说着："我出去了！"这四个当差的你倒是瞧明白再锁呀！一听说出来啦，四个人一齐地一抖锁链"哗啦"就锁上啦，拉着就走，头儿说："你们锁的什么？"四个人回头一瞧锁的是旱烟袋脑袋儿。头儿一看，心说，在粮店二十多个小伙子都叫他打啦，要是动手我们五个也得挨揍，得来软的，赶紧的笑嘻嘻地过来说："三东家，您可别生气，我们是当小差事的，大东家在巡检司告了您，老爷叫我们来带人，我们是不敢不来，究竟你们哥俩谁有理谁没理，那只好上堂上说去，您要是不去，我们也没有办法，可是我们没法交代，您的事也闹不明白，最好您还是到堂上说去。您看怎么样？"张广泰明白：他这叫软搭，心想，小小的巡检司，能把我怎么样呢？"好吧！我跟你们去就行啦。把锁链给我戴上。""别戴啦，咱们走就行。"广泰说："不，还是戴上，这是国家的王法。"张广泰的意思是戴好戴，我看你怎么往下给我摘。头儿一听这话："那可就委屈您了。"拉着广泰来到巡检司进了班房。邹忠在这等着哪，一看把广泰锁来了，就跟伙计们说："众位，我跟广泰是把兄弟你们众位都知道吧，瞧我的面子可别难为他，过堂的时候众位都瞧着我，凡是我不点头的事儿，大家光喊可别动，只要大家帮我这个忙，事后我请客。"伙计们都明白，这个邹忠比司官有办法，要是得罪了他，是害眼贴膏药——没好，大家答应说："邹头儿听您的。"邹忠这才进去回禀。没有多大的工夫，司官升堂啦，梁半截往当中一坐，三班衙役站在两边，吩咐一声带张广泰！张广泰来到堂上，往那一站，也不说话，司官便问："下面可是张广泰？""是我！""见了本司为何不跪？""我不会跪！""为什么不会跪？""我没长磕膝盖。"司官一听，心说人有不长磕膝盖的吗？我正想打他，这回我可抓住词儿啦。他一回头："邹忠，下去摸摸他有没有磕膝盖！"他那意思是只要有磕膝盖，我就办他个目无官长，咆哮公堂，先打他八十板子再问。邹忠答应走下公堂，来到张广泰这弯下腰用手一摸，赶紧回话，"回禀太爷，张广泰有磕膝盖。"司官一听高兴了，刚要说话，邹忠又说："有磕膝盖是有，就是不能跪"。"怎么？""他的磕膝盖长在后边啦。"张广泰心说，邹二哥你怎么骂我呀，狗的磕膝盖才朝后长哪。司官当时把眼一瞪，"大胆的张广泰，上堂不跪，目无官长，拉下去重打八十大板！"站堂喊拉下去打，可是谁也不动。就在这会儿，就听巡检司的大门外有人高声喊：

"梁司官还钱！我来要账来啦！"站堂的全乐啦，司官的脸可挂不住哇，他一点手把邹忠叫过来问："这是怎么回事？"邹忠说："老爷去年您上任的时候我给您借了一千两银子，就是他的，这个人好喝酒，甭问准是他喝醉啦，您等着我把他劝走。"说完邹忠出去啦，不大一会儿回来说："太爷您问案吧，我把他送走啦。"司官又问张广泰。吩咐打张广泰八十大板。门口又喊上了："司官还钱！"司官一听，就问邹忠："你不是把他送走了吗？""我是送走啦。""你把他送哪去啦？""我把他送酒店去啦。"司官一听，得，这回醉得更厉害啦，他也有点明白啦，把脸一沉："邹忠！去告诉他，再在衙门前喊叫，我把他抓上公堂重打不饶！"他一伸手把签从签筒里拿出来高高地举起说："把张广泰拉下去重打八十。""啪"的一声把签扔在堂下。当差的一看这回不打不行啦，刚要去拉张广泰，就在这个时候，就听衙门外面有人高声喊道："巡河副将张三大人到！巡检司接迎！"这回司官的堂过不了啦，他吩咐把张广泰锁在檐下，整整官服去迎接副将大人，他哪知道锁着的就是三大人哪。衙门外边来的是江玉，天晚啦，小孩江玉不见三叔回来，就拉着马，驮上张广泰的官服来到河西坞，一打听知道大人被带到巡检司去啦。他来到衙门外，当差的一看，就问您有什么事，江玉说司官迎接副将大人。当差的一喊司官就出来啦，小官见大官又不敢抬头，司官低着头朝着江玉请安："卑职给副将大人请安。"江玉说了声："免！"把马交给当差的，他就进了衙门，来到堂上一看，大人正在那锁着哪，他就要过去，张广泰冲他使了个眼色，江玉就明白啦，这时司官也进来啦，又给江玉请了个安："给大人请安。"江玉说："巡检司，我不是大人，我是副将大人的管家，前来迎接大人的，我来问你，副将大人现在哪里？"巡检司说："下官未见副将大人。"江玉把眼一瞪说："你没见副将大人，是谁把我家副将大人锁在堂下？"司官一听差一点吓趴下，心说：我的妈呀，这是副将大人。张广聚呀张广聚，你害苦了我了！他赶紧过来给张广泰请安："卑职不知是大人到此，请大人恕罪，来呀，快把锁链打开！"说着话就要给广泰开锁，张广泰把手一摇说："慢！你们敢把奉旨回家祭祖的副将锁起来，这锁不能在这开，你随我进京面君，在金殿上去开！"司官一听就跪下啦："三大人开恩，不知者不怪，再说不是大东家来告，我天大的胆子也不敢锁您，请大人开恩！"广泰说："好，我就饶你这一回，江玉！"江玉答应："侍候大人。""把官服拿来，在大堂更衣。"

江玉把官服拿来，广泰换衣服，就在这个工夫，司官就溜啦，他来到书房一进门，张广聚就问："兄弟怎么样？""不怎么样！你害了我，你们三东家做了巡河副将，奉旨回家祭祖，叫我给锁来啦。"广聚一听："得！我这脑袋也得开啦。"司官说："你赶紧想办法。"张广聚不敢在这多待，从后门溜出来往家跑，来到家里把大奶奶吓了一跳，一看丈夫满脸是血，不知出了什么事，忙问："谁把你打成这个样子？""我自己打的。家里的，广泰回来啦。""我知道他回来，不是你叫官人把他锁走啦吗？""哎哟！我的大奶奶，你得救救我！""向来你的事不叫我管，我可救你什么？""广泰他做官啦，是巡河副将，奉旨回家祭祖来啦。"大奶奶一听很高兴，心想：我猜他不是要饭回来的吧？又想自己的丈夫想独霸家产的那股狠劲儿，说："他回家祭祖？他哪有祖可祭呀？那祖宗是你一个人的。"张广聚说："家里的，你全不看你我夫妻一场吗？你得给我想个办法呀！难道还叫我给你跪下吗？"大奶奶看着自己丈夫这个样，想起来这是夫妻，而且大奶奶总想叫一家人团聚在一起，就对丈夫说："你想想你过去做的那些事，哪一件事对得起人，你想把广泰害死，把二弟夫妻和老太太赶出去，虽然说老太太不是你的亲娘，可是有养育之恩，我也听说过你四岁丧母，就是你这位后母亲把你养大，对待你比对自己的儿子还疼。没想到竟这样没良心。"说到这，大奶奶哭啦，广聚着急呀："你先别哭，这可怎么办哪？"大奶奶擦了擦眼泪说："广泰这方面有我，可是你得把二弟夫妻和老太太接回来，什么事就都好办，要是接不回母亲来，我也没有办法。"张广聚一想，我去接是白去一趟，想到这，就说："还是你跟我一块去吧，我一人怕接不来。"大奶奶只好点头答应。广聚去叫赶车的套车，大奶奶坐在车里头，广聚跨车辕，赶车的一摇鞭，直奔张家坟地。来到坟地，外边的三间草房就是广兴和母亲的住处，外边是篱笆墙。车停在门口，广聚去叫门，柴门一开，广兴从里面迎出来，一看是大哥广聚。二爷是个老实人，敢情老实人说出话来更难听，广兴一见广聚就说："嗬！粮栈大掌柜的，您来我这找谁呀？""二弟你过去跟咱娘说，我来接她老人家来啦。"广兴一摇手说："您是大掌柜的，我是卖草的，您叫我二弟可有失您的身份哪。"大奶奶这会儿从车上下来啦："二弟，去跟娘说，我来看娘来啦。"广兴可知道好坏人，他知道大嫂的为人，赶紧说："您等一等。"转身进了柴门，来到屋里，屋里说话外边全听得见，就听广兴说："妈，我大哥跟我大嫂来接您回家。"又听老太太说:"广兴,你去告诉他,我就是死在这屋里,也不再回那个家门,叫他快点回去。"这时大奶奶朝着广聚使了个眼神,那意思是你还不赶紧说好的,广聚那心眼也来得快,在外边大声说:"妈!过去是我的不好,我忘了您对我的养育之恩,这些年叫您吃了苦,您愿打就打,愿骂就骂。只要您跟儿回家,我加倍地孝顺您,您要不回家,我就跪死在这儿。"说着他就跪下啦。屋里边没有说话,仿佛没有听见。大奶奶一见,知道自己的丈夫伤透了老人的心啦,也得帮助丈夫说好话:"妈呀!您不看一个,儿媳我也没尽到我这当儿媳的心,这些年您老人家受的苦都是我的不好,您要是不回家,我这儿也给您跪下啦。"大奶奶陪着丈夫跪在大门口。自从张广聚把他们母子赶到坟地这三间草房来,大奶奶送柴送米又送钱,可是老太太不收。今天老太太在屋里一听,大儿媳也跪下啦,还真疼得慌。就跟广兴说:"老二呀,去把你的大嫂接进来。"广兴来到门口一看,大哥大嫂都在那儿跪着,说:"大掌柜的,这么会儿怎么矮了半截哪?"一转脸说:"大嫂,娘叫你进去哪。"大奶奶站起来,往里走,张广聚心想,就这机会跟着也进去,往起一站,广兴看见啦,忙说:"没叫你!你怎么也站起来啦,你先在这等会儿吧。"广聚又跪下啦。大奶奶进了屋,老太太跟二奶奶把她拉过去说闲话,这娘仁越说越没完,就是不提广聚的事,广聚他在外边跪着腿都疼啦,连窝都不敢挪,广兴在那看着他哪。他心想,家里的,你怎么光说闲话,不管我啦!他又没法叫自己的媳妇,他没办法,只好叫娘:"妈呀!我在这儿给您跪着哪!妈!"广兴说:"你叫唤什么?"大奶奶借这个机会说:"妈,您的大儿不好,这里边也有我的不好,我要是能劝他,他也不会做出这些事来。也是我这做媳妇的不是,一家人还是团聚在一起好,您要是再不回家,我就跪死在您的面前。"说着话就跪下啦。二奶奶在旁边也帮助说好话,"妈!我大哥不好,也是您从小把他惯的,甭管怎样说他是您给拉扯起来的,您还能跟他一般见识吗?您要是再不答应,我也给您跪下啦。"说着话也跪在老人的面前。这时老人实在的忍不住了,眼泪下来啦,"既然你们都愿意团聚在一起,我当然高兴。叫那个没良心的畜生起来吧!"张广聚在外边一听叫他起来,赶紧的往起就爬,他跪的时间太长啦,两腿发痛,起来啦腿一痛又跪下啦,广兴说:"叫你起来你倒又跪下啦,不愿起来就算啦。妈!他不起来!"广聚说:"谁说的!"广聚进屋又给老太太磕头,站起来说:"您跟儿回家吧。"老太太说：“今天晚啦，明天再走吧。”广聚一听就急啦，心说明天走就麻烦啦。广泰一来，我就接不回去啦，“您别等明天啦，咱们这就走，把门倒锁。”大奶奶明白自己丈夫的心意，心说，你怕广泰回来你就不好办啦，我吓唬吓唬你，就对广聚说：“瞧你这个人，这么多年你都没把娘放在心上，这一会儿的工夫都等不得，叫娘在这儿再多住两天，我把家里的房子打扫干净了再回去也不晚哪。”张广聚差一点没急死，大奶奶把话又拉回来啦，“可是娘您要是不回去，我们也不能回去，都住在这儿又住不开，您回去要是嫌您原来的房子不干净，就先上我那屋去，明儿我给您收拾利索了再换过来，还是今天就回家吧。”张广聚心说，你差点把我吓死。二奶奶也劝回去，老太太只好答应。大家从里面出来，把门倒锁，只有一辆车，娘仨都挤在车里头，二爷广兴在外首跨辕，赶车的里首辕上一坐，没有广聚的地方，他也不敢多说，只好跟着走，眼看着天就要黑，他又怕遇上广泰，他知道这会儿就是广泰揍了他，也是白揍，他想，只要我不离车就没事，他是紧跟着车走。赶车的看出来啦，今天前后经过赶车的都看见了，心说大恶霸这回我叫你出出汗吧，想到这猛地给牲口一鞭子，用鞭杆照骡子三岔骨上就是一下，这车跟飞似的，张广聚在后边是一个劲地追！张广泰回家到这算一段。

（张春奎述）

对口相声

数来宝

乙　老没见啦。

甲　学徒哪。

乙　好哇，你学什么哪？

甲　五行。（háng）

乙　练武哪？

甲　什么呀，五行。（háng）

乙　怎么个五行？（háng）

甲　金、木、水、火、土……这不是五行（háng）吗？

乙　咳，那叫五行。（xíng）

甲　这五样儿我都不行（xíng），所以我改行（háng）啦。

乙　得，得，您干脆说您现在干什么哪。

甲　收钱。

乙　哟！这可了不得，您在哪个宝号管收钱？

甲　哪个字号的钱我都收。

乙　嚯，这可是个好差事。

甲　好什么呀，人家不给！

乙　唉，他欠钱为什么不给呀？

甲　他不欠钱。

乙　不欠钱你凭什么收呀？

甲　不收我怎么活呀？

乙　你等等，你是收账去啦？

甲　我是要饭去啦！

乙　说了半天你是要饭的。

甲　然也!

乙　行啦,行啦……

甲　要饭跟要饭不同,拿着打狗棍儿,见谁找谁要那是乞丐,穿着破衣烂衫跪在大街上,拿块砖往胸口上砸,一边儿拍一边儿喊,"行行好吧——老爷我的太太——咳!"

乙　好嘛,这就拍上了!

甲　这是叫花子。

乙　是。

甲　挎着个破竹篮子,提着个破铁桶子,端着个破边儿碗,挨家挨户沿门乞讨,那叫讨饭的。

乙　您知道的还真不少。

甲　废话!我是干吗的——

乙　说实话了!

甲　我不是干这个的。

乙　您是干什么的?

甲　他们那叫空手套白狼。

乙　这话怎么讲?

甲　不用工,不废料,不用本钱,什么都不用,伸手要,开口讨……

乙　那您呢?

甲　我这就不同啦!咱师出名门,有根有底儿,有字有号,有玩意儿。

乙　有什么玩意儿?

甲　有使手的家伙。

乙　手枪!

甲　没有!你打算让我坐牢是怎么着。

乙　你说有家伙吗?

甲　你说的那是快家伙。

乙　烟枪?

甲　活不了!

乙　这是慢家伙?

甲　什么都不懂,这么着吧,让你开开眼……

乙　什么呀?

甲　我还没掏出来哪!

乙　不会走火儿吧?

甲　还是枪啊！

乙　到底是什么家伙？

甲　远在天边，近在眼前，您上眼，这就来啦！

乙　噢，闹了半天就是竹板啊！

甲　外行叫竹板。

乙　内行呢？

甲　管它称"数来宝"。

乙　怎么叫"数来宝"？

甲　数来宝，数来宝，顾名思义，就是一数就来宝。

乙　来什么宝？

甲　给钱哪！

乙　谁给钱？

甲　给谁数了谁就得给钱。

乙　要是不给呢？

甲　辛辛苦苦唱了半天，一个大子儿不掏，没有这么小气的老板。

乙　我就是这么小气的老板。

甲　口干舌燥捧了回子您，一个铜板不给没有这么狠心的老板。

乙　我就是这么狠心的老板。

甲　没有这么不懂事的人。

乙　我就是这么不懂事的人。

甲　没有这么不是东西的！

乙　我就是这么不是东西……哎，你怎么变着法儿骂人哪！

甲　这样好不好，你就好比是位内掌柜的……

乙　内掌柜的？！

甲　掌柜的不是刚过世吗？

乙　我是寡妇呀！

甲　要不叫少掌柜的。

乙　我们家都死绝啦！

甲　老掌柜的……

乙　我们家没人啦？

甲　还是的，你就是内掌柜的。

乙　没男人。

甲　误会了不是，内掌柜的，就是那位掌柜的……

乙　你倒是说清楚了哇。

甲　您现在就是内……

乙　嗯……

甲　那位掌柜的。

乙　甭那么多作料，就是掌柜的。

甲　您开的是什么铺子。

乙　还没想好哪！

甲　嗬！

乙　能唱吗？

甲　没有字号怎么唱啊。

乙　你唱得好听我就开张啦！

甲　行，注意啦！（唱）"打竹板儿……"

乙　这就唱上啦！

甲　（唱）"打竹板儿……打竹板儿……慢打竹板儿……打竹板儿……"

乙　没词儿！

甲　（唱）"打竹板儿进街来，一街两厢好买卖，也有买也有卖，也有那个幌子和招牌，金招牌银招牌，哩哩啦啦挂起来，这两年我没来，听说掌柜的发了财，您要是发财我沾光，路过相求来拜望，一拜君二拜臣，三拜那个老爷大量人，人要是量大海量宽，刘备仁义坐了西川，西川坐下了汉刘备，保驾的臣三千岁，三千岁人又高马又大，瞪着那眼睛胡子乍，夏侯杰落了马，曹操一见也害怕，当阳桥前他称霸，长坂雄风传天下。"怎么样？

乙　不错！

甲　开张了吧？

乙　开张啦！

甲　什么买卖？

乙　棺材铺。

甲　卖棺材？

乙　唱不了？！

甲　那是他们！

乙　您能唱？

甲　瞧好吧！（唱）"打竹板儿……棺材铺啊……"

乙　对！

甲 （唱）"打竹板儿……不换别的买卖……"

乙 不换！

甲 死心眼儿，（唱）"打竹板儿……要换来得及……"

乙 有完没完？

甲 （唱）"打竹板儿蹦得儿蹦，掌柜的买卖真够硬，材料好功夫冲，物美价廉敞开供，怎奈没有一人买，只好留着自己用……"

乙 走！

甲 赶我走干吗？

乙 就你这还想要钱哪，不揍你就是好事。

甲 你外行，练武的出场讲究遛遛腿儿，咱唱数来宝的就得遛遛嘴儿……

乙 遛完了没有？

甲 完啦！

乙 唱！

甲 （唱）"打竹板儿迈大步，眼前来到了棺材铺，掌柜的棺材做得好，罗木底杉木帮，死人活人一块儿装……"

乙 别唱啦！

甲 怎么啦？

乙 有这么唱的吗？

甲 还没唱完哪！

乙 等你唱完我就吹灯拔蜡啦！

甲 那棺材正好用得着。

乙 不开棺材铺啦。

甲 开什么铺子？

乙 药铺。

甲 药铺那更需要棺材铺啦！

乙 怎么呢？

甲 您卖假药儿吃死了不正好卖棺材嘛，完了您再开个杠房正好一出戏。

乙 叫什么？

甲 "马寡妇开店！"

乙 你可够损的。

甲 没你缺德！

乙　冲你，我卖煤。

甲　又倒霉啦！

乙　怎么说话哪！

甲　我是说你又捣鼓煤哪！

乙　煤铺。

甲　（唱）"打竹板儿紧相随，大掌柜的你倒霉……"

乙　什么？

甲　（唱）"大掌柜的您卖煤……"

乙　对喽。

甲　（唱）"要说煤尽说煤，南山采北山推，东山驮西山背，东南西北一个劲儿地运，春夏秋冬一个劲儿地堆。有烟儿煤，有硬煤，有煤球儿还有煤灰……"

乙　有！

甲　（唱）"掌柜的一年四季多么辛苦……"

乙　不容易。

甲　（唱）"黑更半夜的掺黄土……"

乙　我呀！

甲　（唱）"掌柜的黄土掺得多，得吃得乐又得喝……"

乙　黑店！

甲　心黑！

乙　我不卖东西了！

甲　卖军火？

乙　活不了！

甲　那你打算干什么？

乙　开染坊。

甲　（唱）"嘣嘣嘣梆梆梆，前边儿来到了染坊缸，染坊缸没有招牌，一溜架子搭出来，一溜架子搭得巧，各色的布匹染好了。说染红就染红，染了一个关公进古城。说染黄就染黄，染了一个西天杨二郎。说染蓝就染蓝，染了一个苦命的秦香莲。说染白就染白，染了一个西厢张秀才。说染黑就染黑，染了一个三国猛张飞。说染青就染青，染了一个闯王进北京。说染绿就染绿，染了一个美侠方世玉。说染粉就染粉，染了一个司徒叫王允。说染橙就染橙，百岁挂帅留美名。说染土就染土，染了一个武松来打虎。说染紫就染紫，染了一个老板是大茄子……"

乙　你才是老倭瓜哪！

甲　怎么样，唱了半天你总得赏俩吧？

乙　一个子儿不给！

甲　真抠哇！

乙　你不唱好听的我不给。

甲　我唱了好听的你也给不了！

乙　怎么呢？

甲　你没钱！

乙　小看人儿，你把头抬起来，看看我开的什么字号。

甲　五花楼！

乙　窑子？

甲　那你能开什么？

乙　首饰楼！

甲　给五花楼打首饰的。

乙　少废话，唱得了唱不了？

甲　好儿吧！（唱）"打竹板儿我正犯愁，抬头看见了五花楼，五花楼真好看，姑娘们穿金戴银手摇扇，擦胭脂抹粉儿多么妖艳，莺声燕语来回窜，如花似玉门前站……"

乙　停！

甲　他这指挥交通哪！

乙　我这是首饰楼？

甲　哟！我唱界壁儿（隔壁）去啦！

乙　我说怎么听着别扭呢！

甲　您不是一手托两家嘛！

乙　我没这能耐。

甲　多一家买卖还不好。

乙　我不要！

甲　就一家？

乙　就一家！

甲　叫什么？

乙　五花楼，咳！你唱不唱？！

甲　问清楚了再唱啊！

乙　首饰楼。

甲　（唱）"乒乒乒啪啪啪，首饰楼里边儿您当家。当家人您有办法，头样儿就得拜花把。花把爷手艺美，打了一个鸳鸯来戏水。花把爷手艺高，打了一个金钟儿水上漂。花把爷手艺绝，打了一个牡丹招蝴蝶。花把爷手艺巧，打了一个大鹏金翅鸟。花把爷手艺俏，打了一只蝈蝈都能叫。花把爷手头硬，能打龙能打凤，能打这个金瓜钺斧朝天镫。能打轻能打重，能打这个旗锣伞盖迎宾铳。打了一个蜻蜓来点水，打了一个蚂蚱它会蹦。打了一个七星花大姐儿，打了一个秋蝉唱不停。打金簪打银簪，打了一个八宝九连环。九连环《连环套》《罗成叫关》《华容道》《十字坡》《东岳庙》《甘露寺》里《双官诰》《打金枝》《骂金殿》《三娘教子》《牧羊圈》，首饰楼是个《乌龙院》……"

乙　啊！

甲　（唱）"老板的脑袋是个独头蒜……"

乙　去你的吧！

（韩子康述　薛永年整理）

学唱数来宝

乙　学会了打这七块竹板可有好处。

甲　有什么好处？

乙　出个远门，走个远道，不用盘费钱。

甲　那带什么哪？

乙　就带这七块竹板啊。

甲　你要是饿了哪？

乙　把它掏出来。

甲　啃它？

乙　啃不动。

甲　那掏它有什么用？

乙　它能给我挣吃的。

甲　它给你挣吃的？

乙　啊，逢集赶集、逢庙赶庙、逢会赶会，抓个集头、赶个会尾，把
　　板一打，唱个三段两段的，观众给钱，吃饭住店都有了。

甲　那要是没集没庙没会哪？

乙　到大小买卖儿门口一唱，掌柜的给钱，吃饭住店的钱也有啦。

甲　掌柜的该你的？

乙　不该。

甲　欠你的？

乙　不欠。

甲　一不该你的，二不欠你的，掌柜的干吗给你钱哪？

乙　我有词能唱啊。

甲　能唱？

乙　啊！掌柜的不喜欢，我能把掌柜的唱喜欢了，掌柜的不乐，我能把掌柜的唱乐了。唱得掌柜的哈哈一笑，掌柜的给个三块两块的。吃饭住店都有钱了。

甲　你遇见好说话的掌柜的啦。

乙　遇见谁，谁也得给钱。

甲　你是没遇见我。

乙　遇见你你头一个给钱。

甲　你唱我就听，就是不给钱。

乙　我能跟你唱一天。

甲　唱两天也不给钱。

乙　我能跟你这儿唱半个月。

甲　唱仨月也不给钱。

乙　我能跟你这儿唱半年！

甲　唱九年零仨月都不给钱。

乙　我能把你给唱死！

甲　死了？再活了我也不给钱。

乙　没那么死心眼儿的。

甲　我就死心眼。

乙　没那么不开窍儿的。

甲　我就不开窍儿。

乙　没那么不通情理的。

甲　我就不通情理。

乙　没那么不是东西的。

甲　我就那么不是东西……你才不是东西哪！

乙　甭斗口，你是没有买卖。

甲　我要是有买卖哪？

乙　我就能跟你要出钱来。

甲　那好！我在这儿开个买卖。

乙　在哪儿开呀？

甲　就在这儿。

乙　那得几年把房子盖好？

甲　马上就盖好。（甲用白沙子，在"门凳"二人凳，凳腿处撒道圆形的墙）

乙　这是坟头儿。

甲　这是院墙！

乙　好嘛！院墙跟坟头似的。

甲　（用沙子撒门字）

乙　这是醋墩儿？

甲　不对！

乙　噢！瓦刀？

甲　不对！

乙　什么呀？

甲　大门！（门字撒成閅）

乙　错了，门字那一竖写那边儿。

甲　这是开一扇，关一扇。

乙　好嘛，半掩门儿。

甲　废话！开买卖有关着门的吗？（撒门房儿）

乙　这是什么？

甲　门房。（撒电话）

乙　这是什么？

甲　电话。（撒柜房）

乙　这是什么？

甲　柜房。（撒桌子）

乙　这是什么？

甲　账桌。（撒卧室）

乙　这是什么？

甲　卧室。（撒床）

乙　好嘛，像鸡窝！这是什么？

甲　钢丝床。（在左边撒客厅）

乙　这是什么？

甲　待客厅。（撒八仙桌）

乙　这是什么？

甲　八仙桌。（撒厨房）

乙　这是什么？

甲　厨房。（撒茅房）

乙　这是什么？！

甲　厕所。（撒餐厅）

乙　厨房挨厕所呀。这是什么？

甲　餐厅！

乙　这有挨着盖的吗？

甲　掌柜的是直肠子吃饱了就拉，你管得着吗？（在门的上方撒牌匾）

乙　这是什么？棺材呀？

甲　这是匾！

乙　匾上得有字号啊？

甲　这不是正写着哪吗？（先写个六字）

乙　噢！六和春？

甲　不对！

乙　六和轩？

甲　不对！（撒完六〇ㄐ）

乙　六—必—居？六〇ㄐ啊！错了，您这六字怎么一个头冲上一个头冲下呀？

甲　我这边看这个你那边看那个。（在院墙外撒电网）

乙　两省事了。这是什么？

甲　电网！（撒电杆子）

乙　这是什么？

甲　电线杆子。（撒电灯）

乙　电线杆子怎么弯的？

甲　大风刮的。

乙　这是什么？

甲　电灯泡！

乙　怎么这么大呀？

甲　特烧的！

乙　多少度？

甲　两万五千七百度的。大灯泡儿。（撒电门）

乙　这是什么？

甲　电门。（用手按一下）

乙　不着啊？

甲　还没接线哪。（撒电门与电线杆、灯、接线，用白沙子往灯泡中一撒）你看着了不是！（在左边撒地雷）

乙　这就着了！这是什么？

甲　地雷！（在图当中撒茶壶）

乙　这买卖小不了，门上埋地雷哪，这是什么？

甲　茶壶！

乙　屋里摆把大茶壶啊！

甲　得！我这买卖开张了。（甲坐在二人凳上乙回来往桌子上送回沙子袋）

乙　竹板打，响叮当，掌柜的买卖开了张。

甲　别唱！

乙　不唱我怎么跟你要钱哪？

甲　你是干什么的？

乙　数来宝的。

甲　我呢？

乙　开买卖的掌柜的！

甲　你这唱数来宝的，不到门口唱去，怎么跟掌柜的这儿坐着来了！出去！这像话吗！

乙　我哪知道啊。（站起来往外走）

甲　留神脚底下！进卧室了！柜房、餐厅、茅房、账桌、茶壶、大门、电网、电线杆子、地雷！

乙　嚯！你这下镇物来了！（边说边往前走）

甲　电灯泡儿！

乙　胆小非叫你吓着不可！

甲　（用手按电门）你看不着了吧？

乙　根本也不着。

甲　往后点站。

乙　你这儿卖什么呀？

甲　告诉你，我这买卖是九十六间门脸，光站柜台的就一百二十八个。跑外柜的六十多个，写账先生七个，我是一品大掌柜的。

乙　什么买卖？

甲　卖夜壶！

乙　卖夜壶？！

甲　夜壶总公司。

乙　夜壶总公司！（咬牙）

甲　你把我耳朵咬下去。

乙　我吃素。

甲　你咬牙干吗呀。

乙　这夜壶怎么卖的?

甲　一分钱六个。

乙　怎么这么便宜呀?

甲　没底儿。

乙　破夜壶!

甲　你就唱吧。

乙　竹板打,打竹板——打竹板,你怎么单卖夜壶哪?

甲　没词了吧,这能给你钱吗?

乙　你把钱准备好了吧。(唱)

　　竹板打,打茅竹,

　　大掌柜,卖夜壶。

　　您这夜壶真不错,

　　上等材料把它做。

　　样式好,个头儿俏,

　　买到家去准盛尿。

甲　废话,有拿夜壶打酒的吗?

乙　半打才卖一个子。

甲　便宜!

乙　你这夜壶都没底儿。

甲　走吧走吧。

乙　叫我走,不能走,

　　走到天黑空着手。

　　一分钱,都没有,

　　老傻还得饿一宿。

甲　去吧!

乙　叫我去,不能去,

　　一没房子二没地。

　　去到天黑吃谁去,

　　还求掌柜你周济。

甲　我不给。

乙　你不给，我不怕，
　　架不住我说好话。
　　只要好话讲的多，
　　凉水能温热水喝。
　　凉水能温热水用，
　　哪有人心敬不动。

甲　我没钱。

乙　一句好话没说完，
　　掌柜说声没有钱。
　　你说没有我说有，
　　洋钱都在柜里头。
　　你要有钱你不拿，
　　不会长腿儿往外爬。
　　你要有钱你不动，
　　不会长腿儿往外蹦。
　　不会爬，不会蹦，
　　还求掌柜往外送。

甲　掌柜的没在家。

乙　这些好话算白搭，
　　您说掌柜不在家。
　　他老不在您老在，
　　您老办事比他快。
　　里推外，外推里，
　　我瞧掌柜就是你。

甲　别唱了别唱了！我给钱。（掏钱动作）

乙　竹板打，把板敲，
　　掌柜回手把钱掏。

甲　拿去吧。（拿一分钱）

乙　叫掌柜的看一看，
　　一分钱怎么吃饭。

甲　你要多少啊？

乙　不是老傻不害臊，
　　越多越好我才要。

唱得掌柜一起火，

买卖不做送给我。

甲　这一分钱是少点啊，这么办吧，我这有十块钱，吃饭不饱、喝酒不醉，拿它买包茶叶喝，你看怎么样？

乙　好啊！

甲　这是我下月的房钱！你唱吧！

乙　大掌柜，好狠心，

十块钱，当生金。

遇见傻子不害臊，

你当坟地我都要。

甲　滚你蛋去！

乙　大掌柜，你别骂，

咱们俩，一般大。

拍着良心想一想，

人生都是父母养。

你要骂我不还言，

如同骂你一样般。

你要骂我不还声，

那是骂给你家长听。

甲　我揍你！

乙　大掌柜的给钱吧，

不是找你来打架。

甲　打架你还成啊？

乙　要打架，咱往东，

俩打一个儿算欺生。

要打架，咱往西，

仨打一个我不依。

要打架，咱往北，

一对一个你白给。

要打架，咱往南，

南边打架地方宽。

讲文打，讲武打，

文打武打不一般。

甲　武打怎么打？

乙　要是武打约朋友。

甲　文打哪？

乙　要是文打单对单。

甲　武打。

乙　老傻越聚人越多，
　　拆了你的兔子窝！

甲　冲你，这买卖我不干了！我关门。（甲把凳子横放在图门前，背
　　冲乙）

乙　淅沥沥、哗啦啦，
　　大掌柜，把门插。
　　黑夜关门防贼盗，
　　白天关门为什么？

甲　我乐意，我乐意。

乙　不是老傻来耍贫，
　　八成里边死了人。

甲　死人我也不开门。

乙　看热闹的躲一躲，
　　再不开门我放火。

甲　烧死里边我也不开门

乙　不用人说我知道，
　　掌柜关门造大炮。

甲　没有！

乙　你白天关门造大炮，
　　我上公安局去报告。

甲　回来。

乙　掌柜的叫回我回来，
　　望求掌柜破破财。
　　早给钱、早躲开，
　　腾开宝号好进财。

甲　别唱了，我给钱还不行吗，唱这么半天了，给你三毛两角的也解

决不了多大问题，给你五百怎么样？

乙 行啊。

甲 给你五百块，就别干这个了，做个小买卖比数来宝强啊，给你五百块好不好？

乙 好！

甲 我还没有哪！

（张振铎记录）

对坐数来宝

甲　这回该咱俩人表演了。

乙　对。

甲　咱们给大伙说点儿什么呀？

乙　我看今天哪，咱们给朋友们来个别开生面的表演。

甲　什么呀？

乙　多年不演的传统艺术——"数来宝"。

甲　说什么？

乙　数来宝！

甲　数来宝？

乙　怎么样啊？

甲　我的徒弟！

乙　哎！……哎？等会儿。

甲　嗯？

乙　谁是你徒弟呀？

甲　当初我师父就是这么叫我来的。

乙　那您别冲我喊哪？

甲　当初我就是这么站着来的。

乙　您哪，冲那边说。

甲　冲这边？

乙　哎，冲那边。

甲　"徒弟，数来宝啊，是咱们门儿里的绝技，我是头一代你是第二代，记住喽啊，再有说数来宝的，（转头看乙）那都是第三代了。"

乙　这说了半天我还是他徒弟。

甲　数来宝你可不行！

乙　您哪，甭吹牛。

甲　怎么着？

乙　会唱数来宝吗？

甲　什么叫会唱"吗"呀？板儿我都带着哪！

乙　哦？

甲　看见没有？板儿都带着哪！

乙　您打两下儿？

甲　打两下儿你听听。

乙　听听是不是行家。

甲　听着啊！（打板）

乙　不过这个我可不服你。

甲　怎么呢？

乙　你这不是真正的东西，这是套子活。

甲　哦。

乙　比真本事吗？

甲　怎么比法？

乙　比真本事，今儿同着各位观众，咱俩来一回对唱数来宝，绕口令，你行吗？

甲　绕口令？

乙　啊。

甲　哼，徒弟。

乙　哎，又来了是不是？

甲　绕口令我告诉你，那是我的开蒙的活儿。一开始学的就是绕口令，比一比？

乙　来啊。

甲　咱搬两把椅子，怎么样？

乙　好，来来。来两把椅子。椅子搬来了，怎么着吧？

甲　咱们两个坐着唱。

乙　坐着唱？

甲　哎。

乙　这坐着唱，这怎么唱啊？

甲　看真功夫啊。

乙　还要怎么着？

甲　待会儿我唱你也唱，唱不上来，到时候就算输了。

乙　哦，唱不上来就算输了？

甲　哎，我唱着唱着，唱不过五句去，就能把你唱站起来。十句唱站起来还能唱趴下喽。就这么大能耐。

乙　你能把我唱站起来？

甲　哎！

乙　我告诉你，你真能把我唱站起来我算服你了。

甲　真是这话？

乙　可有一样。

甲　怎么着？

乙　我要把你唱站起来呢？

甲　那我算输啦！

乙　咱就这么定了。

甲　咱俩来来呀。

乙　来吧。

甲　试试吧。（甲乙入座）

乙　您说他这不是胡说八道吗，我这么大人能让他把我唱站起来吗？

甲　哼哼。

乙　这不可能的事啊。

甲　哎哟，您不瞧瞧，就他这模样跟我比，您让大伙看看，往这一站，貌不惊人，言不成句，还没一米高呢，还惦着跟我比呢！

乙　谁说我没一米高啊？

甲　我说你没一米高啊。

乙　胡说！

甲　你站起来让大伙看看。

乙　您看看我能没一米高吗这个？（站起）

甲　哎，可站起来了！

乙　嗨，你诓我呀？

甲　怎么没唱呢，就站起来了啊？

乙　去去去，诓我不算啊。你得拿真能耐把我挤对起来。

甲　我告诉你真唱，也照样把你唱站起来。

乙　你就开始吧。

甲　那咱就试试?

乙　来!

甲　待会儿我要问你几个问题,要提一提古人名你得回答得上来。

乙　可以呀。

甲　回答不上来可就算你输了。

乙　保证是对答如流。

甲　我有来言。

乙　我有去语。

甲　我有上句。

乙　我有下句。

甲　哦?来!

乙　您听着!

甲　听着!(数板)×××(乙的名字),我问你,什么上山吱扭扭?什么下山乱点头?什么有头无有尾?什么有尾无有头?赵州桥,什么人修?玉石栏杆什么人留?什么人骑驴桥上走?什么人推车轧了一道沟?什么人举刀桥头站?什么人勒马看《春秋》?这些你要不明白,乖乖给我站起来。

乙　就这个?

甲　哎。

乙　我可唱了。

甲　带动作的。

乙　带身段的?

甲　哎。

乙　我打着板儿!(数板)双扇门儿,单扇开,你那破闷儿我这儿猜,小车子上山吱扭扭,金鸡下山乱点头,蛤蟆有头无有尾,蝎子有尾无有头,板凳有腿家中坐,粮船无腿游九州,赵州桥,鲁班修,玉石栏杆圣人留,张果老骑驴桥上走,柴王推车轧道沟,周仓举刀桥头站,关公勒马看《春秋》。嗯?怎么样?

甲　还给他鼓掌呢,你那什么动作呀?

乙　怎么了?

甲　周仓举刀桥头站那不得站着举刀吗?

乙　哦,对对对,(刚要站起,又坐下)呵呵……哦,您说周仓举刀得站着?

甲　哎——

乙　哈哈哈……您示范一回？

甲　你看……你爱怎么举怎么举吧！

乙　胡诌白咧！

甲　（数板）唉，说我诌，我就诌，闲来没事儿我溜舌头，我们那儿有，六十六条胡同口，里边儿住着六十六岁刘老六，六十六岁六老刘，六十六岁刘老头这么老哥仨……

乙　家里有六十六座好高楼，楼里放六十六篓桂花油，篓上蒙着六十六匹鹅缎绸，绸上绣着六十六个狮子滚绣球，楼外栽着六十六根檀木轴，轴上拴着六十六头大青牛，牛旁蹲着六十六个大马猴。

甲　刘老六，六老刘，刘老头这么老哥仨，倒坐在门口啃骨头，打南边儿来了一条狗，嚯，这条狗，好眼熟，好像我大大妈家，大大妈的脑袋，大大妈的眉毛，大大妈的眼睛，大大妈的鼻子，大大妈的耳朵，大大妈的尾巴，大大妈家鳌头狮子狗。

乙　从北边儿也来了一条狗，这条狗啊，也眼熟，又好像，我二大妈家，二大妈的脑袋，二大妈的眉毛，二大妈的眼睛，二大妈的鼻子，二大妈的耳朵，二大妈的尾巴，二大妈家鳌头狮子狗。

甲　说两条狗，抢骨头，从南头儿，到北头儿，撞倒了六十六座好高楼，撞洒了六十六篓桂花油，油了六十六匹鹅缎绸，脏了六十六个狮子滚绣球。

乙　楼外砸倒了六十六根檀木轴，砸惊了六十六头大青牛，吓跑了六十六个大马猴。

甲　打东边儿来个气不休，手里边拿着一个土坯头，来打狗的头，也不知气不休的土坯头打了狗的头，还是狗的头撞坏了气不休的土坯头，咬破了气不休的手指头。

乙　从西边儿来了个秃妞妞，手里拿着个油篓口哇去套狗的头，也不知秃妞妞的油篓口哇套了狗的头，还是狗的头钻进了秃妞妞的油篓口，狗啃油篓油篓漏，狗不啃油篓，篓不漏油！

甲　哦？唱得还可以。

乙　当然了！

甲　就是声音太小了。

乙　声音小？

甲　啊，你这太小了。

乙　哦，那怎么办呢？

甲　离老几位近点儿！

乙　往前挪挪？

甲　往前挪挪！

乙　唉！（欲起身又止，坐在椅子上往前蹭）呵呵……您看这回行了吧？

甲　哦？真注意了。

乙　光诓我呀？

甲　听着！

乙　来！

甲　山前住着个颜圆眼……

乙　住着谁？

甲　颜圆眼。

乙　这什么名字啊？

甲　说有一个姓颜的，眼睛是特别的圆，人给起名叫"颜——圆——眼"！

乙　喝，您听这个啊？颜——圆——眼？

甲　对！

乙　够费劲。来吧！

甲　接着唱。

乙　啊。

甲　山前住着个颜圆眼。

乙　山后住着个颜眼圆。

甲　二人山前来比眼。

乙　也不知颜圆眼比颜眼圆的眼圆，还是颜眼圆比颜圆眼的圆眼！

甲　这就悬了啊！

乙　哎哟我的妈，我这句怎么这么费劲哪？

甲　这不赶到这儿了吗？

乙　赶到这儿了？

甲　唉。

乙　（冲观众）我也让他赶一回啊。

甲 接着唱!

乙 来呀。

甲 山前住着个崔粗腿。

乙 山后住着个崔腿粗。

合 二人山前

乙 来比腿!

甲 也不知崔粗腿比崔腿粗的腿粗,还是崔腿粗比崔粗腿的粗腿!

乙 哎呀,差点没背过气去!

甲 咱这嘴里就比你清楚。

乙 清楚什么呀!

甲 你要真行这么办,今天咱俩人在这儿啊,给大伙来一段玲珑塔,塔玲珑,转塔你行不行?

乙 哎哟这可不好说。这得说出多少张桌子,多少条腿儿,多少和尚多少本经来。

甲 主要是看脑子得快,嘴里清楚。

乙 那没问题。

甲 这会儿唱得上来?

乙 啊。

甲 要唱不上来呢?

乙 我要唱乱了唱错了,我站起来规规矩矩地拜你为师。

甲 得了,收你这小徒弟儿。

乙 那你要唱乱了呢?

甲 也拜你为师啊。

乙 咱是君子一言——

甲 驷马难追。

乙 各位观众,我们比赛到了高潮了啊,您可注意听谁唱错了!

甲 听着!

乙 来!

甲 (打板)高高山上,一老僧,身穿衲头几千层,若问老僧的年高迈,曾记得黄河九澄清,五百年,清一清,一共是四千五百冬,老僧倒有八个徒弟,八个徒弟都有法名,(看乙)大徒弟叫什么你知道吗?

乙　哦，考我？

甲　啊。

乙　大徒弟名叫青头愣。

甲　二徒弟呢？

乙　二徒弟名叫愣头青。

甲　三徒弟？

乙　行了，我一块说出来得了。

甲　说呀。

乙　三徒弟名叫僧三点儿，四徒弟名叫点儿三僧，五徒弟名叫崩葫芦把儿，六徒弟名叫把儿葫芦崩，七徒弟名叫风随化，八徒弟名叫化随风。

甲　老师父教给他们八宗艺，八仙过海，各显神通，青头愣，（冲乙）会什么？

乙　青头愣，他会打磬。

甲　愣头青？

乙　他会撞钟。

甲　僧三点儿？

乙　他会吹管儿。

甲　点儿三僧？

乙　他会捧笙。

甲　崩葫芦把儿？

乙　会打鼓。

甲　把儿葫芦崩？

乙　他会念经。

甲　风随化？

乙　会扫地。

甲　化随风？

乙　他会点灯。

甲　老师父叫他们换一换。

乙　唉，要想换过来不可能。

甲　老师父一见有了气，要打徒弟整八名。

乙　眼看着八个徒弟要挨打，从外面来了五位云游僧，他们共凑僧人十三位，那个去到后院数玲珑，后院倒有个玲珑塔，一去数单层啊，回来数双层，谁要能数过玲珑塔，谁就是个大师兄。

甲　玲珑塔，塔玲珑，玲珑宝塔，第一层，一张高桌四条腿，一个和尚一本经，一副铙钹一口磬，一个木了鱼子一盏灯，一个金铃整四两，风儿刮响哗啷。

乙　唉，玲珑塔，隔过两层数三层，三张高桌十二条腿，三个和尚三本经，三副铙钹三口磬，三个木了鱼子三盏灯，三个金铃十二两，风儿一刮响哗啷。

甲　玲珑塔，塔玲珑，玲珑宝塔，第五层，五张高桌二十条腿，五个和尚五本经，五副铙钹五口磬，五个木了鱼子五盏灯，五个金铃二十两，风儿一刮响哗啷。

乙　玲珑塔，那个第七层，七张高桌二十八条腿，七个和尚七本经，七副铙钹七口磬，七个木了鱼子七盏灯，七个金铃二十八两，是风儿一刮响哗啷。

甲　玲珑塔，塔玲珑，玲珑宝塔，第九层，九张高桌三十六条腿，九个和尚九本经，九副铙钹九口磬，九个木了鱼子九盏灯，九个金铃三十六两，风儿一刮响哗啷。

乙　这个玲珑塔，十一层，十一张高桌四十四条腿，十一个和尚十一本经，十一副铙钹十一口磬，十一个木了鱼子十一盏灯，十一个金铃四十四两，是风儿一刮响哗啷。

甲　玲珑塔，塔玲珑，玲珑宝塔，到顶儿是十三层，十三张高桌五十二条腿，十三个和尚十三本经，十三副铙钹十三口磬，十三个木了鱼子十三盏灯，十三个金铃五十二两，风儿一刮响哗啷。

乙　玲珑塔，往回数那个十二层，十二张高桌四十八条腿，十二个和尚十二本经，十二副铙钹十二口磬，十二个木了鱼子十二盏灯，十二个金铃四十八两，是风儿一刮响哗啷。

甲　玲珑塔，塔玲珑，玲珑宝塔，第十层，十张高桌四十条腿，十个和尚十本经，十副铙钹十口磬，十个木了鱼子十盏灯，十个金铃四十两，风儿一刮响哗啷。

乙　玲珑塔，塔玲珑，玲珑宝塔，第八层，八张高桌三十二条腿，八个和尚八本经，八副铙钹八口磬，八个木了鱼子八盏灯，八个金铃三十二两，是风儿一刮响哗啷。

甲 玲珑塔，塔玲珑，玲珑宝塔，第六层，六张高桌二十四条腿，六个和尚六本经，六副铙钹六口磬，六个木了鱼子六盏灯，六个金铃二十四两，风儿一刮响哗啷。

乙 玲珑塔，塔玲珑，玲珑宝塔，第四层，四张高桌十六条腿，四个和尚四本经，四副铙钹四口磬，四个木了鱼子四盏灯，四个金铃十六两，是风儿一刮响哗啷。

甲 玲珑塔，塔玲珑，玲珑宝塔，第二层，两张高桌八条腿，两个和尚两本经，两副铙钹两口磬，两个木了鱼子两盏灯，两个金铃整八两，风儿一刮响哗啷。

乙 老僧数罢了玲珑塔。

甲 抬头看，

乙 满天星，

甲 地上看，

乙 有个坑，

甲 坑里看，

乙 冻着冰，

甲 冰上看，

乙 有棵松，

甲 松上看，

乙 落着鹰，

甲 屋里看，

乙 一老僧，

甲 僧前看，

乙 一本经，

甲 经前看，

乙 点着灯，

甲 墙上看，

乙 钉着钉，

甲 钉上看，

乙 挂着弓，

甲 看着看着迷了眼，西北乾天刮大风，说大风，是好大风。

乙 刮散了满天星，刮平了地上坑，刮化了坑里冰，刮倒了冰上松，刮飞了松上鹰，刮走了一老僧，刮翻了僧前经，刮灭了经前灯，刮掉了墙上钉，刮崩了钉上弓。

合　霎时间哪只刮得，星散坑平冰化松倒鹰飞僧走经翻灯灭钉掉弓崩
　　一个绕口令！

乙　（站起鞠躬）谢谢大家，谢谢大家。

甲　唉，站起来了。

乙　嗨！

（常宝丰　王佩元演出稿）

对坐数来宝

209

歪讲《百家姓》

甲　您说相声年头不少了吧？

乙　啊，有这么二十几年啦。

甲　念过书吗？

乙　念过几年。

甲　在什么学校？

乙　我念的是私学馆。

甲　噢，私塾啊。

乙　对啦。

甲　我问你几个问题答得上来吗？

乙　你问什么？

甲　私学馆供谁？

乙　供——孔圣人哪。

甲　孔圣人叫什么名字？

乙　姓孔名丘字仲尼。

甲　他是哪的人？

乙　山东曲阜。

甲　在哪个朝代？

乙　东周列国。

甲　孔子是哪国人？

乙　中国人。

甲　多新鲜哪！当时列国的哪国人？

乙　鲁国人。

甲　行啊，你还真有两下子！

乙　不敢说行，反正比你知道得多。

甲　你呀，先别吹，再问你一件事你就不知道啦！

乙　你问不住我。

甲　孔子有多少学生？

乙　这个我知道：三千众弟子，七十二贤人。

甲　三千众弟子，七十二贤人？

乙　对啦。

甲　这七十二贤人有多少娶媳妇的，有多少打光棍儿的？

乙　这……

甲　说呀！

乙　这个，我不知道。

甲　完了吧！怎不吹啦？不是问不住你吗？怎么答不上来啦？

乙　你这是胡问，你也不知道。

甲　我不知道能问你吗？

乙　你知道？

甲　知道。

乙　那你说说七十二贤人有多少娶媳妇的，有多少打光棍儿的？

甲　三十个娶媳妇的，四十二个打光棍的。

乙　你这是随便说呗！

甲　这怎么随便说呢？书上有啊。

乙　哪本书上有？

甲　《论语》。有这么两句：冠者五六人，童子六七人。这就是说，那七十二贤人中三十个娶媳妇的，四十二个打光棍的。

乙　怎么呢？

甲　冠者五六人，五六，按乘法一计算，正好三十。所以说已婚的三十人。

乙　那童子六七人呢？

甲　就是没娶媳妇的四十二人。

乙　怎么呢？

甲　童子六七人，六七四十二嘛。

乙　冠者就是娶过媳妇的？

甲　啊，已婚的，为冠者；上岁数的老大爷，为老者；报社采访的编辑为记者；写剧本的为作者；你住院了，为患者……

乙　我病啦？

甲　明白了吧？

乙　我明白什么啦？！你这是醉雷公——胡劈（批）！

甲　再问你一件事，你还不知道！

乙　什么事？

甲　私学馆，开蒙念什么书？

乙　这个我知道，先念三本小书。

甲　哪三本儿？

乙　《百家姓》《三字经》《千字文》。

甲　你念过百家姓吗？

乙　念过。

甲　念完你会用吗？

乙　会呀。百家姓，就是人间的单姓、复姓嘛。

甲　那除去人的姓还有什么用处没有？

乙　没有。

甲　谁说没有？可见这本百家姓，你白念啦！

乙　怎么？

甲　这本百家姓的用处大啦！我光研究它就用了整整六年的时间。

乙　你研究它干什么？

甲　干什么？我对这本百家姓怎么念都行，能正着念，倒着念，横着念，我躺下也能念。

乙　谁躺下也能念！

甲　那可不一定，没学问躺着念不了，昨天我躺着就没念了。

乙　怎么？

甲　睡着啦！

乙　废话！

甲　另外，我还能用百家姓讲故事，能用百家姓的句子写信，写日记，别人还看得懂。

乙　是吗？

甲　当然了，不信，我给你说说我的日记。

乙　好。

甲　记的是去年春节，我给我岳父拜年去，我怎么去的，怎么回来的，穿的什么，戴的什么。吃的什么，喝的什么，我全用百家姓的句子记的，要说出来谁听都能明白，您念过百家姓的一听，这里都是"赵钱孙李"，"周吴郑王"，四个字一句；没念过百家姓的一听，我这是讲故事呢！

乙　好，你就讲讲吧！

甲　我先说说我那天的穿戴。

乙　好，你穿的什么，戴的什么？

甲　我头戴"蔚越夔隆"……百家姓里有没有这句？

乙　……有。

甲　我身穿"裴陆荣翁"腰扎"计伏成戴"足蹬"费廉岑薛（靴）"，拉过来"鲁韦昌马"背上"郝邬安（鞍）常"，我"丁宣贲邓（镫）"上了马，一扬"边（鞭）扈燕冀"，这匹马一抖"干解应宗（鬃）"直奔"广禄阙东"。

乙　嗷，就是顺着大路往东去啦！

甲　嗬，这路两旁栽的是"俞任袁柳"，真是"苗凤花方"啊！来到我岳父家门口一看，站着一个人。

乙　谁呀？

甲　正是我的"乐于时傅"。

乙　嗷，你岳父？

甲　我赶忙上前行了个"赵钱孙李"（礼）。

乙　嘿！

甲　我随岳父走过"贸路娄危"，楼上有个女子。

乙　谁呀？

甲　是我小姨子，她还没结婚呢，抱着小孩儿，我说：这孩子是你"全郗班仰"（养）的吗？

乙　这是什么话呀？

甲　臊得她"都耿满弘"，我岳父一挡，把我让到内院去啦。这叫"闻辛党（挡）翟"，我刚坐下，给我端来了"查后荆红"。

乙　叫你喝茶？

甲　我说我喝"柏水窦章"，接着又上来了"高夏蔡田""姬申扶堵"四碗，"淳于单于"两盘，还有"奚范（稀饭）彭郎"，我一看，来了饭了，就顾不得说"孔曹严华"（话）啦。

乙　多大出息呀！

甲　赶紧来个"樊胡凌霍"吧！

乙　吃上啦?

甲　我刚吃了两口，坏啦!

乙　怎么啦?

甲　这两天我受了点"甄馤家封"。

乙　受风啦?

甲　得了病啦!

乙　什么病?

甲　"欧殳沃利"。

乙　噢，痢疾。

甲　我觉得我的"杜阮蓝闵"。

乙　忍不住了? 怎办哪?

甲　我赶紧到"谈宋茅庞"，没等解开"计伏成戴"。

乙　怎么样?

甲　弄了我一裤子"酆鲍史（屎）唐（汤）"!

乙　嘻!

（王奇　马敬伯整理）

找陈宫

甲　做一个相声演员，不容易。

乙　也没什么困难。

甲　首先要脑子灵活，见景生情，来得快。

乙　不能把对方的话掉在地下。

甲　你有来言，我有去语，有问必答。语言还要精练，不能拖泥带水。

乙　哎！

甲　要当好一名戏剧演员，更不容易啦。

乙　怎么呢？

甲　你们是说，人家是唱。说好说，唱要有韵调。

乙　那是有点儿困难。

甲　演员必须合作得好，要谦虚，要客气，互相尊重，才能把这出戏
　　演好。

乙　那当然喽。

甲　有一次，我听了一出戏，俩演员就没合作好；闹出个大笑话来。

乙　什么戏呀？

甲　《捉放曹》。

乙　这是一出老戏。出什么笑话啦？

甲　扮曹操这位演员有点儿傲慢，看不起演陈宫的这个演员。

乙　哦！

甲　两个人扮好了戏，在上场门儿这儿一站。扮陈宫这个演员很客气，
　　冲着曹操一抱拳说："您多辛苦。"曹操应当说"您托着点"就对了，
　　可曹操没理他。

乙　这就不对了。

甲　台上吕伯奢唱完了，该他们上场了。曹操在前边，陈宫在后面，家伙点儿是〔碰锤〕："匡切……切。"曹操先唱一句散板："八月中秋桂花香。"陈宫接唱："行人路上马蹄忙。"曹接唱："坐在雕鞍用目望，是一老丈坐道旁。"

乙　对啦。

甲　那天曹操改词儿啦。

乙　怎么改的？

甲　曹操唱："八月中秋桂花开。"

乙　"江洋"辙改了"怀来"啦。

甲　陈宫这个演员有经验，他也改了词儿啦，接唱一句——

乙　他怎么唱的？

甲　唱："抛官丢印随他来。"

乙　改得好。

甲　曹操唱："坐在雕鞍用目睬。"陈宫唱："见一老丈坐土台。"台下满堂好。

乙　那还不叫好哇！

甲　是呀，台下叫好啦，俩演员到后台就吵起来了。

乙　是得吵。

甲　陈宫说："哎，你怎么改词儿啦？"曹操说："你不是也改了吗？"

乙　废话，他不改怎么下台呀！

甲　陈宫一生气，把胡子一摘，衣服一脱说："你这个演员，我不伺候了。"说完他走了。

乙　那怎么办？

甲　曹操不知道哇。到了"杀家"这场啦，曹操上场唱："自作自受自遭殃，小鬼怎当五阎王，宝剑一举往后闯。"右手把宝剑举起来，陈宫在后面接一句："陈宫上前拉衣裳。"

乙　对呀。

甲　陈宫没出来。

乙　哪儿去啦？

甲　他走啦。

乙　那怎么往下唱？

甲　曹操这个右手举着宝剑，一看陈宫没出来，他急了一头汗，台下要叫倒好。有个观众说："咱们都别叫倒好，看他这手怎么放下来。"

乙　这手儿够损的。

甲　这曹操也有经验，他现编了四句词儿，愣把倒好压下去了。

乙　他怎么编的？

甲　曹操唱："大叫陈宫太不该，为何这时不上台，听戏的观众多原谅，我找着陈宫再出来。"他下去啦！

乙　干吗去了？

甲　找陈宫去啦。

（杨松林忆记）

找陈宫

杂学唱

甲　快板哪，我是外行，这位是真正的行家。

乙　您太客气了，我也不行，差得太远了。

甲　这怎么会是客气？您是大海里漂来的"木鱼儿"——

乙　怎么讲啊？

甲　闯荡江湖的老帮子了。

乙　什么话呀？

甲　这不是捧您吗？

乙　我听你这话别扭。

甲　这不是捧您吗？

乙　您捧得太过火了。

甲　您是老资格呀！王母娘娘驾寿星——

乙　怎么样？

甲　老宝贝了。

乙　你这俏皮话都哪学来的？

甲　废话，你说咱俩站在这儿说，人家不乐，这叫什么呢？

乙　那就不叫相声。

甲　对了，俩人站着说，得把观众说笑了。

乙　对。

甲　说人家要是不笑，我们俩这"穷嚼臭叨"的。

乙　是。

甲　一点乐没有，叫人家一看这俩人工这儿"刺闹"来了，怎么的？

乙　这不像话，反正得有说的。

甲　得有说有唱。有时候唱哪就是学。

乙　那是学。

甲　学一学。

乙　你能学吗？

甲　我能学"嘛呀"？你说天上飞的，地下走的，各省人说话，各地方的地方戏，地方戏你怎么样？

乙　地方戏？

甲　什么京剧，评剧。

乙　反正我都懂。

甲　越剧，沪剧，川剧，桂剧，楚剧，汉剧，徽剧，湘剧，铁锯，木锯，钢锯。

乙　拉大锯，哪这么多剧呀？

甲　河南梆子，河北梆子，山西梆子，陕西梆子，您看这梆子就分这么多种。

乙　您都能学吗？

甲　他也能唱梆子，不过我学，学不过他。因为，他父亲就是唱梆子的。老资格了。

乙　老资格了。

甲　老帮子了。

乙　啊！你爸爸才是老帮子哪。像话吗？

甲　在咱们这最流行的是河北梆子。

乙　不错。

甲　河北梆子跟山西梆子发音腔调大不一样，你听这个山西梆子鼻音重。

乙　您能学吗？

甲　喝！腔调净是鼻音。

乙　啊。

甲　因为山西人说话就爱走鼻音。你比方说一个人吧。人。

乙　一个人？

甲　山西人说话是人（réng）。

乙　人（réng）。

甲　一"怀"人（réng）。

乙　两个人？

甲　"怀"就是个，两"怀"人（réng）。

乙　三个人？

甲　三个"坏"人（réng）。

乙　都是坏人哪？

甲　三"怀"人（réng）。

乙　三个人。

甲　山西梆子的腔调也是鼻音重。你听这个《鞭打芦花》那两句。

乙　您学学。

甲　完全是鼻音这个味儿。（唱山西梆子）老天爷，劝天爷，刮风莫下雪，下雪莫刮风嗳……你那里雪雪风风，雪雪风风。岂不冻煞人喝啊……

乙　呵！这鼻音可真够重的啊！

甲　是不是鼻音？

乙　对。

甲　河北梆子鼻音很少。

乙　河北梆子？

甲　另外，河北梆子音都是京字儿。

乙　京字。

甲　你听那个《大登殿》金牌调来，银牌宣。

乙　您学两口。

甲　王相府又来了王宝钏。这个味儿。

乙　您学学。

甲　（唱河北梆子）金牌调来呀，银牌哪宣哪啊。王相府，又来了，王氏的宝钏哪。（使相）

乙　不错，你干什么哪？哪位带着相匣子了，您给他照一张。你怎么了这是？

甲　哦，我词忘了。

乙　忘词了。

甲　就会到这儿。

乙　咳。

甲　这是河北梆子。河南梆子那又是一种味了。

乙　河南梆子？

甲　现在流行河南梆子了，在很早流行的是什么，知道吗？

乙　什么？

甲　河南有这么一种戏曲。

乙　什么戏曲？

甲　叫河南"欧儿"。

乙　河南"欧儿"？这个我没听说过。

甲　没听说过河南（大声的）"欧儿"？

乙　没有。河南怎么还有"欧儿"？

甲　哎，对了河南"欧儿"。这个没有大嗓子你还唱不了。得有高嗓子，临完了还有一个"欧儿"。

乙　这您学学行吗？

甲　我这一"欧儿"打脖子后头出来，就这音。

乙　就这音？

甲　就这"欧儿"。

乙　那您来来好吗？

甲　那，不好唱。

乙　您来来。

甲　（唱）坐立鞍桥嗳，用目瞧，上下打量小英豪。头戴着亮银盔，身穿着锁子袍，坐骑了白龙马，手持着亮银枪，只见他，穿得好，戴得好，他爹好来，他娘好，好好好好好好好哇，欧——（高调）。

乙　嘿！

（常宝霆　李润杰录音　邵绅绅记录）

四大名旦

甲　您是说相声的？

乙　对啦。

甲　听说干您这行什么都懂。

乙　不敢这么说。

甲　那就是什么都不懂啦！

乙　听着别扭。

甲　那你说应当怎么讲哪。

乙　不，干脆您想问什么得啦。

甲　我就是想请教一下您什么是享受。

乙　就这个呀。

甲　啊。

乙　吃。

甲　吃？

乙　对，吃就是享受，一个人能吃，想吃什么吃什么，这还不是享受？

甲　有什么根据。

乙　俗话说得好，吃、喝、玩、乐嘛，这吃字首当其冲就在头一个，可见吃的重要性。

甲　不然。

乙　然。

甲　什么毛病。

乙　俗话说得好，好吃不如饺饺，享福不如倒倒，谁都知道享受就是吃，吃得好，吃得开心，吃得尽兴，吃得随意，吃得不想再吃了……

甲　你没日子吃了是怎么着。

乙　俗话说得好……

甲　你俗不俗哇！

乙　民以食为天，何为食，食乃吃也……

甲　行啦，行啦，合算你就知道吃。

乙　那你说离开了吃还有什么享受？

甲　准确地讲应当是唱。

乙　唱？

甲　对，唱乃歌也。

乙　我知道。

甲　你知道什么？

乙　我……

甲　你就知道吃。

乙　我呀！

甲　人一高兴就喜欢唱两口儿，这就是享受嘛，而且是非常高雅的享受。

乙　有这么一说。

甲　为什么说唱是享受呢？

乙　人高兴了才唱啊！

甲　这只是一方面，还有一方面是唱的人不仅自己享受了，而且也给他人带来了享受。

乙　你指的是听主儿。

甲　对喽，这就不仅仅是个人享受，而且是大众共享。

乙　有道理。

甲　你看下班儿了几位朋友没事儿，大伙儿一约，老哥儿几个晚上有事儿吗？

乙　没事儿。

甲　好，咱们到中国大戏院听马连良先生唱的《甘露寺》，我请客。

乙　好。

甲　您说听马先生唱是不是享受？

乙　多会儿都是享受。

甲　没听说有这样儿的，一下班儿几位没事干，大伙儿一约，老哥儿几个今儿晚上有事儿吗？

乙　没事儿。

甲　那好，有一个算一个，咱们到国民大饭店看吃饭去……

乙　啊！

甲　我请客。

乙　不去！

甲　所以我这个人最喜欢的莫过于唱。

乙　您喜欢唱？

甲　何止喜欢而是醉。

乙　喝醉了再唱。

甲　什么都不懂，醉就是如痴如醉。

乙　是呀，没错儿啊，不吃怎么喝，不喝怎么会醉呢！

甲　咳！哪跟哪儿呀！就是迷的意思。

乙　噢，您唱得着了迷。

甲　你只说对了零点儿五。

乙　零点儿五？

甲　也就是二分之一。

乙　二分之一？

甲　就是一半儿。

乙　早这么说不得了嘛！

甲　我着迷没什么，不就是喜欢唱嘛，要命的是听我唱的人比我还迷。

乙　这么爱听您唱？

甲　街面儿上流传着这么一句话您听说过没有？

乙　什么话？

甲　三天不吃盐，也得听听王树田。

乙　盐哪！

甲　别小看了盐，人要离开了盐可不能活。

乙　是啊，吃多了盐还齁儿得慌哪！

甲　你什么意思？

乙　吹牛呗。

甲　我问你，梅、尚、程、荀、王你知道吗？

乙　干吗我知道，在座的都知道，你说的是四大名旦。

甲　梅？

乙　梅兰芳。

甲　尚?

乙　尚小云。

甲　程?

乙　程砚秋。

甲　荀?

乙　荀慧生。

甲　王?

乙　不认识。

甲　王树田先生。

乙　日本人!

甲　你才法国人哪!

乙　中国人的名字都是三个字,复姓也没超过四个字,您这都五个字
　　啦还不是日本人。

甲　告诉你,王树田先生就是我。

乙　你也配和他们四位在一起。

甲　弄明白喽,不是我非要和他们在一起,是他们非要和我在一起。

乙　又吹上啦!

甲　你扳着指头算算哪,这是梅先生(指大拇指),这是尚先生(指二
　　拇指),这是程先生(指三拇指),这是荀先生(指四拇指),这是
　　王先生(指小拇指)……

乙　就数你露脸。

甲　(指小拇指)您瞧我待这地方。

乙　你也就在这儿。

甲　甭管在哪儿没有我行吗?

乙　那是,少了你成残疾啦!

甲　这是跟您开个玩笑。

乙　说真格儿的。

甲　四大名旦我最佩服。

乙　他们是中国戏曲旦角行当中四大流派的创始人。

甲　早年有同光十三绝。

乙　了不起。

甲　可是咱们没看见。

乙　对。

甲　这四位艺术大师可让我们给逮着啦!

乙　那叫有幸耳听目睹。

甲　常言说得好,"内行听门道,外行看热闹"。

乙　有这么一说。

甲　咱可不是听听而已,要听出板眼,听出韵味,听出滋味儿,听出咸淡……

乙　还得尝出口轻口重来。

甲　吃上啦?

乙　咸淡不就是放的盐多盐少嘛。

甲　整个一个白痴。

乙　你才白喝哪!

甲　我说你是外行。

乙　那你说咸淡是什么意思?

甲　是指唱腔的轻重缓急,抑扬顿挫,一个牌子、一个调门儿,一个板槽儿,一个字儿,一个疙瘩腔儿,拐弯儿抹角儿,犄角旮旯儿,没有地方不给您唱到的,讲究一段唱下来,不漏汤不洒水儿,原汁原味儿可心可口儿的奉献给听主儿。

乙　别说他还真是有点儿研究。

甲　没研究能称得上是梅、尚、程、荀、王吗?

乙　行啦,行啦,瞧脑袋……

甲　什么意思。

乙　别挤扁喽!

甲　我知道挤也挤不进去。

乙　那你还挤什么劲儿。

甲　我蹭蹭行不行。

乙　什么人都有。

甲　四大名旦各有各的艺术特点。

乙　各有各的流派风格。

甲　就说梅派吧。

乙　四大名旦之首。

甲　梅先生不仅有厚实的唱念做舞四功的基础,而且不断开拓创新,发扬光大,他演出的剧目永远给人以雍容华贵、赏心悦目的享受。

乙　要不怎么会被称为梅氏体系呢。

甲　梅派代表剧很多，像什么《贵妃醉酒》《宇宙锋》《洛神》《霸王别姬》《生死恨》……

乙　梅派艺术不仅体现了京剧的博大精深，而且还体现了高尚的爱国主义精神。

甲　梅先生台风精美，唱腔绝伦。

乙　独一无二。

甲　您就拿《贵妃醉酒》来说吧！

乙　这是一个重唱做的剧目。

甲　对，您瞧那扮相，那两步走，穿那么多，戴那么多，可人家一点儿不显，甭管怎么舞蹈包括许多高难度的动作，他身上的那些佩饰，愣都单摆浮搁，纹丝儿不动。

乙　那是功夫。

甲　你看你爸爸醉酒。

乙　也纹丝儿不动。

甲　稀里哗啦连桌子都搁了。

乙　提他干吗呀！

甲　特别是舞着扇子，咬着酒盏，那个下腰的动作，您说人家那腰是怎么练出来的，简直就跟面条儿一样。

乙　那么柔软。

甲　别说，看了梅先生的下腰，我自个儿在家也练了练，总觉自己这腰跟梅先生也差不多少。

乙　噢，也跟面条儿一样。

甲　对，面条。

乙　软面条？

甲　干面条！

乙　甭练了，再练就断了！

甲　断了我倒不怕。

乙　你怕什么？

甲　我怕落个病根儿，一辈子直不起腰来！

乙　有这可能。

甲　还有那手伸出去都有讲究。

乙　对，叫"兰花指"。

甲　咱这手怎么伸怎么不像"兰花指"。

乙　那像什么呢？

甲　酱萝卜！

乙　腌菜？

甲　那身儿上的玩意儿是功夫，功夫是练出来的。

乙　多明白呀！

甲　我练的是唱功。

乙　您能唱？

甲　小看人儿，我不单能唱而且底气足。

乙　是啊！

甲　每天一大早儿我在先农坛那儿喊嗓子。

乙　名角儿都在那儿练。

甲　这么跟您说吧，我没去的时候还能听到他们喊嗓子的声音，等我一喊，你猜怎么着？就听不见他（她）们的声音了，别说声音了，连人都看不见啦！

乙　换地方啦！

甲　躲起来啦！

乙　越说越玄啦！

甲　不信你问去呀！

乙　这么着好不好，您当着大家的面儿，喊两嗓子我们听听怎么样？

甲　张口儿就来。（轻声试练）"啊……"（关照乙）别害怕！

乙　不定什么声儿哪！

甲　（逐渐声高）"啊……啊……哦啊……哦啊……哦啊……"

乙　驴叫哇？！

甲　喊什么！

乙　你……

甲　咱俩谁喊哪？

乙　你喊哪！

甲　还是的，你喊什么呀！

乙　你那是喊嗓子？

甲　正好儿有一辆驴车由打这儿过来！

乙　你瞧这巧儿！

甲　干脆我给你学两句唱得啦。

乙　好！

甲　梅先生的唱那可是："王母娘娘咬蟠桃——天下头一口儿。"

乙　俏皮话儿还不少。

甲　你听好了，在《生死恨》中，有这么几句唱："耳边厢又听得初更鼓响，思想起当年事好不悲凉。遭不幸掳金邦身为厮养，遇程郎成婚配苦命的鸳鸯……"（欲做身段）

乙　您要干吗？

甲　我想在这儿来个"卧鱼儿"。

乙　我体会错了。

甲　你以为呢？

乙　趴这儿卧槽哪！

甲　还是驴呀！

乙　要说您唱的还真有味儿。

甲　这是梅派。

乙　尚派呢？

甲　尚小云哪。

乙　尚派的特点您知道吗？

甲　废话！你还不知道吧，人家都说我长得像尚小云。

乙　谁？

甲　小云。

乙　不是我当面儿捧您，您比小云漂亮多啦。

甲　我要是扮上还真有点不服。

乙　所以您不是小云哪。

甲　我是……

乙　小妾。

甲　走，拿我开心是不是。

乙　就您这腰比锅炉还大一号，您好跟尚先生比。

甲　没跟您说吗，主要是听唱。

乙　尚派戏您也能唱。

甲　专门研究，尚派戏的特点，音域高昂宽亮，音色峭拔刚健，音律铿锵遒劲，音量一气呵成。

乙　行啊，你还真有两下子。

甲　干吗两下子，三下子我都有。

乙　又来劲儿啦！

甲　尚派的代表剧也很多。

乙　您给介绍介绍。

甲　《双阳公主》《昭君出塞》《十三妹》《失子惊疯》。

乙　《乾坤福寿镜》。

甲　特别是边舞边唱边跑圆场太精彩了。

乙　您给我们跑跑圆场怎么样？

甲　圆场不行！

乙　您？

甲　散场可以。

乙　送客呀！

甲　尚先生的跷功堪称一绝。

乙　踩跷。

甲　我胖鼓囵墩儿二百来斤儿，我怎么跑，跑趴下你背我。

乙　嘟……背不动。

甲　这不结了吗。

乙　刚才您说的是尚派！

甲　程派更不同啦。

乙　程砚秋先生。

甲　程派戏的唱腔如天河之水由高处而来，恰似丝绸锦带盘旋迴婉，
　　雨打芭蕉如泣如诉，涓涓流水绕山滴石若断若连，既有低谷之韵，
　　又有金石之声。

乙　太妙啦。

甲　《锁麟囊》《春闺梦》《六月雪》《荒山泪》……

乙　这都是程派的代表剧目。

甲　学程派戏的人很多，可是学像了的……

乙　一个也没有。

甲　也不是那么绝对，据我所知就有一位。

乙　谁？

甲　我！

乙　你呀！

甲　别磕头。

乙　我没跪下！

甲　我是学得像，不信我给您学一段儿，您闭上眼睛听，跟程先生唱

的一模一样。

乙　睁开眼睛呢？

甲　满不是那么回事儿。

乙　我说呢。

甲　唱得像也不容易呀。

乙　学像了也要下功夫。

甲　程先生每一句唱腔中的每一个字，特别是每一个甩腔儿，委婉低沉，黯然悲凉——跟你这么说吧，你听他的唱腔儿，好像没完没了一样有魅力。

乙　越听越爱听。

甲　还告诉你，散场回到家里边儿，什么时候想起来，那腔儿还在你耳根子旁边儿晃悠。

乙　余音绕梁。

甲　不信我给你学一句，这出戏叫《荒山泪》。

乙　这是程先生的拿手戏。

甲　嗳，冲我这个头儿，这身量儿，这长相儿，像不像程砚秋。

乙　哪位？

甲　砚秋。

乙　你不像砚秋。

甲　我像？

乙　泥鳅。

甲　刺激我是不是。

乙　你也不拿镜子照照自己。

甲　我要是神经了你负责。

乙　死了少一个南郭先生。

甲　俗话说得好，人争一口气，佛争一炷香，不蒸馒头争口气，今儿个我就争争这口气，当着大家的面，我唱一段儿。我要是唱得不像，打今儿起我就不唱了，让程先生一个人唱。

乙　没人搅和啦。

甲　《荒山泪》里边儿的几句唱。

乙　好！

甲　闭眼！

乙　你才咽气哪。

甲　跟你说话真费劲，我让你闭眼是让你好好得品品程味儿。

乙　陈味儿？醋哇！

甲　这是哪位带来的这么一个缺心眼的？你把他领回家好不好？

乙　是你说陈味儿啊。

甲　程先生唱的味儿。

乙　行，你唱吧。

甲　"哭"……我该给你唱是怎么着！

乙　你不是会唱吗？

甲　"哭——"会唱我不唱行不行！

乙　是你要唱的。

甲　"哭——"你要不听我干吗唱啊。

乙　你还有完没完？

甲　我看你那样儿我有气。

乙　别看我呀，现在我们都看您的。

甲　"哭，婆婆哭得我，泪珠满面，尊一声二将爷，细听奴言，我家有八十岁的老母亲三餐未曾用饭，眼睁睁地饿死在那那那那……席棚的外边……"

乙　这腔儿拖得可够长的。

甲　到北冰洋啦！

乙　嚯！

甲　这就是程派的风格，气足音沉。

乙　学得像。

甲　其实我学得最好的还是荀派。

乙　荀慧生先生。

甲　"贤姐姐怎知我，心头悔恨，悔当初大不该我嫁与侯门……"

乙　真好听。

甲　"门……"

乙　真有味儿。

甲　"门……"

乙　真讨厌。

甲　没人跟你交朋友，说翻脸就翻脸。

乙　你往下唱啊！

甲　我想往下唱，可我唱不了啦。

乙　为什么?

甲　我就会这么一句。

乙　就会一句还往外抖搂哪!

甲　有一句像了就不容易。

乙　那也倒是。

甲　荀派戏讲究媚气,他演的许多主人公活泼可爱,纯情天真,个个都充满了个性魅力,青春光彩。

乙　看荀先生的戏,甭管多大岁数,看完以后都变年轻了。

甲　这就是荀派艺术的效应。

乙　荀先生在舞台上浑身都是戏。

甲　俗话说得好,一身之戏在脸上——

乙　面部表情丰富。

甲　一脸之戏在眼上。

乙　眼睛是表现内心世界的窗户。

甲　荀先生的眼睛会说话,在舞台上人家那一对眼睛滴溜溜得一转,能把你给转晕喽。

乙　那是练的。

甲　我也练。

乙　练转眼?

甲　练现眼——

乙　你也就这能耐。

甲　咱这眼能跟荀先生的比吗,荀先生那眼都有名堂。

乙　叫什么?

甲　媚眼,慧眼,睐眼,笑眼,利眼,情眼,恨眼,睡眼——我这眼——

乙　叫什么?

甲　二五眼。

乙　呆眼!

甲　这么着,我给你表演一段荀先生的用眼睛功夫的戏怎么样?

乙　太好啦!

甲　荀派代表剧目很多,像什么《勘玉钏》《霍小玉》《红楼二尤》——

乙　全是悲剧。

甲　《红娘》;《金玉奴》——

乙　这是喜剧。

甲　咱们就演《金玉奴》得啦！

乙　可以。

甲　《金玉奴》这出戏一开场有几句念白，主要是让你看荀先生一双水
　　汪汪的大眼睛怎么转动，转得怎么好看，我这眼不行了，人家那
　　杏核眼，我这是老花眼，人家那眼睛一转回眸一看那叫秋波留慧，
　　我这眼只能迎风流泪——

乙　不怎么样。

甲　人家那眼叫飞眼儿，讲究飞出去还能回来。

乙　你这眼呢？

甲　估计飞出去就回不来啦！

乙　跑哪儿去啦？

甲　挂电线杆子上了。

乙　成灯啦！

甲　我这儿就剩下眼眶子啦。

乙　瞎子！

甲　你到底看不看？

乙　看哪！

甲　那你起什么哄呀！

乙　开始！

甲　（右手拿手绢儿，表演花旦动作）怎么样？像不像荀先生？

乙　谁？

甲　（摆姿势）荀先生。

乙　我看你不像荀慧生。

甲　（亮相）我像——

乙　寻短见。

甲　你才要死哪。倒霉鬼，挨千刀的，德行——

乙　好嘛，天津话也出来啦！

甲　敢情闹了半天，梅、尚、程、荀我都不像。

乙　要不怎么说你是"四不像"呢！

甲　你才怪物呢！

乙　你还演不演？

甲　君子一言，驷马难追。说演就演，小姑娘一出场，有四句道白，

念到最后一句的时候，我这儿有个动作，把右手中手绢儿向空中一抛，左手接住了，叉腰，右手兰花指向前一点，这儿有个亮相，最关键的动作就是那个千金一笑的飞眼儿，这是荀先生特别设计的一个特技，太漂亮了，通过这个动作表现了那个时代的少女天真活泼，纯朴可爱，向往幸福生活的真实情景。

乙　这戏全在这眼睛上啦！

甲　注意，我的眼睛："啊哈——"

乙　"得得令令得——"

甲　"奴家整二八，生长在贫家，露窗空洁静，空负貌如花。"（手绢向空中一抛做摸瞎状）

乙　哎哎，你找什么呀？

甲　我找手绢哪！

乙　在我这儿哪！

（王树田演出本　薛永年整理）

追 柳

甲　我有个体会，干什么也不如说相声难。

乙　是不容易。

甲　您就拿这四门功课来讲。

乙　说、学、逗、唱。

甲　有的管它叫相声演员的基本功。

乙　对。

甲　别小看了这四个字。有的演员为这四个字愣学了一辈子，到头来还不敢讲学到家了。

乙　是吗？

甲　你要不服气，我问问你，看你学得怎么样。

乙　我学得不行。

甲　我知道你这都是客气话，实际上你打骨子里感觉到虽然不是百分之百，也是八九不离十，对吧？

乙　马马虎虎。

甲　怎么样，你说说你是怎么理解这四个字的。

乙　干吗我理解呀，是说相声的都知道。

甲　知道什么？

乙　"说"嘛就是……

合　说个大笑话儿，小笑话儿，文笑话儿，武笑话儿……

甲　"学"嘛就是……

合　天上飞的，地上跑的，河里游的，草棵儿里蹦的……

甲　"逗"嘛就是……

合　逗个长段子，短段子，不长不短的段子，可短可长的段子……

甲　"唱"嘛就是……

合　南昆北弋，东柳西梆……

乙　你全知道哇?!

甲　我理解这四个字跟你不一样。

乙　你是怎么理解的?

甲　同样是这四个字，每一个字又包含四个字。

乙　您先讲讲这"说"。

甲　"说古论今。"

乙　"学?"

甲　"学者风范。"

乙　"逗?"

甲　"逗幽取默。"

乙　"唱?"

甲　"唱念做打。"

乙　办不到。

甲　有一句话说得好，天下无难事……

乙　只怕有心人。

甲　我是有心的人。

乙　我是没心的人。

甲　京剧里有"四大名旦"。

乙　"四小名旦。"

甲　"四大须生。"

乙　还不止。

甲　"武生泰斗。"

乙　不错。

甲　为什么我们没有?

乙　是啊。

甲　我们也应该有哇!

乙　对呀!

甲　现在就有啦!

乙　谁呀?

甲　我呀!

乙　咳!

甲　瞧不起我。

乙　"屎壳郎逛公园……"

甲　什么意思?

乙　"根本就不是这里的虫儿!"

甲　非也!

乙　哟,还转哪!

甲　"我这叫屎壳郎扶花草……"

乙　怎么讲?

甲　"正根儿。"

乙　你那叫"屎壳郎戴花……"

甲　干吗?

乙　"臭美。"

甲　恰恰相反,我这叫"屎壳郎娶媳妇……"

乙　什么话儿?

甲　"名正言顺。"

乙　得了吧,你那叫"屎壳郎拜把兄弟……"

甲　怎么解释?

乙　"臭味儿相同。"

甲　你懂什么呀,这叫"屎壳郎吹喇叭……"咱干吗离不开屎壳郎啊?

乙　你说话口气也太大了。

甲　这叫"屎壳郎……"

乙　又来啦!

甲　我在唱上真下过功夫。

乙　谁没下过功夫?

甲　我张口就能唱。

乙　这算什么,跟你这么说吧,只要你一张嘴我就知道你唱什么!

甲　这话可是你说的。

乙　是我说的。

甲　大家都听见啦。

乙　都听见啦。

甲　我一张嘴你就知道我唱的是什么!

乙　就有这把握。

甲　好,你说我这是什么戏?

乙　"喝风。"

甲　有"喝风"这出戏吗？

乙　是呀，你那儿张着大嘴叉着腰不是"喝风"是干吗？

甲　是你说的，我一张嘴你就知道我唱的是什么戏！

乙　你得有声儿呀！

甲　还得有声儿？

乙　多新鲜，没声儿那叫"哑剧"……

甲　行，"啊……"

乙　牙疼！

甲　这不有声儿了吗？

乙　还得有字儿。

甲　光有声儿还不行？

乙　那当然啦！

甲　真麻烦，"马——来——"哪出戏？

乙　"备——轿——"哪出戏？

甲　这不有字儿吗？

乙　这是戏作料，哪出戏都用得着，它起个搭桥儿、衔接的作用，你得有戏词儿。

甲　我这瓷儿也不粗哇。

乙　瓷儿？

甲　对，全是"钧瓷儿""郎瓷儿""汝瓷儿""哥瓷儿""越瓷儿"……

乙　嘿，他跑这儿烧窑来啦！

甲　外行，这些窑是能随便烧的吗？这是"官窑"，又称"御窑"……

乙　谁问你这个呀。

甲　你不是说细瓷儿吗？这瓷儿还不细？

乙　我是说唱戏的词儿。

甲　那叫戏文。什么都不懂。

乙　我不懂，行啦，我也看出来，根据您这种水平，咱也不是吹，你要是能唱个上句儿，我准能给你接个下句。

甲　哟嗬，"屎壳郎掰腕子——叫劲啊"。

乙　别价，这叫"屎壳郎顶头球——瞧好吧您哪"！

甲　注意啦："她那里用眼来看我……"

乙　黄梅戏呀！（接唱）"我哪有心肠看娇娥……"

甲　"我也曾连三本保荐汉君……"

乙　又改京剧啦！（接唱）"他说你出身卑贱……"

甲　"君王专制有阶层……"

乙　嘿，京韵大鼓。

甲　"曾记得，弟兄们柳荫结拜……"

乙　好嘛，楚剧！

甲　"拜上了信阳州顾大人……"

乙　还是京剧！

甲　"人家的女婿多么子大，我的妈妈子噻，我的女婿一滴尕呀……"
　　什么戏？

乙　不知道！

甲　湖北民歌《小女婿》。

（薛永年搜集整理）

戏曲哭笑论

甲　听相声有好处。

乙　有什么好处？

甲　让你笑哇！

乙　笑有什么好处？

甲　俗话说得好，笑一笑十年少。

乙　这是个比方。

甲　不然，笑能使人清气上升，浊气下降，二气均分身体健康。

乙　笑有这么大好处。

甲　笑能看得出来。

乙　怎么看得出来？

甲　笑的时候颧骨向上。

乙　哭呢？

甲　恰恰相反，颧骨向下。

乙　是吗？

甲　不信我可以给你学学，笑是这样，刚才×××说的相声好，有意思，真逗哈哈哈哈。（用手指脸）你看见了吗，颧骨向上。

乙　那哭呢？

甲　颧骨向下。

乙　真的？

甲　哭的时候都这样哇呀……（拉长脸）

乙　呵，这哭可真难看。

甲　哭没有好看的。

乙　那是。

甲　笑还有讲究。

乙　有什么讲究?

甲　笑的时候笑纹儿来得快,回去得慢。

乙　怎么笑?

甲　刚才×××说的那段儿相声真好,有意思,哈哈哈哈……(笑纹一点一点儿地收回)三分五十六秒恢复原状。

乙　嚯,那要是笑纹来得快,回去得也快呢?

甲　能把人吓一跳。

乙　不见得。

甲　这样笑,刚才那段儿相声真好,有意思,哈哈哈哈……(突然停止)

乙　什么毛病!

甲　行吗?

乙　没这么笑的。

甲　笑还分男的笑女的笑。

乙　男的怎么笑?

甲　男的讲究哈哈大笑。

乙　豪爽。

甲　比方说两人好久没见面了,一见面一笑非常爽朗。

乙　没注意。

甲　咱们俩人可以表演表演。哟,二哥老没见啦,哪儿发财哪?怎么不到我们家玩去呀,今儿个说什么也得到我家坐会儿,我请你吃饭,我先回去准备准备,一会儿你就过来,我等你,你一定来呀,好,回头见,回见,哈哈哈哈……

乙　对,男人都这么笑。

甲　女的就不同啦。

乙　那女士怎么笑?

甲　女士轻易不笑,就是笑也决不笑出声儿来,笑的时候还得捂着脸。

乙　您给学学。

甲　比方说有位大姑娘在街上买东西,碰到了邻居姥姥,老太太上前问话,跟大姑娘开玩笑,她一笑一捂脸这姿势,特别好看。

乙　来来。

甲　(学着太太说话)姑娘干吗哪? "我买线哪。" 哟,都会做活儿啦，好，多大啦？"我十八啦"，十八啦，瞧瞧，这姑娘长得多俊哪，跟花朵儿一样，有婆家了吧？"哟，大妈，您看您一见面就开玩笑，拿人家开心，这叫别人听见了，多不好意思，怪难为情的……"（做女孩子害羞捂脸的动作）

乙　哟哟哟哟。

甲　姑娘笑还得这样笑，她显示了女人的含蓄。

乙　要是男人也像女人这么笑多好哇。

甲　男人学女人笑别扭，不行。

乙　行！

甲　男人一笑这样，哟，二哥老没见啦，哪儿发财哪？怎么不到我们家玩去呀，今儿个说什么也得到我家坐会儿，我请你吃饭，我先回去准备准备，一会儿你可得来，我等着你，（用女人的声音加表演）你一定要来呀，你来呀……

乙　我不去了您哪！

甲　受不了吧！

乙　男的学女的笑不好看，要女的学男的笑肯定好看。

甲　好看不了。

乙　来回试试。

甲　女的一笑都这样儿，姑娘干吗啦，"我们买线哪"。多大啦？"我十八啦"，十八啦，十八啦快结婚吧？"哟，干吗呀，一见面就拿我们开心，怪不好意思的，哈哈哈……"

乙　这是大姑娘？

甲　这是大傻子！

乙　我说呢。

甲　这是我们平常生活里的笑，要是戏台上的笑就又不同啦，戏台上的笑是经过艺术加工了的。

乙　戏台上都怎么笑？

甲　两个字"夸张"，所有的剧种只要是老生笑都笑三声。

乙　三声？

甲　三生有幸嘛！

乙　咳，那是两码事。

甲　老生这么笑（左右手翻水袖）啊哈，啊哈，啊……呵呵呵呵……都得笑三声。

乙　不能多笑两声。

甲　别说多笑两声，多笑一声都不好听。

乙　我就不信，你来回四声的。

甲　抬杠！笑四声？

乙　四声。

甲　啊哈，啊哈，啊哈，啊哈……

乙　吃错药啦！

甲　不好听吧？

乙　也不好看。

甲　也没这么笑的。

乙　看来多笑了是不好听，少笑点儿就好听了！

甲　少笑点儿，笑几声？

乙　您来回一声的。

甲　一声，吓着你我不负责任。

乙　没关系，我胆儿大。

甲　一笑这样，（突然冲乙一张大嘴）啊！

乙　（大吃一惊）你要咬我这鼻子呀！

甲　冲观众更不好看啦！

乙　有道理！

甲　笑的种类也很多。

乙　有哪些笑法儿？

甲　有得意的笑，失意的笑，气笑，冷笑，奸笑，哈哈大笑……

乙　真不少。

甲　在戏曲人物的角色中还分为老生笑，青衣笑，小生笑，花脸笑……

乙　我明白了，不同的身份有不同的笑法儿。

甲　对！

乙　那我问你，什么叫得意的笑？

甲　举个例子，比方说，有这么一出戏，叫《朱砂痣》，讲的是老员外五十多岁了娶了个老婆，你说他能不高兴吗？

乙　当然高兴啦！

甲　他一高兴有四句唱，通过他的唱段就透出了他内心得意的情形。

乙　怎么唱？

甲　（唱）"今夜晚前后厅灯光明亮，有老夫年半百又做新郎，哈哈哈哈……"

乙　是够得意的。

甲　老头娶媳妇儿，那还不高兴，你根本就没这体会。

乙　你有?!

甲　那是，嘟……没有!

乙　一样啊!

甲　这是得意的笑。

乙　那么冷笑呢?

甲　有这么一出戏。

乙　什么戏?

甲　《审头刺汤》。

乙　这出戏哪位演员唱得好?

甲　马连良先生。

乙　马先生演的是谁?

甲　陆丙。

乙　那么汤勤呢?

甲　马富禄先生。

乙　好么双绝。

甲　审头这一场，陆丙说人头是真的，汤勤说人头是假的，陆丙和汤
　　勤两人争起来了。

乙　吵起来了。

甲　当时陆丙火儿了。

乙　急了。

甲　拿起笔来说，人头是真也是真，人头是假也是真，老夫就这样的
　　落案了! 汤勤站起来说了一句话，告辞!

乙　要走。

甲　哪里去? 回复严爷! 你怎样对他去说? 我就说你糊里糊涂的落了
　　案了。那严爷是狼? 他不是狼! 是虎? 它也不是虎! 虽然不是虎
　　狼但他有虎狼之威!

乙　嚯!

甲　马先生演到这个地方的时候，他一笑，笑得脸上的表情非常明显
　　而且逼真，同时把马派的特点表现得淋漓尽致。

乙　马先生是怎么笑的?

甲　"你待怎讲？"他有虎狼之威！"啊哈啊。哈，啊……哈哈哈哈……"（不动）

乙　您这儿干吗哪？

甲　等照相的哪！

乙　谁给你照相？

甲　万一有位要留个纪念，这镜头多么难得。

乙　你得了吧。

甲　这就是冷笑。

乙　小生笑有什么不同？

甲　小声嘛，就是小点声儿。

乙　不对吧。

甲　小生笑劲更足，所谓年轻气盛嘛，有的是劲儿，有劲儿没地方用全笑出来啦。

乙　别瞎说了！

甲　你没注意小生笑的时候，连肩膀带脑袋连鼻子带眉毛，甚至连耳朵都带动弹的。

乙　真费劲。

甲　丹田气足哇。

乙　太足了！

甲　再足就放炮了。

乙　汽车轮胎呀！

甲　叶盛兰知道吗？

乙　那是名小生啊！

甲　《西厢记》里张君瑞看见红娘他有一段自我介绍的台词，说完之后他很满意地一笑，就这一笑不吃三馒头笑不出来。

乙　饭桶！

甲　得用劲儿。

乙　您给学学小生笑。

甲　（念白）"啊……红娘姐……小生张君瑞，乃西洛人氏，年方二十三岁，正月十七的生日，我尚未娶妻呀……啊哈哈哈哈……"

乙　还真得用劲儿。

甲　不用劲笑出来您听着别扭。

乙　不用劲儿笑出来是什么味儿？

甲　没人味儿！

乙　啊！

甲　不信我给您现场表演。

乙　您来来。

甲　（念白）"红娘姐，小生张君瑞，年方二十三岁，我尚未娶妻呀呱呱呱呱……"

乙　这是笑？

甲　这是鸭子叫！

乙　别寒碜啦。

甲　青衣笑就不同啦。

乙　青衣呢？

甲　笑的时候用水袖挡脸不让你看见嘴。

乙　这还真没注意。

甲　青衣笑是这样，"（边鼓声）嗒嗒嗒嗒……得！"（用水袖挡脸）

乙　这简单！

甲　不是那么容易的，你要仔细观察。

乙　注意什么？

甲　注意我的眼睛。

乙　眼睛怎么啦？

甲　一边儿一个。

乙　全长在一边那是鳎目鱼。

甲　别看一边长一个，他有戏。

乙　有戏？

甲　对喽，注意"（边鼓声）嗒嗒嗒嗒……得！"（做飞眼）

乙　好！真不愧是秋波流慧。

甲　青衣笑最关键的就是捂着嘴。

乙　要是露出嘴来呢？

甲　惨不忍睹！

乙　我不信。

甲　青衣一笑都这模样儿，（边鼓声）"嗒嗒嗒嗒……得！"（龇牙咧嘴做怪相）

乙　这是青衣？

甲　这是画皮！

乙　怪物。

甲　这是笑。

乙　那么哭呢？

甲　也有艺术。

乙　哭的艺术。

甲　谭富英先生表演的《空城计》哭马谡一场有几句唱。

乙　谭派。

甲　（唱）"我哭哇，哭一声小马谡，叫，叫一声马幼常啊……"

乙　哭头。

甲　（接唱）"未曾出兵先立军状，可叹你为国家刀下身亡，马谡哇，参谋哇，马幼常啊……"

乙　这是哭马谡。

甲　诸葛亮哭马谡就得这么哭。

乙　您说得那也太绝对了。

甲　为什么？

乙　不真实，一看就知道这是演戏。

甲　那你说怎样才真实呢？

乙　换个哭法儿，跟我哭我妈那样。

甲　生活中那么哭。

乙　那是动真格的。

甲　马谡给斩了，诸葛亮心疼一哭这样："马谡，马谡，我的马谡哇……"（一边擦眼泪一边抱乙）

乙　行啦，行啦，别哭了！

甲　再哭这剧场就没人啦。

乙　谁买票跑这儿听哭哇。

甲　这是老生哭。

乙　青衣呢？

甲　也有哇。

乙　谁呀？

甲　荀慧生先生，他表演得不仅美而且媚。

乙　什么叫媚呀？

甲　就是哆。

乙　什么戏？

甲　《探晴雯》。

乙　《红楼梦》里的一折。

甲　晴雯是宝玉的丫鬟，北方人叫丫头，晴雯爱上了宝玉，宝玉也喜欢晴雯，可他们俩是主仆的关系。

乙　那阵儿可不行。

甲　但心中萌发的感情是无法阻挡的。

乙　可是狠心的王夫人知道以后把晴雯给赶出了贾府。

甲　晴雯病了，想喝口水都没人递给她，正在她孤苦伶仃病卧床上的时候，贾宝玉来了。

乙　这就是《探晴雯》。

甲　贾宝玉见了晴雯说了一句话，就这句是全剧的高潮。

乙　什么话？

甲　"玉兄在此……"

乙　听着亲切。

甲　晴雯抬头一看正是她的梦中人，她能不激动吗，她恨不得上去就把宝玉抱住。

乙　那就抱哇。

甲　不行啊，男女授受不亲啊！

乙　那就别抱啦！

甲　不抱可就再也没机会啦。

乙　那就抱哇！

甲　不敢啊！

乙　别抱啦！

甲　想啊！

乙　到了抱没抱哇？

甲　你说呢？

乙　我哪知道。

甲　对，就是这种复杂的心理，荀慧生先生用他那独有的表演艺术魅力，充分地把晴雯这个追求自由、幸福的女性完美地表现出来。

乙　这可不好演。

甲　哭。

乙　荀先生怎么哭的？

甲　唱着哭。

乙　新鲜。

甲　这句台词是"喂呀我的宝二爷呀"，注意我的面部表情。

乙　盯着啦！

甲　（锣鼓点儿）吧嗒……倾锵……（唱）"喂呀我的宝二爷呀啊……"
　　（哭腔儿，哭动作，哭表情）

乙　哎哟我的妈呀，你瞧这劲费的。

甲　戏剧的哭和笑是调动演员的情绪，引起观众共鸣的艺术手段。

乙　没错儿。

甲　演员在台上笑，观众跟着高兴。

乙　是这样。

甲　演员在台上哭，观众跟着掉眼泪儿。

乙　受感染了。

甲　过去有这么一种戏。

乙　什么戏？

甲　文明戏。

乙　什么叫文明戏？

甲　演员比较随便，不受剧种的限制，想怎么演就怎么演，演员在台
　　上笑观众在台下笑，演员在台上哭观众还是在台下笑。

乙　是吗？

甲　关键是他们说的话呀与众不同。

乙　有什么不同？

甲　他们说的都不是地球上面的话……

乙　不好理解。

甲　没法沟通。

乙　他们怎么说呢？

甲　拿腔作势（双手抱拳放胸前）"浩……"

乙　什么鸟叫唤？

甲　"浩……我是很想念你的，非常想念你的，我想你想得都想不起来
　　啦……"

乙　那就别想啦！

甲　你说这是哪儿的话？

乙　这是地球外边儿的话。

甲　这是台词，他的表演你更受不了。

乙　他怎么演？

甲　笑的时候，眼皮儿朝上翻，哭的时候还是眼皮儿朝上翻。

乙　不会干别的。

甲　咱们先说说笑，剧情是有这么两个人，一男一女，一对恋人。

乙　他们认识吗？

甲　不认识。

乙　那怎么叫恋人呢？

甲　那年头都是这样。

乙　什么事儿都有。

甲　这男的穿得漂亮，穿着西服扎着领带。

乙　穿西服还就得扎领带，这领带呀有一字领带，梅花领带……我说您这是怎么回事？（指甲胸前挂着的白手巾）

甲　这是领带。

乙　有这样的领带吗？

甲　定做的！你就甭管啦。（甲向上场门儿走几步转回在乙面前站住盯着乙）"浩……妹妹……"

乙　我是妹妹呀！

甲　"真没想到在这儿又碰到了你。"

乙　我天天都在这儿。

甲　"你长得是这样的漂亮。"

乙　您不会是老花吧。

甲　你长得好像……

乙　什么？

甲　"煤球儿一样。"

乙　咳！

甲　"我是很爱你的。"

乙　我是很怕你的！

甲　"我希望你能答应我的要求。"

乙　那恐怕办不到。

甲　"浩……"（扑向乙）

乙　（推甲）什么毛病！

甲　你跑什么？

乙　狼来了我还不跑。女的同意吗？

甲　同意了。

乙　还真同意啦！

甲　连考虑都没考虑。

乙　够快的呀！

甲　这位女士手里拿着一个小手绢。

乙　有多大？

甲　也就有这个手巾的八分之一。

乙　干脆您别拿了！

甲　象征性的，是个意思，双手放在胸前，肩膀往上一端脚尖儿挨地，脚后跟抬起来，侧脸就这模样儿。

乙　整个一摩登女郎。

甲　一说话这个味儿。"浩……请你不要讲下去了，我不是跟你说过了吗，我答应你的婚事，浩……"（原地转一周）

乙　您站稳了！

甲　我没血压高！

乙　我有。

甲　这是笑。

乙　那哭呢。

甲　比笑精彩。

乙　嘿！

甲　还是这个剧情。

乙　接着往下演。

甲　"妹妹……"

乙　又来啦！

甲　"你是答应了我的，如今你又答应了别人，我是不同意的，你是我的，我是你的，你不是我的我也是你的。"

乙　甩货！

甲　您再看女方的，左手搭在右胳膊上，右手拿着手绢，二拇指把手绢的一个角儿挽一圈儿然后放在左脸的颧骨上。

乙　干吗呀！

甲　擦眼泪呀！

乙　这不还没哭吗。

甲　她那意思早晚得哭，眼泪迟早得流下来，我放这儿，在半道儿上等着你。

乙　怎么琢磨的!

甲　"浩……"

乙　咱免了这个行不行,我是浑身发冷。

甲　"哥哥我是爱你的,我打心眼儿里爱你,可是我爸爸不爱你,我有什么办法,你难过我比你更难过,你说你不想活啦,我压根儿就想死,我说死就死,我死给你看,(突然抓住乙)嗷……"

乙　救命啊!

甲　别喊啦!

(王树田演出本　薛永年整理)

戏迷游街

甲　每个人都有自己的爱好。

乙　那是。

甲　不过您好什么都可以，可千万别过分。

乙　对，一过分就不好啦！

甲　过去我有一个街坊，老两口跟前有个儿子，知道这小伙子好什么吗？

乙　好什么？

甲　京剧。

乙　他特别爱看。

甲　不光爱好看，而且爱好唱。

乙　噢，还是个票友。

甲　票友也没他那样的。

乙　怎么哪？

甲　他是行、动、坐、卧、走、吃、喝、拉、撒、睡，完全离不开京剧。就连走路都打家伙点儿。

乙　好嘛，生活戏剧化了。

甲　一走路就这样……

乙　您给学学。

甲　（学）呛七，台七，呛七，呛七……你要和他说话。

乙　他怎么样？

甲　他得把家伙点儿切住。"呛七，台七，呛七，台呛。"

乙　好嘛！整个是一戏迷，

甲　是啊！人家都叫他戏迷。"戏迷，你这是干吗去呀？"

乙　他怎么说？

甲　（京剧道白）"啊，今日闲暇无事，不免去至大街走走，呛七，台七，呛七，台七……"他走了。

乙　有点儿意思！

甲　人家都说他是戏迷啊！我开始还不太相信，正好那天我没事，就对他进行了仔细的观察。

乙　观察得怎么样？

甲　不观察不知道哇！他这一天从打早上起来就一直没闲着，是处处没离开京剧。

乙　是吗？

甲　早上起来一睁眼，先来个"撕边儿"……

乙　撕边儿？

甲　"嘟，呛！"

乙　怎么意思？

甲　把被窝掀开了。

乙　是啊！

甲　穿衣服打"四击头"！"大台，呛，呛，大巴，呛，呛，台来呛。"（动作）

乙　这怎么回事？

甲　裤腰带系上了！

乙　好嘛！

甲　下地打个"五锤"，"大台，呛，台，呛，台，呛！"

乙　可算下地了！

甲　下地之后，早上起来一般都是洗脸刷牙。

乙　那是。

甲　这戏迷也是。洗完了脸，把牙刷拿起来，"吧嗒！"

乙　"吧嗒"怎么回事？

甲　蘸上牙粉啦！

乙　嘿！

甲　然后把牙刷往嘴里一放叫"水斗锣"，"大大一大呛，呛，呛，呛，呛，大大一大呛，呛，呛，呛，呛……大大一大呛，呛，呛，呛，呛，噗！"

乙　怎么还"噗"？

甲　腮帮子捅一窟窿。

乙　使那么大劲儿干吗呀？

甲　戏迷他妈过来了，"你呀！刷牙你都不老实！"

乙　可真是。

甲　"怎么啦？腮帮子捅一窟窿？我和你说，你这也是冰冻三尺，非一日之寒哪！"

乙　好嘛，敢情这位天天这么捅！

甲　得了，上点儿药，赶紧吃饭吧！

乙　吃什么呀？

甲　烙饼炸丸子。

乙　饭还真不错。

甲　吃饭这戏迷还不老实。这手拿饼，那手拿筷子夹了个丸子，"大，台。"

乙　怎么地？

甲　进去一个。

乙　嘿，好！

甲　大，台。

乙　又进去一个！

甲　大，台，大，台，台台台台一台台，台台台台一台台，再看这盘丸子——

乙　啊！

甲　全"台"进去了。

乙　这回饱了！

甲　饱是饱了，你想他光吃丸子，不吃饼，多咸哪！

乙　那是咸。

甲　咸了怎么办呢？干脆喝点儿凉水吧！来到水缸旁边拿水瓢舀了一瓢凉水……

乙　喝吧！

甲　喝水他也不好好喝，喝出来个"三眼枪"！

乙　"三眼枪？"

甲　就像戏台上喝酒一样，"干。""呛七呛个来台呛才一来呛！"

乙　干了！

甲　这一瓢凉水下去以后可坏了。

乙　怎么了？

甲　你想那咸丸子加上凉水，这肚子能受得了吗？

乙　是受不了！

甲　戏迷也觉得不好受，一捂肚子，打一冷锤，"呛！"

乙　什么意思？

甲　肚子疼。

乙　要闹肚子！

甲　戏迷冲他妈一拱手（学京剧道白）"哎呀，妈妈呀！孩儿腹内疼痛，要出大恭，速速给儿一张手纸。"他妈鼻子差点儿没气歪了，上厕所你也上戏韵哪？

乙　可真是！

甲　他妈也没办法，不给不行，给他吧！"给你！""接旨（纸）！"

乙　圣旨？

甲　手纸！

乙　手纸也接啊？

甲　接过手纸，打着"水底鱼"，"大台，呛台，呛个来台一台一台，呛个来台一台一台……"奔厕所就去了。

乙　他也不嫌累得慌。

甲　来到厕所一看，"哼……"

乙　怎么意思？

甲　全蹲满了！

乙　蹲满啦？

甲　他一看蹲满了，他在外边叫"乱锤"。

乙　乱锤？

甲　"大台……呛，呛呛呛，呛，呛呛呛。"

乙　这干吗呢？

甲　憋得直转悠。

乙　好嘛！

甲　等了半天，好容易起来一个……

乙　那就蹲那儿吧！

甲　他不价，他先唱。

乙　还唱？唱什么呀？

甲　拉屎的词，京剧的调。

乙　怎么唱的？

甲　（学京剧老生）霎时间只觉得腹内疼痛，

将身儿来至在厕所中，

用手解开裤腰带，

蹲在此处，我出大恭。（使劲）

乙　这怎么了？

甲　他那儿拉上了。

乙　咳！

甲　拉完屎再一看旁边的人，全走了。

乙　都吓跑了。

甲　别说里头那坑还蹲了个老头。

乙　还有一位。

甲　他一看老头，想起一出戏来。

乙　什么戏呀？

甲　《碰碑》。

乙　他拿这厕所？

甲　当庙了。

乙　拿那老头呢？

甲　当碑了。

乙　好嘛！

甲　他一指老头那脑袋（京剧道白）"这庙是苏武庙，这碑是李陵碑。"

老头一听，得，我要倒霉。

乙　可真是！

甲　令公吾至此，是卸甲又丢盔，待我碰死了吧！"崩登呛……"

乙　怎么啦？

甲　把老头撞粪坑里了。

乙　咳！

甲　他一看不好，撒腿就跑！

乙　你倒把老头拽上来呀？

甲　他不管了，慌慌张张跑到马路上。

乙　也知道自己闯祸了？

甲　正巧前边来了个小姑娘，手里捧了一盆白面，戏迷没注意，撞小
姑娘身上了，把小姑娘一盆白面全给弄撒了。

乙　好嘛！又惹祸了！

甲　小姑娘一看白面全撒了，能不哭吗？在那儿"呜呜"哭上了，他一看满地白面，小姑娘在那儿哭，又想起一出戏来！

乙　哪出？

甲　《走雪山》。（唱）小姑娘啼哭坐土台，

　　　　　　点点珠泪洒下来，
　　　　　　自幼未出阁门外，
　　　　　　鞋弓袜小步难挨，
　　　　　　思父想娘俱不在，
　　　　　　头上取下金钗来，
　　　　　　缠足带，忙松解，
　　　　　　轻轻刺破红绣花鞋，
　　　　　　老奴与你把路带，
　　　　　　一步一步往前挨。

乙　别说这戏迷唱得还真不错！

甲　戏迷正唱着呢！这时候来了一个警察。"什么事，什么事儿？"戏迷一看这警察，又想起一出戏来。

乙　又哪出？

甲　《铡美案》，这回好，拿那警察当陈世美了，拉着警察手就唱上了。

乙　怎么唱的？

甲　"驸马。"警察说："你什么毛病？谁驸马呀？"

乙　可说呢？

甲　（唱）驸马不必巧言讲，

　　　　　　现有凭据在公堂，
　　　　　　人来看过了香莲状，
　　　　　　驸马爷近前看端详。
　　　　　　上写着秦香莲三十二岁，
　　　　　　状告当朝驸马郎，
　　　　　　他欺君王，藐皇上，
　　　　　　悔婚男儿招东床，
　　　　　　杀妻灭子良心丧，
　　　　　　逼死韩琪在庙堂，
　　　　　　将状纸押至在了某的大堂上……

警察说："合着我这陈世美当定啦！"

乙　可不是吗？

甲　"咬紧了牙关你为哪桩？"

乙　他还唱哪！

甲　这警察心说："噢，我还非承认不可？"得了，你跟我走一趟吧！

乙　要抓戏迷？

甲　戏迷有功夫，一挣警察的手跑了。

乙　又跑哪去啦？

甲　跑回家去了！

乙　回家啦！

甲　他爸一看："呦，回来啦？上个厕所这么半天，这又不一定上哪儿唱去了？去吧，给我打酒去！"

乙　那就去吧。

甲　戏迷拿着酒壶打酒去啦！到了杂货铺打酒，老板娘问："打多少钱的酒哇？"老板娘一问多少钱，戏迷又想起一出戏来。

乙　什么戏？

甲　《武家坡》。（唱）这锭银、三两三，

　　　　　　拿回去把家安，

　　　　　　买绫罗和绸缎，

　　　　　　做一对风流的夫妻咱们过几年哪！

　　掌柜的一听怎么的，我媳妇归你啦？

乙　误会了！

甲　掌柜的胳膊粗，力量大，什么也不怕呀？我揍你小子吧！正好旁边有一个搓衣板，掌柜的操起搓衣板，按住戏迷，照着戏迷屁股啪！啪！啪！啪！就是四板儿，打完说："走吧，看你还占便宜不？"

乙　这回戏迷挨打啦！

甲　挨打可是挨打，戏迷又想起一出戏来。

乙　哪出？

甲　《四进士》。他去宋士杰："你叫我走？"掌柜的说："怎么我不叫你走，你还叫我走哇？连我媳妇带杂货铺都归你呀？"

乙　哪有那好事？

甲　走哇！公堂之上受了刑，

　　　　好似鳌鱼把钩吞，

悲切切出了都察院……

呛郎台来，呛郎台来……一边走一边摸屁股。

乙 打疼啦！

甲 回到家一进门，看见他爹、他妈，接着往下唱，这乐可大了去啦！

乙 怎么唱的？

甲 "只见杨春与素贞……"

乙 好，得！

甲 这回，拿他爸、他妈当他干儿子、干姑娘了。他爸说："这是什么辈儿啊？"

乙 真是！

甲 "我为你挨了四十板。"

他爸说："活该，到哪都唱戏找便宜，能不挨打？"

"我为你披枷戴锁边外去充军，

可怜我年迈人哪！"

这手一扶他妈，那手一扶他爸，"杨春，杨素贞啊！谁是我披麻戴孝人哪？"

乙 嘿！

甲 给他爸气的，合着你是我长辈长定了，这一会儿半会儿还变不过来了，我成你的披麻戴孝人哪？我哪有你这不孝的儿子，我打你吧！他爸抄起顶门杠就要打戏迷。

乙 这戏迷又要挨打。

甲 戏迷一看不好，撒腿就跑，他爸在后边就追，追来追去，追到前边有条河，河里有条船，戏迷"噌"上船了，他爸一看这你还往哪跑，拿着顶门杠也上船了，照着戏迷就打，戏迷有功夫，手疾眼快，把顶门杠给抓住了。

乙 真不简单。

甲 他爸说："你撒手！"戏迷说："我不撒，我一撒手，你就打我。"

乙 多新鲜啊！

甲 他爸说："你给我！"戏迷说："我不给。"两人在船上一抢，船这么一晃悠，戏迷又想起一出戏来。

乙 哪出？

甲 《落马湖》。（唱）海水滔滔波浪翻，

山高万丈遮满天，

落马湖好一似森罗宝殿，

三面是水一面近靠山，

上有铜网，下有铁索链，

有的是劲弓、药箭、硝石、埋伏它们藏在水里边，

大头于亮江边打探，

打探这假扮买卖、客商、赃官"施不全"。

这才是苍天这不称了某的愿……

大七，大七，咚！

乙　怎么回事？

甲　把他爸爸踹河里去了。

乙　是啊？

（金涛述　新纪元整理）

山东二黄

甲　相声这种艺术，不仅是一种说的艺术，而且也是唱的艺术。

乙　对，讲究说、学、逗、唱嘛。

甲　所以说相声是一种综合性的艺术。在地理的方面，一般分南昆、北弋、东柳、西梆。

乙　是啊？什么是南昆、北弋、东柳、西梆呢？

甲　南昆就是昆曲，北弋就是弋调，东柳就是柳子腔，西梆就是梆子腔。

乙　您能不能给我们具体地解释一下？

甲　可以。南昆听过吗？

乙　没有。

甲　《古城会》这出戏看过吗？

乙　看过。

甲　《古城会》里面的关公唱的那个曲调就是昆曲。

乙　您能不能给学一学。

甲　可以，一唱就这味儿（学唱昆曲）："叫马童，你与爷忙把路引，大摇大摆走进了古城。……"

乙　好，这就是昆曲。

甲　对，关老爷就得唱这个。您听这腔调粗犷深沉，适合关老爷的身份！

乙　比如说关公不唱昆曲，唱别的腔调不行吗？

甲　那哪儿行，关老爷唱别的腔调就不严肃了。

乙　我看一样。

甲　是吗？咱们换个曲调，叫关老爷唱评剧。

乙 当然好啦，评剧大家都爱听。关老爷唱评剧一样，要大胆革新嘛。

甲 嘻！你怎么净胡出主意？怎么改关老爷唱评戏也不好听。

乙 一样，不信你唱，用昆曲的词儿，评剧的调儿，照样好听。

甲 好，我唱你听听（学唱评剧）："叫马童，你与爷忙把路引，大摇大摆我走进了古城。"

乙 您这是关老爷？

甲 不，我这是舅妈。

乙 嘻！怎么舅妈也来了？

甲 多新鲜！关老爷有唱评剧的吗？

乙 倒是不好听。

甲 完了吧？这是南昆。

乙 北弋呢？

甲 北弋就是弋调高腔。这种艺术现在没有唱的啦，可以说失传了。

乙 什么是东柳？

甲 东柳就是柳子腔，到了过年过节的时候，赶庙会，您听吧，净唱的，一唱就这味儿（学唱）："大年初一头一天，小妹妹跪在姐姐面前，姐姐伸手忙搀起，走上前拉衣衫，慌忙掏出压岁钱，哼嗻哎嗻哟，一奶同胞拜的什么年哪。"（白）斗斗七斗七斗锵。

乙 嘿！还带锣鼓点儿的！噢，这叫东柳。西梆呢？

甲 西梆就是梆子腔。其实梆子的种类很多，有山西梆子，山东梆子，河南梆子，河北梆子；大梆子，冷梆子，鞋帮子，菜帮子，老帮子……

乙 您等会儿，这老梆子是什么梆子？

甲 老梆子就是老调的梆子。

乙 噢，老调的梆子啊！

甲 因为梆子的种类很多，唱起来也是各有特色、各有千秋的。

乙 是啊？您给学一学山西梆子怎么样？

甲 可以。这回我给大家学一段山西梆子，这名字叫《绕口令》。这段可不好唱。内容是两个大姑娘，一个卖油的，一个赶牛的，用她们来编一个绕口令，一唱就这味儿（学唱山西梆子）。"闲来无事……"

乙 您等会儿。这是什么词儿？

甲 闲来无事，用山西方言唱叫"详来误四"。

乙　噢，这是山西话。叫详来误四，那么最后那个"哼"是怎么回事儿？

甲　那是甩的那个酸腔儿。

乙　噢，是那个酸腔儿。

甲　对，您注意那个酸腔儿。（唱）"闲来无事大街溜，在大街碰见了两个姐姐。大姐姐赶着一群牛，二姐姐肩担着两篓香油。大姐姐赶牛牛惊了，碰倒了二姐姐两篓香油。二姐姐这里破口将她骂，直骂得大姐姐满脸含羞。大姐姐手持皮鞭将她打，直打得二姐姐头破血溅。二姐姐公堂鸣冤事，遇见个大老爷他也姓刘。刘老爷又派刘班头，一道在大街之上去拿大姐姐。大姐姐被拿到大堂口，直打了她六千六百六十六皮头，头破血流哪一呀哼嗜，哪一呀哼嗜嗜嗜哪一呀哼嗜——嗜。"

乙　嘿！这个酸腔儿又来了！这就是山西梆子！

甲　对，您听山西梆子的地方特色多么浓郁。

乙　对，乡土味儿是够浓的。

甲　山东梆子也是属于地方剧种，它的腔调听起来粗犷豪放，有浓郁的乡土气息。

乙　你学两句。

甲　好，我给大家学一段，叫《陈州放粮》。

乙　噢，包公戏。

甲　对，包公一唱都这味儿（学唱山东梆子）："包文正上了锅台，伸手拿起个馍馍来。咬一口，黏歪歪，八成里边有荞麦，有呀荞麦……"

乙　嗬！山东味儿还真足。

甲　是吧？这是山东梆子。还有一种山东地方戏叫"拉魂腔"。

乙　拉魂腔？

甲　对。

乙　怎么叫拉魂腔？

甲　说句迷信的话，要有魂儿都能把魂儿给您拉走。

乙　是这么解释吗？

甲　反正这个唱腔够吸引人的。有一出戏叫《梁山伯与祝英台》，用山东拉魂腔一唱，还是有特色的。

乙　是吗？您给学学我们听听。

甲　可以。梁山伯担着两箱子书在前边走，祝英台在后边跟着。梁山伯唱啦，您听拉魂腔就这样唱（学唱）："那个太阳出来紫微微呀紫呀紫地微呀，从山上走下一对学生来。在那前边走的本是我梁山伯（念北儿），梁啦山地北儿呀，梁啦山地北儿呀，在那后边紧跟祝英台呀哝个呀胡嗜——唉。"

乙　嗜！这个腔儿还真够吓人的！噢，这是山东拉魂腔。

甲　山东的地方戏不但唱腔好听，而且山东人讲话也很好听。山东人说话是宏音正韵，山东人说话爱用大辙。

乙　是吗？

甲　是啊。跟咱们北京人正相反，北京人说话爱用小辙。比如吃水果吧，咱们叫吃桃儿，吃杏儿，吃鸭儿梨，全是小辙儿。山东人反了，全是用大辙。

乙　用大辙？要吃桃儿？

甲　叫吃桃。

乙　吃杏儿？

甲　叫吃杏。

乙　吃鸭儿梨？

甲　吃鸭子梨。

乙　噢，全是大辙。

甲　也不完全是大辙，要说吃萝卜跟咱们就相反了。咱们叫吃萝卜。

乙　山东呢？

甲　山东人叫吃个脆萝卜儿。

乙　嘿！这个改了小辙了。

甲　就是嘛。山东人还有几个字不分。

乙　哪几个字不分？

甲　"张""姜"不分，"油""肉"不分。比如说他姓"张"，你问他："您贵姓？""咱姓姜（张）。""噢，您姓姜？""不是，咱姓姜（张）。""是啊，您不是姓姜吗？""不是姓姜，咱姓姜（张）。""您姓哪个姜啊？""咱姓弓长姜（张）。""噢，弓长张啊？""对，弓长姜（张）。"还是姜。

乙　对，"张""姜"不分。还有什么字不分。

甲　还有"油""肉"不分。"油"他们念"右"，"肉"也念"右"，这两个字分不开。还真是这样。从前我们住的那条街上有一家大肉铺，就是山东人开的。

乙　对，卖肉的山东人多嘛！

甲　这个肉铺的掌柜的就是山东人。那时候论岁数来说我还得叫他大爷。

乙　是啊？

甲　有一次我跟他开个玩笑，我拿一块钱，要买他两块钱的东西。

乙　那怎么买？

甲　我一进门，就说："大爷，您给来一块钱的'肉'。"他把刀拿过来了："咱给你割一块钱的'右'（肉）。"这不是一块了吗？

乙　对啊。

甲　"我说大爷，您再给我来一块钱油脂'油'。"他又把刀拿起来了："咱给你割一块钱的'右'（油）。"

乙　还是"右"！

甲　这不是两块钱吗？我扔那儿一块钱就走。他一看钱不对，他叫我（学山东话）："你回来，钱给了吗？""那不给您了嘛！""我知道你给我了，你给的是'右'（肉）钱，那个'右'（油）钱你给了吗？"我说："是啊，那不是给您扔那儿了吗？""我知道，你给的是'右'（肉）钱，那个'右'（油）钱没给，不是，你给了'右'（油）钱没给'右'（肉）钱，'右'钱给了，还没给'右'钱，那个'右'钱什么我不要啦！"

乙　他怎么不要啦？

甲　他舌头绕不过来啦。

乙　嗐！

甲　后来我说："大爷，我这是跟您开个玩笑，再给您一块吧。"你可别看人家这几个字说不上来，可是我一细打听，我都惊讶了。

乙　怎么啦？

甲　这位肉铺掌柜的唱京剧唱得最好，是当时有名的票友。

乙　是啊？

甲　不过他唱的京剧和一般的京剧不一样，他是用山东地方方言来演唱京剧的，他的唱腔特点是难度大，功夫深，听起来真是别具一格。

乙　是啊？他唱什么戏最好？

甲　有一次，我听他唱了一段《桑园会》。

乙　也叫《秋胡戏妻》。

甲　对。他唱的跟京剧完全不一样。比如说，京剧的《桑园会》是这样的，台上是罗敷女在攀桑，秋胡上场，（打小锣）台，台，台，台令台令令台，（唱西皮流水板）"秋胡打马奔家乡，行人路上马蹄忙。坐立雕鞍用目望，见一位大嫂手攀桑，前影儿好像罗敷女，后影好像我妻房。本当下马将妻唤……"（白）且慢，（唱）"错认了民女罪非常，"（白）"大嫂请了。"是不是这样唱？

乙　对，京剧是这样唱。

甲　这位肉铺掌柜的可不这么唱。

乙　他怎么唱？

甲　他用山东地方的方言来演唱，听起来真是别有风味。

乙　嘿！这可有意思。

甲　不过这里边有些字得要向观众交代清楚。

乙　哪些字？

甲　比如说秋胡的"秋"不能念"秋"。

乙　念什么？

甲　（用山东方言）那得念"求"。

乙　嗬，是够费劲的！

甲　"日"字不念"日"，那叫"义"。"我"字不能念我，要念"咱"，"咱家"就是我的意思，辙还不一样哪，刚才我唱的京剧《桑园会》的辙是"江阳"辙，用山东方言演唱是"一七"辙。

乙　"一七"辙多窄！

甲　对啊，您别瞧辙窄，这里头词儿特别丰富，这里开玩笑的，口头语的，打嘟噜的都有，比京剧的词儿多五倍，就是那个肉铺掌柜的唱的。

乙　你给学学。

甲　好，您注意听。（学山东方言唱）"秋胡打马奔家里，行人的路上马不停蹄。都只为家贫难度日，因此上我抛家抛父抛母又抛妻，我一到那秋园里，秋五爷见咱龙心喜，他命咱头戴纱帽、身穿蟒袍、腰横玉带、足蹬朝靴、做官儿在朝里。他命咱回家探母去，他叫咱早去早归回朝里。行一步来至在桑园儿里，见一位美大嫂，身穿着蓝布衫儿，腰系着白布带儿，手攀桑枝儿捋桑叶儿，她一捋、一捋地捋在了竹篮儿里。看前影好像罗敷女，看后影好像咱的妻，本当下马将妻认……"（白）"咱说儿他妈，且慢。"（唱）"错认了民女不能依。"（白）"哎，我说请问大嫂，你给了'右'钱，那个'右'钱给了吗？"

乙　他又来！

（姜宝林整理）

王二姐思夫

乙　八月中秋白露，路上行人凄凉，小桥流水桂花香，日夜千思万想，心中不得宁静，清晨早念文章。十年寒苦在书房，方显得才高智广。说这么两句上场白。这回呀，我说一段单口相声，笑话。这个大笑话有长篇的，像什么《官场斗》哇，什么《张广泰回家》《搓淘气儿》《古董王》《糊驴》《老虎拜把兄弟》呀。这个呀，都是接着能说好几段的。另外，还有单段的。单段有什么《柳罐上任》《财迷老爷》呀，《文庙》啊……

甲　登，登，登，嘣，嘣嘣嘣，七八嘣嘣。得噔，得噔，噔个噔个噔个得儿噔咚哩根噔，噔个噔个噔……（学大鼓）

乙　这位谁请来得呀？

甲　嘣嘣嘣嘣嘣，七八嘣嘣嘣。

乙　还带着鼓哪？

甲　（唱）八月里秋风啊，真正凉。

乙　不弹唱上了！

甲　（唱）一场白露哇，严霜那么一场。

乙　乐亭大鼓，有意思。

甲　嘣嘣，七八嘣嘣嘣（唱）小严霜单打独根的草哇，"挂大扁儿"甩子就在荞麦叶上啊……七八嘣嘣嘣。

乙　还没准主意哪。

甲　得噔，得噔，得噔登哩个噔。噔个噔个噔个噔个……

乙　这玩意好，省弦子。就是费腮帮子。

甲　七八嘣嘣嘣……

乙　又来了，又打上了。

甲　登得个噻得登（唱）小燕飞南北知道寒暑哇……

乙　《王二姐思夫》。

甲　（唱）二姐在房中，盼想才郎……

乙　我听过这段。

甲　登哩根噻得登，嘣嘣七八嘣嘣。

乙　这句就别打鼓了。

甲　嘣嘣……

乙　这行了，得，鼓给捅破了，这就别打了。

甲　噻个噻个……

乙　又弹上弦子了？

甲　噻个噻个噻个，七嘣……

乙　甭打了，鼓破了你还打什么呀？响不了了。

甲　（学翻个动作）嘣七嘣嘣七八嘣嘣……

乙　翻个了！

甲　的噻的噻，噻个噻个哩根噻个噻。（唱）苏州城住着一个王员外……

乙　王员外。

甲　（唱）家大豪富有余粮……

乙　是这词儿。

甲　（唱）膝下无儿所生两个女呀……

乙　对。

甲　（唱）长大成人哪，都配了才郎啊，七八嘣嘣嘣……噗。

乙　得，又破了。这回没用了。

甲　得噻……

乙　没用了你还响得了吗？扔了吧！

甲　嘣七八嘣七八嘣嘣…

乙　还带着一个哪？好嘛，又打脖子下摘下一个来。

甲　（唱）二姑娘许配了张庭秀……

乙　张庭秀，对。

甲　（唱）大姐姐许配了贼子赵囊……

乙　赵囊。

甲　（唱）赵囊他有钱捐官，就在南京把官做……

乙　是呀？

甲 （唱）大姐姐掌印是个官娘……

乙 官娘。

甲 （唱）二哥哥也到南京去赶考哇!

乙 怎么样?

甲 （唱）一去六年他老没还乡。

乙 没回来。

甲 七八嘣嘣七八嘣嘣……

乙 忘了就打鼓!

甲 得噻得噻，噻个噻个噻个（唱）二哥哥去了一天我在墙上画了一道儿……

乙 留个记号。

甲 （唱）两天不来道儿成了双……

乙 画俩了。

甲 （唱）二哥哥一去六年整……

乙 怎么样?

甲 （唱）横三竖四画满了墙……

乙 好，六年了。

甲 （唱）若不是二老爹娘管奴管得我们紧哪……

乙 怎么样?

甲 （唱）将道儿画在了大街上啊……哎。

乙 满街画道去?

甲 嘣嘣七八嘣嘣……登哩个登个哩登……

乙 这玩意儿累不累得慌? 一个人穷忙啊。

甲 （唱）王二姐，泪汪汪……

乙 哭了。

甲 （唱）思想起我的二哥哥老没还乡……

乙 那有啥办法呢?

甲 登……拉巴拉巴登。

乙 嘿!

甲 （唱）想二哥想得我一天吃了八斤饼……

乙 八斤?

甲 （唱）想二哥一顿喝了四盆汤。

乙 好家伙! 大力神哪?

甲　（唱）八斤饼，四盆汤吃完了觉得有点撑得慌。

乙　是撑得慌。

甲　（唱）我的二哥哥……

乙　啊。

甲　（唱）有官没官你回来一趟啊。

乙　回来干吗？

甲　（唱）你搀着二妹妹我就上趟茅房啊。

乙　没听说过。

（侯宝林　刘宝瑞录音稿）

哭四出

甲　曲艺的形式简单。

乙　是。

甲　有梅花大鼓，有快板、相声。

乙　不错。

甲　有时调，有单弦。

乙　说的，唱的，练的全都得要有。

甲　听京戏也一样，头一出是武戏《三岔口》。

乙　为提人的精神。

甲　二一出换一出……

乙　换的是？

甲　《女起解》。

甲　唱功戏。

甲　三一出滑稽的《小放牛》。

乙　逗乐。

甲　最后全部的……

乙　什么？

甲　《将相和》。

乙　您听这戏多好哇！

甲　看戏的也觉得过瘾。

乙　不错。

甲　可也有不这样演的。

乙　是吗？

甲　从开始呀到结束全是武戏。

乙　那就千篇一律了。

甲　关键是武戏都搁一块，观众受不了哇！

乙　噢，是了！

甲　你比方说全是武戏，头一出一开《三岔口》，观众欢迎，好，嘿好！

乙　是好！

甲　换了。

乙　换的是？

甲　《白水滩》。

乙　嗬！好！

甲　嗬！又换了！

乙　又换什么了？

甲　嗬，嘿《挑滑车》。

乙　还武戏？

甲　又换了，《闹天宫》。哈哈哈哈……（比画）

乙　怎么啦？

甲　一比画，把旁边那位给划拉着了，我说你留神街坊啊？

乙　对呀！看来都是武戏不行。

甲　要都是苦戏搁一块也受不了。

乙　哎，苦戏那才感人哪！

甲　您错了。

乙　怎么啦？

甲　人都有同情心。

乙　那是。

甲　尤其是女的一般都心软。

乙　哎，是呀！

甲　可男的也有心软的！

乙　啊！是啊！

甲　我有个街坊就这样，天津人，一听苦戏，在戏园子里就放声痛哭。

乙　哟，好嘛，他放声痛哭，别人怎么听啊！

甲　所以，人家给他出了个主意。

乙　什么主意？

甲　这戏演得特别悲，特别惨，心里特别难过怎么办？

乙　怎么办呢？

甲　跟旁边听戏的，不管认识不认识，你就和他说话。

乙　噢。

甲　这么一聊天，一会儿这难受劲就过去了。

乙　这办法不错。

甲　那天听去了。

乙　赶上的什么戏？

甲　头一出就是苦戏。

乙　什么呢？

甲　《杀庙》。

乙　噢，《秦香莲》里的一个片断。

甲　尤其韩琪在庙里头一拿刀要杀秦香莲的时候。

乙　啊！

甲　两个孩子吓得直哭。

乙　嘿！

甲　秦香莲跪在地上是苦苦哀求。

乙　是。

甲　我们的街坊受不了了。

乙　啊。

甲　这戏没法听您了，听一会儿，我简直都听不下去啦！

乙　好嘛！

甲　我跟您说这个戏从小我就听。

乙　噢，是是。

甲　我姥姥还抱着我就听这戏。

乙　嚯，听那么些年了。

甲　这出戏全部的叫《秦香莲》。

乙　是呀！

甲　这戏嘛内容呢？

乙　噢！内容是？

甲　说明秦香莲是一个了不起的人物。

乙　那是。

甲　她老家是湖北荆州的。

乙　对呀！

甲　她那丈夫是陈世美。

乙　不错。

甲　到东京去赶考去了。

乙　东京赶考嘛！

甲　听说湖广到东京这道儿，可不近您了。

乙　湖广荆州到东京远了。

甲　千里迢迢。

乙　是呀！

甲　漂洋过海，到东京一看，还不如大阪呢！

乙　你怎么把陈世美给弄到日本去了？

甲　东京在哪儿您了？

乙　宋朝那会儿是东京汴梁，现在的河南开封。

甲　您原谅我没出过门。

乙　好嘛！

甲　到东京以后，这小伙子，我告诉您了啊！

乙　啊！

甲　一下子当官了。这官还真不小。

乙　是了！

甲　又和皇上的姑娘结婚，成驸马了。

乙　哎！是是！

甲　平步青云，一步登天。

乙　啊！

甲　可还有一样，家里还一大家子人呢！

甲　这秦香莲可倒了血霉了，荒旱不收，她公公、婆婆都饿死了。

乙　是呀！

甲　秦香莲哪，实在是过不了了。

乙　那怎么办？

甲　把公婆埋了，领两个孩子找陈世美来了。

乙　找到京城。

甲　那时候没有火车。

乙　多新鲜哪！

甲　而且过去的女人都裹脚。

乙　哎，缠足嘛。

甲　领着孩子，扭搭扭搭就来了！

乙　够多难哪！

甲　好容易见到了陈世美。

乙　可不！

甲　几年没见面了，说说心里话。

乙　唠唠家常。

甲　刚要说话，陈世美一看秦香莲变脸了。

乙　啊！

甲　赶了出去。

乙　嚯！

甲　（大哭）给赶出去了。

乙　咳！

甲　连口水都没给喝呀！

乙　这像话吗？

甲　谁，你就赶出去，两口子啊！

乙　嗯！

甲　一日夫妻百日恩，百日夫妻似海深。

乙　哎，不假。

甲　是不是，人家秦香莲哪点儿对不起他？

乙　说的是呀！

甲　给你生儿养女，多好的小媳妇！

乙　嚯！

甲　过日子人哪！你说陈世美那小子懂吗？

乙　真是不懂嘛！

甲　不懂人情！

乙　噢！

甲　别说两口子您了！

乙　啊！

甲　就是街坊邻居赶到我们家，起码管顿饭吃。

乙　这是不假。

甲　别说吃好的您了，哪怕来顿疙瘩汤哪！

乙　没听说过。

甲　他为嘛这样做？

乙　原因是？

甲　这小子喜新厌旧。

乙　哎，是呀！

甲　实在对不起您。

乙　哎。

甲　一看这戏，我心里就难过！

乙　用不着难过，不能光唱这一出。

甲　说得对。

乙　待会儿换个戏就好了。

甲　有理，一换戏心情就好了。

乙　是呀！

甲　换了。

乙　这出是？

甲　《孟姜女》。

乙　好嘛，又是苦戏呀！

甲　（哭）孟姜女哭倒了万里长城啊！

乙　咳！

甲　小两口刚结婚三天丈夫就给抓走了。

乙　这是民间的传说。

甲　一看这戏我也受不了！

乙　好在这个戏不长，盼着再换戏不就行了吗！

甲　这不换了吗？

乙　什么戏？

甲　《窦娥冤》。

乙　还是苦戏。

甲　有句俗语叫"我比窦娥还冤"。

乙　不错。

甲　您说窦娥多冤？

乙　那是。

甲　啊！今天这票价我是花着了，我哭痛快了！

乙　您别难过了！再换戏就好了！

甲　我能不难过吗？那都唱上了。

乙　什么戏？

甲　《铁莲花》呀。

乙　全是苦戏啊！

甲　这戏又叫《扫雪打碗》。

乙　对呀！

甲　那马氏愣用铁莲花把刘子忠压死了。

乙　是够惨的。

甲　啊！我比他还惨呢！

乙　怎么哪！

甲　我哭了一晚上，还不惨哪？

乙　惨。

甲　以后我再也不来了。

乙　怎么哪？

甲　我这哪是听戏来啦？

乙　那你这是？

甲　吊孝来了！

乙　是呀！

（根据赵佩茹　于宝林演出本　新纪元整理）

玉堂春

甲　我这个人哪！就是爱听京剧。

乙　是啊？

甲　京剧这里边有文章，学问可太大了！

乙　确实不小！

甲　你比方说那鼓师，打鼓佬往那儿一坐，千军万马都在他这两根鼓
　　楗子上哪！

乙　哎！

甲　那么这两根鼓楗子有多长呢？

乙　多长？

甲　七寸六分。

乙　它为什么是七寸六分呢？

甲　打人的"七情六欲"。

乙　有讲究。

甲　另外，唱京剧呢？讲究湖广音，中州韵，说出话来得上口。

乙　上口？

甲　有些个字呀，跟咱平常说话不一样，您比方说"有"他不说"有"。

乙　他说？

甲　有（读九），"登"他不说登，他说登（读扽）。《艳阳楼》这出戏
　　厉慧良先生拿手，还有一位老武生……

乙　谁？

甲　孙毓堃。

乙　那可是大武生。

甲　《艳阳楼》高登，高登报名不能说"登"得"扽"！

乙　对。

甲　某高登（扽），上口！

乙　那是。

甲　说"登"难听，某高登……啪！

乙　双响啊！

甲　还有《三娘教子》。三娘唱的时候，我哭，哭一声老薛保，叫，叫一声老掌家。

乙　啊！

甲　老薛保，老薛保唱的时候，不能唱"薛保"。

乙　那唱什么？

甲　他得上口：薛（音唱"学"）保，老薛（音唱"学"）保，我哭，哭一声老薛保，叫，叫一声老掌家啊……是不这味？

乙　真是！

甲　（唱）小奴才，下学归，我叫他拿书来背，谁想他一句也背不出来，手持家法未曾打下，他、他、他倒说我不是他的亲生的娘啊！您听我唱得怎么样？

乙　好。

甲　不但您说好，连张君秋先生，听完我这两句青衣，马上挑大拇哥！

乙　是呀？

甲　××啊！你唱得太好了，你是个相声演员，天天老说嗓子横了！

乙　哎！

甲　能唱青衣这个味道，不简单！

乙　不错了！

甲　百里挑一，哎呀，人才呀，张君秋先生听完我这两句《三娘教子》，马上给我一个金戒指。

乙　那是奖励你。

甲　我又给了他一千块钱！

乙　噢！你买戒指哪？

甲　我唱青衣唱不好，过去我唱老生。

乙　唱老生的。

甲　不过，咱这儿有唱得好的。

乙　谁呀？

甲　远在天边，近在眼前，就是我们这位（指乙）×××先生。

乙 不行不行，我不行。

甲 您别谦虚，大伙喊个好怎么样？

乙 我实在是不行，我这个嗓子不行。

甲 你要是不唱的话，你可不给大家面子。

乙 那好，今天哪，你知道我的底儿，也就是在××，别处我还不露，可是我这个嗓子不怎么样？

甲 嗓子不怎么样，咱慢慢遛遛。

乙 啊，咿，啊，咿，差点儿。

甲 咱不光听唱，更主要的是看身段，您看程砚秋先生，不光唱得好，而且身段好。

乙 对。

甲 咱这回叫他来一回连身段的带唱的，我给你配戏。

乙 那好，您给我配戏。

甲 咱唱什么戏呢？

乙 咱俩来一回《宇宙锋》吧！

甲 《宇宙锋》我来赵高，您来赵艳容，还有哑奴，皇上，不行，人太多，咱找一个就咱俩人的！

乙 《贵妃醉酒》。

甲 《贵妃醉酒》得八个宫女，没有啊！

乙 那么咱唱一出《大登殿》。

甲 《大登殿》？也是人多，干脆我挑戏，咱唱回《玉堂春》，这大青衣戏怎么样？

乙 行行！

甲 几位欢迎不欢迎？

乙 咱就唱《玉堂春》。

甲 《玉堂春》咱打哪唱啊？

乙 嫖院。

甲 从"嫖院"一直到"团圆"？太长唱不了，咱就唱一折。

乙 唱一折？

甲 主要是看您身段，听您的唱。

乙 一折，唱哪儿呢？

甲 咱唱"起解"呀，"苏三起解"。

乙 起解您演谁呀？

甲　我崇公道。

乙　行，那我就苏三哪！

甲　那咱现在就开始啊！咱要彩唱，换服装，换行头，可就来不及了。

乙　这没有啊！那怎么办呢？

甲　咱就凑合吧！您苏三起解那点儿，您的罪衣罪裙，您就把您这大褂一撩……

乙　这大褂一撩、一掖这就代表罪衣罪裙了？

甲　对。这玉堂春，苏三她是个犯人。

乙　那是。

甲　犯人得戴着锁链子，咱没有锁链子，咱就凑合着。

乙　怎么办？

甲　咱拿这手绢当链子。（把手绢系在乙的脖领子上）

乙　就是意思意思！

甲　主要是听您唱，看您的身段，我是崇公道，我领着你。

乙　咱们开始唱吧。

甲　唱……唱不了！

乙　又怎么啦？

甲　一般唱青衣的，这个儿不能过分高，要高了，傻。

乙　傻？

甲　您这个儿有多高？

乙　一米七四。

甲　好家伙，一米七四，玉堂春一米七四，太高了。

乙　我就这么高，那怎么办？

甲　青衣，花旦，不能太高了，小姑娘太高不好看。你稍微低一点儿……

乙　低不了！

甲　您蹲着点儿。

乙　下蹲？这就行啦？

甲　唉！好！

乙　开始唱吧。

甲　唱吧……唱不了！

乙　又怎么了？

甲　玉堂春起解，您得戴着鱼枷呀？

乙　是呀！

甲　没有鱼枷，那怎么能叫苏三起解？你俩手这样那怎么唱？

乙　那怎么办？

甲　苏三离了洪洞县！

乙　对呀！

甲　您这么唱成溜达了，你得戴鱼枷。

乙　没有鱼枷呀！

甲　后台搓板有没有？

乙　搓板？

甲　这样，我有一主意，您把袖子挽起来，您手大，您把您这俩手往前边这么一搁（学猴），这就代表鱼枷了。

乙　啊！把手往前一搁？

甲　对啦！

乙　唱吧！

甲　还唱不了。

乙　怎么又唱不了？

甲　玉堂春，苏三那是美人儿，王金龙爱她，离开好几年了还想呢！

乙　是啊？

甲　玉堂春，长得漂亮，高鼻梁，大眼睛，樱桃小嘴儿。

乙　对！

甲　您张嘴我瞧瞧。

乙　啊！

甲　您瞧瞧你这嘴，扔俩窝头进去，谁也不挨谁。

乙　我是狗熊啊？

甲　您得樱桃小嘴儿。

乙　我的嘴就这么大呀。

甲　你嗫着点儿。

乙　好，嗫着点儿。（学）

甲　不行还大，你最好嗫一尖儿。

乙　这样行不？（学）

甲　对，对，对。

乙　唱吧。

甲　唱不了。

乙　怎么了？

甲　玉堂春，水灵灵俩大眼珠子。滴溜乱转，你这俩眼像死羊眼似的。

乙　我就这个眼哪！

甲　没有神哪！您往这儿一蹲，俩眼得这样（学眼乱转）得乱瑄摸。

乙　您这是不是有点过火了？

甲　没事，大伙儿爱看，你蹲下试验试验，来一遍。

乙　我试试。（学一遍）

甲　好好好，对了，就这样。

乙　咱就唱吧？

甲　开始唱……唱，我没有锣呀？我就凑合着拿这个扇子当锣。

乙　代表锣。

甲　把您打里边牵出来，我打锣呀，您就唱……

乙　好好好。

甲　玉堂春开始了啊！

乙　（学猴）

甲　哐哐哐，哐哐哐，哐了令哐令令哐，小小毛猴闯三关，出家就在花果山，哐了令哐令令哐，花果山上有来头，学一个小孩儿打架翻跟头！（打乙）翻跟头！翻哪？翻哪？

乙　我实在受不了啦！您这是玉堂春吗？

甲　我这要猴。

乙　去你的吧！

（李伯祥　孙少臣演出稿）

乌龙院

甲　相声这个艺术简单。

乙　穿个大褂就行了。

甲　穿上大褂，脸上也甭擦粉。

乙　也甭化妆。

甲　也别点胭脂，只要你把嘴带出来就算完成任务了。

乙　这不废话吗？有把嘴忘家里的吗？

甲　我们就不行了，麻烦了。

乙　你是干什么的呀？

甲　看不出来？往这一站，这个意思，这风度，这个派头。

乙　您是？

甲　唱京戏的这么一个大老瘪。

乙　"老瘪？"

甲　大老板。

乙　唉，这像话。

甲　咱还是科班。

乙　哪坐科？

甲　北京知道吗？我那儿的。北京坐科。

乙　什么科？

甲　妇科。

乙　妇科？咱们差不离。

甲　你也妇科？

乙　我儿科。什么叫妇科呀？

甲　富连成那科的。

乙　富连成一共七科学生哪。你是哪一科的？

甲　第四科呀。

乙　"盛"字的。

甲　对，看来你还真内行。我们这几个戏班同科的都是"盛"字的。裴盛荣、叶盛兰、李盛藻、叶盛章。

乙　孙盛武、马盛龙、杨盛春、贯盛习，这可太多了。

甲　没有"糠货"全是"角"。

乙　那您叫？

甲　剩饭。

乙　剩饭？咱俩还一样。

甲　你也剩饭吗？

乙　我"折箩"。有叫剩饭的吗？

甲　你没听明白，"盛宴"。

乙　哪个"宴"哪？

甲　宴会的宴。

乙　宴会的"宴"，剩下……的……宴会；还是剩饭哪？您是唱哪一"工"的哪？

甲　我是"生旦"。

乙　"生蛋"就煮煮吃吧。什么叫"生旦"哪？

甲　我这是简略用词。我先学的老生，后来一看我条件挺好，改旦角吧！所以叫"生旦"。

乙　你不解释，谁知道哇？

甲　唱"旦角"净露脸的。"四大名旦。"

乙　"梅、尚、程、荀。"

甲　我就是"荀派"。

乙　荀慧生那派的？这次您干吗来了？

甲　准备在这儿唱唱。

乙　演出？那您什么时候开始呢？

甲　过年八月。

乙　啊！过年八月？

甲　上这儿来找朋友，"串门"嘛。又省饭钱，又有地方住。

乙　我说"角"，我呀对京剧也有研究。

甲　刚才你一说，我就知道是内行。

乙　各位也爱听，等一年多我们也等不了。今儿在这我陪您唱一出怎么样？

甲　唱唱？

乙　主要是听您的。

甲　听我这"荀派"。

乙　我就去配角。

甲　那，你挑戏。

乙　我挑戏？

甲　我不挑戏，我挑戏你该说我欺负你了。

乙　欺负我什么呀？

甲　欺负你"寡妇失业"的。

乙　什么叫"寡妇失业"的？

甲　孤孤单单的。

乙　我干吗孤单哪？

甲　你挑一出吧。

乙　咱唱一出"荀派"的《霍小玉》。

甲　《霍小玉》这戏太"温"哪？改个热闹的。

乙　《打灶王》。

甲　"帽戏"开场的？我是"角"，我得唱大戏"压轴"的。

乙　《红娘》。

甲　罢了，罢了。一提起《红娘》就想起"荀慧生"来了。

乙　那是人家的杰作呀。

甲　"要棋盘"那场多好啊？唱出来这个腔调："叫张生，隐藏在棋盘之下，我步步行来，你步步爬。"

乙　好，就这出了。

甲　我就会这几句。

乙　就会这几句还唱啊？

甲　我科班，我能会几句吗？我会也不能跟你唱。你知道跟我配戏的小生都是谁吗？那都是"头路角"。

乙　干脆，我再说一出，会唱就唱，不会唱就算了。唱一出《乌龙院》。

甲　这个好。我打开蒙的时候，我老师就一个字一个字教给我的。

乙　那您来"阎婆惜"。

甲　那你去谁呢？

乙　我去宋江。咱就唱"坐楼杀惜"这一点。

甲　就嚼"坐楼杀惜"。

乙　你还需要什么吗?

甲　我化化装。

乙　还要"捯饬捯饬"。

甲　（转过身去）人配衣裳，马配鞍。西湖景，配洋片。（化装）

乙　这是一个花旦哪。

甲　（转过身来）看我多水灵，看我多漂亮。你看我像不像那电……

乙　电影演员。

甲　电车轧死那个。

乙　像话吗?

甲　我好说笑话。

乙　（指桌子后面）咱这就是后台。待会儿。你得给我"搭个架子"。

甲　我搭架子，你糊顶棚，安玻璃是我的事。

乙　什么乱七八糟的? 就是后台说那几句，那叫搭架子。

甲　你别跟我说"黑话"。少来这套。我懂。

乙　行了，我先上场。乐器什么的你还得帮个忙。

甲　场面上"六场通透"。

乙　我"叫板"了。

甲　胡琴没问题，来吧。

乙　（白）"列位，少陪了。"

甲　咚根噔个哩根噔。

乙　（唱）"大老爷。"

甲　咚根哩个哩根噔。

乙　（唱）"打鼓退了堂，衙前来了公明宋江啊。"

甲　完全的噪音，听着刺耳啊!

乙　你别捣乱行不行?

甲　你来，你来。

乙　（白）"鄙人，宋公明，在郓城县当一名书吏。今日退堂甚早，不免乌龙院走走。"

甲　咚哩根噔根噔。

乙　（唱）"那一日，行走在大街上，又听得众人说短道长。"

甲　（白）"列位请了。"

乙　（白）"请了请了。"

甲　（白）"前面走的张文远，后面跟随宋公明。师徒二人共走一条道
　　　路，看起来好笑哇，哈哈哈哈，呱呱呱呱呱……"

乙　你轰鸭子来了？

甲　人多嘛。

乙　（白）"列位请了。"

甲　（白）"请了请了。"

乙　（白）"适才说些什么？"

甲　（白）"闲谈而已，宋大爷喝杯香茶再走。"

乙　（白）"告辞了。"

甲　咚哩根噻根噻根噻。

乙　（唱）"行一步来至在乌龙院，啊！青天白日将门关"（白）"青天
　　　白日为何大门紧闭？待我上前叩门。大姐，开门来。"

甲　（不语，冲乙飞眼）

乙　（白）"大姐，开门来。"

甲　（不语，冲乙飞眼）

乙　（白）"大姐，开门来。"

甲　（不语，冲乙飞眼）

乙　（打甲）开门哪！你跟我逗猴哪？

甲　谁逗猴哪？

乙　我不叫你开门吗？

甲　叫我开门，你讲不讲理呀？

乙　怎么不讲理？

甲　你在屋里还是在外头？

乙　外头哪。

甲　我呢？

乙　屋里。

甲　人能进来吗？

乙　进不来呀。

甲　人没进来，扇子怎么打上的？

乙　你别较真儿，我这叫指鹿为马，该你说话了。

甲　你来吧。

乙　（白）"大姐，开门来。"

甲 （开心状）呦，你来了？里边请，你抽不抽烟？要不我给你买两
　　盒去？

乙 没事，我这主要是来看看你，回见吧。（打甲）合着我串门来了。

甲 你不对啊！你叫门，我们开门，进屋又让你抽烟，又让你喝茶的。

乙 说戏词。

甲 废话，我这词不粗。

乙 粗细的细呀？往下说。

甲 知道往下说。

乙 外面何人叫门？

甲 这句谁的词？

乙 你的词。

甲 我的词，你说干吗？你别忘了，我们是"荀派"。

乙 怪我多嘴。（白）"大姐，开门来。"

甲 （白）"外面何得儿人叫得儿，外面何得儿门叫……外面……"

乙 外面何人叫门？

甲 （白）"外面何得儿人叫得儿，外面何得儿人叫得儿人哪？"

乙 外面何人叫门？

甲 （白）"外面何得儿人叫得儿门哪！……外面……（学日本话）你
　　的外面的干活，我的……"

乙 改外国人了。就一句"外面何人叫门"？

甲 还是这句？

乙 （白）"大姐，开门来。"

甲 （白）"外面何得儿人叫得儿门哪？"

乙 （白）"连你家宋大爷的声音都听不出来了吗？"

甲 （白）"外面何得儿人叫得儿门哪？"

乙 （白）"连你家宋大爷的声音都听不出来了吗？"

甲 （白）"外面何得儿人叫得儿门哪？"

乙 （白）"连你家宋大爷的声音都听不出来了吗？"

甲 （白）"外面何得儿人叫得儿门哪？"

乙 （打甲）是我。

甲 我告诉你，我们在北京唱，我们可没这个。武力的干活的没有。
　　别拿我们不当回事儿。我是"荀派"。

乙 "角"呀！你到底会不会呀？

甲　会不会你还看不出来吗？

乙　这玩意儿多要命啊！你往下说呀。"原来是宋大爷……"

甲　你来呀。

乙　（白）"大姐，开门来。"

甲　（白）"外面何得儿人叫得儿门哪？"

乙　（白）"连你家宋大爷的声音都听不出来了吗？"

甲　（白）"外面何得儿人叫得儿门哪？"

乙　（白）"连你家宋大爷的声音都听不出来了吗？"

甲　（白）"外面何得儿人叫得儿门哪？"

乙　（白）"连你家宋大爷的声音都听不出来了吗？"

甲　（白）"外面何得儿人叫得儿门哪？"

乙　你怎么意思？真要命！这出戏不如我一个人唱。

甲　你一个人唱不了这么热闹。

乙　都让你闹砸锅了。

甲　别跟我说这个，怎么说你也是"棒槌"。咱是科班啊，"荀派"。

乙　合着一句一句都是我教的。"原来是宋大爷，来得不凑巧。"

甲　来呀。

乙　（白）"大姐，开门来。"

甲　（白）"外面何得儿人叫得儿门哪？"

乙　（白）"连你家宋大爷的声音都听不出来了吗？"

甲　（白）"噢！原来是宋大爷呀。"

乙　（白）"正是。"

甲　（白）"您来得不凑巧哇。"

乙　（白）"怎么不凑巧？"

甲　（白）"您来得不凑巧哇。"

乙　（白）"怎么不凑巧？"

甲　（白）"您来得不凑巧哇。"

乙　（白）"怎么不凑巧？"

甲　我们这正洗脚呢。

乙　去你的吧！

（于宝林　冯宝华演出稿）

学汉剧

甲　汉剧不知道您听过没有？

乙　汉剧是湖北的地方剧。

甲　湖北省许多地方戏，不过有影响的要数汉剧和楚剧。

乙　汉剧是大个大剧种。

甲　历史悠久。

乙　它和徽班儿一起进的北京城。

甲　对，徽班儿是从扬州出发的。

乙　汉剧是从汉口出发的。

甲　汉剧分工非常细。

乙　行当多。

甲　讲究一末二净三生四旦五丑六外七小八跌九夫十杂。

乙　是不少。

甲　汉剧有许多名人、名戏、名派、名菜。

乙　名酒有没有？

甲　喝上啦！

乙　是你说的有名人。

甲　汉剧泰斗余洪元。

乙　家喻户晓。

甲　是不是名人。

乙　名大了，连梅先生都向他请教。

甲　米喜子？

乙　红净戏的创始人，他是第一个进的北京城。

甲　老牡丹花。

乙　小牡丹花。

甲　行啊！

乙　陈伯华谁不认识。

甲　像什么万盏灯、六岁红、大和尚、吴天宝、尹春宝、李四立、胡桂林、李罗克，那就数不胜数啦。

乙　这我知道，名人名戏名派，那名菜是怎么回事？

甲　这你就不懂啦，汉剧名家最大的特点就是他的甩腔儿各有不同，最受欢迎的是用菜名甩腔。

乙　用什么菜名甩腔？

甲　比如说有这么一句唱词"蛟龙困在浅水中……"

乙　《四郎探母》一句唱儿。

甲　我给您学学汉剧的唱腔，您注意喽，唱完了以后在甩腔儿的时候准有菜名出来。

乙　听着新鲜。

甲　吃着也新鲜。

乙　又来啦！

甲　还跟您说，所有的听主儿还就是冲他这口儿来的。

乙　嘿！

甲　（唱）"蛟龙呕呕呕……哇，困之在呕呕呕……浅水中呕呕呕……"听清楚了没有？

乙　听清楚啦！

甲　"蛟龙呕呕呕……实际上指的就是藕畦。"

乙　藕？

甲　这就是汉剧流派当中的一大特点叫藕腔。

乙　都是藕！

甲　光藕没有萝卜。

乙　咳！

甲　后来我明白了，在湖北湖多水多藕塘多，可藕多了又怕卖不出去，怎么办呢，请名人做广告。

乙　名人效应嘛。

甲　这广告怎么做呢，他们想了个招儿，他不把这广告放在戏词儿里，放在一句唱完了的甩腔就是那个"藕藕藕……"

乙　是这么解释吗？

甲　没错儿!

乙　他要是把这广告放在唱词里不更好吗。

甲　没有那么做的。

乙　也可以试试。

甲　试试。

乙　来来!

甲　比如有一出戏叫《哭灵牌》。

乙　三国戏。

甲　一唱这样"白盔白甲白旗号……",这位刚要甩腔儿,突然演员不唱了,家伙点儿也不打了,胡琴儿也不拉了,打鼓佬儿也傻了,演员把髯口一摘。

乙　把胡子拿下来啦!

甲　冲大伙一鞠躬,双手抱拳,拱拱手说道:"乡亲们——"

乙　啊!

甲　"你们喜欢吃藕吗?……"

乙　这就开始啦!

甲　"汉阳蔡甸的藕,那是好藕,它不大不小吃了正好,借这个机会我先给您介绍介绍……"

乙　好么这刘备成推销员啦!

甲　汉阳蔡甸的藕得属"莲花塘"的藕。

乙　还有产地。

甲　"莲花塘"的藕与众不同,它有眼儿。

乙　废话! 没眼儿那是萝卜!

甲　它的眼儿多,别的地方的藕有六个眼,最多也就七个眼儿。

乙　那莲花塘的藕呢?

甲　九个眼到十个眼儿!

乙　这么多眼儿?

甲　要不怎么汉阳人最聪明呢。

乙　为什么?

甲　他吃藕吃得多。

乙　这跟藕有什么关系?

甲　心眼儿多呀!

乙　是啊!

甲 "莲花塘"的藕，又嫩又白吃了发财！

乙 神啦！

甲 它是又粉又面吃了好看。

乙 带美容的。

甲 "莲花塘"的藕是天下第一藕。

乙 真能吹呀！

甲 是蒸、是炒、是焖、是拌、是煮、是炸……甭管您是生吞还是熟咽。

乙 听着吓人。

甲 "莲花塘"的藕越吃越有，越吃越不松口。

乙 行啦，您倒换点儿别的！

甲 就得说"莲花塘"的藕。

乙 我知道"莲花塘"的藕，眼儿多。

甲 那儿广告费给得多！

乙 嘿！

甲 我就不耽误各位时间了，咱接着往下唱，这再戴上髯口起家伙开唱！

乙 这还是刘备吗？

甲 这是刘藕！

乙 没听说过。

甲 不过汉剧里真的有一段名唱，还全是用菜名组成的。

乙 那肯定别有风味。

甲 不仅唱腔好听，而且别具一格。

乙 您能不能唱一段儿，让我们欣赏欣赏。

甲 好！（唱）"有灶王做灶门，烟熏火炕啊"。

乙 您等等，什么叫烟熏火炕？

甲 就是烟熏火燎。

乙 噢。

甲 （唱）"有灶王做灶门，烟熏火炕啊。"

乙 又熏一回。

甲 （唱）"吹火筒和火剪哪，靠在两旁。"

乙 烧灶用的。

甲 （唱）"锅炉城发出了人和马，砂锅炖钵领雄兵，胡萝卜莴笋掌帅印，四季豆将军当先行，葱姜蒜前边走，茄子苦瓜后面跟，黄瓜手拿齐眉棍，豇豆的钢鞭把路引，白莲藕是计划准，一炮打开豆腐城……"

乙　不攻自破！

甲　（唱）"只吓得洋芋土里遁，只吓得菜薹掉三魂，只吓得葫芦哇去吊颈，只吓得黄花木耳泪纷纷，唯有刀豆心肠狠，杀得苋菜血淋淋，南瓜正在帐中坐，拿到奸细两个人……"

乙　哪两个？

甲　（道白）"洋葱和洋苕。"

乙　这二位。

甲　（唱）"洋葱拔剑来自刎哪。"

乙　得，死了一个！

甲　（唱）"只剩下你这洋苕噢……一个人。"

乙　我呀！

（薛永年搜集整理）

学坠子

甲　知道各位为什么这么捧咱们吗？

乙　不知道！

甲　喜欢咱们哪！

乙　对！

甲　为什么喜欢咱们知道吗？

乙　不知道！

甲　咱们长得好看哪！

乙　那是。

甲　咱们为什么长得这么好看呢？

乙　不知道！

甲　你问我呀！

乙　你知道！

甲　我也不知道！

乙　跟没说一样。

甲　其实我是说咱们这一行就像是一朵花，你想啊，相声要是一朵花，
　　这说相声的不也跟花一样吗？您说谁不喜欢花儿呀！

乙　您是什么花儿？

甲　我是仙人掌。

乙　净刺儿呀！

甲　脸皮厚。

乙　我看你不是仙人掌。

甲　那我是……

乙　仙人球！

甲　我是刺头哇！

乙　开个玩笑。

甲　说实在的大家为什么喜欢相声，首先是相声听得懂。

乙　你算说到根上去了。

甲　咱们是北京人讲的北京音，其实带京味的不光是相声。

乙　还有京剧。

甲　对，唱京剧的北京人多。

乙　唱评剧的？

甲　唐山人多。

乙　唱汉剧的？

甲　湖北人多。

乙　唱湘剧的？

甲　湖南人多。

乙　唱河南坠子的？

甲　河南人多。

乙　河南坠子嘛当然河南人多啦！

甲　你只说对了一半儿，其实湖北就不少。

乙　湖北有坠子？

甲　不但有坠子还有耳环哪！

乙　首饰啊！

甲　我问你襄樊、随县、枣阳、光化都属于哪个省？

乙　湖北省啊！

甲　为什么有唱坠子的？

乙　这个——

甲　这坠子不仅湖北省有，全国各地都有，只是唱的声音各有不同，比如陕西的坠琴，吉林的琴书都有坠子味儿，就是现在的豫剧老根儿也是河南坠子。

乙　跟坠子有关系。

甲　有位坠子皇后叫乔清秀。

乙　被称为是乔派坠子的创始人。

甲　现在外国人玩的桥牌也跟她有关系。

乙　不会吧！

甲　听我的没错！

乙　什么毛病!

甲　她就是山东口音唱河南坠子，你敢说湖北没有坠子。

乙　你知道的还真不少。

甲　连桥牌我都知道能少得了吗?

乙　这是两码事儿。

甲　河南坠子咱真有研究，就连坠子的历史来源——

乙　你都知道。

甲　没听说过。

乙　那你吹个什么劲儿。

甲　没听说过那么多，但一星半点儿我还是知道的。

乙　那我问问你什么叫坠子?

甲　说来话长。

乙　长话短说。

甲　老年间，那阵儿还没有你哪。

乙　有你?

甲　好像也没我。

乙　这不是废话嘛!

甲　老年间在河南开封府有位老师父姓坠，是个说书唱曲儿的，他老了，唱不了啦，可老百姓又喜欢听他说唱，怎么办呢，老头想了个办法，叫儿子接着说，从那儿起大家都说走咱们听坠子去，就是听姓坠的儿子说唱叫坠子，那位问啦什么叫河南坠子呢，因为坠子是河南人啊。

乙　哎呀，真是听君一席话，胜读十年书。

甲　见笑，见笑。

乙　你不讲我是不明白，通过您这么一讲啊——

甲　你就明白啦!

乙　我更糊涂啦，什么乱七八糟的。

甲　开个玩笑，其实坠子早在宋朝就有了，它是通过长时间的演变而形成了现在的坠子，据说过去叫"莺歌柳"。

乙　什么叫"莺歌柳"?

甲　老年间啦——

乙　又来啦!

甲　它类似湖北的道情，渔鼓，当初只是唱没有乐器伴奏。

乙　可惜听不见了！

甲　我会。

乙　哎呀，太难得了，你能唱？

甲　对，现在就剩我一个人能唱了，我要是死了的话——

乙　那就绝啦！

甲　还有会的。

乙　我说呢，你唱两句我听听。

甲　怀里抱着个渔筒鼓子，右手拍打，梆梆梆……梆梆，"书重述论短长，说说好汉武二郎，二郎武松来到庄头上，有一条黄狗闹汪汪，二郎武松一见有了气，抓起黄狗扔过了墙，你说这武松力气有多大，他扔过了，七道宅子八道房，有个大嫂在院中坐，怎么那么巧，不左不右不前不后，吧嗒落在了她肩上，亲娘哎二姥姥，哪里飞来的这黄狗，正砸在了咱的后脊梁——"，梆梆梆梆……梆梆。

乙　别打啦！

甲　这是比较原始的坠子，后来发展到添上了弦子，叫坠琴，因为唱坠子的人很多，个人的唱法又不一样，这样就出现了流派。

乙　噢！

甲　流派多了，唱法不一样，形式也随之不同了。

乙　坠子当中有哪些形式？

甲　有文坠子，武坠子，催眠的坠子，打架的坠子，贱骨头的坠子，还有坠子坠子。

乙　什么叫坠子坠子？

甲　就是坠子专场，从开始到完了一场接一场没别的全是坠子。

乙　听不腻呀！

甲　你别看场场都是坠子，但是演员不同，伴奏不同，演唱的内容不同，再加上道具也不同，更重要的是观众不同。

乙　观众怎么不同？

甲　过去看演出是计时收费或者计段儿收费的，想看你多看会儿，不想看立马走人，有走的就有来的，有出的就有进的，流动性很大，所以观众也不同。

乙　你这么一说我明白了。

甲　河南坠子的流派演员多也是吸引观众的一个方面，比如刚才提到的乔清秀。

乙　那是乔派。

甲　董桂芝、程玉兰、巩玉荣、巩玉萍、张永发、大老黑……他们各有各的风格，各有各的味道，各有各的拿手好戏。

乙　你能不能给我们学唱两段儿？

甲　可以，不过过去唱的和现在唱的差别很大。

乙　怎么呢？

甲　人类在进步，社会在发展，要跟上时代潮流就得不断地加工改造更新，河南坠子也不例外。比如徐玉兰唱的"十女夸夫"就与众不同，它不仅好听，而且听完了以后从中还能受到有益的启发。这就和开始的光凭嗓子喊，词儿满嘴跑，音乐想怎么拉就怎么拉，想唱到哪儿就唱到哪儿，正所谓台上是疯子，台下是傻子的现象越来越不多见了。

乙　只有这样才有观众，才有市场！

甲　我给你学学徐派河南坠子"十女夸夫"——

乙　好！

甲　（唱）"金玉良缘，把我骗——"

乙　等等，你这是徐玉兰唱的河南坠子？

甲　对不起，我这是唱的上海越剧。

乙　我说怎么这味儿不对呢。

甲　河南的徐玉兰。

乙　"十女夸夫。"

甲　（唱）"有一位老太太七十七，四年没见就八一，一辈子所生八个女儿——"

乙　不是说十个吗？

甲　（唱）"另外还认了两个是干的——"

乙　真能凑合！

甲　（唱）"这一天老太太寿诞之日，十个姑娘拜寿全来齐，老太太酒席宴前忙讲话，十个姑娘你们听仔细，哪个女婿干活儿好，哪个女婿举案齐眉他是好脾气，说得好来吃口菜，说得不好罚酒三杯臊脸皮……"

乙　太棒了！

甲　这是徐派的唱法儿。

乙　那么乔派呢？

甲 乔派细腻委婉，它最大的特点是唱腔随着内容变化，随着人物设计。

乙 这才叫大家风范！

甲 她有一段名唱叫"王二姐思夫"。

乙 我听别人唱过。

甲 同是一个段子，乔清秀唱出来那才叫"旱香瓜——另一个味儿"。

乙 你唱两句儿。

甲 （唱）"王二姐房中她泪嗒洒，思想起二哥哥他老没还家，正是二姐胡思乱想，忽听窗户外头，刷啦——不用人说我知道，一定是二哥他转回了家，你就进来吧，进来吧——"

乙 他进来了？

甲 他进来我就跑了，你给我找主哇！

乙 接着唱！

甲 （唱）"从小的那夫妻怕什么，叫他十声九不语呀，原来是个蝎子在窗户棱上爬，手端着银灯……"

乙 往下唱啊！

甲 再往下唱就得哭了！

乙 是动人。

甲 还有一段河南坠子叫"兰桥会"。

乙 戏曲也唱。

甲 可是河南坠子二位名家唱出来就不同了！

乙 谁呀？

甲 一位董桂芝，一位程玉兰。

乙 这是两大流派的创始人。

甲 她们二位唱这段"兰桥会"的时候，不仅曲调甜美流畅，而且唱词也幽默诙谐，表演更是亲切大气。

乙 听听二位合作的"兰桥会"。

甲 伴奏就免了吧！

乙 根本就没有给你预备。

甲 程玉兰先唱。"好心好意让你喝水，你不应该在井台上调戏咱，你家也有姐和妹，咋不与她配姻缘……"

乙 程玉兰是这么唱。

甲 接下来是董桂芝唱。"兰小姐井台以上骂出了口，公子说大姐越骂我越喜欢，贤大姐有劲你就加劲地骂，多骂一句我多给那银子钱……"

乙　花钱找骂！

甲　这就是贱骨头坠子。

乙　头一回听。

甲　还有一种是男角的唱腔和女角的唱腔不同。

乙　男女唱法不一样。

甲　有两位唱得好的，一个叫大老黑，一个叫芦永爱。

乙　您给学学。

甲　有一段《凤仪亭》。

乙　三国唱段。

甲　（唱）"在凤仪亭上留神看，看见个美貌女子叫貂蝉，只见她头上的青丝如墨染，耳戴着八宝九连环，身穿着日月龙凤袄，嗳嗳嗳嗳——百褶的罗裙身下穿。"

乙　唱腔优美，别具一格。

甲　在男女对唱之中还有两位佼佼者。

乙　谁呀？

甲　张永发和董桂芝。

乙　这可是坠子双绝。

甲　有一段儿唱叫《马鞍山》。

乙　伯牙摔琴。

甲　他们二位善用悲腔来表现，再加上琴师的一曲大寒韵，互相映衬合着坠板儿如雨如泪的敲击声，不仅观众哭，连演员也泪洒香腮。

乙　你快唱给我们听！

甲　张永发唱："猛抬头前边就是新坟地呀，但只见烧罢纸灰淹没了天哪……"

乙　是够悲凉的。

甲　没哭吧！

乙　哪那么快呀！

甲　下边董桂芝唱。"俞伯牙一见新坟忙跪倒，两眼我止不住地哭号嗬哇，哭一声贤弟呀你死得太早，有为兄我与你化化纸钱烧噢……"

乙　您这是干吗哪？

甲　我这儿挤眼泪儿哪，挤不出来。

乙　这眼泪儿有挤的吗？

甲　那牛奶怎么能挤的呀！

乙　嘿，真有你的。

甲　还有一种坠子又不同啦，唱着唱着能打起来，没准儿你还得给他们劝架。

乙　没见过。

甲　这段儿叫"借髟髟"。

乙　什么叫"借髟髟"？

甲　就是发卡，到了河南叫髟髟。

乙　怎么唱？

甲　两人唱，"大嫂子你听听，我往你家借东西。二妹子你借米你借面，你借咱家拉磨的大叫驴。大嫂子咱不借米不借面，咱不借你家拉磨的大叫驴。你把那髟髟借与咱，咱往那娘家走亲戚。二妹子你娘家上门高下门低，摔坏了奴家的花髟髟，我不借。我偏借！不借不借不借的。偏借偏借偏借的……"龟孙子你借不借？！（叉腰冲乙指去）

乙　你骂谁呀？

甲　这不让你赶上了嘛！

乙　瞧这倒霉劲的。

甲　还有一种坠子听着更邪乎。

乙　真的？

甲　想听吗？

乙　想啊。

甲　这回你得给我帮帮忙！

乙　劝架？

甲　不是。

乙　那帮什么忙？

甲　帮我拉坠胡。

乙　这我可来不了。

甲　没有弦子就没有气氛，没有气氛我没法唱啊！

乙　我不会拉弦子。

甲　简单，就用嘴模仿一下就行了。

乙　怎么拉？

甲　铮铮铮铮铮铮铮铮——

乙　这我会，铮铮铮铮铮铮铮铮——

甲　好！

乙　铮铮铮铮铮铮铮铮……

甲　别忙，我叫你拉的时候你再拉。

乙　行！

甲　坏。

乙　谁坏？

甲　河南人管伙计就叫坏。

乙　那我呢？

甲　你也是坏呀！

乙　俩都坏，没一个好的。

甲　坏！

乙　铮铮铮铮铮铮铮铮——

甲　（唱）"收罢了……"

乙　铮铮铮铮铮铮铮铮……

甲　（唱）"收罢了……"

乙　铮铮铮铮铮铮铮铮……

甲　（唱）"收……"

乙　铮铮铮铮铮铮铮铮……

甲　我唱不了啦！

乙　是你让我拉的。

甲　你拉的那是过门儿，拉完了我就唱，我唱完了你再接着拉，你倒
　　好，没完没了地拉也不嫌累得慌。

乙　再来！

甲　坏！

乙　没好的全坏啦！

甲　拉！

乙　铮铮铮铮铮铮铮铮……

甲　（唱）"收罢了钱书归了正，他管拉我管唱你老管听啊……"

乙　废话！铮铮铮铮铮铮铮铮……

甲 （唱）"你老爱听文爱听武，你老爱听奸了爱听忠？"

乙 现问，对，铮铮铮铮铮铮铮铮……

甲 （唱）"你老爱听文的我不会，爱听武的没学成，半文半武我也唱不了……"

乙 散啦，铮铮铮铮铮铮铮铮……

甲 （唱）"苦辣酸甜也不中。"

乙 那就别唱啦。

甲 （唱）"回文书单表哪一个……"

乙 又来啦！铮铮铮铮铮铮铮铮……

甲 （唱）"表一表八爷是罗成，罗八爷一同老罗义，哥俩迈步出了大厅……"

乙 铮铮……这是哥俩吗？

甲 （唱）"罗成爱拜把兄弟，跟他的爸爸也连着盟……"

乙 什么乱七八糟的？

甲 拉弦！

乙 还有我的事儿，铮铮铮铮铮铮铮铮……

甲 （唱）"罗八爷俩走道迈开了八条腿……"

乙 你先等等吧，爷俩八条腿？

甲 （唱）"后面还跟着一匹马走龙。"

乙 凑腿儿来啦！铮铮铮铮铮铮铮铮……

甲 （唱）"罗八爷一催战马往前进，连人带马上了城……"

乙 马能上城吗？

甲 （唱）铮铮铮铮铮铮铮铮……

乙 好嘛连我的饭碗儿也端了。

甲 （唱）"你要问马怎么能够上得去的……"

乙 是呀！

甲 （唱）"人能腾云马能腾空……"

乙 神啦，铮铮铮铮铮铮铮……我先把饭碗儿保住。

甲 （唱）"罗八爷马上留神看，打坟里出来个将英雄，只见他九龙紫金头上戴，身穿袍子罩大红，足下金莲刚三寸，五缕长髯飘前胸……"

乙 妖精，铮铮铮铮铮铮铮铮……

甲 （唱）"左手拿着个文明棍儿，右手举着个'勃朗宁'，罗八爷一见心害怕，没脱裤子就出了恭……"

乙　瞧这点出息！铮铮铮铮铮铮铮铮……

甲　（唱）"慌里慌张只顾打马，一马来到汉口城，扬鞭就进《四季美》，回马来到《老通城》……"

乙　别吃啦！

（王树田演出本　薛永年整理）

学梆子

甲　相声讲究说学逗唱。

乙　四门功课。

甲　唱讲究唱的是南昆、北弋、东柳、西梆。

乙　是的。

甲　南昆是昆曲。

乙　啊。

甲　北弋是高腔。

乙　不错。

甲　东柳是柳子腔。

乙　柳子腔。

甲　西梆是梆子腔。

乙　哎！

甲　梆子叫秦腔。

乙　啊，秦腔。

甲　陕西梆子、山西梆子。

乙　啊。

甲　河北梆子、河南梆子、山东梆子。

乙　喔。

甲　咬文咂字的梆子、啰唆梆子、白菜帮子。

乙　白菜帮子？

甲　没有白菜帮子。

乙　对。

甲　有山西梆子。

乙　山西梆子。

甲　山西梆子，陕西梆子道出来的音韵白口就不一样。

乙　噢，有不同的地方。

甲　这几个字吧！

乙　啊！

甲　君臣人门一根棍。

乙　啊！

甲　河北梆子念普通话。

乙　是。

甲　这几个字听得真。

乙　嗳。

甲　河北梆子念这几个字，君、臣、人、门、一、根、棍。

乙　对。

甲　这样念。

乙　啊。

甲　陕西梆子呢，念出这个温柔好听。

乙　是吗？

甲　稳。（学陕西方言）君、臣、人、门、一、根、棍。

乙　哎，好听。

甲　这是陕西。

乙　哎。

甲　山西呀，念出来就紧凑一点儿了。

乙　是吗？

甲　就快了。

乙　噢。

甲　山西要念这几个字，（学山西话）君、臣、人、门、一、根、棍。

乙　对，又一个味了。

甲　它唱出来也不一样。

乙　是吗？

甲　啊，那个陕西梆子《蝴蝶杯》《游龟山》。

乙　对，有那么一出。

甲　就那田云山唱的那几句。

乙　嘿。

甲　啊，就是这个胡凤莲明着告状，暗着投亲。

乙　啊。

甲　这点儿呀，田夫人高兴了。

乙　嗯。

甲　这阵儿田云山哪，想起来他儿子打死卢公子怎么办？

乙　喔。

甲　啊，有那么几句。

乙　您说说都什么词儿？

甲　叫夫人你莫要心宽意满，难道说你忘了大祸滔天，藏宝杯拜花盏都是扯淡，打死了卢公子谁把命填。

乙　喔。

甲　唱出来有山西音韵，它好听。

乙　是吗？

甲　我给您学学。

乙　您学学。

甲　不一定怎么样。（唱）叫夫人你莫要心宽意满，难道说你忘了大祸滔天，藏宝杯拜花盏都是扯淡，打死了卢公子谁把命填。

乙　好。

甲　跟河北梆子唱出来不一样。

乙　不同？

甲　河北梆子最著名的是银达子老先生。

乙　对。

甲　在我学徒的时候啊，那银达子老先生就喜爱我。

乙　是呀？

甲　说我学两口不错。

乙　哎。

甲　啊，有时候我背地里，不敢当着银达子老先生唱。

乙　不敢唱。

甲　嫌害臊。

乙　是吗？

甲　有一次我偷着那唱啊，银达子老先生听见了。

乙　啊。

甲　还不错一劲咔嚓我。

乙　咔嚓你?

甲　不，一劲儿夸奖我。

乙　啊。

甲　到晚年呀，他这岁数到了，很高的腔上不去了，他用平腔。

乙　也好听。

甲　拖后勾。

乙　是。

甲　唱出这么一"勾"来。

乙　噢。

甲　音韵也特别好听。

乙　是吗?

甲　《打金枝》赐袍那点儿，这一件蟒龙袍真正可体，这本是你丈母娘亲手做来的，这有一后勾。

乙　是吗?

甲　这是皇上跟郭暖说。

乙　噢。

甲　皇上跟郭暖说，这一件蟒龙袍真正可体，这本是你丈母娘亲手……

乙　丈母娘。

甲　这皇上是郭暖的岳父。

乙　对。

甲　敢情他丈母娘是皇上的媳妇儿，敢情皇上的媳妇也做外活呀!

乙　没听说过。

甲　您听听第二句这个平勾啊。

乙　你来来。

甲　(唱)这一件蟒龙啊袍，你听这喷口，袍、袍、袍(接唱)真正可体，这本是你丈母娘亲手儿做来的呀……(拖腔)

乙　什么毛病?

甲　后边带个洋号的腔，啊——啊啊啊，带这么个腔。还有这个韩俊卿。

乙　啊!

甲　啊!韩派。

乙　韩派。

甲　唱得好。

乙　好。

甲　悲调最好。

乙　对。

甲　您听他那个《秦香莲》。

乙　啊。

甲　有一件大事想在心间。

乙　哎。

甲　那个身儿多活泛，特别的这么好听。

乙　是。

甲　连身儿，唱得那个悲呀，惨！

乙　哎！

甲　韩俊卿的特别好。

乙　您来来。

甲　人那功夫纯。

乙　有功夫。

甲　一招一式手眼身法特别的那么好！

乙　基本功好。

甲　（唱）有一件大事想心间，昔日里荒山一鸿雁，它替人间把信传，只飞了七天并七晚，它两膀无力落（动作）沙滩。

乙　怎么回事？

甲　下不去了，我这身儿，这有一名词。

乙　这叫？

甲　这个身儿叫"卧鱼儿"！

乙　你这叫"卧鱼儿"呀？

甲　我这成虾米了！

乙　是啊！

（郭荣启　李寿增录音　林德祥记录）

学大鼓

乙　相声大会这就开始了……

甲　（唱）高高山上有两间房啊！

乙　唱上了！

甲　（唱）一家姓李一家姓王。

乙　嗯！

甲　李家有一个……

乙　啊？

甲　漂亮小伙。

乙　噢。

甲　王家有一个大姑娘，这两家门当户又对。商商量量就拜了花堂。正月里提媒二月娶，三月里养了一个胖儿郎，四月里会爬五月他就会跑，六月里把他送进了书房，七月里提笔能写字，八月里吟诗做文章，九月里进京去赶考，十月里得中了状元郎，十一月得了一个冤孽病啊，这个小子（指乙）腊月三十他见了阎王啊！

乙　还真利索，一年满交代了，啊？

甲　这叫"两头忙"。

乙　是够忙活的。

甲　哎，你听我唱得怎么样？

乙　好。

甲　您知道这叫什么大鼓吗？

乙　这叫西河大鼓。

甲　行啊！

乙　行啊呀！

甲　长能耐了!

乙　我就长这能耐呀?

甲　你看他跟我站这么一会儿,这学问就见长。

乙　我跟你学的,这是?

甲　这个西河大鼓呀!有几位唱得好的。

乙　您说哪几位?

甲　您像郝艳霞、艳桂荣,还有田荫亭。

乙　这都很不错的演员。

甲　还有一位,已经故去了……

乙　哪位呀?

甲　马增芬。

乙　对。

甲　嘿!人家唱的那个绕口令,那个嘴皮子真利索。

乙　真是。

甲　那真是小葱拌豆腐。

乙　这怎么讲?

甲　一清二白。

乙　哎。

甲　不能葡萄拌豆腐……

乙　那就?

甲　一嘟噜一块。

乙　那就麻烦了。

甲　啊!您看人家唱那个《玲珑塔》。(唱)玲珑塔来塔玲珑,嗯……玲珑宝塔第一层,一张高桌一条腿……

乙　一条腿呀?等会儿吧,一条腿呀?

甲　几条腿呀?

乙　会唱你唱,不会唱别唱,四条腿儿。

甲　(接唱)一个和尚四条腿……

乙　和尚四条腿呀?

甲　和尚几条腿呀?

乙　和尚六条……咳,那是一个和尚一本经。

甲　(唱)一个铙钹一口罄。

乙　嗳。

甲　一个木了鱼子一盏灯，一个金钟整四两，被那西北风一刮，嗡儿啦嗡儿啦响嗡儿嗡。玲珑塔塔玲珑，玲珑宝塔第三层……三张高桌五十六条腿儿。

乙　您说什么您呢？

甲　七十八条腿儿……

乙　账头找好了。

甲　九十六条……反正腿儿不少啊，哈。

乙　什么叫腿儿不少哇？

甲　我知道多少腿儿呀！

乙　算不上来了。

甲　哎，这是西河大鼓。

乙　对。

甲　不但西河大鼓好听，大鼓的种类很多啦。

乙　大鼓都有什么呀？

甲　有西河大鼓。

乙　啊！

甲　山东大鼓。

乙　噢。

甲　山西大鼓。

乙　嘿！

甲　湖南大鼓、河南大鼓、铁片大鼓、醋熘大鼓、唐山大鼓、东北大鼓、京韵大鼓、梅花大鼓、大鼓大鼓。

乙　啊？大鼓大鼓啊？

甲　就是说他那鼓啊比别人个大，就叫大鼓大鼓。

乙　他那鼓要比别人个儿小哪？

甲　那叫小鼓小鼓。

乙　没听说过，就是大鼓就得了。

甲　听过唐山大鼓吗？

乙　唐山大鼓过去我知道有一位靳文然先生。

甲　那可以称得起是表演艺术家。

乙　唱的是真好。

甲　连唱带动作表演那是真绝了。

乙　无一不佳呀。

甲　尤其是人家唱那个《双锁山》。

乙　刘金定。

甲　（唱）怪不得说话有点山东味，还侉不拉叽的这么好听，奴家问你你不问我，你不问我偏告诉……这不贱骨头嘛，这个……人家不问他还偏告诉。

乙　你瞧。

甲　我最爱听是京韵大鼓。

乙　京韵大鼓是最受欢迎了。

甲　过去有三位老先生唱得最好。

乙　哪三位？

甲　刘、白、张。

乙　刘是？

甲　刘宝全。

乙　白呢？

甲　白云鹏。

乙　张？

甲　张小轩。

乙　称为三大派，尤其是刘宝全先生和白云鹏先生在咱们这儿是最受欢迎。

甲　对，最受观众的欢迎。

乙　哎。

甲　刘宝全是鼓界的大王。

乙　大王啊。

甲　净演什么"三国"的段子。

乙　哎。

甲　刀枪架好。

乙　历史性的故事多。

甲　有时候也演才子佳人的。您像他演的那个《大西厢》。

乙　《大西厢》，也是刘先生的拿手的曲目。

甲　唱出来好听。

乙　您学两句怎么样？

甲　我给您学两句。（唱）二八的这位俏佳人儿懒梳妆，崔莺莺要是得了不大点儿的病啊！躺在了牙床，躺在了床上这不半斜半卧，您说这位姑娘，茶呆呆，闷悠悠，茶不思，饭不想。孤孤单单，冷冷清清，困困劳劳，凄凄凉凉，独自一个人儿闷坐香闺，低头不语，默默无言，腰儿瘦损，乜斜着她的杏眼，手儿托着她的腮帮。

乙　哎，真好。

甲　您听人家的嘴皮子多利索。

乙　就是呀。

甲　这是刘派大鼓。

乙　那么这个白派呢？

甲　白派净唱才子佳人的段子。

乙　像《红楼梦》这路曲目比较多。

甲　对对，您像《宝玉探病》啊，《黛玉焚稿》《宝玉探晴雯》哪！

乙　哎。

甲　好听。

乙　据我所知啊，这个白派呀有一段《黛玉焚稿》。

乙　可以说每位观众都特别的欢迎，怎么办？您那唱两句怎么样？

甲　我来两句。（唱）孟夏园林草木长，楼台倒影入池塘。黛玉回到潇湘馆，一病恹恹不起床，药儿也不服，参儿也不用，饭儿也不吃，粥儿也不尝。白日里神魂颠倒心思倦，到晚来彻夜无眠恨漏长。瘦得柳腰儿无有一把，病得那个杏脸儿又焦黄。咳嗽不住莺声儿哑，娇喘难平粉鼻儿张。樱唇儿崩裂都成了白纸，珠泪儿流干目无光，自知道弱体儿支持不住，小命儿活在了人间怕不久长，你是有限的时光。

乙　优雅动听啊！

甲　嗳，听白派大鼓，观众得有一定的文学水平。

乙　我明白您这意思，就是词句里边文学性比较高。

甲　太深奥了。

乙　对。

甲　孟夏园林草木长。

乙　多讲究啊！

甲　真讲究。

乙　这是白派。

甲　对，您听我怎么样？

乙　有研究，对京韵大鼓确实是有研究？

甲　不但有研究，而且会的多，特别有一次呀，我给骆玉笙啊？骆玉
　　笙你知道吗？

乙　不是表演艺术家骆玉笙老师吗？

甲　对。

乙　好啊！

甲　小彩舞，金喉歌王小彩舞。

乙　那可不，太好了。

甲　有一次我给她唱了一段。

乙　啊。

甲　哎呀，她高兴地给我鼓掌啊，她当时就说。"××呀……"

乙　啊！

甲　你看我唱了这么大半辈子了，你这段我愣没听过，我想磕头拜你
　　为师，跟你学这段行吗？骆老太太要跟我学……

乙　我拦您一句。

甲　怎么了你这？

乙　怎么回事？您唱完这段之后，骆玉笙老师要磕头拜你为师？

甲　哎！这老太太要磕头拜我为师，跟我学这段。

乙　拜师这个意思就是拿你当她师父了。

甲　嗯，然也。

乙　甭然也了，她不会了？

甲　对对对，她不知道哇，唱半天她不知道是哪段呀！

乙　她不知道不要紧哪，你问我呀？

甲　谁呀？

乙　敝人。

甲　噢，毙过一回而没有死的人。

乙　好说你崩过一回而没有咽气的人。像话吗？

甲　您？

乙　敝人就是我。

甲　那老太太都不知道，您能知道？

乙　您呀！不知道其中的内幕，骆玉笙老师的段子怎么样？

甲　好哇！

乙　那就行了，是她排演的节目。

甲　嗯。

乙　你问她去，那段都是我给安的腔，谱的曲儿。

甲　你也别吹，这么着，咱当着各位观众的面，我唱这段您要是知道是哪个节目。

乙　啊。

甲　我马上磕头拜你为师。

乙　来而不往非礼也，这么办，你唱，唱完之后，我要不知道，我磕头拜你为师，而且你们别客气，各位观众鼓鼓掌羞臊羞臊我，这多好，你瞧瞧。

甲　各位观众您听明白了吗？您做个见证人，怎么样？

乙　拜托您了！

甲　那我开始唱了。

乙　你就来吧。

甲　刘玄德向日……

乙　《博望坡》。

甲　懒梳妆。

乙　《大西厢》。

甲　崔莺莺……

乙　《大西厢》。

甲　充军发配到汴梁，这一日曹操坐中军帐，想起了徽宗无道，谗臣乱朝纲。潇湘馆病倒，林黛玉，继回来再表佳人雪艳娘。闲消遣，粉黛多情含冤死，唱一段十里亭前见别，哭坏了那位莺莺，他扑棱棱两翅忙，拳打小霸王。哪段？

乙　不服行吗，真有能耐。

甲　那当然了。

乙　他唱完之后，各位还真鼓掌……

甲　对呀。

乙　您哪位鼓掌，您说这哪段？

甲　知道吗？

乙　不知道。

甲　磕头拜我为师。

乙　您说这哪段？

甲　大杂烩。

乙　大杂烩呀！

（魏文华　王文玉演出稿）

学唱太平歌词

甲　相声讲究说学逗唱。

乙　没错。

甲　今儿个我呀给各位唱一回。

乙　你唱一回？

甲　唱一回，怎么样？

乙　你唱什么呀？唱一段京剧，还是来段评戏？

甲　你说哪个？

乙　啊。

甲　说相声的往这儿一站，唱京剧、唱评戏、唱大鼓，那不叫唱。

乙　那叫什么？

甲　那叫学。

乙　噢，这叫学。

甲　说学逗唱，这归学。

乙　是呀！

甲　跟人学嘛！对不对，我们相声这个唱指的是——

乙　什么呀？

甲　太平歌词。

乙　噢，太平歌词。

甲　这个太平歌词呀，乍一听很简单，一上句一下句。

乙　是呀。

甲　其实不好唱。

乙　哦！

甲　可是好听，听的是韵味，走的是鼻音。

乙　是呀！

甲　走鼻音。

乙　噢！

甲　鼻后音。我给你学一学。

乙　来两句。

甲　太平歌词啊！你听这韵味，鼻音啊。（唱）"那杭州的美景，盖世
　　无双啊……"

乙　还真有味。

甲　这么个音，这东西越是伤风感冒，鼻子不通气的时候，唱出来
　　好听。

乙　是吗？

甲　你听（唱）"……美景盖世无双啊！"

乙　还真是鼻音。

甲　"盖世无双啊……啊！"

乙　行了，行了，老唱这一句，没完了？

甲　过去老先生唱这个唱得好的……

乙　谁呀？

甲　有这么几位。

乙　哪位？

甲　王兆麟。

乙　有。

甲　吉坪三。

乙　对。

甲　杨绍奎。

乙　是，是。

甲　唱得好。

乙　对。

甲　可惜呀，可惜。

乙　可惜什么呀？

甲　几位已经作古了。

乙　噢，都故去了。

甲　幸亏我还健在。

乙　你还健在？

甲　不幸之中的万幸啊！要不然这个东西就完了，失传了。

乙　失传了？

甲　啊，就没人会了。

乙　太平歌词没人会？就你一个人会？

甲　可以这么说。

乙　你可真有胆量，会的人多啦！

甲　谁？你指出来哪位？

乙　指出来干吗？我就会。怎么着？

甲　你呀，跟着我这些年对不对，受熏陶了，你算会的，你比他们强，强多了，不过你跟我比你差，没我会的段子多，这点你得承认。

乙　谁说的？谁说的我没你会的段子多？

甲　我多少年了，我这……

乙　你会那几段我哪段不会？

甲　我唱一段，你就说不上名来。

乙　不可能，我不但说上名字，还给你接上下句来。

甲　那我唱一段。

乙　你唱。

甲　你要接不上来呢？

乙　我要接不上来，这么着，我当着各位磕头拜你为师。

甲　我收你了，我收了，各位见证啊，我来一徒弟。

乙　哪你就收徒弟，我说不上来了，拜你为师，要说上来呢？

甲　那不可能。

乙　我要说上来怎么办？

甲　万一你要说上来了，我算你徒弟行吧？

乙　是这话。

甲　高兴了吧？

乙　一言为定，唱吧！

甲　唱啊，这回可不能拿手拍着唱了！

乙　怎么着？

甲　得有乐器伴奏。

乙　还有乐器？

甲　瞧那模样，还有乐器？外行没见过（从怀里拿出玉子），见过吗？拿过来叫你开开眼见识见识。这有名，这叫什么说得上来吗？

乙　这叫玉子。

甲　行啊！连术语都懂。

乙　这有什么？

甲　别看这两片竹子片啊，行话叫玉子，看着不起眼，这东西值了钱了。

乙　值钱了？

甲　值钱了这个，这两个小片儿，多了不敢说，起码也得值一毛钱。

乙　咳，才值一毛钱。

甲　可不就是工夫钱嘛！

乙　怎么还工夫钱呢？

甲　下水道堵了，房管站来通来，咱那看着待会他们喝水去了，都走了，拿着斧子剁两块。

乙　瞅你找这东西。

甲　这得找那墙角蹭，来回磨，要不它扎手出刺儿。

乙　是，是。

甲　东西不值钱，它不好打。

乙　还不好打。

甲　打个点你听听。（打点）。

乙　行，烙过烧饼。

甲　什么叫烙过烧饼？

乙　这不面铺那点儿吗？这不烙烧饼吗？

甲　甭要贫嘴，张嘴就唱。

乙　你唱你的。

甲　接不上来，你信吗？

乙　谁说的？唱。

甲　你听着，等着拜师吧。

乙　没那事。

甲　听着啊。

乙　唱。

甲　比你会的多。（唱）那汉祖，有道坐江山啊，有君正臣贤万民安……

乙　（接）（甲乙同唱）有一位三齐贤王名叫韩信，他灭罢了楚国把那社稷安，这日闲暇无事。

乙　行了行了别唱了，《韩信算卦》，是这段吗？这我不会，是吗？

甲　会，会。

乙　会你唱这干吗呀？

甲　这还不明白吗？

乙　什么就明白。

甲　这还看不出来吗？

乙　看什么呀？

甲　说明一个问题。

乙　什么问题？

甲　说明我这个人那心眼儿好。厚道。

乙　这话打哪儿说的？

甲　准知道你会这个。这叫《韩信算卦》。准知道你会，就唱这个。

乙　那干吗呀？

甲　让你接上来，让你好看，心眼儿好，不撅人，虽然说刚才呀，打赌谁拜谁为师，说笑话，您别信，别当真，真让你拜我为师，咱俩岁数一边大，你算我徒弟，你管我媳妇叫师娘，不合适，给你个脸，回家吧。下去吧！

乙　你看这还照顾脸面。你呀！甭照顾面子，我这个人就爱较真儿，你就捡我那不会的唱。

甲　没意思，你要这样自找没趣。

乙　不不不，我不怕这个，你唱出来我不会，我拜你为师我认了。

甲　那我可来真的啦？

乙　你来呀？

甲　听这个。（唱）那隋炀帝无道他行事凶，杀父夺权理不公。

乙　（接）（甲乙同唱）他欺娘，欺妹把伦理来丧，他鸩兄图嫂把那纲常扔，有许多老忠良辞去了王的驾，他们一个个……

乙　行了行了别唱了，《秦琼观阵》，是这段吗？

甲　想起来了，这段最吃功夫。

乙　是。

甲　平常我拿这个练功，我在屋里老唱，他上我那儿去，他不进屋，外面偷听，这人厉害。脑子好。

乙　这种人，人接上来他说是偷听的。

甲　我老唱吗！

乙　好好好，这算偷听的，这么着你把你那压箱底的，从来没唱过的，就连说梦话都没哼哼过的那个，你来一段。

甲　有的是。

乙　你唱啊？

甲　听这个。（唱）石崇豪富范丹穷，甘罗运早（甲乙同唱）晚太公，彭祖爷命高，颜回命短……

甲　怎么啦，通上电了？

乙　《太公卖面》，就这段，打有狗那年，就有这段。你还跑这儿唱来了。

甲　行，这么着，这回我再唱一段。

乙　唱你的。

甲　我唱这段甭说你接下句，你就能说出名字来，今几个我就……

乙　瞧这模样，你甭发狠儿，我看出来了，你就这两下子。

甲　我就这两下子？

乙　就这两下子，你到头了。

甲　我有的是。

乙　你来呀。

甲　听着，这你不会？

乙　不可能。

甲　那庄公闲游……

乙　行行行行！别唱了！

甲　什么呀？我唱的什么呀？

乙　《劝人方》，这段我会，庄公闲游出趟城西，瞧见了他人骑马我骑驴，是这段吗？

甲　那是你会那个《劝人方》，谁不会呀？我这能跟你一样吗？

乙　我听着是庄公闲游吗？

甲　庄公闲游多了，多了非得出趟城西呀？你琢磨琢磨，我唱的跟你唱的他能一样吗？

乙　我听就像《劝人方》。

甲　你听就像，你听过多少？见过多少？你会多少？我唱完了吗？庄公闲游，你就知道下面词儿了，你倒能耐，没唱完呢。

乙　那好，没唱完你接着唱。

甲　那庄公啊闲游……我这跟你那不一样。

乙　不一样你唱啊？

甲　庄公闲游出趟……

乙　一样吧。

甲　出趟……出趟……城南……啊。

乙　出趟城南？

甲　出趟城南，你那出趟城西啊，出趟城西，你别改了。

乙　谁改了。

甲　不许改。

乙　没改。

甲　你出趟城西，我出趟城南，是你这段吗？

乙　不是。

甲　这你会吗？

乙　不会。

甲　要会把下面的词儿唱出来？

乙　唱不出来。

甲　这你有吗？

乙　没有。

甲　服吗？

乙　不服。

甲　没有，你不服？

乙　再往下唱，它不能就这一句吧？

甲　当然，一大段呢，好几百句呢。

乙　那行，你把它唱完了。

甲　什么？

乙　唱完了。

甲　唱完了，全唱完了，你就会了，这叫抬杠学能耐，别来这套，当初我就这么学会的。

乙　你唱这一句，我是不服，你不是一大段好几百句呢吗，你再往下唱几句？

甲　唱几句行。

乙　那再唱几句。

甲　都唱完了你学会了。

乙　行，就唱几句。

甲　（唱）那庄公闲游出趟城南。

乙　下边。

甲　瞧见了……

乙　还是一样吧，瞧见了他人骑马，我骑驴。

甲　谁告诉你的？你，哪儿学来的？

乙　不是你唱。

甲　瞧见了……瞧见了……

乙　唱啊？

甲　有一个老太太，哎，怎么样，瞧见一个老太太，这你就没有。

乙　没有，没有。

甲　服吗？

乙　不服，接着往下唱。

甲　还往下唱？

乙　对了。

甲　那庄公闲游出趟城南，瞧见了有一个老太太……你看，这你就没有。

乙　是呀，我没有，你也没有。

甲　词儿多着呢。

乙　多着，你唱。

甲　老太太……您要问老太太多大年纪，打罢了新春六十六。

乙　柳石溜？

甲　这一天老太太在家里边心里有点闷得慌啊，她要上马路去溜达溜达。

乙　嚯。

甲　走到了一个百货大公司下边有点累，看见一块石头台阶她就，坐在了上边。（打板）

乙　嘿嘿……还赶板。

甲　老太太抬头这么一看，对面就来了一个人，来了一个老头他过马路，老头下了班正回家，老头到了自己的家。

乙　到家了。

甲　进了屋，歇歇腿儿，喝点水儿，吃点药。

乙　还吃点药？

甲　哈哈笑。

乙　乐了。

甲　尿点尿。

乙　还尿点尿？

甲　睡一觉，睡着了，完了。

乙　嘿！

甲　怎么样这段你没有。

乙　"完了"。好，还别说您这段我还真不会，打听打听，你这段叫什么呢？

甲　叫什么呀？这名字不能告诉你，告诉你，你就全学会了。

乙　我学这干吗呀？没辙没韵，没板没眼，根本就没这么一段。

甲　他这路人次就在这儿。

乙　怎么次了？

甲　不会，说没这一段，这不矫情吗？

乙　不是我矫情，你再唱一遍。

甲　再唱行啊。（唱）第二天早晨天刚亮，老头漱漱口洗洗脸，喝了一碗豆腐脑，吃了几个饽饽。

乙　别第二天哪？

甲　这接着能唱有好几天呢。

乙　甭接着，还打头来。

甲　还打头来，不听完头了吗？

乙　我还爱听啊，还别说您这段我还真不会，不但我想听恐怕在座的各位也恬记听听吧。我代表各位欢迎您从头到尾，可得一字不落地再唱一遍，行吗？

甲　听过去了，再唱没意思。

乙　唱不了吧？

甲　谁说的？

乙　你唱啊。

甲　还唱这个，打头来，那庄公闲游出趟城南，瞧见了有一个老头上大街。

乙　哎……不对，刚才不老太太吗？怎么老头先出来了？

甲　这没有听两回的。

乙　我就知道你瞎编。

甲　我瞎编，编上来就不易。

乙　去你的吧！

（马志明整理）

学四相

甲　相声有个特点，这个形式比较简单，俩人穿上大褂往这一站，就算齐了。

乙　解决了。

甲　你说行头啊？没什么行头。这件大褂就是我们行头。你瞧现在马路上还有这么打扮的吗？

乙　没有了。

甲　要说没有？那也绝对。那我们怎么还穿呢？穿大褂对我们好些动作有帮助。有时候学个戏，表演个身段，这袖子又肥又长，可以代替水袖。（学）你穿制服不行，它短（学）什么也没有，他别扭。所以这大褂对表演他有帮助。

乙　对。

甲　另外观众也习惯了，你看相声就是有这么个特点。形式简单。你看俩人穿个大褂。一般观众的印象都是相声演员这两个人，一个胖子，一个瘦子，或者一个留头，一个光头。穿俩大褂，手里拿两把扇子。说相声这扇子干什么用呢？

乙　冬夏常青嘛！

甲　冬夏常青。其实它也是一个道具，演员站那儿扇它的时候很少。这东西，需要用的时候才用呢。你说演员表演的时候，拿把扇子在这呼哒呼哒老扇，你说观众这眼睛受得了受不了？

乙　领神哪！

甲　他看着眼睛花呀。所以这就是个道具。有的时候可以拿它做一做文章。（拿扇子）你说这叫什么？

乙　正字呀？

甲　正字。

乙　叫扇子。（子念三声）

甲　怎么叫扇子？你说说。

乙　扇子。（念咋）

甲　扇"砸"你"砸砸"试试。

乙　我"砸"不了，一"砸"就湿了。

甲　那叫什么？

乙　叫扇子，扇"砸"，不知道？

甲　一较真完了。扇子，扇"砸"扇子（念贼）全不对。正字，知道叫什么吗？

乙　叫什么？

甲　扇面。

乙　怎么叫扇面呢？

甲　无论谁扇他都扇脸，扇面，你扇别处他寒碜，扇哪都不好看。扇扇子和扇扇子还不一样。

乙　有区别？

甲　明儿您看吧，因为这扇扇子跟他是干什么的和生活习惯都有关系。讲的是，文胸、武肚、僧道领，书口、役袖、媒扇肩。

乙　你说的这个我不懂。

甲　不懂吗？文胸武肚僧道领。

乙　这怎么讲呢？

甲　文胸啊！就是说过去的文人秀才，扇胸脯，文胸。

乙　武肚呢？

甲　过去那些练武的扇肚子。

乙　这姿势。

甲　僧道领，和尚老道扇大领。为什么这样呢？因为他的生活习惯决定的。你看过去的文人秀才走路都迈方步，他不是大扇，都是小扇。扇胸脯。（学）都这样。你看过去那些文人秀才身上都没虱子。

乙　怎么呢？

甲　都抖搂下去了。

乙　抖搂下去了？

甲　练武的扇肚子，因为练武的都是大胖子，他这爱热呀。僧道领，为什么和尚老道扇大领？因为他的衣服和我们不一样啊，他为了进风，所以就扇这地方。要不夏天和尚跟老道他们说话都扇这儿。"师兄。""师弟。""最近佛事还很忙吧？""还可以，这不前两天我们到二道街刘家去了，去了本家给打出来了。"

乙　怎么呢？

甲　本家还没死哪！

乙　去早了。

甲　看见没？都扇大领。书口、役袖、媒扇肩。

乙　书口怎么意思？

甲　书口，说书的，说相声的都扇嘴，话说多了他这儿热呀。役袖，过去讲跟役跟班的；扇袖口。媒扇肩，媒婆，扇肩膀。（学）看见过说媒的没有？一到夏天拿把扇子，别地方不扇，专扇肩膀。（学）呦，这不是白大爷吗？我听说你有个姑娘可不错呀！明儿我给她找个主吧！这小伙子可好了，头是头，脚是脚，长得可漂亮了。就是没鼻子。

乙　没鼻子！

甲　看见了吗，哪都不扇，专扇肩膀。就是她在生活中已经形成这么一种规律了。你已经形成某种规律了，不按这个规律走，不行。就好像咱们睡觉，晚上被窝铺好了，无论男女，他都是先钻腿，绝没有先钻脑袋的。

乙　上里干吗去了？

甲　上里找袜子去了怎么的？起来的时候，你准是先起上身，穿衣服，穿好了衣服再起下身穿裤子。没有这样的：起来的时候先起下身。（学）被褥上房了。

乙　那还不上房？

甲　走道都有规矩。

乙　走路有什么规矩？

甲　走路晃胳膊。（学）你看……还不论男女走路，都晃胳膊。男的动作比较大，女的动作比较小。男的晃胳膊是往外，（学）女的也晃胳膊，她动作是往里。（学）有没有女的走路和男的一样啊？很少很少的。你见哪个女的走道这样，（学）这是摔跤的。女的走路比较稳。要说真正的稳，那得说是在过去，你不稳不行，她有一套东西束缚着你，那会儿的女的走路讲究"行不摇头，坐不露膝，笑不露齿，站不倚门"。那时候女的笑的时候牙都不能露，要让别人看见就得说她没规矩。坐那，膝盖不能露。走路头不能动。那时候女的出门都讲究戴"钳子"，这么长到这儿。为什么呀？就为管着自己的。走着走着打到脸了这叫打羞。所以那时候走路一定得稳。走着走着后面有人叫了，坏了。不能回头，一回头打着脸了。所以得连头带身子一块动弹。

乙　您给学学。

甲　那你叫我。

乙　三姑娘，三姑娘……

甲　（学女人）谁呀？

乙　我。

甲　（学）谁呀？

乙　三姑娘，我。

甲　（学慢慢回头）

乙　我说你多会转过来呢？

甲　俩礼拜。

乙　我等不了您哪。

甲　（学女人）哪位呀？

乙　我。

甲　（学女人）呦，姥姥啊！

乙　姥姥啊！有叫姥姥的吗？

甲　你都歇顶了，还不姥姥吗？可过去男的走路就不一样了，要碰见走道慌的主，你叫他没回头他就给你请安。您不信我学学。（学愣小伙子）

乙　老三。

甲　（学愣小伙子）哪那？你倒瞧准了，还没看见人呢。

乙　好嘛！

甲　绝没有这主，说走道挺慌挺快，回头就像女的似的。那可就寒碜了。

乙　那也好看。

甲　您不信你叫我。

乙　老三。

甲　（学愣小伙子）谁？

乙　我。

甲 （学愣小伙子）哪位？

乙 白全福。

甲 （学愣小伙子）白大哥。

乙 你上哪去？

甲 （学愣小伙子）我上医院。

乙 你怎么了？

甲 （学愣小伙子）瞧脖子去。

乙 "落枕"了！您说得这么透彻，这么说您有研究。

甲 有研究，这么说吧，只要是"学"上，您恐怕不行。

乙 这么的，今天咱俩可以学学。

甲 学什么呀？

乙 学学大姑娘、老太太变嗓音。

甲 行，就学个大姑娘、老太太变嗓音，看咱俩谁学得像。你学谁？

乙 我学大姑娘。

甲 你？（上下打量）

乙 干什么？

甲 就这样的还学大姑娘，首先在外形上您就不像。

乙 怎么不像啊？

甲 您看您可好，长得跟面包似的。

乙 什么叫面包啊？你别看我这相，一学上就像了。

甲 我去老太太，咱们俩是街坊。走到大街上了，老太太碰见大姑娘了，说那么几句话，让大伙看看究竟是你大姑娘像，还是我老太太像。

乙 我这大姑娘今年十九岁。

甲 我这老太太七十二。学出来得一个真老，一个真小。我打那边来。

乙 我从这边走。（学）卖线的……卖线的……卖线的……有蓝线吗？呦，大妈你好啊？

甲 （学小伙子）噢，白小姐。我真没有想到会在这碰见你，前两天我还给你去了封信呢，我也不知道你接到了没有。你看见我给你去的信了吗？

乙 收到了。

甲 你真使我奇怪，收到了为什么不给我回信呢？

乙 我不认字。

甲　我知道，我知道你的父亲对我们俩的事是不欢迎的，可是你要知道我打心里是非常喜欢你。上次我请你看电影你也没去，我等了你两个多小时啊！

乙　不是我妈管得紧吗？

甲　你知道吗？在我心里有好多好多话要跟你讲，始终没有机会。今天借这个机会我想跟你谈一谈。现在你有事吗？如果没有事，我们俩是否可以跳跳舞。

乙　再也不能跳舞了。

甲　怎么呢？

乙　上次把踝子骨都崴了。

甲　那好，我们就找一个地方好好谈谈，我有好多话要讲。你知道我的心里是多么……

乙　你是老太太吗？

甲　我这是老太太的儿子。

乙　老太太的儿子！老太太哪？

甲　老太太没在家。

乙　老太太哪去了？

甲　游泳去了。

乙　你这像话吗？七十二岁老太太游泳啊！

甲　老健将，二十多岁就游，蛙式。就没有老太太游泳的？

乙　哪有哇？七十多岁，头发白了，牙也掉了，在河里还蛙式。（学）

甲　反正老太太没在家，他儿子来了。

乙　这样吧，咱俩换换。

甲　怎么换？

乙　你来那大姑娘，我来这老太太。

甲　七十二岁老太太可不好学。

乙　我这扇子一拿就是了。

甲　现在开始啊！

乙　（学老太太）卖豆腐的……卖豆腐的……卖豆腐的……

甲　（学老头）卖豆芽的！

乙　又拧了啊！卖豆腐的！

甲　人这一上岁数这眼神也不得利了。

乙　这不是二姑娘吗？

甲　呦，大妹子。

乙　大妹子啦！

甲　你看这么些年没见你也老多了。

乙　可不是吗？

甲　头发都白了。

乙　哎呀，就是歇顶早点。

甲　我听说最近你老伴故去了？

乙　我守了寡了。

甲　想一想以前直到今天我还是难过呀！

乙　怎么难过呀？

甲　想当初你父母他们就是不同意我们结婚哪。你还记得吗？我请你看电影我等你俩钟头你都没去呀。

乙　又接上了。

甲　没想到现在咱们也都这模样了。

乙　都这年纪了。

甲　我老伴也死了，如果你愿意咱俩在一块对付对付就得了。

乙　这是大姑娘吗？

甲　姑娘他爷爷。

乙　咳！你可太难了。我学大姑娘吧，他就老太太儿子。换个了吧，大姑娘他爷爷来了。要跟我并骨，像话吗？咱不学这个了。

甲　那学什么呀？

乙　干脆，你学个聋子打岔。

甲　这个我可学得好，聋子打岔，你说东，我说西；你说打狗，我说骂鸡。

乙　这可不易。

甲　打岔打得好着呢。

乙　咱们来来。

甲　这么着，我可是你二大爷。

乙　我是你大大爷。

甲　你这人总不吃亏。

乙　我是不吃亏。

甲　这有道理，你说咱们要是两个老头还有意思吗？没法打岔了。另外这耳沉哪，只有上了岁数才耳沉哪。没有说小年轻的耳沉的。

我上了岁数了，我是你街坊二大爷，不理我不行，理了我怎么样呢？因为我是看着你长起来的，所以总跟你拍老腔，你说东我说西。你得老有词，我得老打岔。

乙　来来？

甲　打现在起我就是聋老头了。

乙　今天，天挺好出来遛遛弯……

甲　唉！（学聋老头）

乙　怕碰见他，还偏碰见他。你不理他吧，他还不乐意。

甲　现在就是耳朵不给使唤了，人一上了年纪……

乙　您好啊？

甲　哎哟，我当谁呢，二秃子呀！

乙　叫我小名干吗？您好啊？

甲　你看这几年没见，这小子都长这么高了。哎呀，真是一晃啊！

乙　是呀，我晃的时候还没你呢。

甲　不认识二大爷了吧！记住，见到二大爷理着点。我是你二大爷。

乙　理您了。

甲　见到我连安都不请，跟我洋灯——点头。

乙　您净瞅我头发了，您没往下看，我这请了。

甲　你不认识我是怎么着？你打听打听去，我跟你爸爸有交情，我们是把兄弟。小子，二大爷给你抱大的，你在二大爷胳膊上拉过青屎呀！

乙　你不亏心哪？

甲　别晃悠脑袋，闹义和团的时候你没赶上啊？

乙　是啊，你也没赶上啊！好，您哪？

甲　吃了饭了。你吃了吗？

乙　您上哪呀？

甲　你大妈呀？挺好，挺好。

乙　我问您上哪？

甲　二大爷耳沉了，说话你得大点声。

乙　上哪？

甲　你这说话呢吗？

乙　我这放屁呢？

甲　怎么着？

乙　上哪？

甲　怎么着？

乙　上哪？

甲　这小子太可气了！怎么干张嘴不言语呀？

乙　这还不言语呀？

甲　怎么地？

乙　我说上哪？

甲　大点声，我听不见。

乙　人都听见了。上哪？

甲　你要把我急死啊！

乙　你要把我累死啊！这老头……二大爷。

甲　哎。

乙　这怎么回事？

甲　我这耳朵一阵一阵的。

乙　这阵叫我赶上了。我说您上哪？

甲　你说什么？

乙　这阵又过去了。干脆跟他比画吧。您身体硬朗？

甲　你大哥呀？你说我那儿子你大哥呀？他可不如你。你多好啊！规规矩矩，我要是有你这么一个儿子就好了。

乙　还找便宜呢。

甲　我那儿子可不行，不学好，总跟一些流氓在一起，最近我听说怎么着？还当上扒手了，也不知跟谁学的。你说可气不可气？

乙　是可气，我给您找找去吧。

甲　跟你学的呀？

乙　没有。

甲　你们是干那个的呀？干多少年了？

乙　不是。

甲　干五年了。学好啊！

乙　二大爷。

甲　啊。

乙　别学了，合着你就一句二大爷听得清楚啊？

甲　我一阵一阵的。

乙　咱们这回换一个，学个哑巴打手势。你学哑巴。

甲　我学哑巴？

乙　对，你老要便宜，你学哑巴，叫你说不出话来。

甲　那你呢？

乙　我去那不哑巴的。

甲　不行，我坚决不同意。

乙　为什么呀？

甲　我打手势，你当翻译，你没有生活，到时候你翻不出来呀？

乙　还告诉你，打小就跟哑巴一块玩，他能比画出来什么我都能翻出来。

甲　那好了，好比咱俩是把兄弟，有几年没见，走到马路上见着了，说会儿话。你得给翻出来。哑巴有三直。

乙　哪三直？

甲　心直，眼直，腿直。我一拍脑门我就是哑巴了。你打那边来。

乙　哑巴。

甲　哎。

乙　哑巴有答应的吗？

甲　一听你就是外行，哑巴听不见，有喊哑巴的吗？（学哑巴）啊吧……啊吧………

乙　（学哑巴）啊吧……啊吧……

甲　俩哑巴！你怎么这么笨呢？你怎么这么可气呀？我是哑巴。你别不哑巴。

乙　我别不哑巴？我还是哑巴？

甲　你甭不哑巴。

乙　你是哑巴，我不是哑巴。

甲　对呀！

乙　再来吧。哑巴。（和哑巴握手）

甲　啊！（使大劲拽乙）

乙　你别使这么大劲。

甲　（学）啊吧……嘎吧……（双手两边抬起）

乙　这您不知道，他说我们俩打小一块长起来的。

甲　（学）啊吧……一吧……不一吧……啊……（做磕头状，比画手势作好的意思）

乙　他说我们俩是磕头的弟兄，把兄弟。

甲　（学）啊……个吧……一吧……啊吧啊吧。（用手蒙眼睛，伸出四根手指）

乙　他说分手谁也没看见谁有四年了。多了，有六年了。

甲　（学）啊吧……（比画六）

乙　六年了。

甲　（学）一波……啊……个啊……吧啊……（双手表示瘦的样子）

乙　说我瘦了。咳，连说带唱，累心。

甲　（学）啊吧……啊……吧……（双手比画手拿玉子的样子）

乙　对，太平歌词。

甲　（学）啊吧……啊吧……啊吧啊呀……（哼太平歌词的调）

乙　行，行，行。没听说哑巴会唱太平歌词的。有味没字，受不了您！

甲　（学）各吧。（指乙手再往下，比画乙很胖）

乙　他说我小时候胖。

甲　（学）啊吧。（拍大腿）

乙　小时候，大腿……

甲　（学）啊吧。（比画很粗的样子）

乙　跟房柁似的。

甲　（学）啊吧。（指脚）

乙　脚拇丫。

甲　（学）喝。（比画非常大的意思）

乙　跟小撮簸箕似的。

甲　（学）啊。（指胳膊）

乙　胳膊。

甲　（学）呀。（比画很粗的样子）

乙　跟房檩似的。

甲　（学）啊吧。（双手扶腰）

乙　腰。

甲　（学）啊。（比画很粗）

乙　跟水缸似的。

甲　（学）啊不。（晃脑袋）

乙　脑袋。

甲　（学）呀。（双手围拢小圈）

乙　跟蒜似的？我长了一个蒜头脑袋？

甲　（学）呀不吧。（比画麦斗大小）

乙　啊，跟麦斗似的。

甲　（学）啊不，啊，啊不。（做睡觉状再往外一指）

乙　啊，他问我在哪住？还在那。老地方。

甲　（学）不啊……啊大……吧……吧……吧……吧。（比画头发、脸、胡子，再拄个拐杖）。

乙　他这拄着拐棍，满脸褶子，头发也白了，胡子也白了，你问我爸爸？

甲　（学）啊。

乙　死了。

甲　（学）不……给……啊。（把右手放在左手上，右手放下，用嘴一吹）

乙　死了。

甲　（学）啊吧。（比画钱）

乙　他小时候我父亲常给他钱花。

甲　（学）啊不……啊吧……不……啊……哎呀。（比画兄弟手足再一指嘴唇）

乙　这您不知道，他这么样，是问我哥们弟兄，小手指头指红嘴唇呢？是问我妹妹，你问我妹妹？

甲　（学）啊。（点头）

乙　在家。

甲　（学）啊？（询问的）

乙　做活儿哪。

甲　（学）呀不？（疑问的）

乙　我妹妹大门不出，二门不迈。不出门。

甲　（学）啊不？（疑问的）

乙　不出门！

甲　（学）呀吧……不吧……哈吧……啊（比画女人打扮的样子，做吹喇叭状，往下一蹲晃晃悠悠的）

乙　啊！这个您不知道，他这样是说我妹妹擦上粉，抹上红嘴唇，这个姿势是吹喇叭，这么一来，还有轿子。你问我妹妹结婚了没有？

甲　啊吧？（疑问的）

乙　没有。

甲　（笑了）（学）啊……啊……啊吧……啊不……啊。（双手握拳，大拇指相对，一拍自己胸脯）

乙　你那意思是要给我妹妹说婆家。

甲　（学）呀吧……不……不。（忙挥手，表示不是这意思）

乙　是，你不是要给我妹妹说婆家吗？

甲　（学）呀吧……呀呗……不……不……呀吧。（比画不是，双手握拳，大拇指相对，再一拍自己胸脯）

乙　（冷笑）这小子，人面兽心，让我妹妹嫁你？

甲　（说话）对了。

乙　去你的吧！

（常宝霆　白全福录音稿　邵绅绅记录）

学四省

甲　相声讲究四门功课。

乙　说学逗唱。

甲　就拿各地的方言来说吧！

乙　那是一个地方一个样。

甲　像我们说相声的哪都走，哪的话都得会说。

乙　噢，听您这话，您对各省的话都有研究啊？

甲　我只会一点皮毛。

乙　那蒙古话会说吗？

甲　这个会一点儿。

乙　那蒙古人问好说您好，怎么说？

甲　叫"门得啦，门得"。

乙　这什么呀？噢，这就是您好。那全家好呢？

甲　叫"齐啦门得"。

乙　齐啦门得，那问咱们整条街都好呢？

甲　那就是整条街，街坊完全统统"门得啦，门得"。

乙　像话吗？

甲　有这么问的吗？

乙　那蒙古话走怎么说？

甲　叫"亚布亚布"。

乙　那快走呢？

甲　齐啦亚布，齐啦亚布。

乙　那要是打着滚跑呢？

甲　叫……叫……你先跑吧。

乙　哎，这怎么意思？

甲　有打着滚跑的吗？

乙　噢。那蒙古人管吃饭叫什么？

甲　叫"扒拉一地"。

乙　扒拉一地？

甲　吧嗒一地，一地是饭，吧嗒是吃。

乙　那要是吃肉呢？

甲　吗哈一西。

乙　那要是吃点牛肉？

甲　牛肉是大犄角吗哈一西。

乙　啊，那要是羊肉呢？

甲　小犄角吗哈一西。

乙　那要是吃鸡肉呢？

甲　尖嘴子吗哈一西。

乙　那要是鸭子肉呢？

甲　扁嘴子吗哈一西。

乙　像话吗？都在嘴上找齐啊！

甲　这是玩笑！要讲学，这回咱们学一回深、武、饶、安说话。

乙　好啊。

甲　好比你有个大买卖，九间门脸，偷东西的抢东西的都不敢上您
　　那去。

乙　伙计多呀！

甲　伙计少也不偷不抢。

乙　什么买卖？

甲　茅房。

乙　抢那干吗呀？

甲　我家里闹蚂蚱了，给我咬到你这来了，我们是亲戚，想找你帮
　　帮我。

乙　学学深、武、饶、安说话。

甲　咱们现在开始啊！"哇"！（轻声）

乙　怎么了这是？

甲　我是和你说话。

乙　那怎么这个相啊？

甲　三天没吃饭了，都要饿抽了。

乙　那我怎么办？

甲　你"哇"！（大声）

乙　我气力怎么这么足啊？

甲　你有钱啊！刚吃完豆腐渣。

乙　有钱吃豆腐渣啊？

甲　（学）哇！

乙　哇！

甲　你不是蝈蝈啊？

乙　你不是油葫芦啊？

甲　你才是油葫芦呢！

乙　那什么叫蝈蝈啊？

甲　你不是我哥哥？

乙　那我说什么？

甲　你说这不是第二的。

乙　这什么意思？

甲　你不是我兄弟吗？

乙　噢，再来。

甲　哇！

乙　哇！

甲　你不是哥哥吗？

乙　这不是第二的。

甲　可不是我呀。

乙　多咱来的？

甲　夜里后晌来的。

乙　你怎么来的？

甲　和夜叉来的。

乙　你没看见海怪呀？

甲　你没遇见吊死鬼呀？

乙　你不是说你和夜叉来的吗？

甲　我是说夜车，坐夜车来的。

乙　噢，夜车呀！住在哪里啦？

甲　住在豆腐房了。

乙　住在那提我了吗？

甲　提你了，说你开个茅房。

乙　可不是。

甲　有了茅房，你就吃饱了。

乙　呸，这买卖真别扭。

甲　说你卖那钱吃不了啊！

乙　像话吗，第二的，你打家里来收成好吗？

甲　别提了，家里闹了蚂蚱了。

乙　闹蚂蚱了？

甲　可不吗？开始那庄稼可好了，快收成了，来蚂蚱了，嘎吱吱嘎吱吱把庄稼全吃了。

乙　我那几亩地也吃了。

甲　你哪有地啊？

乙　老爷庙前边那不是我的？

甲　老爷庙前边那地是你的，你是个贵人，那蚂蚱在别人那嘎吱吱嘎吱吱都吃了，到了你那呼哒哒都飞走了，连个蚂蚱仔也没有。

乙　我哪有收成？

甲　也没收成。

乙　不是没蚂蚱吗？

甲　是啊，水都没了脖子了。

乙　啊，淹了。

甲　对了，你多什么呀？

乙　合算，我什么也没落着。

甲　也别说水下去收成两口袋……

乙　粮食？

甲　蛤蟆。

乙　蛤蟆，算了，这个也别学啦。

甲　学什么？

乙　学回山西人说话。

甲　这可不好学。

乙　山西人管掌柜的叫什么？

甲　叫三掌柜。

乙　学徒的呢？

甲　叫二娃子。

乙　二娃子，那咱学学。

甲　好，你是学徒的，我跑外，怎么样？

乙　好啊，开始。

甲　嗯。（学）

乙　呵，这怎么啦？

甲　和你打招呼。

乙　我呢？

甲　和我亲热亲热。

乙　怎么亲热？

甲　你是嗯嗯嗯……

乙　好。

甲　嗯。

乙　嗯嗯嗯……

甲　你不是我儿子？

乙　你不是我孙子。

甲　谁是你孙子呀？

乙　你干吗说我是你儿子？

甲　这是说你不是吴家二娃子？

乙　噢，我说什么呀？

甲　你说这不是三掌柜。

乙　他倒不错。

甲　嗯。

乙　嗯嗯嗯……

甲　这不是我儿子？

乙　我老听是他儿子，这不是三掌柜？

甲　你到哪里去？

乙　我送活儿去。

甲　老没见啦！

乙　可不是。

甲　回头上我家吃饭吧。

乙　我吃过饭了。

甲　去吧，去吧，你去你是大王八。

乙　你才是大王八呢！我更不去啦！

甲　说你去你使大碗吧！

乙　不学这个啦。

甲　那这回咱学回山东人讲话。

乙　好啊，山东人管掌柜的叫什么？

甲　（学山东话）叫三掌柜！

乙　学徒的？

甲　（学）小力笨儿。

乙　到北边？

甲　（学）到柏边。

乙　到北边找个人？

甲　到柏边找个人。

乙　吃饭？

甲　逮饭。

乙　吃肉？

甲　逮由。

乙　吃鱼？

甲　逮鱼。

乙　吃鸡？

甲　逮小鸡子由。

乙　这太费事啦。

甲　咱学这山东话？

乙　好。

甲　事先托付托付，学山东话，我必须是你三大爷。

乙　好——我是你四爷爷，别学了，占便宜。

甲　不是占便宜，我和你爸爸有交情，你爸爸有几个买卖。

乙　有钱。

甲　后来你爸爸一死，你不好好干，把买卖都倒出去了，得了钱吃喝嫖赌，胡吃海塞扎吗啡，把钱都胡花了，最后你要了饭了，要到我这了，我给你几个钱，但给你这钱哪要说你几句，你不服说话，让别人一听，就像打架似的。

乙　对，山东人都气粗。

甲　我气粗，你可不能气粗。

乙　怎么呢？

甲　因为你有病啊！

乙　什么病？

甲　也没什么大病，小病。

乙　头痛脑热。

甲　也就是瘟病、热病，伤寒、跑肚拉稀，大头翁、鼠疮脖子、连疮腿……

乙　行行行，这就行了。

甲　再给您化化妆，把脖子先围上。

乙　这叫什么？

甲　这叫砍头疮，您这脖子都快烂掉了，不敢打喷嚏，一打喷嚏，阿嚏，吧嗒一下，脑袋就下来了。

乙　哎，你和我有什么仇啊？

甲　另外把头再围上。

乙　这个什么病啊？

甲　这叫腮漏。

乙　这怎么意思？

甲　也不明白？就是说你腮帮子有个窟窿，吃什么漏什么。

乙　呵，是啊。

甲　大褂往上点。

乙　这是什么？

甲　这叫腰嗡，走路要哈巴点。

乙　这是什么呀？

甲　这叫连疮腿。

乙　我这病真全啊！

甲　这扇子你拿着。

乙　这是什么？

甲　这就是你打狗的棍子。

乙　我倒是全啊。

甲　我也拿个扇子。

乙　也是棍子。

甲　这是大烟袋。

乙　他倒好，那咱们开始！

甲　唉！

乙　（惊一跳）干什么呀？

甲　我看你这样生气！

乙　那不是你给我拾掇的吗，我说什么呀？

甲　你说"哇"！

乙　接着来。

甲　（学）唉！

乙　哇！

甲　好家伙。

乙　哇！

甲　别挖了，锹断了。

乙　我挖土来了。

甲　我说"唉"，你说，"哇"，我说"好家伙"，你说"实在实在的好家伙"。

乙　到我这可费家伙。

甲　（学）唉！

乙　哇！

甲　好家伙。

乙　实在实在好家伙。

甲　你不是小鸡子？

乙　你不是大松花。

甲　谁是大松花？

乙　谁是小鸡子呀？

甲　我说你不是小侄儿？

乙　这什么舌头啊，我怎么说啊？

甲　你这时候哭丧个脸，可不是我吗，这不是三大爷吗？

乙　他这倒不错啊！

甲　（学）唉！

乙　哇！

甲　好家伙。

乙　实在实在好家伙。

甲　这不是小侄儿？

乙　可不是我吗，您不是三大爷吗？

甲　哎。

乙　他先占了一个。

甲　孩，孩，你还认识三大爷，爷们。

乙　可不认识你呀！

甲　认识三大爷，就好了，孩啊孩啊，你怎么混成这个样啊？

乙　我抱了墩了。

甲　要了饭啦？

乙　可不是。

甲　那老人家呢？

乙　老人家故去了。

甲　那灵柩呢？

乙　埋在祖坟了。

甲　这是孩你的孝心啊！

乙　那是我应尽的责任。

甲　老人家故去了，那买卖呢？

乙　买卖兑出去了。

甲　买卖兑出去了，那个钱呢？

乙　钱还了亏空了。

甲　什么亏空啊？

乙　老人家在世就欠着人两万多块。

甲　胡说八道，老人家在世根本没有亏空。

乙　怎么没有亏空？

甲　孩啊孩啊，我都听说了，你打吗啡呀。

乙　打吗啡有针眼，我哪有针眼？

甲　哪有，就是有针眼。

乙　哪有？

甲　（挖乙鼻子）这不是针眼吗？

乙　这是胎里带来的窟窿。

甲　人家茶叶庄三掌柜的给你介绍那活儿，你怎不去呀？

乙　不够挑费。

甲　人家够挑费，你怎么不够？

乙　你少说我。

甲　我和你爸爸有交情。

乙　有交情就应该给我钱。

甲　就你这样有钱也不给你啊，你给山东人丢脸，给你爸爸抹黑，嘿，你王八蛋。

乙　去你的吧。

（赵振铎　赵世忠录音稿　张佳佳记录）

学满语

甲 您是中国人吧?

乙 这没错。

甲 那您会说中国话吗?

乙 废话,中国人不会说中国话?

甲 这么说您会说中国话?

乙 当然了。

甲 那您会说中国话,我问您内蒙古人是中国人,外国人?

乙 中国人哪!

甲 那你说说蒙古话。

乙 不会。

甲 完了吧!满族人你知道吗?

乙 知道,在"旗"的。

甲 你说说满语。

乙 这也不会。

甲 你不说中国人都会说中国话吗?

乙 可说哪?

甲 这满族是外国的吗?

乙 那不是。

甲 不是你不会?

乙 我说中国话是汉语,你说的蒙古语、满语,我都没学过。

甲 完了,还说相声呢,说相声讲究学各省人说话,各地方言。

乙 那是。

甲 你连蒙古语、满语都不会。

乙　是我学艺不精。

甲　学艺不精就完啦？

乙　那我也不能死去呀？

甲　谁让你死啦？就说你们说相声的什么都应该会，什么都应该学学！

乙　我上哪学去啊？

甲　往这看，远在天边，近在眼前。

乙　这么说您会？

甲　我要不会，我问你干吗？

乙　那您教给教给我。

甲　我凭什么教你呀？

乙　还凭什么？交个朋友呗！我学会了以后上外边说去，人问我跟谁学的？我说跟你学的，这不也给您露脸吗？

甲　好，冲你这话，我教教你。

乙　那我先谢谢您？

甲　那你就跟我学学满语吧！

乙　好啊！

甲　满人都在旗，正黄旗，镶黄旗，正白旗，镶白旗，正红旗，镶红旗，正蓝旗，镶蓝旗，一共八旗。

乙　对。

甲　咱俩要学，别在八旗之内。

乙　怎么呢？

甲　人家在座的，也可能有在旗的。

乙　那可能。

甲　咱俩在这拿满语说笑话，人家说拿我们满语糟改哪！

乙　是，那怎么办？

甲　咱俩单列两旗。

乙　怎么单列？

甲　八旗里没有黑旗和花旗。

乙　那是。

甲　咱俩来这两旗。

乙　行。

甲　我在黑旗，你在花旗。

乙　噢！

甲　可有一样，我们俩都得有"佐领"和"波士乎"。

乙　"佐领""波士乎"是什么？

甲　"佐领"就是管着咱的，"波士乎"是我们的头儿。

乙　啊！那"佐领""波士乎"是什么样的？

甲　也得是黑脸，花脸的！

乙　好咧！

甲　我在黑旗，黑脸的！

乙　谁是你们的"佐领"？

甲　老包，包公是我们"佐领"。

乙　谁是你们"波士乎"？

甲　呼延庆，黑脸的。

乙　您在哪上班？

甲　我在煤铺上班，煤铺"官饷"每月四十八斤……

乙　银子？

甲　煤球。

乙　煤球啊？好嘛都黑到一块了！

甲　你在花旗。

乙　谁是我们"佐领"？

甲　马武，花脸的。

乙　马武是"佐领"，谁是"波士乎"？

甲　窦尔墩，花脸的。

乙　我在哪上班？

甲　你在切糕铺上班。

乙　五花三层的。

甲　每月的"官饷"一个"大坨子"。

乙　黄金坨子？

甲　切糕坨子！

乙　全花到一块了。

甲　现在咱俩也在旗了，开始说满语。

乙　怎么说？

甲　咱俩一见面，我说。"阿哥……"

乙　"阿哥"是什么意思？

甲　就是哥哥，我说"阿哥三爷"。

乙　不懂。

甲　就是哥哥您好，然后请安，请安知道吗？

乙　怎么回事？

甲　现在见面鞠躬，过去人见面不鞠躬，把胳膊一奤拉，腿一欠……这样（学）。

乙　这叫请安？

甲　然后说"阿哥三爷"就是哥哥您好！

乙　那我回答什么？

甲　你说："三爷，我好啊！"阿哥三爷。

乙　三爷！

甲　"多的革么三爷。"

乙　这是怎么意思？

甲　"多的革么三爷"是问你一家子全好！

乙　那我说什么？

甲　你说："革么三爷，我一家都好！"

乙　革么三爷。

甲　你别忙，我问你呀？"阿哥三爷"。

乙　三爷。

甲　多的革么三爷。

乙　革么三爷。

甲　爱白才！

乙　买白菜呀？

甲　买白菜干什么？"爱白才"是问您上哪去？

乙　那我说？

甲　"迈儿哥埋它比。"

乙　你先别忙，这字太多了！"骂你哥？"

甲　"骂我哥"呀？"迈儿哥埋它比。"

乙　迈儿哥……买管笔？

甲　买管笔呀！还买点儿墨呢？"迈儿哥埋它比。"

乙　"迈儿哥埋它比。"

甲　问你上哪去？你说"迈儿哥埋它比"是我出去遛遛。

乙　明白了！

甲　"阿哥三爷。"

乙　"三爷。"

甲　"多的革么三爷。"

乙　"革么三爷。"

甲　"爱白才。"

乙　"迈儿哥埋它比。"

甲　比西尼莫波罗特弗弗波里多，阿么呀合仁呀哈咧。

乙　你找外国人去吧，我一点儿没听出来，我来不了！

甲　你没那么些个！

乙　那我说什么？

甲　说一句"黄衣拉库、黄衣拉库"。

乙　我说什么？

甲　"黄衣拉库、黄衣拉库。"

乙　黄衣服把裤子拉啦？

甲　什么呀？"黄衣拉库。"

乙　"黄衣拉库。"

甲　这就行了！

乙　这一套见面礼，回头你得翻汉话！我可得明白明白！

甲　那多新鲜，不让你明白了，行吗？

乙　我就说"黄衣拉库"？

甲　就那么说不行，你得乐嘻嘻的。

乙　"黄衣拉库"，还得乐嘻嘻的，行，咱从头来。

甲　"阿哥三爷。"

乙　"三爷。"

甲　"多的革么三爷。"

乙　"革么三爷。"

甲　"爱白才。"

乙　"迈儿哥埋它比。"

甲　"比西尼莫波罗特弗弗波里多，阿么呀合仁呀哈咧。"

乙　啊……

甲　快说呀。

乙　说什么？

甲　黄衣拉库。

乙　黄衣拉库。

甲　这不就对了吗？完了！

乙　完了？你得说是什么意思呀？你得翻汉语呀？

甲　翻汉语？你还不明白？一见面，"阿哥三爷"是哥哥你好。

乙　我回答"三爷"。

甲　你说我好啊！"多的革么三爷"是您一家子全好！

乙　我说"革么三爷"是我一家全好。

甲　我说"爱白才"是问你上哪？

乙　我说"迈儿哥埋它比"是我出去溜达。

甲　对啦！

乙　那刚才你说那一大套是怎么回事？

甲　你问哪，比西尼莫波罗特弗弗波里多，啊么呀合仁呀哈咧……字太多甭学了，行了，别问了。

乙　不，我就问这个。

甲　别问了。

乙　那不行，你得说。

甲　我不能说。

乙　怎么回事？这里肯定有毛病，你要不说，没完！

甲　我看你这么笨，我实话告诉你，我占你点儿小便宜。

乙　你占便宜没关系，我吃亏也没关系，我吃亏吃在明处，不能吃在暗处，吃暗处，我不干。

甲　我不能说，我说了怕你急眼。

乙　我不能急眼。

甲　那你要急眼了呢？

乙　我要急眼我不是人。

甲　关键我要说了，我还怕你跟我翻脸。

乙　我不能翻脸。

甲　那你要翻脸了呢？

乙　我要翻脸我不是东西。

甲　真的？急眼不是人，翻脸不是东西。

乙　真的。

甲　既然你这么好说话，我就把"比西尼莫波罗特弗弗波里多，啊么呀合仁呀哈咧"全告诉你了。

乙　那你说这是怎么个意思？

甲　您问这个"比西尼莫波罗特弗弗波里多，啊么呀合仁呀哈咧"啊？

乙　啊？

甲　是让你妈带着你嫁我，问你乐意不乐意？

乙　什么？

甲　你看急眼了不是？

乙　我不能不急啊？那我说那"黄衣拉库、黄衣拉库"呢？

甲　你说：就这么办了，就这么办了。

乙　你别挨骂了。

（于春明述　新纪元整理）

学英语

甲　您上过学吗？

乙　上过。

甲　什么程度？

乙　高中。

甲　你比我强，我一共才上过一年学。

乙　一年少点儿。

甲　说一年还不够一年。

乙　怎么？

甲　病了些日子。

乙　病多少日子？

甲　十一个月。

乙　才念了一个月的书啊？

甲　还逃了二十九天学。

乙　才上一天。

甲　那天放假。

乙　一天没上。

甲　笑话！一天没上我能出国吗？

乙　出国？

甲　我是外国留学的一位女学生……男学生！

乙　这位连男女都分不出来了。

甲　我大学毕业。

乙　您都到过什么国家？

甲　法国"疤瘌"。

乙　疤瘌？那叫法国巴黎。

甲　对，巴黎。美国"扭腰"。

乙　我到过美国岔气儿。

甲　我先扭的腰，后岔的气儿。

乙　纽约。

甲　英国"楞墩"。

乙　没墩死？那叫伦敦！什么乱七八糟的！

甲　你着什么急呀？我要没去过，我能说外国话吗？

乙　外国话？

甲　你会吗？

乙　不会。中国话我还说不利索哪。你会说哪国话？

甲　八种。

乙　哪八种？

甲　分近代文和古代文。

乙　近代文？

甲　英文、法文、德文、俄文。

乙　古代文？

甲　希腊文、拉丁文、阿拉伯文、梵文。

乙　不简单，您说得最好的是哪国话？

甲　中国话。

乙　废话！中国人嘛，不会说中国话！

甲　法国话。

乙　法国话？

甲　一嘴的法国话。

乙　说两句我们听听，怎么样？

甲　抻练抻练我？

乙　没那意思，跟您学。

甲　真的？

乙　真的。

甲　法国话你会说吗？

乙　不会。

甲　那就好办了。

乙　好办了？蒙啊？

甲　蒙什么？你没学过，不会，我教着就好教。你要会个三言两语的，
　　我再教你就不好教了。

乙　对。

甲　你学点什么？

乙　你说戴帽子怎么说？

甲　戴帽子？

乙　对

甲　戴帽子……法国人戴帽子吗？

乙　哪国人不戴帽子。

甲　（学外国味）法国人戴帽子……法国人戴……他戴毡帽啊，是戴帽
　　头儿啊？

乙　法国人穿西装戴帽头？那好看吗？甭管什么帽子，就是戴帽子。

甲　（外国味）法国人戴帽子……叫（外国味）"脑袋顶着"。

乙　完了？

甲　完了。这有什么呀？

乙　（学甲的外国味）"脑……顶……"

甲　什么呀？发音不正确。应该是（外国味）"脑袋顶着"。

乙　不懂，穿鞋哪？

甲　（外国味）"袜子外头。"

乙　戴眼镜？

甲　（外国味）"鼻子上边儿。"

乙　吃点什么行吗？

甲　看你吃什么了？

乙　吃栗子？

甲　（外国味）"剥了皮儿吃。"

乙　吃桃？

甲　（外国味）"吐了核儿吃。"

乙　吃橘子？

甲　（外国味）"剥了皮儿，吐了核儿吃。"

乙　法国人要点"黏粥"呢？

甲　什么？

乙　黏粥也有叫"糊涂"的。

甲　你就够糊涂的了！（外国味）法国人喝黏粥……叫……你喝点别

的不行吗？

乙　不行，非喝黏粥不可。

甲　法国有黏粥吗？

乙　法国没有。

甲　那你喝什么？

乙　法国没有，他刚到中国看着黏粥新鲜，他想喝一碗，你管得着吗？

甲　好，法国人喝黏粥……叫（外国味）"留神烫嘴"。

乙　真说不上来了。法国人要穿皮袄呢？

甲　那就：（外国味）"有毛儿"。问，赶快问。

乙　不问了，问得太多了，我也记不住。干脆你给我翻译翻译怎么样？

甲　行，你先问哪句？

乙　法国人戴帽子怎么个意思？

甲　（外国味）"脑袋顶着。"

乙　脑……学不上来，你再慢点说。

甲　（外国味）"脑袋顶着。"

乙　我还是听不懂。

甲　真笨！（外国味）脑袋……（变中国话）脑袋上顶着！

乙　噢，脑袋上顶着啊？

甲　啊。

乙　拿棍举着那是雨伞。

甲　这不挺聪明的吗？

乙　穿鞋？

甲　（外国味）"袜子外头。"

乙　啊！

甲　袜子外头。

乙　袜子里头是包脚布。

甲　长学问了。

乙　就长这学问？戴眼镜？

甲　（外国味）"鼻子上边儿。"

乙　这是？

甲　眼镜是在鼻子上边儿！

乙　鼻子下边是口罩！

甲　多聪明。

乙　吃栗子。

甲　（外国味）"剥了皮儿吃。"

乙　剥……

甲　剥了皮吃！

乙　带皮扎嗓子。吃桃儿？

甲　（外国味）"吐了核儿吃"，吐了核儿吃。

乙　多新鲜？吃橘子？

甲　（外国味）"剥了皮儿，吐了核儿吃"，剥了皮儿，吐了核儿吃。

乙　法国人要吃黏粥？

甲　（外国味）"留神烫嘴。"

乙　这是？

甲　留神烫嘴。

乙　法国人也怕汤啊？

甲　哪国人不怕烫啊？

乙　法国人穿皮袄？

甲　（外国味）"有毛儿。"

乙　（明白了，也用外国味）没毛的是棉袍。

甲　你也会了？

乙　谁不会呀？您这是外国味中国字。

甲　我这是看看你思想集中不集中，这回我真说几句。

乙　好。

甲　（外国味）缸……缸……

乙　谁踩你脚了？

甲　这叫拼音。

乙　我当你拼命哪，拼吧。

甲　（外国味）缸比盆深，拼出来了。

乙　就这一句呀？

甲　一句说个什么意思，一说就是一大套一大套的。

乙　你说一套我们听听。

甲　（外国味）"缸比盆深，盆比碗深，碗比碟子深，最浅的是碟子，最深的是缸"。

乙　什么乱七八糟的？我也会说。

甲　你？

乙 （用外国味学甲，说不上来）缸……完……深……缸！

甲 你嘴里有青果？什么嘀里嘟噜的！

乙 瞎编呗！

甲 瞎编说得了一回说不了两回，我说一千回一万回老是这样。

乙 是吗？

甲 你听着（外国味）"缸比盆深，盆比碗深，碗比碟子深，最浅的是碟子，最深的是缸"。

乙 还真一样。

甲 （反复说几次）

乙 行了，行了，你说起来没完了？

甲 我怕你不相信。

乙 相信，可我不懂啊！头一句？

甲 （外国味）"缸比盆深。"

乙 啊？

甲 （外国味）"缸比盆深""缸……"你怎么这么笨哪？

乙 你慢点儿说。

甲 我说是盛水的缸比和面的盆深。

乙 这叫？

甲 （外国味）"缸比盆深。"

乙 （明白了）噢，缸比盆深哪？

甲 对。

乙 （学甲）"缸比……盆深。"

甲 不像。

乙 二句？

甲 （外国味）"盆比碗深。"

乙 这是？

甲 盆比碗深。

乙 真明白，三句？

甲 （外国味）"碗比碟子深。"

乙 （明白的）碗比碟子深。

甲 对，对。

乙 最后一句？

甲 （外国味）"最浅的是碟子，最深的是缸。"

乙　什么？

甲　最浅的是碟子，最深的是缸！

乙　这要是搁一块儿呢？

甲　（外国味）"缸比盆深，盆比碗深，碗比碟子深，最浅的是碟子，最深的是缸。"

乙　去你的吧！还是外国味中国字啊？

甲　我试试你，看你有没有涵养。你要是真想学外国话，我教你几句英语。

乙　英语？

甲　英语普及，到什么国家都可以。

乙　很深的我可来不了，学点生活中用得着的！

甲　可以，比如您打这边来，我打这边来，见面一握手说几句英语。

乙　好！（往后退几步，然后做见面状）

甲　（外国味）"哈啰？"

乙　"哈啰"什么意思？

甲　打招呼，就跟中国人一见面"嗨"一样。

乙　我呢？

甲　我"哈啰"你也得"哈啰"。

乙　对，"哈啰"。

甲　（外国味）"哈啰。"

乙　"哈啰。"

甲　"麦森。"

乙　什么叫"麦森"。

甲　我叫你哪？

乙　什么意思？

甲　就是大哥的意思。

乙　我叫你什么呢？

甲　你叫我"乏子儿"，

乙　"乏子儿。"

甲　就是兄弟的意思。再来（外国味）"哈啰"。

乙　（外国味）"哈啰。"

甲　（外国味）"麦森。"

乙　（外国味）"乏子儿。"

甲　行，挺聪明，就是慢点儿。

乙　快点？行。

甲　（外国味）"哈啰。"

乙　（外国味）"哈啰。"

甲　（外国味）"麦森。"

乙　（外国味）"乏子儿。"

甲　又太快了，应该比慢的快，比快的慢点。

乙　再来。

甲　（外国味）"哈啰。"

乙　（外国味）"哈啰。"

甲　（外国味）"麦森。"

乙　（外国味）"乏子儿。"

甲　这回就行了。

乙　你等会儿吧，大家一乐我就明白了。

甲　明白什么了？

乙　你叫我"麦森"哪，是儿子。我叫你"乏子儿"是爸爸。

甲　噢……

乙　别答应了！你教不教？

甲　真教，来吧。（外国味）"哈啰。"

乙　（外国味）"哈啰。"

甲　（外国味）"蛮不拉子儿好肚有肚！"

乙　（日本味）"我……我的不明白。"

甲　日本哪？

乙　我不会呀。

甲　你应该说（外国味）"歪瑞歪瑞三克由。"

乙　（外国味）歪瑞歪瑞……三块肉！

甲　三块肉？

乙　那够谁吃的？

甲　"三克由。"

乙　"三克由。"

甲　再来，（外国味）"哈啰"。

乙　（外国味）"哈啰。"

甲　（外国味）"蛮不拉子好肚有肚！"

乙　（外国味）"歪瑞歪瑞三克由。"

甲　（外国味）"回由儿都由光它都勾？"

乙　（外国味）我……我又不行了。

甲　你说（外国味）"四催特兔兔仨马四一。"

乙　死催的……死催的？

甲　（外国味）"四催的。"

乙　字太多，不好记。

甲　你慢点儿。

乙　（掰手指头一句一句地念三遍，然后和甲做见面状）"四催兔兔仨马四一。"

甲　你忙什么？等我问你。

乙　好。

甲　再来，（外国味）"哈啰。"

乙　（外国味）"哈啰。"

甲　（外国味）"蛮不拉子儿好肚有肚！"

乙　（外国味）"歪瑞歪瑞三克由。"

甲　（外国味）"回由儿都由光它都勾？"

乙　（外国味）"四催特兔兔仨马四一？"

甲　（外国味）"挨威路马蹄，威次优儿歪夫拜特，爱动弄，由尔莱克，傲儿那特？"

乙　（摇头甩腮）嘟……受不了！太多了！

甲　多？这是我的。

乙　我呢？

甲　你很简单，冲我一鞠躬（外国味）"歪瑞骨搭，歪瑞骨搭！"

乙　两句一样（外国味）"歪瑞骨搭，歪瑞骨搭！"

甲　对对，从头来。

乙　好！（退回再做见面状）

甲　（外国味）"哈啰。"

乙　（外国味）"哈啰。"

甲　（外国味）"蛮不拉子儿好肚有肚！"

乙　（外国味）"歪瑞歪瑞三克由。"

甲　（外国味）"回由儿都由光它都勾？"

乙　（外国味）"四催特兔兔仨马四一？"

甲　（外国味）"挨威路马蹄，威次优儿歪夫拜特，爱动弄，由尔莱克，傲儿那特？"

乙　（外国味）"歪瑞骨搭，歪瑞骨搭！"

甲　行！真聪明！难怪人家说相声呢？

乙　完了！我一句都不懂，走在马路上见面就给人家鞠躬（外国味）"歪瑞骨搭，歪瑞骨搭！"我神经病啊？我说，你能不能给大家解释解释？

甲　翻译出中国话是什么意思？

乙　对。

甲　你先问哪句？

乙　你先说头一句（外国味）"蛮不拉子儿好肚有肚！"是什么意思？

甲　我说你好吗？

乙　我说（外国味）"歪瑞歪瑞三克由"。

甲　你说：我好，谢谢你。

乙　你说的（外国味）"回由儿都由光它都勾？"

甲　我问你上哪去？

乙　我说（外国味）"四催特兔兔仨马四一？"

甲　你说我到大街上转个弯儿。

乙　你说的（外国味）"威……兔……仨……"（甩腮帮子）嘟……我来不了！你那句什么意思？

甲　我那句？我那句你就别问了。

乙　什么叫别问了？

甲　我跟你开了个玩笑。

乙　没关系，我也爱开玩笑，你跟我说完了我再跟别人开玩笑去。

甲　不行，还是不能告诉你。

乙　怎么？

甲　我一告诉你你就急了。

乙　我不急。

甲　你要急了呢？

乙　我要急了我是王八蛋。

甲　这是你说的。（外国味）"挨威路马蹄，威次优儿歪夫拜特，爱动弄，由尔莱克，傲儿那特？"

乙　这是什么意思？

甲　我想叫你媳妇嫁给我，问你愿意不愿意？

乙　（火了）什么！……

甲　急了不是？急了不是？……

乙　不急不急！那么我说。（外国味）"歪瑞骨搭，歪瑞骨搭！"

甲　你说。"太好了，太好了。"

乙　还好哪？

（王长友　赵振铎演出本　邵绅绅整理）

洋鼓洋号

甲　您是干什么的？

乙　说相声的。

甲　好哇！

乙　还可以。

甲　谁都知道干你们这行有个讲究。

乙　是什么？

甲　无不知百行通。

乙　也就那么一说。

甲　这可了不得，天上地下没有您不知道，没有您不会的。

乙　您可别这么捧我们。

甲　在下有一事不明，想在老兄台前，请教一二，不知肯赐教否？

乙　岂敢，岂敢，有话请讲当面，何言请教二字。酸不酸哪！

甲　很简单，我就是想问一下这市面儿上卖的洋布是哪国发明的。

乙　噢，你问洋布哇，德国。

甲　洋火？

乙　法国。

甲　洋车？

乙　美国。

甲　洋蜡？

乙　俄国。

甲　羊肉？

乙　羊……不知道。

甲　哪国都有。

乙　我让他给问糊涂啦！

甲　洋鼓？

乙　不知道！

甲　洋号？

乙　不知道！

甲　洋人？

乙　不知道！

甲　哪国都有。

乙　咳！又来啦。

甲　不动脑子。

乙　我问你这洋鼓是哪国发明的？

甲　意大利。

乙　洋号呢？

甲　意大利。

乙　都是意大利？

甲　这意大利本来只发明了洋鼓，后来因为洋鼓出了点儿事儿，没办
法又发明了洋号。

乙　是怎么回事？

甲　外国人都喜欢玩。

乙　比较开放。

甲　没事儿喜欢琢磨怎么玩儿。

乙　是吗？

甲　外国人喜欢动，坐不住，怎么办，发明了钢琴，坐不住没关系，
可以在那儿弹钢琴。

乙　好办法！

甲　外国人喜欢旅游。

乙　对，喜欢到各家做客。

甲　老在亲戚朋友，附近邻居之间串门儿，日久天长没意思。

乙　怎么办！

甲　走远点儿，到天涯海角，异国他乡，多有意思。

乙　那倒是。

甲　光靠两只脚走猴年马月才到哇。

乙　得有代步的工具。

甲　对，所以发明了汽车，有了汽车想到哪儿就开到哪儿。

乙　是。

甲　外国人喜欢吹。

乙　吹牛！

甲　吹奏，发明了许多吹奏乐器，像什么双簧管儿、巴松……

乙　这么个吹。

甲　就在这个时候，意大利发明了一件玩意儿。

乙　什么？

甲　洋鼓。

乙　噢。

甲　打起来好听："咚咚咚，咚咚咚……"

乙　节奏感挺强。

甲　一下子就传开了，许多国家都喜欢意大利的洋鼓，花钱买了回去打着玩儿。只有英国不同，英国人小聪明，买回来以后他不玩儿。

乙　干吗？

甲　他研究。

乙　动脑子！

甲　他心想这玩意儿，意大利可没少赚钱，发了大财了，我要是把它改动改动由大变小，外观也讲究，鼓点打法也花哨点，由原来几个人抬着打，改成一个人用一个小钩儿挂在腰带上打。

乙　怎么打？

甲　"得儿伦敦，得儿伦敦……"

乙　是好听。

甲　不光是好听，这鼓点儿还有学问哪！

乙　有什么讲究？

甲　你没听明白，"得儿伦敦，得儿伦敦"。那意思这鼓是我英国人造的，跟意大利没关系啦。

乙　啊！

甲　啊什么听，"得儿伦敦，得儿伦敦……"伦敦是哪儿呀？

乙　英国伦敦哪！

甲　英国人制造的。

乙　归他啦！

甲　这事儿很快让意大利知道啦，意大利骂英国人是小偷儿，是骗子，是强盗。

乙　那英国人呢？

甲　谁是小偷儿？

乙　说你们。

甲　说我们，嘁嘁嘁，不可能。

乙　就是你们！

甲　纯属误会，我们不跟你们一般见识，随你们怎么说，我们是有涵养的人。

乙　嘿。

甲　意大利怎么受得了。

乙　人家吃亏啦！

甲　不行，不能吃哑巴亏！

乙　有什么办法？

甲　总统领着举国上下示威游行。

乙　抗议。

甲　一边儿游行一边儿呼口号。"不许英国人挂羊头卖狗肉，坚决反对英国人欺世盗名，向英国人讨还鼓债……"

乙　鼓债呀！

甲　把鼓要回来！

乙　英国人给吗？

甲　根本没理这碴儿。

乙　意大利呢？

甲　没办法。

乙　就这么认啦？

甲　那多丢人哪！

乙　有什么招儿？

甲　到了还是意大利人聪明。

乙　想出什么主意来啦？

甲　他们一合计，既然英国人把咱们的鼓改成英国的啦，咱们为什么不能让全世界都知道英国没有鼓，他现在的鼓是咱意大利发明的！

乙　对呀！

甲　几个原来发明鼓的能工巧匠凑在一起就鼓捣上了。

乙　鼓捣呀！

甲　你还别说天下无难事，就怕有心人，他们还真鼓捣出一样玩意儿。

乙　什么？

甲　洋号。

乙　这洋号是意大利人发明的。

甲　没错儿。

乙　那跟这鼓有什么关系？

甲　太有关系了，这洋号就冲洋鼓来的。

乙　您解释解释。

甲　这洋号就是为鼓发明的。意大利的洋号专门等着英国的鼓，只要英国的鼓在前边一敲"得儿伦敦，得儿伦敦……"意大利的号立马儿就吹开啦"嗒嗒嗒迪，嗒意大意大利……"

乙　什么意思？

甲　连鼓代号全是我意大利的。

乙　别逗啦！

（薛永年搜集整理）

外八扇

甲　说相声的也得认识字吗？

乙　粗通文字。

甲　最好啊，说出的话，白字别太多喽……

乙　这个您放心，我的相声就是没白字。

甲　要是有白字呢？

乙　您听啊，要是有白字，当着大家（指观众）你给我挑出来……

甲　别说啦！白字出来啦！

乙　哪呢？

甲　"当着大家你给我挑出来。"那个"给"字怎么写？

乙　给字好写，给字，提手，这边儿一个手字……

甲　念什么？

乙　给呀。

甲　怎么讲？

乙　就是……这手给那手。

甲　像话吗？

乙　给字是提手……这边一个该字。

甲　怎么讲？

乙　给了不该。

甲　该了呢？

乙　该了不欠。

甲　这叫什么话呢？

乙　那你说呢？

甲　我说这字不念给（gěi），念给（jǐ）是乱绞丝儿，这边人一口的合字儿。乡下人说话用正字：哥俩在饭馆遇上啦，要让一让：（学）"二哥。你吃多少钱我给（jǐ）啦！"部队里有给养员，有说给（gěi）养员的吗？

乙　话要是说多了，备不住有一个俩的……

甲　什么叫俩呀？一有一，二有二啊，一个俩是多少？

乙　一个俩仨嘛！

甲　什么叫仨呀？

乙　又勾出一个来！

甲　三是三，二是二啊："大哥您高寿啦？"我三十三，你呢？我二十二。照你那么说。我仨十仨；你呢？我俩十俩！什么话呀？

乙　今儿个遇见这么一位！

甲　什么叫今儿啊？！今年今月今日今时。有说今儿年今儿月今儿日今儿时的吗？是牛筋儿羊筋儿？

乙　好啦，我明儿改！

甲　什么叫明儿啊？明啊，光明，有说光明儿的吗？

乙　照这么着，我们就甭说啦！

甲
　（合）什么叫甭啊！
乙

乙　我就知道嘛！

甲　你不是说没白字吗？这是多少？啊！口出狂言，岂不贻笑大方？

乙　您喝小叶吧！

甲　什么叫俩，什么叫仨？啊？！

乙　别生气，我不会说话，你拿我就当个小孩子……

甲　什么？你比小孩子？！一嘴的白字我不恼你，你胡比乱比，比古人？

乙　古人？

甲　啊，小孩子是好多位古人呢！我说说你听听："想当初，秦甘罗十二岁为宰相，安儿送过米，王祥卧过鱼，唐刘晏方七岁举神童，做要职，香九龄能温席，融四岁能让梨，陈塘关哪吒闹海，十三郎五岁朝天，解缙十四岁拜为翰林院大学士，三国周公瑾七岁读书，九岁学法，一十三岁拜为水军都督，统带千军万马；代管江东八十一郡，执掌生杀大权，祭东风，祭骨肉，献连环，烧战船，曹操见他都胆战心寒。"这些小孩子你比哪一个？

乙　哪个我也比不了！

甲　朽木之材不可雕也，粪土之墙不可屋也，滚刀之肉不可切也！

乙　哪那么三也呀！照你这么一说，我成什么啦？干脆，我不是人……

甲　什么？不是人你比得了吗？那也是一辈古人。

甲
乙　（合）我说说你听听，想当初！

乙　我倒霉就倒到"想当初"上啦！

甲　想当初，商朝纣王七年春，这日早朝，有丞相商容见驾，高擎牙笏，山呼万岁，说："明日乃三月十五，女娲娘娘圣诞之辰，请陛下驾临女娲宫降香。"纣王曰："女娲有何功德，朕轻万乘而往降香？"商容奏曰："女娲娘娘乃上古女神，生有圣德。那时共工氏头触不周山，因此，天倾西北，地陷东南，女娲乃采五色石，炼之以补青天，故有功于百姓。陛下当往行香。"王曰："准卿奏章。"纣王还宫。旨意传出。次日纣王乘辇，随带两班文武，往女娲宫进香。但见此宫殿宇齐整，楼阁丰隆，忽一阵风，卷起帐幔，现出女娲圣像，容貌端丽，瑞彩翩翩，国色天姿，宛然如生。真是蕊宫仙子临凡，月殿嫦娥下世。纣王看罢自思：朕贵为天子，富有四海，纵有六院三宫，并无有此艳色。遂命："取文房四宝。"在行宫粉壁之上作诗一首，写的是：

> 凤鸾宝帐景非常，
> 尽是泥金巧样装。
> 曲曲远山飞翠色，
> 翩翩舞袖映霞裳。
> 梨花带雨争娇艳，
> 芍药笼烟骋媚妆。
> 但得妖娆能举动，
> 取回长乐侍君王。

纣王写罢回宫。小女童禀报与女娲，女娲见诗句大怒！暗骂：好一个君淫隐兽！竟敢在粉壁墙题诗，羞辱于我，打发山妖下山，混乱纣王天下。冀州侯苏护有一女儿，名唤妲己，有费仲、尤浑二人献了妲己的美人图，纣王命苏护进女纳为御妃，苏护无奈下殿，在午门外题了反诗一首。"君坏臣纲，有败五常。冀州苏护，永不朝商！"辕门官见诗句禀报与纣王，纣王拍案大怒！派北伯侯崇侯虎迫杀苏护，二人在中途杀得是难解难分，有西伯侯与他二人说合，命苏护进女赎罪，路宿馆驿之中，九尾妖狐吃了妲己，假冒妲己混进宫去，纣王纳下妲己，从此后昏君荒淫无道，不理朝政。一日在酒席宴前，妲己娘娘对纣王说："妾身久闻西伯侯长子，善抚瑶琴，何不将他召进宫内抚瑶琴一曲？"纣王准奏。将伯邑考召进宫来，命伯邑考抚瑶琴一曲，伯邑考抚得是如雨纷飞，天花乱坠，妲己娘娘在帘栊以内见伯邑考长得是：美风姿，貌端庄，地阁圆，天庭饱，口方正。两骨高，清而秀一对眉毛，一双眸子光耀耀，两耳垂肩，那一团足壮的精神在皮肉里包。玉色缎，素罗袍，青圆领上边罩，腰中系灰色绦，打扮得是淡而不艳，素里藏姣。妲己看得出神，便起歹心，遂设下一计，欲留邑考，当即奏曰："陛下可留邑考在此，传妾之琴，俟妾学精熟，早晚侍伴君王，以助圣上清暇一乐，岂不美哉？"纣王准奏，次日将伯邑考召进摘星楼，妲己娘娘赐伯邑考御宴一桌，伯邑考跪奏道："犯臣之子，焉敢讨宴？"妲己娘娘嫣然一笑，暗地送情："你虽是犯臣之子，若论传琴，乃是师徒之道，即坐亦无妨。"妲己见邑考俯伏不言，不动心情，无计可施。则令邑考平身，曰："卿既坚执不饮，可依旧用心传琴与我。"邑考领旨，依旧抚琴。妲己猛曰："我居于上，你在于下，所隔疏远，按弦多有错乱，甚是不便，焉能一时得熟？"伯邑考曰："久抚自精，娘娘不必性急。"妲己曰："不是这等说，今夜不熟，明日圣上问我，我将何言相对？可将你移于上坐，我坐你怀内，你拿着我双手拨此弦，不用一刻即熟，何劳多延日月哉！"伯邑考闻听此言大吃一惊！心中暗想：我命休矣！当时数落妲己娘娘几句："你乃万姓之国母，如诸侯来朝，岂不失了国家的体态？"妲己闻言，恼恨在心，暗骂：这等匹夫，轻人如此！我不杀你，誓不为仙姑。次日又将伯邑考召进宫内，命伯邑考再抚瑶琴一曲，伯邑考抚的是："愿王远色兮，再正纲常，天下太平兮，速废娘娘。妖氛灭兮，诸侯悦服，却邪淫兮，社稷宁康。陷邑考兮，不怕万死，绝妲己兮，史氏传扬！"抚罢，将瑶琴照妲己打去，妲己娘娘假意倒在席前，纣王见此光景，拍案大怒！好一伯邑考，你竟敢进阁行刺！吩咐金瓜武士，将他拿下，妲己命左右，取钉四根，将伯邑考钉了手足，剁成肉酱。到后来，贾氏妇人坠落而死，比干丞相摘心还胆，黄家父子反出了五关。一个苏妲己不是人，把纣王六百载的天下毁掉，你也比得了苏妲己吗？

乙　谁？

甲　苏妲己！

乙　那我比不了！

甲　你也就比个外国鸡！

乙　我是"损"（shǔn）鸟啊？！唉，我也甭比鸟儿啦，我就好比个蚊子。

甲　什么？！蚊子你也比得了吗？

乙　我连蚊子还比不了吗？

甲　你别看这小小的蚊子，"楼台殿阁随它进，三宫六院任它游。有朝一日进宫去，它与娘娘打对头。"在娘娘腮帮子上贴个脸儿。

乙　我"啪"的一巴掌，打死它！

甲　"能在花下死，做鬼也风流！"

乙　嘿！

（阚天忠述　马敬伯整理）

个别另样

想当初，尧眉八彩，舜目重瞳，禹王手能反握，周文王胸生四乳，张太古头尖如笔，比尚书腹大如瓜，何平叔面如敷粉，刘要仲有五尺之髯，李老子怀胎八十一载，张良有三寸不烂之舌，孔夫子七孔朝天，重耳并肋称为坝郡之君，汉刘备双手过膝，姜伯约胆大如卵，魏文长反骨不断，张翼德睡不瞑目，李元霸鼻息如雷，洪武帝是猪嘴，楚霸王气贯长虹，盘古至今，大圣、大紧、大忠、大奸，稀奇古怪，个别另样的，您能比哪个？

扁毛畜生

想当初，公冶长老先生一日无事独坐凉亭，见池边落一大雁，青松之上落一小雁。小雁对大雁曰："仁兄，逍遥贵体，来此何干？"大雁池边饮水洋洋不睬。小雁怒曰："人讲礼仪为先，树讲枝叶为源，我拿好言对你，为何不理？莫非痴呆聋哑乎？"大雁曰："树高蝉声细，山高语音低，水深流渠慢，贵人语话迟。"小雁怒曰："尔有何贵，项长尾短，足大肩宽，鹅鸭不像，其不反乎？"大雁曰："那尔有何贵哪？"小雁曰："我生在高楼大厦，长在凤阁龙楼，昼游花街柳巷，夜宿水榭凉亭，闲有琴棋书画，闷有才女陪伴。"大雁曰："尔可晓得三纲五常？"小雁曰："不知不知，愿闻其详。"大雁曰："君为臣纲，父为子纲，夫为妻纲，此为三纲，五常乃仁、义、礼、智、信，见诸虫不吃为仁，见食不争为义，前后飞排为礼，不受人擒之为智，春来秋往为信，父亡母不嫁，母亡父不娶，父母双亡，守孝三载，哪像尔等，见诸虫就吃非仁，见食就争非义，前后乱飞非礼，受人擒非智，来往不明非信，父亡母嫁，母亡父娶，父母双亡，狐朋狗友，乱乱飞去，真乃扁毛畜生也。"小雁闻听大叫三声，坠树而死。大雁腾空而起，公冶长老先生提笔留诗一首："雁雁池边语话喧，各分礼仪辨愚贤，禽鸟尚能知礼仪，为人何不孝当先？"看来人儿不如鸟乎。

气死人

想当初，汉高祖提三尺剑斩白蛇，在芒砀山起义，创立汉室江山四百余年，至终业王莽篡位，刘秀走南阳复兴汉室江山，传至献帝时这才分为三国，曹操据于北魏，孙权占据东吴，刘备据于西蜀。刘备驾前有一武乡侯，此人复姓诸葛名亮，字孔明，道号卧龙，祖居古郡琅玡郡的人氏，后迁至卧龙岗。只因曹操死后，曹丕篡位，曹丕死后子曹睿继位。曹睿驾前有一大司马，领兵大都督，此人姓曹名真字子丹，建兴八年秋七月，带兵八十万入蜀平川，司马仲达为先行，行至陈仓界首，连遭阴雨四十余日，军将俱有怨言，那曹真无奈班师回朝。诸葛亮闻报连夜赶来，兵出祁山界口追击魏兵，两军对垒于渭水，那曹真身染重病不能理事，诸葛亮见曹真连日不战卧病于床，遂修书一封差小校送至曹真的营寨，那曹真扶病而起，拆书而视之，其书曰："汉丞相武乡侯诸葛亮致书于大司马曹子丹之前。窃谓夫为将者能去能就，能柔能刚，能进能退，能弱能强，不动如山岳，难知如阴阳，无穷如天地，充实如太苍，浩渺如四海，炫耀如三光，预知天文之旱涝，先识地理之平康，察阵势之期会，揣敌人之短长，嗟尔无学后辈，上逆穹苍，助篡国之反贼，称帝号于洛阳；走残兵于斜谷，遭霖雨于陈仓。水陆困乏，人马猖狂。抛盈郊之戈甲，弃满地之刀枪。都督心崩而胆裂，将军鼠窜而狼忙！无面见关中之父老，何颜入相府之厅堂！史官秉笔而记录，百姓众口而传扬：仲达闻阵面惕惕，子丹望风而遑遑！吾军兵强而马壮，大将虎奋以龙骧。扫秦川为平壤，荡魏国作丘荒！"曹真看罢大吼一声"气死我也"，口吐鲜血，气绝而亡。后有人题诗赞之曰：兵马出西川，致书曹子丹，堂堂一员将，气死于帐前。曹子丹你比得了吗？

（薛永年　新纪元搜集整理）

朋友论

甲　先生您贵姓？

乙　不敢，贱姓于。

甲　姓于？这我就不明白了。

乙　怎么？

甲　《百家姓》上这么多姓你都不姓，怎么单姓于呢？

乙　啊……他这个……

甲　姓于的有好处！你是自己姓的于呢？还是别人劝你姓的于呢？

乙　其实，姓于也不怨我。

甲　噢，怨我？

乙　怨你干什么？

甲　不怨你不怨我，那怨哪一位？

乙　哪一位也不怨。

甲　那怨谁呢？

乙　谁也不怨，我们家就姓于。

甲　你们家谁出的馊主意？

乙　什么叫馊主意！往上说我也不知道，简单说，由我爷爷那儿就姓于，传到我爸爸这儿，我爸爸也姓于，我爸爸有了我，我也姓于，这叫父传子授，高曾祖遗留……

甲　那你应该姓刘（留）哇？

乙　是呀……我姓刘干什么？高曾祖遗留，我应该姓高，咳！姓高干什么！姓于！

甲　明白了，上传下授高曾祖遗留，当初，你爷爷就姓于，姓着姓着就不愿意姓了……

乙　什么叫不愿意姓了？

甲　就有了你爸爸啦！你爸爸接着姓，姓着姓着也不愿意姓了，就有了你啦！你就接着姓于。

乙　这就对了。

甲　一开始你还不知道你姓哪！

乙　我还小哪。

甲　对，你才这么高。（用手比画二寸左右）

乙　我成烟头儿啦！

甲　你的小辫儿才这么高。

乙　你提小辫儿干什么？

甲　你爸爸把你叫过来说："儿子。"

乙　"啊。"我答应什么。

甲　"爸爸我呀可姓于，你呀也得姓于，你要姓于哪，你就是姓于的儿子，你要姓张哪，你就成了姓张的儿子了。"

乙　你要说你姓王啊，你就是姓王的儿子啦。

甲　就看你，是八仙桌子盖井口随着方就着圆，狠了狠心，跺了跺脚，咬了咬牙，哎！姓于就姓于吧。

乙　瞧我姓这麻烦劲儿。

甲　准姓于了。

乙　准姓于了。

甲　不改了？

乙　不改了。

甲　于先生贵姓？

乙　姓赵。谁说的？你绕的我呀？你这都像话嘛，我这么大人，你拿我闹着玩，真是岂有此理！

甲　你看，你看，这跟您闹着玩儿吗？干吗翻脸？

乙　不是翻脸，你太不像话了！

甲　我要知道您脸皮儿这么薄，我不跟您开玩笑。完了，完了，我错了还不行吗？

乙　好了，好了，其实刚才我的态度也不好。

甲　我向您赔礼道歉。我给您鞠躬。

乙　别，别，那我给您鞠躬。

甲　我给您作揖。

乙　我给您作揖。

甲　我给您请安。

乙　我给您请安。

甲　我给您叩头。

乙　我给您叩头。（趴地认真地叩头）

甲　起来吧，小子！

乙　我给你叩头哪？你看着合适吗？我说你什么好呢？……（生气的）

甲　又生气了，何苦呢？不说不笑不热闹嘛！

乙　有这么说笑的吗？

甲　我错了还不行吗，您原谅我，我小，我是您兄弟……

乙　行了，行了，这么说我比你还小，我是你的兄弟。

甲　不，这么说我是您的侄儿。

乙　不，这么说我是您的侄儿。

甲　那可不行，这么说我是您的儿。

乙　这么说我是您的儿。

甲　（略加思索）就这么办吧！

乙　啊？就这么办吧？找着便宜啦？走啦，走吧！

甲　大家看，脸儿又耷拉下来了。干吗真生气？得了，得了。谁叫您比我大呢，您是我哥哥。哥哥……

乙　（对观众）打哭了，哄笑了，得得，你是我哥哥。

甲　不，您是我叔叔。

乙　不，您是我叔叔。

甲　您是我大爷。

乙　您是我大爷。

甲　您是我爸爸。

乙　就这么办吧！

甲　啊？你怎么给留下啦？

乙　我不留下，你也得留下，干脆归我吧！

甲　有你的，这么说您是我爷爷……

乙　那也好！

甲　也好，这你可不对。

乙　你对？

甲　你这个人，不懂交朋友。

乙　谁不懂交朋友？

甲　您。

乙　朋友，朋友，并肩为朋，同类为友。交朋友讲究屈己从人，先吃亏后占便宜。

甲　你要懂得交朋友，这回咱俩交朋友，抢着吃亏，看谁不够朋友！

乙　怎么个吃亏法？

甲　比如这有一个王八蛋，咱俩互相抢，把它抢到自己手里，拍着胸脯，承认自己是王八蛋，谁先抢到手里吃亏了，谁就是真朋友。

乙　来吧。

甲　谁先抢？

乙　你先抢。

甲　我把王八蛋抢过来放在我手里，我是王八蛋。

乙　我把王八蛋抢过来，放在我口袋里，我是王八蛋。

甲　我从您的口袋里把王八蛋抢出来，放在我头顶上，我是王八蛋。

乙　我打你头顶上把王八蛋抢过来，放在我肩膀上，我是王八蛋。

甲　我把你肩膀上的王八蛋抢过来，放在我袖口里，我是王八蛋。

乙　我从你袖口里把王八蛋抢过来，放在我怀里，我是王八蛋。

甲　我打王八蛋怀里……

乙　什么？什么？

甲　我从你怀里。

乙　对。

甲　把您抢过来。

乙　还一样啊？

甲　我打您怀里把王八蛋抢过来，放……

乙　没地方放了，放哪儿？

甲　放在我鞋窠儿里。

乙　瞧放这个地方。

甲　我是王八蛋。

乙　我打您鞋窠里儿把王八蛋抢过来……

甲　怎么着？

乙　拿到我们家去，放在箱子里，锁上锁，把钥匙扔在井里，把井填死，我是王八蛋。

甲　那归你吧！我不要了！（欲走）

乙　回来！

甲　干吗？

乙　抢？

甲　我没法抢。

乙　怎么？

甲　你锁在箱子里，上了锁，把钥匙扔在井里了，井都填死了，我怎么抢？

乙　劈箱子。

甲　箱子不要了？

乙　不要了。

甲　好，我找把斧子，把箱子劈开，把王八蛋拿出来，用手绢一包，找把铁锹，拿把镐头，我就走了。

乙　拿你们家去了？

甲　上你们家坟地去！

乙　干吗？

甲　埋王八蛋去。

乙　什么？上我们家坟地埋王八蛋去。（生气拿扇子，准备打）

甲　到你们家坟地一看，当中有座大坟，那是谁呀？

乙　我们家的祖宗。

甲　就是它吧！我拿镐头"叮当""叮当"，把坟刨开，把棺材拉出来，把棺材盖打开，放里我就……

乙　（揪甲衣领，举扇欲打）埋！埋！我叫你埋！

甲　你干吗打人？

乙　打人？你往我们家祖坟里埋王八蛋，我还不打你吗？

甲　我埋了吗？

乙　没有。你不是要埋吗？

甲　等我埋了，你打死我也不冤。

乙　好。

甲　我把坟刨开，把棺材挖出来，把棺材盖打开，手捧王八蛋我就往里……

乙　（又揪住甲衣领举扇欲打）埋！埋！快埋呀！

甲　等等我瞧应，我一瞧，我没敢埋。

乙　你为什么没敢埋呀？

甲　里边还躺着个王八蛋哪！

乙　去你的吧！

（于春明述　新纪元整理）

圣贤愁

甲　酒是穿肠毒药，色是刮骨钢刀，财是下山猛虎，气是无烟火炮，四字并到一处，不差半点分毫，劝君莫贪最高，胜似修仙得道。

乙　您这是什么意思？

甲　这就是说人，谁也离不了这四个字，酒、色、财、气。就是不能贪。要忌这个贪，如果要贪的话，那就是贪酒就如同是穿肠毒药；贪色，就如同是刮骨钢刀；贪财，就如同是下山猛虎；爱生气，就如同是无烟火炮。可是呢，平常你要是说话呢，只能说酒，不能说穿肠毒药。"大哥啊，下礼拜我要娶媳妇，请您喝酒。"

乙　喝喜酒。

甲　这就好听，照着刚才的诗那么说："下礼拜，我娶个刮骨钢刀，我请您喝穿肠毒药。"

乙　我不喝。

甲　这就不行了。可是呢，你这四个字谁也不能够离开它，有这么句话。

乙　什么话？

甲　无酒不成礼仪，无色路净人稀，无财谁肯早起，无气反被人欺。

乙　对，有这么说的。

甲　可这酒谁也离不了。你比说，谁家里要办个喜寿事，谁办娶媳妇，祝寿啦都得喝酒，这是礼仪。端起酒表示：祝新郎、新娘，早得贵子，干杯，多好！寿星老，祝愿他老人家活一百二十岁，长生不老，干杯。祝愿大家发财，干杯，多好！甭说凡人，就拿那个玉皇大帝、王母娘娘，他们也离不了酒。

乙　他们也喝酒？

甲　八仙祝寿，有这么八句诗里边就有酒。

乙　哪句有呀？

甲　三月三王母娘娘蟠桃会，所有神仙都要去祝寿。

乙　是啊，要送点礼。

甲　这八仙，你注意里边有酒。

乙　那你说说。

甲　拐李仙师道德高，钟离解职辞汉朝，国舅手持阴阳板，采和丹阳品玉箫，洞宾背剑清风客，果老骑驴过赵桥，仙姑敬来长生酒……

乙　有酒了。

甲　湘子花篮献寿桃。有酒吧？

乙　有酒有酒。

甲　这酒给谁喝？

乙　这酒给谁喝，给王母娘娘喝呀！

甲　王母娘娘喝了，这玉皇大帝不也沾点光吗？

乙　对，也得来点。

甲　他也喝，这三月三王母娘娘蟠桃会散了以后，其中有两个酒迷。

乙　谁呀？

甲　就是那个吕洞宾、铁拐李。

乙　他们两个爱喝酒。

甲　没喝够，怎么办呢？干脆我们到人间去喝去，俩人在云端就找，一看，哎，下面有一个镇店，他们俩到下边再找找。

乙　再喝点。

甲　俩人就下去了。到了这镇店一看，哎，那儿还真有一个酒馆，酒馆的字号写得让人费解。

乙　什么字号？

甲　写的是"圣贤愁"。

乙　圣贤愁？

甲　是孔圣人的圣，贤惠的贤，发愁的愁。

乙　叫这么个字号！

甲　什么意思呢？

乙　就是。

甲　他两个人一商量，怎么办啊？咱进去喝酒，就事打听打听，打听打听到底这名字什么意思？

乙　对，为什么叫圣贤愁？

甲　吕洞宾前边进去，铁拐李后边跟着，进来了。落了座，要了两壶酒，没叫菜，就在这个时候，过来一个又矮又瘦的小老头："二位大仙，失敬，失敬。"

乙　他怎么认识啊？

甲　这吕洞宾也纳闷啊，哎我们俩没见过面，你怎么认识啊？

乙　就是啊。

甲　啊！那位不用问啦，是铁拐李。

乙　他还全认识！

甲　哎！你是怎么知道我们俩这个名字的呢？

乙　是啊？

甲　我家里头，年年都要买年画，八仙过海，我看您二位就是八仙过海那两位，您不看您，戴着道冠，穿着道袍，后边还背着宝剑，不用问，吕大仙，吕大仙，失敬，失敬，您呢？一定是铁拐李大仙，失敬，失敬，您看，后边还背个葫芦，还架个拐，可是您葫芦什么病都治，就是您这瘸腿没治好。我呀，今天就是非常的幸运，能陪你们喝酒。

乙　也要陪着喝。

甲　吕洞宾说：先别喝，别忙，我得打听打听。

乙　打听什么啊？

甲　就是外边那块匾，写的是"圣贤愁"，我不明白什么意思。瘦老头说："你们都不知道啊？我可以告诉你们，不过我说完了以后呢，你们二位得请我喝酒。这可是学问。"

乙　是啊！

甲　没这学问，你甭想喝这酒。这酒可厉害，你可知道武松路过景阳冈去打虎，知道吧，上面有五个字，叫什么不过岗？

乙　三碗不过冈。

甲　三碗，只能喝三碗，超过三碗就不行了。

乙　就醉了。

甲　你要一上山就让老虎把你吃了，我们这个叫三壶不过街。

乙　三壶不过街。

甲　就这小壶，你就装，这细壶啊，大嘴岔，细脖子，装二两，顶多

喝这三壶，超过三壶，你上街就得这样子。（晃）

乙　是啊？

甲　你就醉啦。所以说呢，这酒就叫"圣贤愁"。怎么叫"圣贤愁"呢？不管他是圣人，还是贤人，也不管是神仙，三壶过后就得醉，见着这酒就得发愁。

乙　真厉害。

甲　唉！吕洞宾一听，这里学问远挺大呢，铁拐李说，三壶呀！来来来，我们来六壶，您看看我，能不能过街？

乙　不服气啊！

甲　拿来了，就来六壶，这瘦老头说："谢谢，谢谢，我呀，这一辈子幸运啊，最幸运了，我跟神仙们在一块喝酒，我还白喝，还让神仙请客，谢谢，谢谢！"铁拐李心想，这老头可够坏的，打算白喝我们的酒啊，不是那么容易。吕洞宾一想，你打算喝我的酒，这样吧，我们可以请你，你也可以请我们，但是有一样，每人都要做一首诗，以什么为题呢？就以它这个字号"圣贤愁"。我占一个字"圣"，铁拐李说我占一个字"贤"，瘦老头说，那我占一个字"愁"。谁说不上来谁得请客啊。吕洞宾说还有一个条件。

乙　还什么条件啊？

甲　一个人占一个字，这一个字要拆成三个字，要说四句诗，四句诗，这里面包括一样菜。

乙　还得包括菜？

甲　这个菜不是买来的，要从身上拿出来一样菜，献菜。都得拿自己身上的东西做酒菜。瘦老头一听这挺绕脖子的，那干脆你先说吧，这吕洞宾说这头一个字。

乙　"圣"字。

甲　"圣"字，圣字怎么写？

乙　就是上边一个"耳"字，旁边一个"口"字，底下一个"王"字。

甲　对，他就说个"口""耳""王"，"口耳王，口耳王，壶里有酒我先尝，光有酒来没有菜。"噌！把宝剑拔出来了，"割个耳朵尝一尝。"

乙　好嘛！割一耳朵。

甲　瘦老头一想，嘀！这玩真的？

乙　该铁拐李了。

甲　铁拐李说。把那宝剑借我用用。在这，我是哪个字啊？

乙　"贤"字啊！

甲　贤字怎么写啊？

乙　就是个"臣"字，这边一个"又"字，底下一个"贝"字。

甲　听着，臣又贝，臣又贝，壶中有酒我先醉，光有酒来没有菜，割个鼻子配一配。

乙　好嘛，把鼻子割下来啦。

甲　一个割耳朵，一个割鼻子，这瘦老头傻眼了，这玩真的？

乙　就是啊！

甲　铁拐李说："把宝剑给你，随便，你割什么都行。"瘦老头说："我占这个字就倒霉，愁字，可是不说呢，我得请客，不行，我得说，豁出去了，今天非豁出去不可，我占什么字来着？"

乙　愁字啊！

甲　怎么写啊？

乙　是一个禾木，这边一个火字，底下一个心字。

甲　说是："禾火心，禾火心，壶中有酒我先斟，光有酒来没有菜，拽根眉毛表寸心。"

乙　就拽根眉毛啊！

甲　这俩神仙一看。嘿！这可不像话，我们一个割鼻子，一个人割耳朵，你怎么就拽根眉毛，瘦老头一说啊，谁听着都可笑。

乙　说什么啊？

甲　今天遇见了二位大仙了，我豁出去了，拽了根眉毛。要是凡人哪，我是一毛不拔。

乙　咳！

（张永熙演出本　新纪元记录）

传代钱

甲　"哐一个令哐一个令哐。"（学三弦，用怯口）

乙　（对观众）怎么啦，这位？

甲　（唱）"闲来没事儿，我出趟城西。"

乙　这位唱上了！

甲　（唱）"闲来没事儿，我出趟城西。"

乙　去吧。

甲　（唱）"出城西，到城西，你说我到城西干吗去？"

乙　我哪知道？

甲　"哐一个令哐一个令哐。"

乙　还弹弦子哪。

甲　（唱）"出城西，到城西，往西往西还是往西……"

乙　你直接上西天得了？

甲　（唱）"我看见了，一个蝈蝈一个蛐蛐它把大话提。"

乙　有下句了？

甲　"哐一个令哐一个令哐。"

乙　没忘弹弦子哪！

甲　（唱）"这个蝈蝈说，我在东山上吃了一匹马。"

乙　啊？蝈蝈吃了一匹马？

甲　（唱）"这个蛐蛐说，我在西山上吃了一头大叫驴。"

乙　都够能吹的。

甲　"哐一个令哐一个令哐。"

乙　你就别弹弦子啦！

甲　（唱）"两个孽障正在说大话。"

乙　怎么样？

甲　（唱）"从那边飞过来一只芦花大公鸡。"

乙　麻烦了。

甲　"哐一个令哐一个令哐。"

乙　别弹了。

甲　（唱）"公鸡说，你们两个在这儿说大话，我今天先吃大的后吃小的。"

乙　哟？

甲　"哐一个令哐一个令哐。"

乙　行啦！

甲　（唱）"公鸡一扇翅膀飞过去，它把蝈蝈吞在肚子里。"

乙　那还不吃了。

甲　"哐一个令哐一个令哐。"

乙　你没完了？

甲　（唱）"小蛐蛐一见它就生了气，骂声公鸡不是东西。"

乙　骂上了。

甲　（唱）"在南山你吃了我的亲娘舅，在北山你吃了我的姑表姨。今天你落在我姓蛐的手，咱俩分个上下论个高低。四两棉花纺一纺，蛐爷爷我不是好惹的，说着恼，带着怒，嘟嘟嘟，只见它蹬了蹬腿儿，捋了捋须往前一蹦——"

乙　怎么样？！

甲　（唱）……也喂了鸡！

乙　你外头凉快凉快去吧！

甲　你往外撵我干什么？

乙　不叫你在这儿唱。

甲　我哪唱去？

乙　那边唱去。

甲　好，（和乙拉开一段距离）"哐一个令哐一个令哐"。

乙　……你回来唱吧。

甲　（回来）"哐一个令哐一个令哐。"

乙　真唱？别唱了！

甲　你这个人，这也不叫唱，那也不叫唱，我上哪去呢？

乙　哪也不能唱！

甲　凭什么？这戏园子是你们家的？
乙　不是。
甲　你赁的？
乙　也不是。
甲　那为什么不许我唱呢？
乙　我们这说相声呢。
甲　你说你的，我唱我的。
乙　那观众怎么听啊？
甲　观众愿意听唱的就听我的，观众愿意听说的就听你的。
乙　那不乱套了吗？你不能唱。
甲　我今天还非唱不可！我这个人就有这个毛病，你越不叫我唱，我就偏唱，你要好好说，我还兴许不唱。
乙　怎么说？
甲　你过来鞠个躬："先生，你唱得真不错，太好咧，我代表观众烦您多唱几句好不好？"我这么一听，哟，你这是寒碜我，一害臊我就不唱了，你不叫我唱我是非唱不可！"哐一个令哐一个令哐。"
乙　什么人都有。"先生，您唱得真好……"
甲　不客气。
乙　"我代表观众烦您多唱几句怎么样？"
甲　你说的这都是真话？
乙　真话。
甲　非叫我唱不可？
乙　非唱不可。
甲　好！"哐一个令哐一个令哐。"
乙　真唱啊！
甲　你不是叫我唱吗？
乙　你不是有毛病，叫你唱你不唱，不叫你唱你非唱不可吗？
甲　这个毛病现在又改过来了。
乙　改过来了也不能唱。
甲　我偏唱。
乙　你唱就不行。（欲打甲的意思）
甲　你敢说三句"不许我唱"？
乙　三句？三十句也敢说！

甲　你说？

乙　不叫你唱！不叫你唱！还是不叫你唱！

甲　那我不唱。

乙　这位欺软怕硬。

甲　什么玩意儿！（自言自语的）

乙　谁什么玩意儿？

甲　我！我什么玩意儿，你管得着吗？

乙　那我管不着。

甲　不是东西！

乙　谁不是东西？

甲　我！我不是东西你管得着吗？

乙　我管不着。

甲　小舅子！

乙　谁小舅子？

甲　我小舅子你管得着吗？

乙　管不着！

甲　我是你爸爸。

乙　谁呀？

甲　我呀，我是你爸爸你管得着吗？

乙　我管不……我管着了。

甲　这回你怎么管着了？

乙　你是我爸爸，我还管不着吗？

甲　多咱？

乙　刚才，没有，刚才也没有。

甲　我是跟您开玩笑。我知道您是说相声的，听完你这相声给我们
　　多钱？

乙　给你多钱？你得给我们钱！

甲　给多少钱？

乙　多少钱都可以。

甲　不就是要钱嘛！（掏钱状）给……哟，这个还不能给你。

乙　为什么？

甲　当票儿。

乙　跑我这赎当来了。

甲　不，我带着钱了。（半天掏出来）一块钱少吧？

乙　一块钱也不嫌少。

甲　那我就走啦？

乙　走吧。

甲　别送了。

乙　不送。

甲　那个钱怎么直看我？

乙　你看它是它看你？

甲　走咧。

乙　走吧。

甲　一块钱哪，再见吧！（往台下走）

乙　您说这叫什么人哪？您还是听我说相声。

甲　（在台前，先做找钱状，后哭，越哭越痛）我钱没了！我钱没了！我的妈呀！要了我的命了！哇！

乙　哎，先生，你回来！你回来！

甲　（回来仍做哭状）先生，你说你的吧，我哭我的。

乙　我说得下去吗？您怎么啦？

甲　我钱没了！

乙　多钱？

甲　一块钱。

乙　这不是您给我了吗？我再给您吧！

甲　你看你这个，我那钱给你怎么还能往回要呢？

乙　那你哭什么？

甲　这钱不是我的。

乙　跟谁借的？

甲　也不是借的。

乙　那么这钱是哪儿的呢？

甲　这钱，是我爷爷的钱。

乙　你爷爷的钱怎么到你手里啦？

甲　别提了，我爷爷辛辛苦苦一辈子，就挣这么一块钱。

乙　一辈子才挣一块钱？

甲　我爷爷临死的时候，把我爹就叫过来了！说："儿子啊！"

乙　啊！咳！

甲　我都这模样了，你还要我的便宜哪？

乙　我吃着亏哪！

甲　我爷爷说："儿子啊！"

乙　啊！

甲　你怎么又来了？

乙　我嘴也甜。

甲　我爷爷叫我爹："儿哇，我这一辈子没留下什么财产，只留下一块钱，我把它留给你吧。等你有了儿子再传给你儿子……"说完了我爷爷就死了。

乙　是啊？！

甲　后来我爸爸就有了我了。到他老人家临死的时候，又把我叫过去了，"儿子啊，我这一辈子也没留下什么，只有你爷爷传给我的一块钱，现在我把它传给你，等你有了儿子再传给你儿子吧！"说完也咽气了。

乙　唉！

甲　我爹也是个老糊涂。

乙　怎么？

甲　你连媳妇都没给我娶，我上哪有儿子去？这一块钱我怎么办呢？

乙　是啊？

甲　干脆，我把它传给你吧！

乙　我不要。

（于春明述　新纪元整理）

训 子

甲　有这么句老话，叫"妻贤夫祸少，子孝父心宽"。

乙　一点儿不假。

甲　我一看您乐乐呵呵的，家里肯定顺心。

乙　是，家庭和睦。

甲　妻子贤惠，儿子孝顺。

乙　你不也一样吗！

甲　我和您可比不了。

乙　怎么呢？

甲　这不今天一早起，就和我媳妇怄了一肚子的气。

乙　因为什么呀？

甲　刚早晨七点，我正在被窝里躺着呢，我媳妇就开始难为我。

乙　怎么难为呀？

甲　唉，七点了，快起来吧！别睡懒觉了！

乙　叫你起来！

甲　一听这话当时我就火了，我说："我起呀？我似想起，我似不想起，我又想起了我又想不起。"您说她这不是难为我吗？

乙　这可不是难为你，这是关心你。

甲　关心我？那您说我是起我是不起？

乙　困你就睡，不困你就起。

甲　唉！我媳妇说啦："困你就睡，不困你就起。"

乙　您等会儿，这话谁说的？

甲　我媳妇说的！

乙　和我说的一样。

甲　让您给赶上了！您多包涵。

乙　没什么！没什么！

甲　起来之后，她还是难为我。

乙　又怎么难为了？

甲　茶给你沏好了，你快喝茶吧！

乙　叫你喝茶！

甲　"我说我喝！我似想喝，我似不想喝，我又喝茶了我又。"您说她多难为我。

乙　这怎么是难为你呢？

甲　您说我是喝，我是不喝？

乙　你呀，渴就喝，不渴你就别喝。

甲　对，我媳妇说啦："你呀，渴就喝，不渴你就别喝。"

乙　噢！

甲　我媳妇说："噢！"

乙　嘿！

甲　接着她还难为我，说："饭给你做好了，你快吃饭吧！"

乙　叫你吃饭。

甲　"我说我吃，我似想吃，我似不想吃，我又吃了我又。"您说哪有这么难为人的？

乙　（不言语）

甲　您说我是吃，我是不吃？

乙　（不言语）

甲　我吃？

乙　（不言语）

甲　要不我不吃？

乙　（不言语）

甲　你说这不找着怄气吗？我媳妇一赌气，她不理我啦！

乙　（推甲）你可太可气了！我怎么着好哇？

甲　你说我是吃，我还是不吃？

乙　我问你，这里还有你媳妇的事吗？

甲　没有啦！

乙　没有啦，好，我告诉你，"你就趁热吃点儿，多好！"

甲　我媳妇……

乙　你媳妇怎么的?

甲　她没言语。

乙　唉!

甲　我儿子过来了:"爸爸,你就趁热吃点儿,多好!"

乙　你到外边凉快凉快去吧!这像话吗?

甲　太不像话啦!你这个孩子怎么能和大人学话呢?

乙　这又开始教训儿子啦!

甲　这孩子你就得管,"棒打出孝子,恩养无义儿!"

乙　对,"养不教,父之过"吗。

甲　你不管他,他以后能有出息吗?

乙　那不能!

甲　你看有的人,看那孩子早上背书包上学去了,晚上背书包又回来了,他连问都不问。

乙　有这样的!

甲　这就不行,那马、牛,那么老实,为什么还给它拴个缰绳啊!戴个鼻环啊!

乙　为什么?

甲　怕它没有方向,走错路。

乙　是!是!

甲　你看我那儿子……

乙　你也给他戴鼻环啦?

甲　这叫什么话?你那孩子拴缰绳啦?

乙　那没有。

甲　我儿子教育就从来不放松,每天我都教训我那儿子。

乙　您要求严。

甲　每天一放学回家,我先叫他:"站住。"

乙　干吗"站住"?

甲　你不叫他站住,他就进去了。

乙　这不废话吗?

甲　"站住。"

乙　(左瞧右瞧)你这叫谁哪?

甲　叫谁呢?叫你哪!

乙　叫我?

甲　我叫我儿子呢！

乙　你别冲我说呀？

甲　"站住。"

乙　（不言语）

甲　怎么我跟你说话，你装没听见哪？

乙　还是我呀？

甲　我叫我儿子，你别捣乱，你和小孩儿说话，不能嬉皮笑脸的！

乙　唉！我不捣乱。

甲　你把作业给我拿出来。

乙　（拿着扇子）要作业啦！

甲　你把作业拿过来呀！

乙　拿过来吧！

甲　叫你把作业拿过来，你听见没？

乙　这又叫谁呢？

甲　还叫谁？就叫你呢。你把作业拿过来这不就完了吗？（把乙的扇子抢过来）

乙　还是我呀！（用眼睛瞪甲）

甲　不愿意是吧？你还用眼睛瞪我。

乙　你走吧你。

甲　怎么啦？我这叫我儿子呢，和你没关系。

乙　是啊！我也不想有关系啊！

甲　你这小子最大的毛病就是不老实，你还跟我装相，你说你上学是不老淘气？你气老师，打同学，骂校长，还反了你了，怎么地？

乙　说他那孩子呢？

甲　说什么孩子，我就说你呢！

乙　我说你到底说谁呢？

甲　我没说你，我说我儿子呢！

乙　老这么别扭。

甲　你们老师都找我谈了，一上课，你就捣乱，搜女同学小辫儿，摸男同学屁股蛋儿，你说你老实过吗？

乙　我没这毛病。

甲　你还敢跟你爸撒谎。

乙　谁撒谎呀？

甲　你怎么老说话？我说话你就装听不见，行不行？

乙　那行。（梗脖子）

甲　你梗什么脖子？我知道我一说你，你就不愿意，我一说你，你就不愿意，昨天我给你那钱，你干什么？

乙　这不是说我？

甲　你老往外支什么？我就说你？

乙　我说你到底说谁呢？

甲　我说我儿子呢。

乙　啊！怨我，我装听不见，你说吧！

甲　（打开扇子）看你这作业，就写这个字？我一看你这作业，就来气，再写这样的字，我把你屁股打烂。（一扔扇子）

乙　（不言语，瞧扇子，左右看）

甲　你干什么回头回脑的！

乙　啊？

甲　"啊"什么？爸这跟你说话呢！

乙　说他儿子呢？

甲　我教训你，不是为了你好吗？

乙　为他儿子好？

甲　我这是望子成龙，你得明白这个道理。你要学好了，爸爸能生气吗？

乙　这位教训孩子可真严。行啦，您也别生气了！（把扇子捡起来）

甲　对，把作业捡起来，这才是爸的好儿子哪！

乙　还是我呀？！

（杨振华述　新纪元整理）

改良拴娃娃

甲　咱两个人说回对口相声。

乙　嗳。

甲　您贵姓？

乙　唉，我姓郭。

甲　姓郭。

乙　嗳。

甲　咱们是当家子呀。

乙　您也姓郭？

甲　姓刘。

乙　那怎么是当家子呢？

甲　全在百家姓一本。

乙　没听说过。

甲　郭先生。

乙　嗳。

甲　您怎么会说了相声啦？

乙　唉，没有办法。

甲　败将不提当年勇。

乙　是啊。

甲　要说我们那郭伙计。

乙　嗳。

甲　他是宦门之后。

乙　唉，我纯粹是宦门之后。

甲　你妈妈换洋火的？

乙　唉，你妈是捡烂纸的。

甲　官宦的宦。

乙　我们家有做官的？

甲　有做官的，你爸爸做过一任的所长。

乙　嗳，哪所的？

甲　厕所的。

乙　看茅房呀！

甲　够瞧的。

乙　够瞧的什么呀！

甲　想当初你家中有钱。使奴唤婢。

乙　是呀。

甲　你是没赶上。

乙　不错。

甲　你来得最晚。

乙　嗳。

甲　你爸爸年过五十岁才有的你。

乙　是呀。

甲　没瞧见你这个独生子那阵，坐书房就伤心。

乙　可不是。

甲　啊哈。

乙　嗳。

甲　老天爷呀，人家是怎么啦，我老头是怎么啦？

乙　你说我爸爸是怎么啦？

甲　我是怎么啦？

乙　我爸爸是怎么啦？

甲　我是怎么啦？

乙　我知道你是怎么啦。

甲　你爸爸是个梨园子弟。

乙　你呀不用这么学。

甲　你妈过来啦。

乙　嗳。

甲　你妈气派不小。

乙　是呀。

甲　在家雇四个丫鬟使唤着。

乙　哪四个丫鬟？

甲　春煤、腊煤、烟煤、硬煤。

乙　冒着烟来啦！

甲　到了这来高挑门帘。

乙　嗯。

甲　你妈怎么四个丫鬟搀着就走不动呢？

乙　那是我的妈脚小。

甲　没有腿。

乙　别挨骂啦！

甲　到你爸爸这来，还真有家规。

乙　嗳。

甲　哟。

乙　哟。

甲　我们的老员（鼋）。

乙　啊。

甲　外呀。

乙　你把这话搁一块儿说。

甲　每日你欢天喜地。

乙　嗳。

甲　今日为何愁眉不展？

乙　是。

甲　缺你吃啦是缺你喝啦？

乙　嗳。

甲　你爸爸说鹌鹑。

乙　鹌鹑？

甲　嗳。

乙　安人。

甲　我娶你这些年你给我养下儿还是生下女啦？

乙　这话对。

甲　不孝有三无后为大。

乙　嗳。

甲　你妈这话不爱听。

乙　是呀！

甲　你妈一轱辘车。

乙　怎么讲？

甲　翻啦。

乙　你瞧。

甲　医狗儿子。

乙　怎么讲？

甲　崩盘。

乙　你瞧。

甲　兔爷担惊。

乙　怎么讲？

甲　崩脸。

乙　你听听。

甲　兔爷过河。

乙　嗳。

甲　一盘米。

乙　是。

甲　兔爷拿顶窝耳朵啦！

乙　我说你哪儿这么些兔爷呀。

甲　你妈说嘛，我们天爷爷呀！天爷爷呀！

乙　你要唱算粮登殿？

甲　公公说我们不生。

乙　嗳。

甲　婆婆说我们不养。

乙　是呀。

甲　老夫老妻的，你也说我们不养。

乙　嗳。

甲　不养那是你们德行。

乙　那倒是。

甲　到你们家里没养。

乙　嗳。

甲　在我们为姑娘的时候倒是没短⋯⋯

乙　短什么？

甲　念佛呀。

乙　我当没短养哪。

甲　要儿女不难你得积德。

乙　嗳。

甲　要说你爸爸跟你妈为你真不容易。

乙　是呀。

甲　为你吃常斋烧香。

乙　是的。

甲　东庙里烧香西庙里祷告。

乙　不错。

甲　你妈妈为你上过五台山。

乙　去过。

甲　上过三台山。

乙　去过。

甲　上过奉安山。

乙　去过。

甲　急啦，上过翠屏山。

乙　去过，啊，没去过。

甲　那叫什么山？

乙　叫妙峰山。

甲　对啦，妙峰山。

甲　四月初一呀。

乙　不错。

甲　你妈等不了，三月二十五日就去啦！

乙　怎么去得那么早呀？

甲　要赶头炷香。

乙　诚心。

甲　你爸给你妈盖了五间梳妆楼。

乙　没有钱盖得起吗？

甲　给你妈雇六个丫鬟、八个老妈子，给你妈梳头梳了一天没梳得上。

乙　我妈的头发多。

甲　一根儿没有。

乙　大秃子。

甲 梳头有讲究，什么一把头、两把头你妈都不梳。

乙 那我妈梳的什么头？

甲 火车头。

乙 你妈脑袋梳铁道呀？铃响就有了车啦！

甲 你妈梳头讲究。

乙 叫什么头呢？

甲 都叫苏州头。

乙 嗳，不错。

甲 告诉外面预备车。

乙 是啦。

甲 你爸爸跟你妈坐在车里。司机得一搬闸。这个车真快。嘟……没影啦。

乙 到啦？

甲 掉沟里啦。

乙 那就捞车吧？

甲 到了涧沟了。头一天住店。

乙 是了

甲 赶到四月初一朝顶进香。

乙 嗳，不错。

甲 两腿走着去。

乙 嗳。

甲 要说你妈坐顶轿子坐得起。

乙 坐得起呀。

甲 都不坐。

乙 怕老娘娘怪罪。

甲 嗳，要拜香。

乙 哪儿拜？

甲 拜香由灵宫殿拜。

乙 不错。

甲 你妈由北安河拜起。

乙 那是四十里。

甲 是呀，难为你妈。

乙 是呀。

甲　走不了。

乙　嗳。

甲　走了五里地腿就肿啦。

乙　是是。

甲　没法子呀，跪在山道上念佛。

乙　怎么念？

甲　你妈念佛念出了口啦。

乙　怎么念来着？

甲　修好的呀，老爷呀，善心的太太呀！

乙　这不是念佛，这是要饭的。

甲　要饭的跟你妈要钱。

乙　你说明白啦呀？

甲　你妈大把给钱。

乙　我们家最好行善。

甲　赶到一进娘娘顶那里，乡里乡亲全都轰出去。

乙　是了，怕惊动喽。

甲　连你爸爸都不要。

乙　嗳。

甲　就剩你妈一个人说："圣母娘娘在上，妓女挨门骂氏在下。"

乙　嗳，没有这一姓。

甲　什么门什么氏在下，望老娘娘赏我一子吧！

乙　是了。

甲　要长命百岁。

乙　不错。

甲　你妈要拴娃娃。

乙　嗳。

甲　瞧老娘娘抱着一个娃娃要拴没敢拴。

乙　怎么没敢拴。

甲　那是太子将来坐皇上。

乙　可以拴呀？

甲　拴来干什么呀？

乙　拴来我们家就出皇上。

甲　你们家也就出黄瓜。

乙　黄瓜呀?

甲　两旁站着的娃娃也没敢拴。

乙　怎么没敢拴。

甲　都是国公侯相。

乙　啊。

甲　你们家没有那么大造化。

乙　是呀。

甲　高娃娃、矮娃娃、胖娃娃、瘦娃娃、呆娃娃、痴娃娃。

乙　嗳。

甲　你妈瞧哪一个都不爱。

乙　怎么样呢?

甲　要走啦。

乙　啊!

甲　在供桌底下有四个娃娃。

乙　都是谁呀?

甲　有你。

乙　啊。

甲　有弹弦的。

乙　咳。

甲　有唱大鼓的。

乙　嗳。

甲　有唱小曲的。

乙　你瞧这四个。

甲　你们四个人挺文明的。

乙　我们在那里干什么呢?

甲　抽白面哪。

乙　哈。

甲　那你妈就爱上你。

乙　是呀。

甲　拿出五彩线把你拴上了。

乙　嗳。

甲　拴上你,那三人吓得是抹头就跑。

乙　跑什么?

甲　当是逮抽白面的。

乙　别挨骂啦。

甲　拴好了，你爸爸在外边问拴好没有？

乙　嗳。

甲　拴好了把他交局。

乙　交局子啦？

甲　你妈把你拴上啦！

乙　拴上啦。

甲　你妈高兴。

乙　怎么样？

甲　要唱几句小曲。

乙　我妈要唱几句小曲。

甲　嗳。

乙　这个真新鲜。

甲　怎么唱来啦？

乙　我妈唱什么来啦？

甲　叫一声我的儿来，跟着妈妈去呀哎，妈妈住家大，天天打野鸡呀哎。

乙　别挨骂啦。

甲　你妈把你拴到家里。

乙　嗳。

甲　老娘娘真灵。

乙　是呀。

甲　未满两个月怀胎有孕。

乙　你瞧。

甲　就有你了。

乙　有啦。

甲　赶到六个月显怀啦。

乙　嗳。

甲　你妈为你可保险。

乙　嗳。

甲　往上不敢抬胳膊。

乙　怕什么？

甲　怕把你抻了。

乙　抻不了。

甲　往下不敢猫腰。

乙　那又怕什么？

甲　怕把你窝了。

乙　嗳。

甲　人多的地方不敢去。

乙　怕什么？

甲　怕把你挤喽。

乙　你听。

甲　你妈妈小便都不敢蹲。

乙　那怕什么？

甲　怕你跑了。

乙　别挨骂了。

（郭启儒　刘德治唱片录音　张文彬搜集记录）

改良拴娃娃

怯洗澡

甲　（怯口）你是做什么的？

乙　我是说相声的。

甲　说相声的是什么东西？

乙　我们这个不是东西，嗨！有你这么问的吗？

甲　那你这个相声到底是怎么回事？

乙　你没听过相声？

甲　可不是吗，我没到你们这来过。

乙　你是头一回来？

甲　怎么你不让我来啊？

乙　谁不让你来啦？我是想问你来干什么来了？

甲　我是找蝈蝈（哥哥）来了。

乙　找蝈蝈？蝈蝈我们这没有——

甲　那你们这有？

乙　蛐蛐儿。

甲　你看我找的是"哥哥"，你提"蛐蛐儿"干吗？

乙　那不都是草虫吗？

甲　草虫干吗？人蝈蝈（哥哥）是俺娘养的。他比我岁数大，我比他
　　岁数小，我是他弟弟，我管他叫蝈蝈（哥哥）。

乙　找你哥哥呀？

甲　对，"俺哥哥"。

乙　还蝈蝈（哥哥）哪？那你找到你哥哥了吗？

甲　找到了。

乙　你哥哥对你怎么样？

甲　不错，我哥哥说你头回来，带你去开开眼。

乙　怎么开眼哪？

甲　逛逛。

乙　对，溜达溜达。

甲　我哥哥领我到大街上我一看，可了不得啦！

乙　怎么啦？

甲　你们这大街上的大胡琴儿比我们那儿的可大老了！

乙　胡琴儿？

甲　啊！胡琴儿。

乙　哪有胡琴儿啊？

甲　这你还瞒我，我都看见了。

乙　看见什么了？

甲　一个大琴杆儿，上边那琴弦老长了！你看看那个大胡琴儿！

乙　那是胡琴儿啊？那是电线杆子。

甲　什么杆子？那就是胡琴儿，你还以为我不明白啊？

乙　这位拿电线杆子当胡琴儿了！

甲　那玩意儿掉过来不就能拉吗？

乙　他还认准了！

甲　除了这个胡琴儿，你们这还有一样绝的。

乙　什么绝了？

甲　我们那的房子都不会动，你们这街上净跑那小房子。

乙　跑小房子？

甲　啊！跑得可快了！

乙　嗨，那不是房子，那叫电车。

甲　什么电车，我都上去了，给他钱，他给我一个纸，还要把那房子卖我。

乙　那是买电车票。

甲　我一看这个房子可不能买。

乙　怎么啦？

甲　你看这一家子人谁也不理谁，一点也不和气。

乙　人家那是坐电车的，都不认识，谁理谁呀？

甲　爱理不理，反正我是不买呀！

乙　你买人家也不卖！

甲　这时候我哥哥说了："我还是带你看电影去得了。"

乙　那就去吧！

甲　看电影？

乙　对呀？

甲　嘛叫电影啊？

乙　去了就知道了！

甲　我哥哥就带我去了，那叫什么来着？

乙　那叫电影院。

甲　什么电影院，不是院子，是屋子里头。

乙　屋子里也叫电影院。

甲　到了门口看见那有个玻璃窗户，那还有个小洞。我哥哥把钱掏出来递到里面了，里面又递出两张纸来。还要把这也卖我们！

乙　那是售票处卖你的电影票。

甲　到了大门，那个人拦住了，我哥哥把那两张纸交给他。这就让进了！

乙　那进去吧！

甲　我进去一看，这怎么还黑了天了。

乙　要开演了。

甲　伸手不见掌，对面不见人了。打我脑袋后面一道闪，咔嚓一下，坏了！

乙　怎么啦？！

甲　打起来啦，当，当，当，那大炮就响了。

乙　这是战斗片。

甲　那机关枪光光……光光……手枪当……当，奔我就来了。可把我给吓坏了，我就趴在椅子底下了。我说："哥哥，快趴下，小心打着。"

乙　打不着。

甲　你说打不着就打不着？那枪子它能认识人吗？

乙　两回事儿！

甲　我哥哥把我从椅子底下拽出来了："你躲着干什么？钱都白扔了！""白扔白扔吧，谁叫你花钱找死来了。"

乙　这位什么也不明白！

甲　我哥说了："走吧，别看电影了，我带你吃饭去。"

乙　去吧？要不也看不明白！

甲　走到半道我看见一个卖点心的。那个点心是又细又长，一看就好吃啊！

乙　卖什么点心的？

甲　我哥哥说那是蜡。

乙　蜡是点心吗？

甲　可我拿起来一尝，辣什么？一点都不辣！

乙　那洋蜡不能吃！

甲　我哥哥说了，你饿急啦？赶紧把那洋蜡放下，我领你去饭馆。

乙　这才是吃饭的地方。

甲　我哥哥领我找了一个饭馆。进去一看，都一间一间的屋子。

乙　那是雅座。

甲　这时进来一个人说："您二位吃点什么？"

乙　让你点菜。

甲　我哥哥对我说，你喜欢什么就点什么！

乙　都点什么啦？

甲　我也不认字啊？随便点了四个，不一会儿就上来了。

乙　都上的什么呀？

甲　我一看有清炒肉、炒鸡蛋、摊黄菜——

乙　还有哪？

甲　木须肉。

乙　全一个菜呀？

甲　对了，吃完了喝完了。我哥哥给了钱了，临走还上来一碗白开水。

乙　那是漱口水。

甲　我哥哥拿起水，含了一口，啊……吐了。我一看你吐它干吗呀？这不糟践东西吗？我拿起水，含了一口，啊……

乙　也吐了？

甲　咽了。

乙　好嘛，这位给喝了！

甲　之后又上来一盘洋火，那洋火没头。两面挺尖的。

乙　那是牙签。

甲　我哥哥拿起一根捅捅就出来了，我拿起一把捅捅把腮帮子扎漏了。

乙　有用一把的吗？

甲　吃完了饭，我哥哥说："我带你洗澡去吧！"

乙　那去洗澡堂吧！

甲　到了澡堂子，我拉门一瞧，这哪是洗澡堂子啊？

乙　那这是？

甲　耍钱场子。

乙　怎么见得呢？

甲　里边好些人都输净了，光着腚，都在那忍着呢！

乙　那是洗澡的。

甲　这时过来个人说："二位脱衣裳！"我就把衣裳脱了，他把我的衣裳装进一个大筐，拿起就走。我把他拦住了！

乙　你拦人家干什么呀？

甲　要是丢了呢？

乙　丢不了。

甲　那人也说："没事丢不了，我给你看着。""你给看着，谁看着你呀？"

乙　全得看着啊？

甲　我哥哥说："你搁下！"那人还喊："吃糖。"洗澡还给糖吃？

乙　那是池塘。

甲　进去拉门我一看，哎呀，我的娘啊！可把我给吓坏了！

乙　又怎么啦？

甲　这不是澡堂子，这是大煮活人啊！

乙　大煮活人？

甲　啊！里面有两口大锅煮着好几十人哪！煮的那个人直叫唤："啊，我的娘呀！我受不了了。"你受不了你出来，你叫唤嘛呀？

乙　那是洗舒服了。

甲　什么洗舒服了，煮熟一个，搭出来一个，搁到凳子上就开始扒皮。

乙　那是搓澡。

甲　我正看着哪，我哥哥说了："你别愣着，进去呀？""进去，进去干什么呀？"

乙　洗澡啊！

甲　洗澡？我懂，你们这叫玩。

乙　玩？

甲　啊！你们会玩，我也会玩。

乙　你怎么玩？

甲　我给你们露一手让你们看看，我先扎个猛子。

乙　扎个猛子？

甲　当时我蹦起来，脑袋朝下，嘣噔一下子——

乙　怎么啦？

甲　可坏了，脚丫子没沾水，脑袋撞了一个大疙瘩。

乙　是啊？

甲　在里面还喝了两口水，这个臭哇！

乙　谁让你扎猛子啦？

甲　我捂着脑袋一看，这水面还不小哪！

乙　是不小。

甲　在里面我就摸开鱼了。

乙　那哪有鱼呀？

甲　你不懂，有水是必有鱼呀！

乙　那你摸着了吗？

甲　虽然没摸着鱼，但是我摸了个大王八。

乙　那里能有王八？

甲　不是硬盖的，是个软盖的。

乙　软盖的也不能有哇？

甲　怎么没有？我摸着了，这么大个一个王八，我用手使劲一托，前面那人回手就给我一个大嘴巴——

乙　他干吗打你呀？

甲　"你这小子，放着澡不洗，你摸我屁股干吗呀？"

乙　是呀？

（金涛述　新纪元整理）

怯算命

甲　算命、相面都是骗人。

乙　是啊！

甲　过去有一种：瞎子算命。

乙　要说还是瞎子算命灵。

甲　灵什么呀！纯粹蒙人！

乙　哪能！咱这有眼的可以察言观色，没眼看不着，您说这不是算出来的吗？

甲　什么算出来的？蒙事，这些我都会。

乙　这个你也会？那你给我算算。

甲　可以。我来个算命的瞎子。

乙　我来找你算命。

甲　行。我到后头准备一下，再上来我就是算命的瞎子啦。

乙　您去吧。（对观众）他下去了，再上来就是算命的瞎子啦。咱看他学得像不像。

甲　（走到上场门稍停，再出场，眼往上翻做瞎子状，手拿着扇子当"马竿儿"并用嘴打小锣儿）噔！噔！

乙　（对观众）这打的是"疙瘩锣"。

甲　噔！噔！（唱——无腔无调的）"求财问喜来占算，月亮高低问行人哪！"噔！噔！

乙　先生，别往前走了。

甲　为什么？

乙　前头有河。

甲　有河？我早就算出来了。

乙　我（对观众）告诉他，他又算出来了。

甲　有河，我往右边走。

乙　右边有井。

甲　我往左边走。

乙　左边有沟。

甲　我再回去。

乙　回不去了，后头是墙。

甲　哦……我怎么进来的?! 我掉八卦阵里了? 怎么出不去了?

乙　先生，您是干什么的?

甲　算命的。

乙　受受累，您给我算算命吧。

甲　你还有命啊?

乙　噢，我都没命了? 有命。

甲　上哪里算去呢?

乙　您上我家里算去。

甲　你的家我可不认识。

乙　不要紧，我领着你走。

甲　太谢谢你了。

乙　你把"马竿儿"递过来，我叫您怎么走您就怎么走啊。

甲　好吧。

乙　（原地转一小圈）走大街，越小巷，进胡同，进大门，抬腿抬腿!
　　进二门，进上房，进套间，进正房……

甲　先生，你这是住在哪里? 你住"螺丝"大院里啦?

乙　我住这地方保险，闹不了小偷。

甲　小偷是闹不了，着了火你也跑不出去啊!

乙　着火干吗? 到了，你先等会儿，我给您搬把椅子来。（跑下去搬椅
　　子）

甲　太谢谢了!

乙　先生，请坐!

甲　总算到了。（由抽泣到大声哭）先生，没你领着我可到不了你家
　　呀，在家里出来进去的，都是俺那小子领着我，出门带个孩子也
　　不方便，这不你把我领来了吗?

乙　要便宜是怎么着?

甲　不是那意思。我心里难过……我啊！哇……我的妈呀……

乙　上我们家发丧来了！你哭什么？

甲　不是……在家时时好，出门事事难。你对我的大恩大德我一辈子都忘不了啊！你这点恩德我这辈子报答不了啦，下辈子再说吧。

乙　下辈子怎么报答呀？

甲　下辈子你瞎了，我再领着你呀！

乙　别！我也别瞎，你也别领着我。先生，我给您倒碗茶去！

甲　我不喝，就是还没吃饭呢！

乙　这位蒙饭来了。（对观众）

甲　那就先算命吧。

乙　对。

甲　先生，你算个多大个的？

乙　什么叫多大个的？那叫多大岁数的。

甲　多大岁数的？

乙　（稍等）我算个五十五的吧！

甲　好！等，等，等……（用扇子做弦子）

乙　您这是什么？

甲　弦子。

乙　还得唱着算？

甲　（唱）"五十五岁之人来占算，不知你是属什么的呀。"你属什么的？

乙　属……你问我干什么？你算哪！

甲　五十五啊！子鼠丑牛……

乙　子鼠丑牛。

甲　寅虎卯兔……

乙　寅虎卯兔。

甲　辰龙巳猫……

乙　辰龙巳蛇。

甲　午马未猫……

乙　午马未羊。

甲　我那猫放什么地方呢？

乙　你那猫扔房上。有猫什么事？

甲　你是属羊的？

乙　谁属羊?

甲　属狗的?

乙　不对。

甲　属马……不对属牛……属虎……不……

乙　属猪的。

甲　差不多，都是四条腿儿!

乙　腿上找齐儿啊!

甲　真是属猪的?

乙　可不真的属猪的嘛。

甲　公猪啊母猪啊?

乙　什么叫公猪母猪，不知道，就知道属猪的。

甲　(唱)"属猪之人来占算，不知你是哪年生啊。你是哪年养活的?"

乙　多难听!我是……你怎么又问我?你算啊?

甲　你是光绪……

乙　谁呀?五十五岁就光绪年生人?

甲　光绪你没赶上啊!

乙　没赶上你说它干什么?

甲　你是民国?

乙　这还差不多。

甲　你是民国元年生人。

乙　我跟着民国来的，没民国我还出不了生。

甲　那你是民国转年生人?

乙　一年一年地往下数吧，我是民国二十四年生人。

甲　生你那年有个闰月吧!

乙　还真有个闰月。

甲　闰正月。

乙　有闰正月的吗?

甲　闰二月……三月……

乙　闰五月。

甲　啊，那年是俩五月。

乙　废话!闰五月能俩八月吗?

甲　闰五月，甭问，你是五月生人。

乙　闰五月我就得五月生人?我是六月生人。

怯
算
命

甲　六月？正在"三伏"？你不嫌热吗？

乙　废话！刚落生我知道热吗？

甲　我再算算你生日。不出三句准对。

乙　三十句也算不出。

甲　你是六月初几的？

乙　不对。

甲　十几的？

乙　不对。

甲　二十几的？

乙　……对了。

甲　怎么样？没出三句话吧？

乙　出不去，一个月就这仨日子，初几，十几，二十几，没有三十几。我是六月二十六的。

甲　六月二十六的，大命的，你是午时生人……

乙　谁午时？

甲　酉时。不，卯时，不……

乙　我是子时生人。

甲　子时，半夜呀！

乙　是呀。

甲　半夜你不害怕吗？

乙　废话！刚落生我知道害怕吗？

甲　我这不是挂念你吗？

乙　你挂着谁呀？由头到尾你有一句对的吗？

甲　哪一句不对？

乙　哪一句都不对。

甲　当着大家我给你算算，有一句不对我滚出去。

乙　你算吧。

甲　老兄你是五十五岁，民国二十四年生人，生你那年闰五月，你是六月二十六的生日，你是属猪的，还是个母猪。

乙　咳，别提母猪了。

甲　你是半夜子时生人，对不对？

乙　对呀。

甲　对不就完了吗？

乙　什么就完？你算的这些不都是我告诉你的吗？

甲　你告诉我的，你告诉我，我记住了就不简单。

乙　先生真不错，玩去！什么玩意儿！（把椅子拿开）不算了！走人！

甲　什么？走人？你还没给钱呢？

乙　就你这个还要钱哪？

甲　不给钱不行，不给钱我不走。

乙　你活该！

甲　我死在你这里，我在你这抽风，说抽就抽。（做抽风状）

乙　别，别这样，你不是要钱吗？这好办。（对观众）您说我这不是倒霉吗？把这么一块料弄家来干什么？不给钱还不走。（掏钱，掏出十元的票子）先生，钱是有，跑不了，当着大家你得算一算，算算这张钱是多少一张的，算对了拿走，算不对，没有！算吧！

甲　你这钱是一元一张的。

乙　什么一元的？

甲　不，是五元……不对，是三元一张的……

乙　有三元一张的吗？

甲　那是八元四毛二一张的……

乙　这是钱吗？问你是多少钱一张的？

甲　（挠耳抓腮）是多少一张的……是……

乙　快点儿！

甲　你别着急！

乙　谁着急了？问你多钱一张的？

甲　（实在蒙不上来了，把眼睁开）你这个钱是十元一张的。

乙　你怎么睁开眼了？

甲　我见钱眼开呀！

乙　去你的吧！

（孙少臣忆记　贾承博整理）

怯跑堂

甲　无论干哪行哪业都不简单。

乙　那是。

甲　有道是："三百六十行，行行出状元。"

乙　对。

甲　不过干什么，你得拜名师，访高友，下真功夫。

乙　哎！这才能干好！

甲　你就拿我兄弟来说吧！

乙　您兄弟怎么啦？

甲　在家闲着没事做，我一想，老这样不行啊？

乙　得给他找个事由。

甲　是啊！我就给他介绍到一家饭馆去。

乙　干什么？

甲　做跑堂。

乙　这跑堂外行也干不了！

甲　那是，别看跑堂的就端端汤，拿拿菜，可这里学问大了。

乙　可不是吗！

甲　我兄弟没干过呀？头一天就闹笑话了！

乙　您给说说。

甲　客人点了一个干炸丸子，你得给人上菜啊？

乙　跑堂的就是干这个的！

甲　要上这干炸丸子得有姿势，不能胡来。

乙　什么姿势？

甲　哎，右手端起这个干炸丸子来，手腕子往里，盘子边靠在胸前可不能挨上。

乙　为什么？

甲　挨上蹭油啊！

乙　对。

甲　左手在前边护着，这要眼观六路，耳听八方，"劳驾，少回身，留神蹭油，靠边。往里您哪，您吃这干炸丸子。"

乙　干净利落。

甲　而且这丸子一个不缺，一个不少。

乙　不错。

甲　你再看我兄弟就不行了！

乙　你兄弟怎么上的啊？

甲　不会呀？这干炸丸子从后灶上端出来了，"劳驾，少回身，留神蹭油，靠边往里您哪，唉，唉，唉"，这么一甩，你再看这丸子——

乙　怎么啦？

甲　剩仨了！

乙　就仨了？

甲　全甩出去了！

乙　这外行干什么也不行！

甲　过了一会儿，这桌又要一碗三鲜汤。

乙　那也得给人端哪？

甲　要是给您一碗汤，您怎么端？

乙　这有什么？两只手一端，把这俩大拇指掐好了，"劳驾，少回身，留神蹭油，靠边往里您哪？"这不就端来了吗？

甲　还这不就端来了吗？我看你这不是端汤哪？

乙　那我这是？

甲　你这是洗手呢！

乙　洗手？

甲　您这俩大拇指在汤里哪？您说这汤还能喝吗？

乙　那应该怎么端？

甲　把这碗汤端起来，这五个手指头都得有用。

乙　有什么用啊？

甲　这大拇指在碗边上，可不能沾这个汤。

乙　啊！

甲　第四、第五个手指头要抠住这个碗底儿。

乙　那俩手指呢?

甲　第二、第三个手指头在这儿掌握它的平衡。

乙　嘿,全有用哪!

甲　端起来这碗汤来,不能晃,不能洒,用左手在前边这护着,要眼观六路,耳听八方,这就来了:"劳驾,少回身,留神蹭油,靠边往里您哪! 您的汤来啦! "

乙　真挺利索!

甲　我兄弟外行啊! 和你一样,也不会端。

乙　他也把手放汤里啦?

甲　他倒没把手放汤里,可是端起这碗汤来,脑袋就晕了,连东南西北都分不清了,"劳驾,少回身……留神蹭边、靠油……"

乙　蹭边,靠油啊?

甲　不是……靠边蹭油,小孩儿,小孩儿,你跑什么? 哎哟,啪嚓!

乙　怎么了?

甲　这碗汤全扣地上了,连碗都打了!

乙　看来要想当个跑堂的也不简单!

甲　我兄弟也知道啦! 不会上菜、端汤,那就开始练!

乙　怎么练?

甲　每天回到家里,找一个大茶壶沏好了茶,给我爸、我妈送茶。

乙　就拿那小茶碗练啊?

甲　小茶碗儿怎么练啊? 都是盛汤的大海碗。

乙　跟盆似的那个?

甲　差不多少,哗……这就倒好了,然后挨个送茶,"劳驾,少回身,留神蹭油,靠边往里您哪,妈,您喝汤! "

乙　什么?

甲　"这大晚上的,我喝什么汤啊? "

乙　说得是呀!

甲　"噢,妈,我说错了,您喝茶! "

乙　这还差不多。

甲　哎,我喝茶……哎? 这茶怎么这么大的碗呀?

乙　是啊?

甲　妈,这您还不知道吗? 您没听人说这大碗茶,大碗茶吗?

乙　好吗，大碗茶都卖到家里来啦？

甲　爸爸您还没喝哪！我给您也端一碗，"劳驾，少回身，留神蹭油，靠边往里您哪，爸爸您喝茶！"哟，哥哥，您还没喝哪！我再给您也端一碗，"劳驾，少回身，留神蹭油，靠边往里您哪，哥哥，您喝茶。"

乙　还每人一碗！

甲　哎，妈呀！您快喝呀？待会儿凉了就不能喝了，喝凉茶闹肚子，哎，这还剩半碗哪！您快喝呀！哎……这不就行了吗？

乙　这往下灌呀？

甲　"劳驾，少回身，留神蹭油，靠边往里您哪！妈，您喝茶。"

乙　快喝吧！

甲　喝，我喝什么呀，我喝？

乙　怎么啦？

甲　这么会儿，我都喝六碗了。

乙　咳！别说你兄弟还挺用心。

甲　端汤是会了，可算账还不行。

乙　怎么哪？

甲　饭馆里的账是口念账，他这么算。

乙　怎么算？

甲　三十二，四十六这是七十八，七十八加一百零四这是一百八十二，一百八十二加三十四这是二百一十六。

乙　嚯！真快呀！

甲　这我兄弟不行。

乙　你兄弟怎么算？

甲　人家吃完了，"哎，伙计，算账啊！""哎，好您哪！您，您今天可吃得不少啊！这是三十二，三十二这个，哎！掌柜的，熘三样多少钱哪！"

乙　好嘛，还不知道价呢？

甲　四十六，四十六，这个……怎么这菜都带零啊？

乙　带零也不行啊？

甲　三十二，四十六，三十二，四十六，三十二，三的三呀！（数手指）

乙　噢，数手指头啊？

甲　干脆咱先算整吧，整是三十，对三十，这是四十，三四一十二。

乙　乘法啊？

甲　不对，这个，三十，四十……唉，要不您等会儿。

乙　您干吗？

甲　我脱袜子拿脚给您算？

乙　有那么算的吗？

甲　您也真是，没事吃这么多菜干什么呀？

乙　还怨人家？

甲　干脆您到门口柜台上算去吧！

乙　他算不上来啦！

甲　没关系，回去练去。

乙　这又怎么练？

甲　早上起来，我说相声啊！每天练绕口令，我兄弟那边练算账。

乙　是啊？

甲　我这边是打南边来个喇嘛，手里提拉五斤鳎目，起北边来个哑巴，腰里别个喇叭……我兄弟那边是，三十二,四十六，这是七十八您哪……

乙　有点儿意思啊！

甲　有时候练着练着我兄弟串了。

乙　怎么串啦？

甲　三十二，四十六，从南边来了三十二个喇嘛，起北边来了四十六个哑巴……

乙　要打架呀？

甲　您别瞧这么串，可进步挺大，没练多少日，我兄弟算账也行了！

乙　还真不容易。

甲　可干跑堂你会算账还不行。

乙　还得会什么？

甲　还得会照顾客人。

乙　那是！

甲　照顾客人，你得见什么人说什么话，让客人满意，下回还来，你要是不会，客人不但不在你这吃了，而且以后都不来了。

乙　这话对！

甲　因为我兄弟不会照顾客人，结果又闹笑话了。

乙　怎么回事？

甲　那天有位老先生上他那吃饭去了，嗬！这位老先生大概有七十多啦！

乙　岁数不小了。

甲　老先生腿脚也不太利索了，牙口也不行了。

乙　年纪大了吗？

甲　满口就剩一颗牙啦！

乙　是啊！

甲　老先生在家里吃呀，老是不对牙口，今天想到饭馆吃点儿顺口的！

乙　换换口味。

甲　刚进门，正赶上我兄弟照顾客人。

乙　赶紧让进来吧！

甲　老先生，你刚来呀？您楼上请吧！

乙　请老先生上楼！

甲　上楼？你不抬我是上不去呀，我都七十多啦！这走道还不利索哪！要再上楼哇，我就"娄"了。

乙　好嘛！

甲　干脆就在楼下吃吧。

乙　就这吧。

甲　"老先生，您吃点什么呀？""你们这都有什么菜呀？""我们这的菜可多了，有红丸子，白丸子，南煎丸子，四喜丸子，坛肉，扣肉，米粉肉，红烧肉，红烧排骨……"

乙　真不少。

甲　我最愿意吃红烧的东西。好了，你就给我点个红烧肉吧！

乙　这软和。

甲　"好了，一碗红烧肉。"不一会的工夫，红烧肉上来了，老先生也是真馋了，用筷子夹起来一块儿放到嘴里"咔嚓"就是一口，"哎哟……"

乙　怎么啦？

甲　老先生最后一颗牙也掉了，"我说伙计，你这是红烧肉吗？"

乙　那不是红烧肉吗？

甲　哪呀，我兄弟一着急，给端了碗红烧排骨。

乙　咳！

（魏龙豪　吴兆南录音稿　新纪元整理）

赌　论

甲　过去呀，耍钱的特别多。

乙　那是。

甲　那时候管耍钱叫什么呢？

乙　叫什么？

甲　叫"解闷儿"。您说那是"解闷儿"吗？我看纯粹是"遭罪儿"。

乙　可真是。

甲　就说三伏天吧！那天多热呀！开着窗户，开着门，在屋里坐着还受不了呢！

乙　热在三伏吗？

甲　就为打牌赌博呀，把窗户关起来，门关上。

甲　那干什么？

甲　怕巡警来抓赌。

乙　是啊！

甲　不但把门窗全关上，而且把被子、褥子全钉在窗户上了。

乙　这为什么？

甲　怕打牌"稀里哗啦"，又喊又叫的让外边听见。

乙　那不热吗？

甲　怎么不热？这屋里比笼屉里都热，一边打着牌，一边还得喝"十滴水儿"。你说这不是折腾吗？

乙　纯粹折腾。

甲　耍钱的时候，25伏的灯泡都不敢使。

乙　使多大的？

甲　5伏的，还得用个黑纸套套上，桌上不敢使台布，使台布洗牌有响。

乙　那怎么办？

甲　铺上俩褥子，这一圈牌，四位眼神都得好，打快了也得打一个半钟头。

乙　怎么那么长时间？

甲　他是每抓一张牌瞧明白了就得占三十五秒。这张牌还不敢往桌上撂，往桌上一撂，那三位都得站起来，只不定谁脑袋就撞谁脑袋上。

乙　那是。

甲　自己瞧明白了，拿一张牌还得往那三位眼前递。

乙　这麻烦就甭提了。

甲　"六筒。"怎么样？这我不要，他不要你来来，你也不要，你再瞧瞧……你说这多麻烦这个，好容易抓一张好牌，很喜欢，落"听"了，门口那叫门……

乙　谁呀？

甲　"查户口。"

乙　得。

甲　一说查户口，他们都不着急。

乙　怎么哪？

甲　事先他有步骤，叫这仨人别玩了，别闹，躺下，头对头躺下，睡不着也得打呼噜，赶紧把那黑纸套撕了，把牌卷到褥子里往床底下一塞。桌子搬好了，紧接着再喊声"谁"？这才开门。他心虚呀，一开门巡警就瞧他可疑，"你睡了吗？"这么一问可麻烦了，你说没睡，那么晚了说不过去，你说睡了，穿衣服不能这么快。所以打这儿起，他就开始前言不搭后语。

乙　是啊？

甲　"你睡了吗？""睡了。""睡了，穿上衣服怎么那么快呀？"

乙　他怎么说？

甲　"我没脱衣裳睡。""我脱衣裳睡不着。"有这种人吗？"你耍钱来着吧？""没有，耍钱哪有好结果的。"

乙　他还知道。

甲　"你在哪屋住啊？""就这屋住。""你们几口人哪？""我们两口。""把你户口本拿来。""是两口吗？""是两口。""是两口那怎么躺着仨呀？""那个？那里边有我俩哥们儿，今儿唠嗑唠得太晚了，明儿早晨还得一起干活儿去。""睡了吗？""睡了，您没听见直打呼噜吗？""听见了，是挺齐，他们睡觉怎么不盖被褥哇？""没被褥。"

乙　被褥呢？

甲　都钉窗户上了。

乙　咳！

（高德明　福保仁演出稿）

说乐梦

甲　哎呀，不好，不好真倒霉。

乙　因为什么倒霉？

甲　因为夜里没做好梦。

乙　你做什么梦了？

甲　做梦吃烙饼。

乙　吃烙饼还不是好梦？

甲　好什么好啊！吃着吃着大师父起来了，梆梆给我两脚，我说："你踢我干什么？"他说："我新买的锅盖你给我啃半拉我还不踢你！"

乙　你啃人家锅盖还有不踢你嘛！

甲　倒霉嘛！气得又去睡去了，睡着睡着又做了一个梦。

乙　又做什么梦了？

甲　该着我发财，睡着睡着来了一个白胡子老头手拄着绷白的白拐棒棍，到我床铺跟前，冲我喊："大饭桶，大饭桶，你快起来吧，今天晚上该着你发财！"我一听说发财，我"噌嘣"一下子……

乙　起来了。

甲　翻个身又睡了。

乙　怎么又睡了？

甲　不财迷呀？该着发财了不得。那个老头又叫我"大饭桶，大饭桶，你个傻小子快快起来，出了你的大门往东跑不过一百步要发横财"。我一听说真要发财。我就起来了，穿上靴子，戴上帽子，穿上袍子，挂上靠子，刚走到门口扭过头又回来了。

乙　怎么又回来了？

甲　忘了，没穿裤子。

乙　嗨！

甲　穿上裤子出了大门往东跑不过一百步，"嘣噔"把我绊倒了。

乙　什么东西？

甲　切糕架一个，上面还写着字呢！

乙　写的什么呀？

甲　写着"要想切糕架开，还得大饭桶来"。

乙　喝。

甲　我照着切糕架念了三遍，这切糕架"嘎巴"就开了。这回现出宝贝来啦，真是霞光万道，瑞彩千条，黄不棱登。

乙　什么东西？

甲　半斤切糕。

乙　呦，就是半斤切糕的命。

甲　半斤切糕没要，赌气囔囔的又回来了，接着睡。睡着睡着，又做了一个梦。

乙　又做什么梦了？

甲　这个梦可特别了，睡着睡着从外边飞来一个烧鸭子来。

甲　烧鸭子还会飞？

甲　刚烧的，还流油呢，"嘟嘟嘟"直飞。我照着鸭子就摆手，我说："烧鸭子，烧鸭子，你是我嘴里的，你往我跟前飞。"你别看烧鸭子真通人性。

乙　啊？

甲　"嘟嘟嘟"飞到窗户台上来了，我有心伸手逮它，又怕它跑了，有心使嘴咬它，才烧的还直流油呢，又怕烫嘴。我就叫它，说："烧鸭子，烧鸭子，你既然是我嘴里的吃物，你往我跟前飞一飞。"烧鸭子真通人性，它"嘟嘟嘟"飞到我嘴巴子跟前来了，用它的扁嘴鸹我的牙，你说这股香味呀，从嘴巴香到后脑海上去了。这鸭子嘴顶到我嘴，我"嘎噔"就是一口。我媳妇起来了，"啪嚓"给我俩嘴巴子。我说。"你打我干什么？"她说。"你咬我脚指头干什么？"

乙　那还不打你。

（大饭桶　傻小子录音稿）

反正话

甲　相声演员脑子得聪明。
乙　对，得机灵。
甲　而且嘴皮子也要利索。
乙　那是！
甲　像您这样的嘴，就不行啦！
乙　我的嘴怎么啦？
甲　还怎么啦？和棉裤腰一样。
乙　谁呀？我有那么厚的嘴吗？
甲　看你这样说相声肯定不行。
乙　你才不行哪！告诉你，我脑子聪明，嘴皮子利索。
甲　你先别吹牛，我考考你？
乙　你考吧？
甲　那咱俩说一回"反正话"！
乙　什么叫"反正话"？
甲　"反正话"都不懂？
乙　不懂！
甲　就是我说一句话，你把这句话给我翻个说出来。
乙　您给举个例子！
甲　比如我说"桌子"。
乙　那我呢？
甲　你就得说"子桌"！
乙　"子桌"？
甲　对啦！

乙　来，来，这有什么呀？

甲　桌子。

乙　子桌。

甲　椅子。

乙　子桌。

甲　扇子。

乙　子桌。

甲　手帕。

乙　子桌。

甲　你自（子）作（桌）自受吧！

乙　谁呀？

甲　你老"子桌"啊？

乙　不是你告诉我的"子桌"吗？

442　甲　我说"桌子"你说"子桌"，我说"椅子"你得说"子椅"。

乙　噢，每句话都得翻个？

甲　当然是啦。

乙　你说清楚啊。

甲　那重来！

乙　重来！

甲　我的桌子。

乙　我的子桌。

甲　我桌围子。

乙　我围桌子。

甲　我板凳。

乙　我凳板。

甲　我二人凳。

乙　我瞪（凳）二人。我瞪哪二人啊？

甲　我扇子。

乙　我子扇。

甲　我茶壶。

乙　我壶茶。

甲　我茶碗儿。

乙　我碗儿茶。

甲　我茶叶。

乙　我"夜叉"（叶茶）。你才妖精呢？谁"夜叉"啊？

甲　咱再来，我是说相声的。

乙　说相声的是我。

甲　那我说相声。

乙　相声说我，相声还能说我？

甲　我穿大褂。

乙　大褂穿我，这都不像话！

甲　我登台。

乙　台登我，不是，我台灯（登），嗨，这都什么词儿啊？

甲　嫌词儿不好，咱换换？

乙　换什么？

甲　说一回"正反同人"。

乙　"正反同人"又是怎么回事？

甲　就是咱们身上，从头说到脚。

乙　那没问题。

甲　咱现在开始。

乙　开始吧！

甲　我脑袋。

乙　我呆（袋）脑！谁呆脑啊？

甲　我眉毛。

乙　我摸煤（毛眉），多脏啊？

甲　我眼珠。

乙　我猪（珠）眼。我怎么成猪眼啦？

甲　我耳朵。

乙　我多（朵）耳。谁多耳啊？

甲　我鼻梁子。

乙　我量（梁）鼻子。我量它干什么？

甲　我腮帮子。

乙　我帮腮子，这都什么呀？

甲　我嘴。

乙　我，我，我咬你。

甲　你咬我干什么？

乙　你一个字，我怎么翻哪？

甲　我嘴巴子。

乙　我巴嘴子。

甲　我嘴里有牙。

乙　我牙里有嘴。我是怪物？

甲　头说完了，咱接着往下说。

乙　说呀？

甲　我脖梗子。

乙　我梗脖子，我梗脖子干什么？

甲　我肩膀头。

乙　我偷（头）肩膀。我哪偷去？

甲　我心窝。

乙　我窝心，我是够窝心的！

甲　我有小肚子。

乙　我肚里有小子，我怀孕啦？

甲　我大腿。

乙　我腿大。

甲　我脚拇丫子。

乙　我母（拇）鸭（丫）子脚。好嘛，我成母鸭子脚啦？这都什么呀？
　　再说说点儿好的！

甲　这回我领你逛一逛花园，怎么样？

乙　逛花园当然好啦！

甲　咱还带表情动作的？

乙　这是我的特长啊！

甲　咱这就开始。

乙　你瞧好吧！

甲　我逛花园。

乙　我花园逛。

甲　我是芍药花。

乙　我是花芍药。

甲　我是牡丹花。

乙　我是花牡丹。

甲　我是喇叭花。

乙　我是花喇叭。

甲　我是狗尾巴花。

乙　我是花尾巴狗。我呀？

（金涛述　新纪元整理）

聚宝盆

甲　老相声演员大多数出身寒微。

乙　反正贫苦子弟居多。

甲　唯独您是宦门之后。

乙　那都过去的事了。

甲　他祖父是西太后手底下的大红人。跟李莲英、崔玉贵是鼎足而三。
　　那在太监当中——

乙　唉！（拦乙）

甲　所以说呀，人家是三号人物……

乙　行了！什么三号五号的。我爷爷是太监哪？我们这一家子都哪
　　来的？

甲　没错。

乙　还没错？

甲　太监。别跟我抬杠啊？

乙　谁抬杠呀？

甲　这事你可抬不过我。西太后几次大病都是你祖父治好的，对吗？

乙　那是太监哪？那是太医。

甲　太医、太监都差不多。

乙　差多了。

甲　你父亲一辈子没出来做事。

乙　用不着出来做事。房产地业几代人都吃穿不尽。

甲　房产地业，有吃完花完的时候。您家里头有传家之宝。

乙　什么传家之宝？

甲　聚宝盆！

乙　我呀，听说过，我可没见过。

甲　我见过。

乙　是呀？

甲　那年我到你们家去，看见你父亲。我说："大爷，听说你家有聚宝盆，能不能叫我一饱眼福啊？"

乙　我爸爸怎么说呢？

甲　"小子，也就是你，换一个人也不成。"

乙　多大面子。

甲　领着我到一间密室，屋门开开了，往地下一指，看见了没有？这就是聚宝盆。您猜什么样？

乙　聚宝盆哪？甭问一个大鼎，里面金枝玉叶珊瑚树，当间大金钱。聚宝盆嘛！

甲　您说那是画上画的，其实呀，就是一口大铁锅。

乙　大铁锅怎么会是聚宝盆哪？

甲　我也纳闷儿，我说："大爷你唬我哪？这不大铁锅吗？""大铁锅？今儿叫你开开眼。"说着话，从大拇指头上把翡翠的扳指摘下来了。放到大铁锅里了，拿出来再看，哎，锅里还一个，拿出一个，锅里还一个，拿出一个，还一个。我说："不要了。"你爸爸把这锅往地下一扣。翻过来再看，空锅。你爸爸说："你再看看这个。"从兜里掏出一块大洋来。"当啷"扔到锅里了。把这块大洋拿出来，锅里还有一块。拿出一块还一块，拿出一块还一块，拿出一块还一块，一会的工夫这桌子上都堆满了。我说："不要了。"你爸爸把这锅翻过来。还是空锅。我说："大爷，这往里面放什么都成吗？""哎，放什么都一样。"

乙　宝贝吗！

甲　"行了，我走了。""小子，千万别跟外人说啊！"

乙　这可得嘱咐嘱咐您。

甲　我说："我知道。我走了。""来，我送送你。""这我可担当不起。""谁叫你老不来呢？我一定送。""您请回吧！"（使劲一推）我这一推坏了，岁数大呀，"呱唧"，你爸爸坐锅里了。

乙　这要摔坏了怎么办？

甲　可把我给吓坏了。（扶人站起）大爷这怎么话说的？您没摔着吧？真是太对不住了。（往锅里一看）锅里还一个，（扶人站起）老伯父你这儿来。（往锅里一看）嚯！这还一个。（扶人站起）大爷这边儿。那几位受累往这边匀匀。（往锅里一看）哎呀！还一个，老先生，走，起。稳住。哎呀，您忍着得了。哎呀，这祸惹的。弄一屋子这玩意儿，让你怎么安排呀？

乙　我去你的吧！

（田立禾　王文玉演出本　邵绅绅记录）

算人口

甲　您的精神好！

乙　彼此，您精神也不坏！

甲　我老是看您高高兴兴、乐乐呵呵的！

乙　不光我，谁都是乐乐呵呵的！

甲　根据您这个精神，就知道您的家庭是很快乐。

乙　大家都挺快乐！

甲　你要说各位、列位、在其位，人家都是快乐美满的好家庭。

乙　啊！

甲　可我家里头他就乱点儿。

乙　您家怎么回事？

甲　人口太多！

乙　您几口人？

甲　多得厉害！

乙　几口？

甲　您往这儿看。

乙　哎。

甲　就这么些个。（比画九）

乙　噢，九口人。

甲　嘿嘿，九打。

乙　九打？好嘛，这人跟洋蜡一样论"打"。

甲　九打五十四对，是一百零八口。

乙　你这跟说胡话一样。

甲　一个不短，一百零八口。

乙　我不信！

甲　你要不信，我给您算算。

乙　噢，你给我算算？

甲　我给您算算，各位连瞅瞅，你连看看。

乙　我看看。

甲　你瞧，咱们是十口十口地算。

乙　十口十口的，头一个十口？

甲　为什么十口十口地算呢？

乙　为什么！

甲　人口太多一个俩的他就乱了。

乙　对呀！

甲　十口十口地算，各位听的也明白，你看的也清楚。

乙　你说的也清楚。

甲　您往这儿看啊！

乙　头一个十口？

甲　先算头一个十口。

乙　有我就说有。

甲　头一口就是我妈。

乙　那，有。

甲　有吧？

乙　有！

甲　我母亲，我们老娘，我们老太太，我们家慈，我爸爸的媳妇儿，我媳妇的婆婆，我岳母的亲家母，我大舅的妹妹，我老舅的姐姐。

乙　嘿，算了半天一个人儿。

甲　这整十口吧？

乙　嗯。

甲　再算二一个十口。

乙　二一个十口？

甲　我妻，我媳妇，我家里的，我屋里的，我们糟糠，我的小娘子，我的贱内，我的老婆，我妈的儿媳妇，我岳母的闺女。

乙　你这折腾哪！

（冯立樟　李洁尘录音　林德祥记录）

卖药糖

甲　过去做小买卖的都靠说。

乙　那是。

甲　后来发展成吆喝。

乙　让大伙都知道他是卖什么的！

甲　可有的吆喝出来好听，跟唱歌似的，也有的吆喝出来很直白。

乙　不一样。

甲　我还记得我小时候那做买卖的全喊。

乙　可不是吗。

甲　那时候那卖东西的，不但会卖，嗓子还得好。

乙　得用嗓子。

甲　有一个修理锅的，一喊出来是这样——

乙　您给学学。

甲　"修理青铁锅！白铁锅！"

乙　就这么吆喝。

甲　那嗓子才打远呢！在南城一喊，北城都能听见！

乙　嗓子就这么好？

甲　还有一个卖牛筋的，他一吆喝你是非买不可！

乙　怎么呢？

甲　一是他吆喝得有特点，再一个他的牛筋炜得烂乎。

乙　我不信。

甲　不信我给你学学，胆小的把耳朵堵上啊！

乙　还至于堵耳朵？

甲　他喊的声音大。

乙　是吗？

甲　"烂乎牛筋！"

乙　这声是不小。

甲　"烂乎牛筋！牛筋烂乎！烂乎稀烂乎！"

乙　完啦？

甲　完啦？这刚开始。

乙　是啊？

甲　"烂乎牛筋！牛筋烂乎！烂乎稀烂乎！烂乎！烂乎！烂乎！烂乎稀烂乎！烂乎！烂乎！烂乎！烂乎！烂乎！烂乎！烂乎！烂乎！烂乎！——"

乙　没完啦？

甲　你说他这牛筋多烂乎！就是不烂乎他也能给你喊烂乎了！

乙　可真是。

甲　这些做小买卖的喊得最好听的是那种卖药糖的！

乙　是啊！

甲　嘿！那喊得真好听。

乙　您再给学学。

甲　这种卖药糖的都推辆三轮车，后架上一大玻璃画一格一格的，里边镶的红绿小灯泡，灯泡一闪，跟万花筒似的。

乙　好看。

甲　再口上他一喊，一围就一堆小孩。

乙　小孩儿都喜欢。

甲　我给你来来这个卖药糖的——

乙　咱们听听。

甲　卖哎药糖！哪位吃药糖来，
　　这边香我们那边香，
　　南香北香全不香，
　　真正香是我的药糖香！

乙　不错！

甲　五湖四海美名扬！
　　要说香咱们尽说香，
　　郁金香，夜来香，
　　茉莉香那个巴兰香，

谁也比不了我的药糖香！
吃嘛味儿，有嘛味儿，
牛奶、咖啡、南荸荠，
吃到嘴里冒凉气，
蝎子哪拉屎毒（独）一份，
仁丹、宝丹、薄荷味，
老太太吃了我的药糖哇，
走起道来扔了拐棍！
老大爷吃了我的药糖啊，
上楼下楼他不费劲，
大姑娘吃了我的药糖，
保你找一个好女婿，
小伙子吃了我的药糖呀？

乙　怎么样？

甲　保你生个胖小子儿。

乙　啊？！

甲　那得你媳妇儿！

乙　嘿！

453

（杨振华述　新纪元整理）

两头忙

甲　咱们俩可有很长时间没见了。

乙　日子不短了。

甲　您家都好啊？

乙　都好！

甲　都谁好？

乙　什么叫都谁好？问谁谁好！

甲　那你们家老碟子好？

乙　老碟子？早让我给摔了。

甲　那是老茄子。

乙　老茄子我早熬着吃了。

甲　要不是老橛子？

乙　老橛子我早钉墙上了。

甲　那你家里岁数大的那个叫老什么东西？

乙　什么叫老什么东西？

甲　那是？

乙　老爷子。

甲　对，老爷子！要说老爷子今年可够受的了。

乙　什么叫够受的了？那是高寿了。

甲　对了，你爸爸是高了、瘦了。

乙　你爸爸是矮了、胖了？高寿得放一块儿说。

甲　你爸爸高寿了？

乙　我爸爸还小呢。

甲　噢，还没满月呢。

乙　没满月，像话吗？

甲　那满月了。

乙　满月了也不像话，我爸爸六十了。

甲　噢，吃饱了没事，"遛食"的就是你爸爸？

乙　对啦！没事儿转弯的都是你爷爷！

甲　那怎么个"遛食"？

乙　我爸爸岁数六十了。

甲　啊，你爸爸六十了！

乙　对啦！

甲　结婚了吗？

乙　废话！我爸爸没结婚，我打哪儿来呀？

甲　你不是打你们家来吗？

乙　是呀，我不打我们家来，我还上你们家来呀！我爸爸结婚了。

甲　我是说，你爸爸给你结婚了吗？

乙　我也结婚了。

甲　结婚以后跟前有个孩子、爪子什么的没有？

乙　什么叫孩子、爪子呀？

甲　那怎么说？

乙　那叫有没有爪子？

甲　那你有没有爪子？

乙　有爪子！嗨！你都把我弄迷糊了，那叫有没有孩子！

甲　孩子？那你有没有啊？

乙　有啊！我跟前有一个儿子。

甲　你儿子今年高寿了？

乙　孩子有问高寿的吗？

甲　那只能问？

乙　问多大就行。

甲　那你儿子多大啦？

乙　我儿子今年六岁了。

甲　噢，六岁了！

乙　对啦！

甲　留胡子了吗？

乙　六岁小孩留胡子？像话吗？

甲　那留胡子的是谁呀？

乙　那是我爸爸。

甲　你爸爸留胡子好哇！唉！你爸爸最近不尿炕了吧？

乙　六十岁了还尿炕啊？

甲　那尿炕的是——

乙　那是我儿子，最近不尿了。

甲　不尿好啊！那你儿子还挂拐棍儿吗？

乙　六岁小孩儿挂拐棍儿啊？

甲　那挂拐棍儿的是——

乙　那是我爸爸，还拄着拐棍儿呢。

甲　拄拐棍儿出门稳当。

乙　是啊！

甲　那最近你爸爸不和小孩儿打架了吧？

乙　六十岁的人和小孩儿打架啊？

甲　那打架的是——

乙　那是我儿子，已经不和小孩儿打架了？

甲　噢，不打了，那你儿子还戴老花镜吗？

乙　我儿子戴老花镜？我说你成心是怎么的？

甲　我怎么啦？

乙　还怎么啦？你让大伙听听，你这一会儿问六岁的，一会儿问六十的，一会儿问我爸爸，一会儿又问我儿子，有这么让我两头忙的吗？

甲　那你说应该怎么问？

乙　要问我爸爸就问我爸爸，要问我儿子就问我儿子！

甲　那我就问你爸爸！

乙　好啊！

甲　你爸爸还戴老花镜吗？

乙　戴着哪！

甲　这我就明白啦！

乙　你明白什么啦？

甲　你爸爸是留着胡子，拄着拐棍儿，还戴着老花镜！

乙　对啦！

甲　他不尿炕了，也不和小孩打架了！

乙　又回来啦？

（于春明述　新纪元整理）

◆

两
头
忙

◆

扭嘴儿

甲　一段相声，不管有多少人听，我们俩都是这么说。

乙　是这样。

甲　有百八十位观众，我们俩这么说。

乙　对。

甲　三十位、五十位观众，我们俩也这么说。

乙　是。

甲　十位、八位观众，我们俩还这么说。

乙　这么和您说吧！就是剩一位观众，我们俩照样这么说。

甲　剩几位？

乙　一位啊！

甲　一位观众可不行。

乙　怎么不行？

甲　剩一位观众，看着、看着，他要上厕所，你说怎么办？

乙　他这个——

甲　你说咱俩是在这儿等着啊，还是跟着啊？

乙　那就等着吧！

甲　他上完厕所要回家，不回来了，你说咱俩等谁去呀？

乙　要不就跟着？

甲　跟着？

乙　是啊！

甲　那到了厕所门口，你说咱俩是跟进去，还是在门口等着？

乙　那就在门口等着吧！

甲　赶上这位闹肚子，三个小时不出来，你等得了吗？

乙　那就跟进去。

甲　你什么时候见这儿蹲一位，这儿站俩说相声的，"您这儿歇着哪？"

乙　有上厕所歇着的吗？

甲　"不是，您这儿蹲着哪，您不没什么事吗，您看您闲着也是闲着，干脆听我们俩说段相声吧！"

乙　说哪段儿呀？

甲　"说吃葡萄不吐葡萄皮儿。"

乙　嗨，有上厕所吃葡萄的吗？

甲　就是啊？你看给一位观众说不行吧！

乙　还真是这样。

甲　我们说相声的和澡堂子不一样！

乙　澡堂子？

甲　啊！你看那澡堂子，不管多少人洗，总是那一池子水。

乙　那是！

甲　没见过这样的，澡堂子六点刚开门，进来一位洗澡的，一池子水就他一个人洗。"嗬，好水。"澡堂子老板来气了，这么一大池子水就你一个人洗？看我的，过去把塞子给拔了。这位洗得正带劲呢，"嗬，好水——呀，落潮啦？"

乙　那还不落潮，是没这样的。

甲　是吧？一个人洗，你也得让人洗！

乙　那对！

甲　可是我们在舞台上演出，也不一定能让所有的观众都满意，保不齐有的观众对我们有意见。

乙　那是。

甲　如果有意见，您可以提出来。

乙　嗳，我们虚心接受。

甲　您要顾及我们的面子，不好意思提——

乙　那怎么办？

甲　我给您出个主意——

乙　什么主意？

甲　您可以扭扭嘴儿。

乙　扭扭嘴儿？

甲　对，您一扭嘴儿，我就知道您对我有意见了，演完了，我就找您去。

乙　这主意好。

甲　那回我刚说到这儿，就看台下有一位观众冲我扭上嘴儿了。

乙　那是对你有意见了。

甲　是啊，演出结束以后，我赶紧下台找到那位观众。还没等我说话，那位观众瞅了我一眼，又冲我扭了扭嘴儿。

乙　什么意思？

甲　我明白了，可能是在剧场说不方便。

乙　那就出去说。

甲　是啊，我赶紧跟着这位观众来到剧场门口。我刚想问，他还是冲我扭了扭嘴儿。

乙　可能是剧场门口太乱，干脆你跟他到马路上去说。

甲　到了马路上，还没等我问哪，他又冲我扭了扭嘴儿。

乙　怎么还扭嘴儿呀？

甲　可能是嫌马路上人太多。

乙　有可能。

甲　那我就跟着他！

乙　对。

甲　我一直往前跟了他四站，实在是走不动了，赶紧跑到前边把他拦住了！

乙　他怎么样？

甲　他还是冲我扭了扭嘴儿。

乙　噢，他还扭嘴儿哪！

甲　我当时就急了："您别扭嘴儿了，您快说吧，到底对我有什么意见！"

乙　他怎么说的？

甲　我对你没什么意见！

乙　那你为什么老扭嘴儿呀？

甲　我从小就有这毛病。

乙　是啊！

（周志光述　新纪元整理）

改良数来宝

甲　佩茹。

乙　怎么着，蘑菇？

甲　你伺候众位可真不少年了。

乙　啊，在众位驾前有个人缘。

甲　你这真是隔年的兔儿爷——

乙　怎么讲呢？

甲　老陈人儿了！

乙　这什么俏皮话儿啊？

甲　您这真是王母娘娘驾寿星——

乙　这句是？

甲　老宝贝儿啦！

乙　不像话！

甲　您这讲究什么呢？

乙　说学逗唱。

甲　就您还唱？像您这个痔疮的嗓子还能唱啊？

乙　有嗓子里头长痔疮的吗？

甲　您要是一唱那真是野猫馅儿的饺子——

乙　这又怎么讲呢？

甲　兔崽子味儿！

乙　你这都哪儿学来的呀？我们说的是学唱。

甲　啊，学啊？我说一样恐怕您唱不了啊！

乙　什么呢？

甲　就是数来宝。

乙　您要说京腔大戏，那我唱不了，数来宝没什么。

甲　没什么？数来宝，数来宝；这次数得准比哪次全都好；数来宝，真有眼儿；这回完全是新词儿。

乙　哦，你说你能找词儿啊？

甲　哎！

乙　我也能现抓两句呀？

甲　行吗？

乙　我要能数上句儿呢？

甲　我就有下句儿。

乙　你先打起板儿来咱们数一套。

甲　听听这点儿对不对。（打板儿）怎么样？

乙　是那要饭的点儿。

甲　你先数。

乙　打竹板儿，声音小；咱们两人数来宝。

甲　数来宝是真不错；为的是要诸君乐。

乙　喜为神，乐为仙；健康身体要延年。

甲　这个喜跟乐是在七情；喜字儿本是头一名。

乙　最好还是喜跟笑；劝诸位不要染嗜好。

甲　这个抽大烟，是长寿膏；没钱抽它活糟糕。

乙　劝君别把白面儿吸；损伤金钱人受屈。

甲　劝诸君，不要嫖；还是那结发妻子乐逍遥。

乙　劝诸君，别耍钱；没有事听听话匣子盘。

甲　话匣子盘是真不赖；这个音声最好是百代。

乙　劝诸位，不要赌；最好的消遣去跳舞。

甲　这个跳舞场，真热闹；进门先得买舞票。

乙　有舞女，好容颜；一个一个似貂蝉。

甲　那个穿旗袍，是短袖；上下全肥，腰杆儿瘦。

乙　高底儿鞋，有后跟儿；前仰后合硌脚心儿。

甲　那个短裤衩，爱透风；空气流通讲卫生。

乙　描眉水，指甲油；脑袋烫的飞机头。

甲　那个飞机头，真可笑；就是没有高射炮。

乙　跳完舞，心欢畅；回到家里打麻将。

甲　这个打麻将是先打庄；东西南北输四方。

乙　打麻将，真特别；里边有，带花元宝财神爷。

甲　这个我拿东风我先庄；一抓牌，三摞一跳十四张。

乙　十四张，不能错；我手起，四喜三元清一色。

甲　这个清一色，数可观；杠上开花加一番。

乙　加一番，加一番；我一打骰儿，九五十四整零三。

甲　整零三，是立起来；红中白脸儿仨发财。

乙　牌倒好，眼瞪圆；没留神"诈和"也惘然。

甲　那么诈了和，心急躁；众位先生把你笑。

乙　哪位笑，都有福；我的名字赵佩茹。

甲　赵佩茹可真不赖；是每月准赚几十块。

乙　几十块是将够本儿；你的爸爸大烟鬼儿。

甲　那个大烟鬼儿，大烟鬼儿；你媳妇儿的外号自来水儿。

乙　叫伙计别取笑；你的爸爸本姓赵。

甲　你这话我气不出；你的爷爷小蘑菇。

乙　你呀，别挨骂了！这回呀你一个人儿数回来宝。

甲　哦。

乙　我好比是买卖铺掌柜的。

甲　可以呀。

乙　你在我门口要钱哪，我特意不给你，我说出那新鲜买卖我为挤对你。

甲　什么买卖全有词儿。

乙　我要能说你就能数吗？

甲　张嘴来词儿。

乙　听你的。

甲　（打板）那个打竹板，进街来；一街两巷好买卖；我这挨着走，我这挨着地拜；拜的礼多人不怪；这个一拜君，二拜臣；三拜掌柜的大量人；大量人，海量宽；刘备老爷坐西川；西川坐下汉刘备；保驾有位三千岁；人又高，马又大；豹头环眼胡子多；夏侯桀，那么落了马；是曹操一见也害怕；这个大掌柜，那么真特别；您这个脑袋是化学。

乙　这是什么词儿啊？我这是西餐部，我不给你钱。

甲　这个打竹板儿，走不远儿；掌柜的开的是西餐馆儿；你这西餐做得精；牛肉扒加洋葱；做鳜鱼、煨鸡茸；西门子的冰淇淋；烤羊腿、咖喱鸡；牛尾汤加鲍鱼；先上汤，后上菜；西餐的规矩真不赖；内掌柜的当招待；那位内掌柜，长得俏；伺候饭座儿真周到；可不是傻子把你捧；内掌柜，净跟饭座看电影。

乙　这不像话，你越数这个我越没钱。

甲　那么说没钱，是真没钱；你哪天都赚好几千；赚钱不把别的干；拿到家里头买庄田；买庄田那么几十万；房子盖了是几百间；掌柜的房子真好看；上上下下使金砖；那个房梁都用檀香木；腻腻墙缝使大烟；糊顶棚，绫罗缎；屋里头墁地用洋钱；窗户周围是猫眼儿；翡翠钻石赛汤圆；掌柜的没钱屋里转；穿着皮袄，把扇子扇。

乙　我折腾啊？

甲　这个迎着门、架几案；架几案底下是八仙；太师椅，列两边；墙上有，名人字画、挑山对联；唐伯虎，画出美人真好看；米元章、山水人物四季全；成亲王，写的真草带隶篆；对联上，落款铁宝刘石庵；掌柜的生来真有福；那个屋里摆设真不俗；宫中御器是古物；汉玉雕工价不俗；八音盒子七巧图；古铜的寿星梅花鹿；紫檀毛竹镶珍珠；盆景里面珊瑚子树；茶盘茶碗蛮仿古；当间翡翠大夜壶。

乙　这都什么摆设啊？我开一自行车行，我就这么阔呀。

甲　这位大掌柜的把话说：你卖的本是自行车；这个自行车可真不赖；骑车准比走着快；女人车，没大梁；骑车就是不上房；这个自行车真正好；就是不能横着跑！

乙　这是废话，走，上那边要去！

甲　那么您不给，我就奔正东；西游记，取真经；猪八戒，孙悟空；另外还有沙和尚；那么您不给，我就奔正南；黄天霸，张桂兰；那别处也是不给钱；那么您不给，我奔正北；王佐断臂也不给；您不给，我奔正西；乌龙院，带杀惜；你的母亲阎婆惜；你的妹妹外国鸡。

乙　你妹妹才损鸟哪！

（小蘑菇　赵佩茹唱片录音）

群口相声

酒　令

甲　哎，你喜欢喝酒吗？

乙　太喜欢喝啦。

甲　一顿能喝多少？

乙　喝个四两、半斤的，问题不大。

甲　就这么干喝吗？

乙　那哪能啊？也得有点儿菜呀。

甲　不，我不是说菜的事。你喝酒光干喝、吃菜多没意思？如果你在
　　喝酒的时候，有点儿酒令助兴，那多有意思呀！

乙　哦，你说酒令啊？那我会的太多啦。

甲　那都会什么？

乙　什么划拳、猜谜、击鼓传花、老虎杠子鸡，连日本拳我都会。

甲　我认为你说的这些酒令啊，太俗啦。

乙　俗？

甲　今儿我出个新鲜的主意……

乙　什么主意？

甲　咱来一回找节日，你看怎么样？

乙　什么叫找节日？

甲　按旧历算，由正月到腊月，一共是十二个月，找出它十二个民族
　　传统节日来，行吗？

乙　那怎么找呢？

甲　咱们两个人，一个人占单月，一个人占双月。占单月的呢，必须
　　在单日子里边找出一个节日来；占双月的呢，必须在双日子里边
　　找出一个节日来。而且这个节日找出来，大家伙还都得公认。怎

么样？

乙　好！太有意思啦。哎，我请个帮忙的行吗？

甲　没问题。

乙　行啊？苏先生！苏先生！快快出来！

（丙登台）

乙　这位要跟我喝酒。

丙　哦。

乙　说酒令。这酒令叫找节日，一年十二个月，找出十二个节日来，这个你行吗？

丙　我太行啦！我这个学问你还不知道吗？

乙　哦，对对对。

丙　他说怎么着？一年要找出十二个节？

乙　啊。

丙　你告诉他，咱能找二十四个节。

乙　我们能找出二十四个节。

甲　二十四个节？

乙　哎。

甲　二十四个都是什么节？

乙　都什么节？

丙　你看：立春、雨水、惊蛰、春分、清明、谷雨、立夏、小满、芒种、夏至、小暑、大暑、立秋、处暑、白露、秋分、寒露、霜降、立冬、小雪、大雪、冬至、小寒、大寒。

乙　哎，我们找出二十四个节来。

甲　都有什么？

乙　有什么：立春、雨水、惊……

甲　打住吧。你说的这是节气，农民根据这二十四个节气来耕种锄刨。我说的是找节日，不是找节气。

乙　你举个例子说说。

甲　我给你举个例子啊，你比如正月。

乙　就是一月。

甲　正月初一，什么节？

乙　春节。

甲　哎。大年初一头一天，家家户户都过年，就找这路节日，明白了吗？

乙　噢，就这么找。

丙　可以呀。

乙　行行行！

丙　嗯，你问问谁占单月，谁占双月？

乙　单、双月怎么分哪？

甲　单、双月，你们俩挑。

乙　他让咱挑。

丙　哦，让咱挑？哎，这可有好处。

乙　怎么？

丙　占单月的一定先说呀。

乙　对呀。

丙　咱让他占单月，让他说出个样子来，咱们照猫画虎。

乙　他怎么说，咱们怎么说？

丙　怎么样？

乙　好！嘿，商量好啦，我们占双月。

丙　你占单月。

甲　我占单月。

丙　不管怎么说……

乙　啊。

丙　咱们两人怎么也比他一个人机灵。

乙　对！

丙　他一个人闹不过咱两人。

乙　对对对。行啦，你占单月，我们占双月。你取酒去吧。

甲　这酒啊，我已经带来啦。

乙　带来啦？

甲　你看见了吗？这就是酒。（打击时可发出声响的玩具小气锤）

乙　这就是酒啊？这不小孩玩具吗？

甲　这是玩具，但是现在它就代替酒啦。（响三下）

乙　噢。

甲　（响三下）这够六十度；（响三下）这是低度的。

乙　还挺全。咱说就这种酒。

甲　别动！放着，放着！

乙　怎么啦？

甲　这酒已经斟满了，一碰就洒，一蹾就流。

乙　是呀？

丙　这咱不明白呀。

甲　哪不明白？

丙　你说这是酒，那怎么喝呀？

乙　那怎么喝呀？

甲　不知道？用脑袋喝，这脑袋就是酒杯。

乙　啊。

甲　（打乙一下）就这么喝！

乙　就这么喝。

丙　这我不明白。他占单月，在单日子上如果找出节日来啦，怎么办哪？

乙　这怎么办哪？

甲　哦，这叫正令，可喜可贺，敬酒三杯。

乙　敬酒三杯。

丙　哦，这我不明白，那怎么敬呢？

乙　怎么敬啊？

甲　不知道？

乙　啊。

甲　（打乙三下）就这么敬。

乙　就这么敬。

丙　这我还不明白。咱们占双月，如果在单日子找出节来啦，这个节大家要不公认，那怎么办哪？

乙　那怎么办？

甲　哦，这就叫乱令，罚酒三杯。

乙　罚酒三杯。

丙　这我不明白。罚酒怎么个罚法呢？

乙　罚酒怎么罚呀？

甲　哦，这还不知道？（打乙三下）就这么罚。

乙　就这么罚。

丙　这我还不明白……

乙　我明白啦！我任什么没说，先对付七杯。

丙　明白啦就让他说。

乙　你先说吧。

甲　开始啦。我是一月，也就是正月，正月十五……

乙　这什么节？

甲　元宵节。

乙　他说正月十五元宵节，这有吗？

丙　有！正月十五元宵节嘛，有这么一首歌，叫《绣金匾》，"正月闹元宵，金匾绣开了"嘛，有。

乙　对对对。

丙　有，问他怎么办？

乙　这怎么办？

甲　这是正令啊，可喜可贺，敬酒三杯。

乙　敬酒三杯。

丙　敬他。

乙　敬你三杯。

甲　哎，你别碰它。

乙　这怎么？可喜可贺嘛，敬你三杯。

甲　不，你没听明白。

丙　年轻轻儿的，咱可不能矫情。

甲　我没矫情。

丙　你光说，敬酒三杯，你怎么不让敬啊？

甲　噢，这怨我没说明白。正令是我找出来的。

丙　对呀。

甲　可喜可贺，敬酒三杯，这三杯酒得你们喝。嘿嘿嘿嘿。

丙　你是说你找上来的正令，这酒我们喝；那么待会儿我们要找上来呢？

甲　那我喝呀。

丙　这回谁喝？

甲　你们喝。

丙　我们喝？

甲　对。

丙　喝！

乙　（不服，挣扎）

丙　咱不能跟他矫情，这次他找上来啦咱不喝，待会儿咱找上来啦，他也不喝。

乙　对，喝。

甲　可喜可贺，敬酒三杯。（打乙三下）该你们啦。

乙　该我们啦，我们是二月……

甲　二月什么日子？

乙　二月什么日子？

丙　二月初二。

乙　二月初二。

甲　什么节？

乙　什么节？

丙　二月二，龙抬头。

乙　二月二，龙抬头。

甲　我问什么节？

乙　什么节？

丙　抬头节。

乙　抬头节。

甲　我听着都新鲜，哪有个抬头节呀？这可是乱令啦。

丙　乱令怎么办？

乙　乱令怎么办？

甲　罚酒三杯。

乙　（拦甲）哎，哎，你放那儿，我刚喝完。

丙　你等会儿啊，我们可喝了半天了，对不对？

甲　对对对，

丙　这回我们没找上来，那你为什么不喝呀？

甲　咱说得明白呀，这乱令谁找上来的？

丙　我们找上来的。

甲　乱令，罚酒三杯，这三杯酒，得你们喝！

丙　哦，我们说乱了，没找上来，我们喝？

甲　对啦。

丙　那么待会儿你要说乱了呢？

甲　那我喝呀。

丙　这回谁喝？

甲　你们喝。

丙　我们喝？

甲　对。

丙　（对乙）喝！

甲　罚酒三杯。（打乙三下）这回该我啦。

乙　三月。

甲　三月初九。

乙　三月初九？什么节？

甲　寒食节。

乙　三月初九寒食节，有吗？

丙　有！三月初九寒食节嘛，寒食节就是清明节的前一天，也就是说从节日前三天开始，不吃热食，吃凉食，故而叫寒食节。

乙　噢，有吗？

丙　有。有，问他怎么办？

乙　有，怎么办？

甲　那可喜可贺。

乙　可喜可贺。

甲　敬酒三杯。

乙　敬酒三杯，敬，敬。

甲　（打乙三下）

乙　我可喝了一个季度啦啊。

丙　没问题，有我在这儿啦。

乙　对。

丙　不管怎么说，咱俩人怎么也比他一个人机灵。

乙　噢。

丙　他一个人闹不过咱两人去。

乙　对、对。

甲　喝了半天，你感觉这酒怎么样？

乙　这酒是不错，就是有点儿上头。

甲　行，该你们啦，

乙　又该咱们啦。四月……

甲　四月几儿……

乙　四月几儿？

丙　四月二十八。

乙　四月二十八。

甲　四月二十八什么节？

乙　什么节？

丙　乱穿纱。

乙　乱穿纱。

甲　我问你什么节？

乙　节？

丙　穿纱节。

乙　穿纱节。

甲　这听着都不像话，哪有个穿纱节？乱令啦啊，这，这没有，罚酒三杯。

乙　罚酒三杯，咱挨罚呀？

甲　罚酒三杯！（打乙三下）这回该我啦。

乙　又该你啦。

甲　我是五月，五月初五。

乙　五月初五，什么节？

甲　端阳节。

乙　端阳节。这回我甭问他啦，再问他，他还得说有，您不信我问他，您听听。他说五月初五端阳节，这有吗？

丙　有！

乙　你看怎么样？

丙　五月初五端阳节，又叫端午节，吃粽子，纪念屈原嘛，有！有，问他怎么办？

乙　我还得喝呗，怎么办？

甲　敬酒三杯。（打乙三下）

乙　哎。

甲　该你们了。

乙　又该咱们啦。

丙　咱六月……

乙　六月。

甲　六月什么日子？

乙　什么日子？

丙　六月……初六。

乙　六月初六。

甲　初六什么节？

乙　什么节？

丙　六月六，看谷秀。

乙　六月六看谷秀。

甲　我问你什么节？

乙　节呀？

丙　谷秀节。

乙　谷秀节。

甲　这听着都不像话啦！（打乙三下）

乙　这回你怎么愣灌哪？

丙　你问他有没有？

乙　还问什么？灌完啦！我都喝了半年啦。

丙　没问题，要有信心，后半年就全让他喝啦。

乙　对。

丙　我看哪，咱俩人怎么也比他一个人儿机灵，他一个人儿闹不过咱
　　俩人去。

乙　对，对，对，对！

甲　该我啦！我七月……七月初七。

乙　什么节？

甲　七巧节。

乙　七巧节？

甲　七月七，牛郎织女天河配，七巧节嘛。

丙　有，有，有，天河配，还有这出戏了嘛。喝！

甲　可喜可贺，敬酒三杯。（打乙三下）

乙　这回该咱们啦。

丙　咱八月。

甲　八月几儿？

乙　八月几儿？

丙　八月初八。

乙　八月初八。

甲　这什么节？

乙　什么节？

丙　八月八，蚊子嘴儿开花。

乙　八月八，蚊子嘴儿开花。

甲　我问你什么节？

乙　节？

丙　开花节。

乙　开花……这都不像话呀！有这开花节吗？啊？这不成心让我还得喝吗？你怎么回事呀？你旁边儿歇会儿去！用不着你啦！这回干脆我自个儿找。八月……八月中秋节。各位，有没有？！（观众回答：有）（欲打甲，甲拦）你干什么？我找上来啦！

甲　你等会儿。

乙　我们可喝了半年多了，对不对？

甲　这我知道！

丙　这回我们找上来啦，你为什么不喝呀？

甲　找上来我也不能喝。

丙　为什么？

甲　你八月，八月是单月、双月？

丙　八月它是双月呀。

甲　你中秋节它是什么日子？

丙　八月十五哇，

甲　十五是单日子、双日子？

丙　嗯……

乙　我们十六过节！

丙　对，对，对！我们十六过节。有这么一首歌嘛，十五不圆十六圆，我们等月亮圆了再过节。

甲　这不像话啊！乱令啦！你双月找出单日子来，罚酒三杯。

丙　这也罚酒？

甲　哎，这三杯酒你们得喝！

丙　你等会儿，我们找乱了我们就得喝？

甲　对啦。

丙　那么待会儿你要找乱了呢？

甲　我喝呀。

丙　这回谁喝？

甲　你们喝！

丙　我们喝。（对乙）喝去！

乙　我就知道还得喝！我告诉您哪，我喝得实在太多了，这回您受点
　　罪，您替我喝了这三杯。

丙　不行，不行，我刚打医院来，我血压高。

乙　不能喝酒？

丙　我血压三百多，还得您喝。

乙　那我就不客气啦啊。

丙　能者多劳嘛。

乙　跟您商量点儿事儿。

甲　什么事？您说？

乙　您给我来点儿低度的尝尝行吗？

甲　可以，可以。罚酒三杯。（打乙三下）

乙　行啦，喝完啦！

甲　该我的啦。九月，九月初九。

乙　九月初九，什么节？

甲　重阳节。

乙　九月初九重阳节，有吗？

丙　有！重阳节嘛，九月初九，登高吃烤肉，喝菊花酒，吃菊花锅
　　子，有！

甲　怎么办？

乙　甭问啦，您受累再敬我三杯。

甲　（打乙三下）该你啦。

乙　又该咱的啦。

丙　咱们是十月。

乙　十月。

甲　十月什么日子？

乙　什么日子？

丙　十月十八。

乙　十月十八。

甲　十月十八什么节？

乙　什么节？

丙　我的生日。

乙　你的生日……像话吗？！你这都什么事？你生日算什么节？

丙　没问题，反正咱俩人比他一个人儿机灵，他一个人闹不过咱俩人去。

乙　我一个人闹不过你们俩人去！像话吗？打刚才你说的都是什么节呀？你瞧瞧，二月二龙抬头；四月二十八乱穿纱；六月六看谷秀，八月八蚊子嘴开花；十月你过生日，这都是节吗？我说你到底是哪头儿的呀？

丙　你等会儿吧，咱得好好商量商量。

乙　还商量什么呀？

丙　刚才咱占月份占错啦。单月尽是节，双月没节！

乙　你早干吗去啦？

丙　咱们跟他换换吧。

乙　别换啦，别换啦，你别胡出主意啦。这回还我自个儿来。十月我也甭说啦，十一月你也甭说啦，干脆我说十二月。十二月就是腊月，腊月三十除夕节。各位朋友，有没有？！（观众回答。有！）哎，有！怎么样？（把气锤扔桌上）这回你喝吧。

甲　好，我喝。我喝几杯呀？

乙　三杯呀。

甲　不，我喝两杯，你这给蹾洒了一杯。

乙　这就蹾洒了一杯呀？两杯你也得喝！（碰甲胳膊）

甲　那我喝一杯啦，你这又给碰洒了一杯。

乙　一杯你也得喝！

甲　一杯怎么喝呀？

乙　我怎么喝，你怎么喝。

甲　你怎么喝的？

乙　我就是这么喝的。（打自己一下）

甲　这回呀，我一杯都不喝啦。

乙　怎么？

甲　你替我喝啦。

丙　哈哈哈哈！

乙　你来一杯吧！（打丙一下）

（苏文茂演出稿　刘国器记录　崔金泉　于世猷整理）

切糕架子

乙　这回我们俩给您说段相声。

甲　我们俩说，那他是干什么的？（指丙）

乙　真格的，你是干什么的？

丙　我是卖切糕的！

乙　他是卖切糕的！

甲　卖切糕的你上台上来干什么？

乙　是啊！卖切糕的你上台上来干什么？

丙　说相声。

乙　他说他来说相声。

甲　卖切糕的还会说相声？

乙　是啊！你还会说相声？

丙　不信咱说一回，说不上来，我下台，把我那"切糕架子"输给你们。

乙　他说他要说不上来，下台把"切糕架子"输我们。

甲　跟他说，说个难的，给他挤对走，咱好吃切糕。

乙　好啦，既然你能说，咱就说一回。

丙　那咱以什么为题呢？

甲　（指乙）你出题。

乙　我出题，咱就说一回"糊涂，明白，容易，难"。

甲　好，咱就说"糊涂，明白，容易，难"。说吧！（指丙）

丙　还是您先说出个样来？我再说。

乙　那我出的题，我先说个样？

丙　您说。

乙　今天早晨还没出门，我就糊涂了！

甲　您糊涂什么？

乙　我不知道今天是晴天，还是阴天？

甲　那是！

乙　等出了门，我就明白了。

甲　怎么呢？

乙　敢情是晴天。

甲　不错。这是糊涂，明白，还有什么"容易"呀？

乙　我站台上给各位说相声容易。

甲　那什么难呢？

乙　向各位要钱难。

丙　噢，这么个"糊涂，明白，容易，难"。

乙　我说上来了。

甲　那该你说了。（指丙）

丙　您不说？

甲　你先说，我后说。"糊涂，明白，容易，难。"

丙　您一看我这"切糕坨子"糊涂了。

甲　我糊涂什么？

丙　你不知是卖的，还是舍的？

乙　还有舍切糕的？

甲　那什么"明白"呀？

丙　我一告诉你就明白了，"是卖的"。

乙　多新鲜呀！

甲　什么容易？

丙　你拿半斤切糕吃容易。

乙　那是容易。

甲　什么难？

丙　吃完切糕，没钱您说多难！

乙　嘿！有点儿意思？

丙　我说完该您了！（指甲）

甲　该我了，好，说我昨天上你们家去了，看见你媳妇挺一个大肚子我糊涂了。

丙　你糊涂什么？

甲　不知道这是气臌，还是怎么啦。

丙　谁气臌啦？

甲　后来我一问明白了，你媳妇因为什么肚子这么大。

丙　因为什么？

甲　有你了。

丙　什么叫有我啦？

甲　不是，有喜了。

丙　对啦！您说什么容易啊？

甲　这要到日子养活个儿子可就容易啦。

乙　对，十月怀胎，一朝分娩吗。

丙　那什么难啊？

甲　想把儿子变个姑娘，那可就难了。

丙　那是难！

乙　好了，都说上来了，这回咱再说一个"大，小，多，少"。

丙　"大，小，多，少？"

乙　对，什么大？什么小？什么多？什么少？

丙　还是您先说。

乙　您看我这扇子，打开了大。

丙　什么小？

乙　合上了小。

丙　什么多？

乙　我用得多。

丙　什么少？

乙　您各位用得少，因为扇子是我的吗。

甲　说的好，又该你了，你什么大？

丙　那我这切糕坨子大。

乙　又是切糕。

甲　什么小？

丙　切糕坨子切开了就小。

甲　什么多？

丙　谁爱吃谁就用得多。

甲　什么少？

丙　不爱吃的就用得少，又该您了。

甲　是啊！还是昨天我去你们家，看见你媳妇喂孩子那奶瓶大。

丙　那什么小？

甲　奶嘴儿小。

丙　什么多？

甲　你儿子用得多。

丙　什么少？

甲　你爸爸用得少。

丙　去你的吧！这都像话吗？

甲　本来你爸爸用得少吗！

乙　行啦！咱不说这个啦！最后咱说一回。什么四角四方？什么摆在中央？什么一来一往？最后一句要落在百家姓上，还得一个辙。

丙　这个可难点儿啦！

甲　说不上来，咱就吃切糕。

丙　还是你出题，你先来个样子。

乙　好，我先来，什么四角四方？我这桌子四角四方。

丙　什么摆在中央？

乙　笔墨纸砚摆在中央。

丙　什么一来一往？

乙　我写大字一来一往。

丙　最后一句落在百家姓上。

乙　我写的是"苗凤花方"。

甲　好，该你说啦！（指丙）

丙　那我这切糕架子四角四方。

甲　什么摆在中央？

丙　切糕坨子摆在中央。

甲　什么一来一往？

丙　我拿刀切切糕一来一往。

甲　最后一句落在百家姓上。

丙　我切一个"米贝明臧"，该您了！

甲　我呀，还是昨天我去你们家，看见你们家的炕是四角四方。

丙　那什么摆在中央？

甲　你媳妇摆在中央。

丙　咳！什么一来一往？

甲　你儿子在炕上爬一来一往。

丙　最后一句落在百家姓上。

甲　拉你媳妇一身"邓鲍史唐"。（屎汤）

乙　咳！

丙　这孩子怎么拉稀啦？

甲　那不是吃切糕吃多了吗？

丙　别挨骂了？！

（于春明述　新纪元整理）

◆

切糕架子

◆

翻四辈

甲　这场是您说相声！

乙　是，是。

甲　您说得好啊，我爱听您。

乙　您抬爱。

甲　实在喜欢，爱听爱看。还在南京住哪！

乙　什么南京，我在北京住。

甲　对，北京，我就记着有个京，哎，您在北京住多少年了？

乙　多少年可记不住了？

甲　那您还记得什么？

乙　我记得我一共住了四辈。

甲　四辈？

乙　噢，对了。

甲　那头一辈是您？

乙　嗯，头一辈怎么能会是我呀？

甲　那头一辈是？

乙　头一辈是我爷爷。

甲　唉。

乙　你"唉"什么呀？

甲　我想问问您，您家头一辈的那个……

乙　我爷爷？

甲　啊。那么大岁数了，牙口怎么样？

乙　牙口不错。

甲　能嚼动火车头吗？

乙　你们家都吃铁道啊？

甲　你不是说牙口不错吗？

乙　牙口不错也没有嚼火车头的！

甲　那我还想问问您，您家头一辈的那个……

乙　我爷爷？

甲　啊。那么大岁数了，眼神儿怎么样？

乙　眼神儿也好？

甲　能看见自己后脑勺儿吗？

乙　眼神儿再好，也没有能看见自己后脑勺儿的。

甲　那我还想问问您家头一辈的那个……

乙　我爷爷？

甲　啊。

乙　行了，你别问了，你怎么老问头一辈啊？

甲　头一辈"肥实"。

乙　肥实啊？肥实你就到这吧！你该往下问了！

甲　那二一辈是？

乙　二一辈是我爸爸。

甲　嗯？

乙　你什么毛病？

甲　那三一辈哪？

乙　就是我。

甲　小舅子是你？

甲　老丈人是你！

甲　那咱爷俩没说的了。

乙　什么咱爷俩，从哪论的呀？

甲　那四一辈是？

乙　我跟前的。

甲　儿子？

乙　啊。

甲　机灵。

乙　我傻子，你叫儿子我答应？

甲　先聊到这吧？我走了！

乙　你别走啊？再聊会儿啊？

丙　我说你放着相声不说，你和他在那干什么哪？

乙　这不来个观众爱听我的相声，我和他聊会儿。

丙　聊什么呀？刚聊这么一会儿，你就吃了大亏啦？

乙　我说相声的还能吃亏？

丙　你呀，连吃亏都不知道，我告诉你，打他站这儿跟你聊，就一直占你便宜！

乙　他怎么占的？

丙　他不知道你在哪住，说你在南京住，有这事没有？

乙　有啊？

丙　你怎么告诉他的？

乙　我说我不在南京，我在北京。

丙　他又问你住了多少年了？

乙　是啊！

丙　你怎么说的？

乙　我说多少年记不住了，告诉他我在这住了四辈啦。

丙　他说头一辈是你吗？

乙　我说头一辈不是我，是我爷爷。

丙　噢。

乙　又一个呀！

丙　你说那个……

乙　爷爷。

丙　啊，他就答应那个……

乙　爷爷。

丙　哎。

乙　对，倒是占便宜了！

丙　二一辈哪？

乙　是我爸爸。

丙　嗯！你说那个……

乙　爸爸！

丙　嗯！他就答应你一个……

乙　爸爸。

丙　嗯，三一辈哪？

乙　就是我。

丙　他说小舅子是你。

乙　我说老丈人是他。

丙　倒霉了，他又占你便宜了。

乙　怎么哪？

丙　舅子跟丈人什么关系哪？

乙　爷俩呀！

丙　老丈人是舅子的什么呀？

乙　爸爸呀！

丙　啊。对嘛，是不是他占你便宜了？

乙　是。

丙　然后他问你四一辈哪？

乙　我说四一辈是我跟前的。

丙　儿子啊！

乙　啊。

丙　他叫儿子你答应。

乙　可不是吗？

丙　占你便宜没有，你自己好好研究研究。

乙　真是的，合着这小子要我便宜了。

丙　哎。

乙　你也没饶我呀，你比他还厉害呢！

丙　我不能白占你便宜。

乙　怎么着？

丙　我帮你捞回来。

乙　这怎么捞哇？

丙　哎，你问他在哪住，多少辈，咱往回捞。

乙　对，问他在哪住，多少辈，往回捞！

丙　对，问他在哪住？

乙　哎，您看，光顾了您问我了，我还忘了问您了，您在哪住？

甲　我呀，还没准地方呢？

乙　完了，他没准地儿。

丙　那不行，你让他找准住处。

乙　你得有准住处。

甲　我住树上。

乙　树上？他住树上。

丙　他是鸟啊？你问他老家在哪？

乙　你是鸟哇？我问你，你老家在哪儿？

甲　南京。

乙　哎，南京。

丙　南京，有地方了，你问他在南京住几辈子？

乙　哎，我问你在南京住几辈了？

甲　住四辈了。

乙　行了，他也住四辈。

丙　有门，这就捞回来了。

乙　怎么捞哇？

丙　你看，他头一辈住的准是……

乙　爷爷。

丙　啊？他一叫……

乙　爷爷。

丙　啊。

乙　我说你还有完没完？

丙　咱俩一块儿答应，我帮你答应。

乙　你还帮我答应？

丙　这你就捞回来了！

乙　好来，我说你住四辈，这头一辈是谁？

甲　这头一辈呀，我姥姥。

乙　哎……捞回来了。

丙　捞回什么啦？这头一辈他没说那个……

乙　爷爷。

丙　啊。

乙　他说的是？

丙　姥姥。

乙　姥姥，行，姥姥也大两辈。

丙　大八辈也没用！

乙　那怎么办？

丙　问他头一辈怎么是姥姥哪？

乙　对了，哎，我们头一辈可是爷爷。

甲　哎。

乙　我还爱说这个，到你那儿头一辈怎么是姥姥呢？

甲　我跟我姥姥长起来的。

乙　行，有点孝心，他呀，是跟他姥姥长起来的。

丙　看这意思，头辈咱们是捞不回来了，咱们问他二一辈吧，他准说
　　那个……

乙　爸爸。

丙　啊。

乙　合着就会"啊"呀？我再问你那二一辈是……

甲　二一辈是我舅妈。

乙　哎，行行，捞回来了。

丙　行什么，没捞回来，二一辈他没说那个……

乙　爸爸。

丙　啊。

乙　看来我捞不回来了，二一辈他说的是？

丙　舅妈！

乙　舅妈不也大他一辈吗？

丙　大一辈有什么用？她是女的啊？

乙　那怎么办呀？

丙　你问他第二辈怎么是他舅妈呢？

乙　你第二辈怎么是你舅妈呢？

甲　他是从小吃我舅妈奶长起来的。

乙　好，养育之恩哪，从小吃舅妈奶长起来的。

丙　你也太笨了，你靠边，我来。打方才起你这又是姥姥，又是舅妈，
　　全是娘家人啊？像话吗你呀？你看看我们这位，人家多好啊，头
　　辈爷爷……

甲　啊！

丙　二辈爸爸……

甲　啊。

丙　你也没说爷爷……

甲　啊。

丙　你也没说爸爸……

甲　啊！

丙　嗨！我这连丢四个，干脆我这儿找回来吧！完了，完了，这辈儿
　　捞不回来了。

乙　怎么哪？

丙　这小子太机灵，咱俩加一块也不是他个呀！

乙　真是的！

丙　简直是太滑了！

乙　可不？

丙　我问他头一辈儿他没说那个……

乙　爷爷。

丙　啊。他要说了，咱俩不就能一块答应他那个……

乙　爷爷。

丙　啊。我又问他二一辈儿，他也没说那个……

乙　爸爸。

丙　啊。他要说了，咱俩不就能一块答应他那个……

乙　爸爸。

丙　啊。我够本！

（于春明述　新纪元整理）

字 相

乙　这回咱们仨人说一段儿。

甲　好啊，您出主意吧。

乙　咱们说一回"字相"。

丙　什么叫"字相"？

乙　就是一字一相，一升一降。

甲　怎么讲哪？

乙　就是写一个字，要像一件东西，一升是让这东西有个官衔。

甲　一降呢？

乙　因为不称其职，还得丢官罢职。

丙　好，那您先写，我们瞧瞧。

乙　（写个"一"字）

甲　这像什么呢？

乙　像擀面棍儿。

丙　不对。擀面棍儿都是红枣木的，你这怎么是白的呢？

甲　对呀。为什么是白的？

乙　是啊！我这不是沾上面了嘛。

甲　那也不像呀。擀面棍儿是两头细、当中粗。

丙　对！这怎么回事儿。

乙　它不是使唤的年头儿多啦，把当间儿给磨细啦。

丙　嘿！他还真有词儿。

甲　那么一升一降呢？

乙　它做过巡案。（巡按）

甲　噢，八府巡按。

乙　不，它不是擀面吗？

甲　啊！

乙　净在案板上巡了。

甲　噢！这么个巡案哪！那它为什么丢官罢职呢？

丙　因为它新瓷面软。（心慈面软）

甲　心慈面软？

丙　和面盆是新瓷。和面水搁多了，面都裹棍儿上啦。

丙　噢！这么个心慈面软！

甲　对，心慈不能掌权，面软净顾面子了。

丙　（对甲）该你啦。

甲　我写个"半"（最后一笔拉长）字。

丙　这个字儿写得像什么东西？

甲　像个电线杆子。

丙　像吗？

甲　当然像啦。

乙　那两点儿？

甲　是瓷珠儿。

乙　两横儿？

甲　横梁儿。

乙　一竖儿？

甲　木头杆子。

丙　怨不得他那么写呢。它做过什么官？

甲　支线。（知县）

乙　七品知县。

甲　不！它支那个电线。

丙　支电线哪！它为什么丢官罢职？

甲　问事不明。

乙　它问什么事儿呀？

甲　人家打电话老不通。

乙　怎么不通呢？

甲　它没安电线。

丙　是啊。要安上电线，就不像字啦。

乙　（对丙）该你说啦？

丙　我写个"二"字。

乙　像什么东西？

丙　像一双筷子。

乙　你这筷子怎么是白的？

丙　我这是象牙筷子。

甲　那也不对啊。筷子应该两根儿一般儿长，你这怎么一长一短哪？

丙　我夹红煤球儿，烧去半截儿。

乙　有拿象牙筷子夹红煤球的吗？

丙　我有钱，你管得着嘛。

乙　你这筷子做过什么官儿？

丙　净盘大将军。

乙　它为什么丢官罢职？

丙　因为它好搂！

甲　好搂哇？

丙　不搂，菜怎么没的？

甲　（对乙）又该你了。

乙　我写个"而"字。

甲　这字像什么？

乙　像个粪叉子。

丙　粪叉子都五个齿儿，你这怎么四个呀？

乙　锛掉了一个。

丙　嘿！这巧劲儿。它做过什么官？

乙　做过典史。

甲　九品典史？

乙　不，点屎。

甲　唉！这官可不怎么样。为什么丢官？

乙　因为它贪赃。

丙　对，是贪赃。该你了。

甲　我写个"易"字。

丙　这字像什么？

甲　像扫地的笤帚。

丙　怎么呢？

甲　上边的"日"字写长点儿，是笤帚把儿；下边的"勿"字是笤帚苗儿。

乙　怎么就四根儿笤帚苗呀？

甲　许你的叉子四根齿儿，还不许我的笤帚四根儿苗吗？

丙　行。做过什么官？

甲　都察院，满院子查，哪儿脏扫哪儿。

乙　为什么丢官罢职？

甲　因为地面不清。

乙　是呀，四根儿笤帚苗儿，能扫得干净吗？（对丙）该你了。

丙　我写个"非"字。

乙　这字像什么？

丙　像拢头的篦子。

乙　一共才六根儿齿儿，还拢头发呢？

丙　是啊。你折叉子、他破笤帚、我烂篦子，咱仨不正合适吗？

乙　做的什么官？

丙　司法（发）部长。

乙　为什么丢官罢职？

丙　因为司（理头）发不清。

乙　六根儿齿儿，它越捯越乱哪。

丙　那能不乱吗？

乙　这回我写个"0"字。

甲　像什么？

乙　像个台球。

甲　做过什么官？

乙　总统。

甲　大总统？

乙　不！打台球不是总得用棍儿捅吗？

丙　噢！这么个总捅啊？

甲　因为什么丢官罢职？

乙　因为它反动。

甲　怎么呢？

乙　把球捅出去，它还能撞回来。

丙　嗯！

甲　好！这回我写个"大"字。

乙　这字像什么？

甲　像个沙燕风筝。

乙　对！瘦腿沙燕嘛。

丙　做过什么官？

甲　航空部长。

乙　为什么丢官？

甲　弃职逃走，线断了。

丙　那它回不来啦。

甲　该你说啦。

丙　这回我写个"车"字。

乙　这字像什么？

丙　像放风筝的线桃子。

甲　它做过什么官？

丙　做过县知事。

乙　县知事？

丙　是啊！它整天给线支使着呢。

乙　它因为什么丢官罢职呀？

丙　因为有病。

甲　什么病呀？

丙　相思（丝）病。（用白沙子撒一条线与前边的"大"字连上）想你
　　那风筝想的。

甲
　　嘻。
乙

（侯宝林整理）

武训徒

甲　说相声讲究说学逗唱，你们本功的唱是什么？

乙　我们唱的是"太平歌词"，不过现在基本上已经失传了，我倒是还能唱。

甲　那太好了，我特别想听太平歌词。怎么样？我请您唱一段太平歌词行吗？

乙　我们现在是相声大会，没安排太平歌词。

甲　我是特意从远地方找您来的，就想听太平歌词。我请您唱一段太平歌词，行吗？

乙　行啊。你请我唱一段太平歌词不是不可以，您又是特地从远地方找来的，我跟观众解释解释，观众们也能理解。不过，您这可叫"点活"……您既然点活就不能白点。

甲　那怎么办呢？

乙　您点一段……一百块钱。

甲　行啊，你唱吧，唱完了以后给我一百块钱。

乙　给你一百块钱？！唱完了以后你给我一百块钱！

甲　就给一百块钱？

乙　一百块钱一段。

甲　行。不就是一百块钱一段吗？谁让我想听呢！

乙　各位观众您稍候，我先给这位唱一段太平歌词，把这一百块钱挣下来。您看着我们挣钱您不也高兴嘛！您花钱买票来听相声，不也是为了捧我们吗？您先等一会儿，我给这位唱完了以后，我再给您说一段好相声。（打板，烙烧饼点儿）

甲　你这不是唱太平歌词，你这是烙烧饼，怎么还有这个点儿呀？

乙　打这个点儿为的是散散前场的耳音，拢拢观众的耳音。我现在就开始唱了。太平歌词的曲调比较简单，没有乐队伴奏，就指着这两块板打节奏。（唱）汉高祖……

甲　哎，您先等会儿……

乙　干吗？

甲　你现在就开始唱了？

乙　对，这就开始唱了。

甲　您得先跟我说一声，你那张开嘴就唱，我还不知道怎么回事呢。

乙　我这就开始唱了（唱）汉高祖。

甲　您先等会儿，唱完了以后我给您那一百块钱，给俩五十的行吗？

乙　怎么还不行呀？两张五十的不也是一百块钱吗？

甲　（唱）汉高祖……

乙　汉高祖……

甲　您先等会儿，我要是给您一块一块的行吗？

乙　都是一块一块的也没问题。（唱）汉高祖……

甲　您先等会儿……

乙　你有什么遗言一块留下怎么样？我这一张嘴你就拦我，我一张嘴你就拦我，我"焊"来四回都没焊上！

甲　我最后再跟您说点事。

乙　说吧。

甲　您唱太平歌词，不管唱哪段，只要我会，我可不给钱！您得唱我那不会的。

乙　那我唱不了啦！

甲　怎么呢？

乙　你让我唱，我这好几百句嗖嗖嗖……你往那一坐，茶水一喝，唱完了以后，你说一句："我会！"我白唱了！

甲　哪能那样呀。你唱出来上句，我给你接下句，还告诉你这是哪段——这算我会行吗？

乙　这行。（唱）汉高祖有道坐江山，有君正臣贤万民安，有一位三齐贤王名叫韩信，他灭罢了楚国把社稷安……

甲　（接唱）这一日闲暇无事，跨雕鞍在街前散逛……哎！你怎么还唱？！这段我会！——《韩信算卦》，告诉你，就这个段子，一分钱六段，我们门口擦皮鞋的，擦完皮鞋还饶上这段太平歌词。

乙　你可太损了！你不是会吗？会你听着，听过这段，我还会别的呀。

甲　你再来段别的吧。

乙　（唱）隋炀帝无道行事凶，杀父夺权理不公，欺娘戏妹把伦理来丧，鸩兄图嫂把纲常来扔……

甲　（接唱）有许多老忠良辞别了王的驾……别唱了！这段我会——《秦琼观阵》！就这个还要一百块钱呀！告诉你，我那四岁的小外甥都会！

乙　你这话可太气人啦！

甲　我们家会唱太平歌词的多了。

乙　行！你再听这段（唱）石崇豪富范丹穷，甘罗运早晚太公，彭祖爷寿高颜回命短，六人俱在五行中，西岐有个姜吕望，大牙行内做营生……

甲　（接唱）行了！别唱了！这段我会——《太公卖面》。

乙　又会？！

甲　又会！

乙　你带着钱了吗？

甲　带着呢。

乙　掏出来我看看。

甲　（掏钱）

乙　（照钱）这是真的假的？

甲　什么叫真的假的？这还是我自己印的？

乙　你呀，别听太平歌词了，把钱带好了，回家把你们家祖坟修理修理……

甲　你这是怎么说话？！我每段花一百块钱点你们活，也没划价，你这是怎么说话！观众不是你们的衣食父母吗？你们就这样为观众演出？！我得找你们头儿！你得给我说清楚了，我点你唱太平歌词，你让我回家修祖坟是怎么回事？！我找你们管事的！你们管事的呢？

乙　你找不着！

甲　那不行！我就得找！你们管事的呢？

乙　我就是管事的！我就是管事的！有什么事你就冲我说！有什么本事你就冲我来！

丙　（上）哎，哎，怎么回事？你这是干吗？（向甲）怎么回事呀？

甲　您是？

丙　我是他师父，这儿的管事的。有什么不周的地方，您别冲他，您冲我。

甲　冲你？完了，完了，我打狗看主人。

乙　你这是怎么说话？！

丙　（向乙）你干吗？人家跟我说话，你掺和什么！坐那边去！（搬椅子，乙坐）不准你着急呀……（向甲）还是咱俩说。

甲　我爱听太平歌词，想烦他唱一段，他说这是相声大会，不能唱，如果唱呢，这算"点活"得花一百块钱一段，我答应了。谁让我爱听呢。可是我们俩说好了，我会唱的，不算！结果他唱了三段，我都会。您说我能给钱吗？

丙　当然不能给钱，您就是给，我们也不能接。

甲　要不要钱没关系，可气的是他问我带钱没带钱？我说"我带了"！他要看看我掏出钱来，他还得照照！他怀疑我这张钱是假的！我能花假钱吗？他后面说的那句话就更气人了！

丙　他说什么了？

甲　他说，让我拿这个钱，回家修理祖坟去！

丙　哦……你修了吗？

甲　哎……你这是怎么说话？

丙　我……随便问问。就因为这事？

甲　就这事。

丙　您别着急，别上火，我一定为您出气，您先请坐。（搬椅子，让甲坐下）（对乙）哎，过来，过来！你怎么坐那儿去啦？

乙　不是你让我坐这儿的吗？

丙　过来，过来，怎么回事？

乙　别理他！这是个"愣子"。

丙　到底怎么回事？

乙　他点太平歌词，让我唱。

丙　这是咱的本功呀，说学逗唱的"唱"呀。

乙　我跟他说唱一段一百块钱。

丙　不贵，这咱们的规矩，谁要点活一百块钱一段，这没错。

乙　他说了，我唱的这个他要是会，他不给钱。

丙　那对。人家花钱不听会的。

乙　我觉得我给他唱没问题呀，咱这玩意儿他能会吗？

丙　我知道你有能耐。

乙　我给他唱了一段。

丙　唱的什么？

乙　《韩信算卦》。

丙　好段子！怎么样呢？

乙　他……他会。

丙　哦，他会……接着唱呀？

乙　是啊。我又给他唱了一段。

丙　哪段？

乙　《秦琼观阵》。

丙　怎么样？

乙　他……他还会。

丙　接着唱呀。

乙　是啊。我又给他唱了一段《太公卖面》。

丙　怎么样？

乙　他又会。

丙　三段都会？

乙　嗯，三段他都会。

丙　那接着唱呀？

乙　我不会了。

丙　你不会了？当初我怎么跟你说的？让你好好学，今天遇到这种情
　　况（打乙）吃亏了吧？

乙　不是……当初我学的时候……

丙　学的时候你就不用心，现在你怎么还这样。（打）

乙　不是……你光打我不行，我现在想学。

丙　你想学什么？（打）现在想学来得及吗?！（打）

乙　我是这个意思，我把钱挣下来……

丙　（打）你挣下来了吗？

乙　我挣下来，你要不要？

丙　（打）我凭什么不要！

乙　你这样，你……

丙　（打）干吗你这么横！

乙　我怎么横？

丙　（打）你还要怎么横！你这样时候能长？

乙　不是……我……

丙　（打）你什么？

乙　你……你不让我说话！这不是要我命吗！

丙　（打）你还蹦脚！别看我说你，我得把钱挣下来！

乙　你挣下来了吗？

丙　（打）我这不挣去吗？

乙　你挣去！你挣去！

丙　（打）你这是嘛脸子！

乙　我脸子怎么不好了？

丙　（打）你还跟我顶嘴！

乙　我这是顶嘴吗？

丙　（打）你跟我都这么横，（打）跟人家不定得多横啦！

乙　我不管了。

丙　不管了？不管了坐那儿！（向甲）您还想听吗？

甲　想听啊，我就是听太平歌词来的。

丙　要是换个人给您唱行吗？

甲　哪位唱呀？

丙　我给您唱。

甲　您给我唱？你要是给我唱，一段我给二百。

丙　（打）听见了吗？（打）人家给二百。

乙　给你了吗？

丙　（打）你矫情嘛！少给你钱行吗！（打）

乙　少给我一分也不行。

丙　（打）又瞪眼！

乙　你去吧。去吧。

丙　（向甲）我唱一段您给二百？那我可唱了？

甲　等会儿，还是老规矩，您唱的这段我要是会可不给钱！

丙　没问题。（打）倒水去！

乙　好，倒水去，倒水去。（下场取茶杯）

甲　一点眼力见儿都没有，这还说相声！

乙　（将茶杯递给丙）

丙　（喝水，打乙）你打算烫死我？

乙　太热了。（下场，换水）

丙　（打）这么凉我受得了吗？把嗓子激回去怎么办！

乙　行，行。（下场，换水）

丙　（打）正好！

乙　正好也打呀。

丙　听着，那庄公闲游……（乙用茶杯灌丙三次）你这饮驴来啦？！坐那去！不用你了！

乙　行，行。

丙　（唱）那庄公闲游出趟城西，瞧见了他人骑马我骑着驴，扭项回头看见一个推小车的汉，比上不足比下有余……

甲　（接唱）

丙　这怎么意思？

甲　这段我会。《劝人方》对吗？

丙　对。你会？（回头看乙，溜下场）

乙　（发现没有动静，起身，找丙）哪去了？受累您抬抬脚，别给踩死！哪去了？哪去了？（从后台将丙揪上）

丙　你轻点，轻点。

乙　钱挣下来吗？

丙　没有。

乙　怎么呢？

丙　我唱了一段，他会……

乙　你唱他不会的。

丙　我唱他不会的？

乙　对呀。

丙　我就会这一段。

乙　（打丙）就会一段呀？

（刘文步述　马树春整理）

卖 马

丙　"拐李仙师剑法高，钟离解职辞汉朝，国舅手持阴阳板，采和丹阳品玉箫。洞宾背剑清风客，果老骑驴过赵桥，仙姑进来长生酒，湘子花篮献寿桃。"哎，得了，说完这么几句呀，然后呢我就说这么一段儿单口相声，这一个人呢就为单口相声，两个人就叫对口相声，今天我准备说这段儿单口相声啊，叫"解学士"。这个"解学士"是怎么回事情呢？

乙　啊哈……

丙　什么朝代的事呢？这是啊……在明朝……哎……哎……

甲　台台令令台。

乙　"说我不赊……不赊不欠不算店，赊了去啊不见我的面，他在前街走，我在后街里转，有朝一日我们二人他也见着了面，他倒说："腰里没钱不大方便，咱们改日再给，咱们改日再见。"

甲　台……哒哒……台台……哒哒……台……

丙　怎么跑这儿开戏来了，这位？你们这样儿我还说不说了？

乙　"开的是店呀，卖的是饭。"

丙　你瞧。

乙　"一个人吃半斤，三个人吃斤半。是儿不死呀，是财不散。"

丙　这是什么词儿啊，这是！

乙　"在下王老好儿的便是。"

丙　嗯。

乙　"就在这潞州天堂县开了个小小的店房。头些日子来了个山东好汉——秦叔宝，就住在我这个店里头来，就病在这儿了，有个月有余了，一个子儿也没给我。眼下我这个买卖呀，两六一么——

要眼猴啦。"

丙　好嘛！

乙　"这怎么办呢？干脆把他请将出来呀，跟他要俩钱儿使唤。就是这个主意，他在哪屋里住，我还忘了。"

丙　在哪屋住你忘了？

乙　"我找他一趟去。"

丙　好嘛，这个店横是太大了。秦叔宝住哪屋他都忘了。

乙　"秦二爷在这屋住吗？"

甲　（山西口音）"你找谁呀？秦琼他不在。"

乙　噢，这屋是山西人哪。"秦二爷在这屋吗？"

甲　（山东口音）"不在这个地界儿。"

乙　噢，这屋是山东人儿？

丙　嘿！这店里什么人都有啊！

乙　"秦二爷在这屋住啊？"

甲　"No，not here。"

乙　噢，外国人啊。

丙　这店里连外国人都住啊？这店可真热闹！

乙　还真不好找。哎，干脆请他一声吧！

丙　请一声？

乙　"小店家有请秦二爷！"

甲　"嗯吞。"（搭架子）

丙　行，卖馄饨的来了。

乙　"嘚，哒哒哒哒——嘚。"

丙　干吗？你这赶驴呢？

甲　"嘚……嘚……"

丙　这是秦琼出来了，这是。

甲　（唱）"好汉英雄困天堂，不知何日归故乡。"

乙　"嘚，哒哒哒哒……"

丙　唱着昆腔就出来了。

甲　"哎，店主东。"

乙　"二爷！"

甲
乙　"哈哈哈哈。"

乙　"嗻……哒哒……嗻……哒哒……"

丙　二位别唱起来没完啊。

乙　嗻……

甲　"啊，店主东！"

乙　"二爷。"

甲　"将你家二爷请将出来，可是吃酒啊，还是用饭啊？"

乙　呀，请出一"饿嗝"来。

丙　谁让你请他的？！

乙　"二爷，酒我也给您烫好了，菜我也给您炒得了。"

甲　"啊，端来我用啊。"

乙　"您先等等吃。"

丙　等等？

乙　"我这儿有一句话，不知当讲不当讲啊？"

甲　"有何话请讲当面。"

乙　"您让我说就可以。二爷，您住在我的店里可有一个多月了，眼下
　　我这个买卖呀，大掌柜也不送米了，是二掌柜也不送面了。"

丙　嗯。

乙　"三掌柜的不送煤了，是四掌柜的不送炭了。我这买卖啊一天
　　不……"

丙　你还跟他说呢，那儿睡了。

乙　耶，睡虎子啊。

丙　哎。

乙　"二爷，二爷。"

丙　还睡得真香。

乙　"二爷！醒醒啊。"吓，摘着吃好不好，还冲呢？这玩意儿一睡着
　　了还真不好叫。

丙　那就没主意了。

乙　我有个办法，一句话就醒。

丙　是吗？听听？

乙　"伙计们，给二爷端包子。"

甲　"哎，店主东，哪里有包子啊？"

乙　"包子没有，我这儿有个锤子。"

甲　"哎，怎么取笑你家二爷？"

乙 "取笑？我是得拿你取笑，我这儿说话你那儿睡觉。我说睡虎子听啊？"

甲 "哎，你说你的，我睡我的。"

乙 "那不像话啊。"

丙 是啊。

乙 "我说话您别睡觉啊。"

甲 噢，好好好！

乙 "您听着点，二爷您住在我这个店里有一个多月了，分文不见您的，眼下我这买卖是一天儿不如一天儿，是一阵儿不如一阵儿，是一时不如一时，是一会儿不如一会儿。"

丙 要完啊。

乙 "我这买卖简直要糟糕啊，不免把您请将出来呀，今天跟您借几个钱儿使唤使唤。"

甲 "怎么敢是向你家二爷要钱吗？"

乙 "噢，要钱我可不敢说，跟您借几个使唤。"

甲 "进店之时也曾对你言讲。"

乙 "您跟我说什么来着？"

甲 "等那蔡大老爷批条回文，有了我的，岂不是也有了你的了吗？"

乙 "一跟您要钱，您就拿蔡大老爷顶门。两跟您要钱啊，您就拿蔡大爷搪账。那蔡大老爷要是一天不来呢？"

甲 "你就等他一天。"

乙 "一天好等，两天不来呢？"

甲 "等他两日。"

乙 "那他要一年不来呢？"

甲 "就等他一年。"

乙 "嗯，他要一辈子不来呢？"

甲 "你就等他……"

甲

乙 "一辈子。"

丙

乙 "像话吗？"

丙 这倒齐截。

乙 "吃五谷杂粮啊，人没有不得病的，看您这两天鼻翅也扇了，大眼牁角子也散了，耳朵边也发干了，嘴唇也掉下来了，眼睛发努，是太阳穴发鼓，嘴里发苦，肚子里发堵，您要死在我这儿可怎么办呢？"

甲　"怎么，我若死在你的店中嘛——"

乙　"是啊。"

甲　"店主东，哈哈……"

乙　"还乐呢！"

丙　还乐呢！

甲　"你就发了老财了。"

乙　"您先等一等。"

丙　您瞧他这相儿！怎么你啦！不要紧哪？

乙　"他说我发了财了，我不知这财怎么发法？"

丙　不知道。

乙　"我得想想。"

丙　想吧。

乙　"那天秦二爷住店的时候，我往里一牵马，搭那大褡套是我搭的，那褡套里我一摸这么顶，这么长，两根儿，一定是金条。"

丙　它不许是擀面杖？

乙　吓，我要那干吗？问问发财怎么发。"二爷，您说死在我这店里我就发财了，我不知这财怎么发法？"

甲　"我若死在你的店中，给你二爷买上大大的棺木一口。"

乙　"嗯。"

甲　"将你二爷盛殓起来。"

乙　"是，是，是。"

甲　"那时间，你就不要这样的打扮了。"

乙　"那是，要发财得穿好的，戴好的了。"

丙　嗯。

甲　"你要头戴麻冠。"

乙　"孝帽？"

甲　"有道是：'要发财，头戴白。'"

乙　嘿，还有吉祥话哪。"哎，只要我发财。"

甲　"身穿重孝，腰系麻辫子，手拿哭丧棒，摔老盆子，将你二爷送至阴地，葬埋起来，立一碑碣，上书'山东秦琼，秦叔宝'。（怎么）

那时节你请上一个份子，搂吧搂吧你岂不是发了财了吗？"

乙　"照你这么一说，我成你儿子了。"

甲　"噢，不像啊。"

乙　"是不像。"

丙　好嘛。

乙　"要钱你没有，你还出口不逊。干脆，你没穿着树叶，我可要剥你。"

甲　"怎么你要剥你家二爷。"

乙　"哎哟，干吗说剥呀，这么上口呢。说剥就剥。给钱吧你，哟嗬，哎。"

丙　得！

乙　"我这火龙鸡要翻膀儿。"

丙　好嘛，秦琼会点穴！

乙　"二爷，这下还真干了。"

丙　哎。赶紧叫他给治过来吧。

乙　"二爷，您先给我治过来，这哪儿行呀？我这样儿走，寒碜啊。我来时不是这样来的呀。"

丙　是呀！

乙　"这玩意儿怎么往回送呀，您那二爷！"

甲　"还与你家二爷要钱吗？"

乙　"这倒好办，我先不要了。"

甲　"哼，便宜你了。"

乙　"耶！"

丙　嘿，这电门在这儿呢，好嘛！

乙　"我这不贱骨头吗？打架不是他个儿，要钱没有，还出口不逊，干脆，山东爷们——红脸汉子，干脆我给他喊叫。要钱您要是没有，我可要差臊您的脸皮。"

甲　"噢，怎么你要喊叫吗？"

乙　"咳。"

甲　"任凭于你。"

乙　"没差没臊。"

丙　得！

乙　"街坊们，邻居们，来个山东好汉秦二爷……"

丙　慢着点儿。

甲　"店主东不要尖叫，我有拆兑啊！"

乙　"一子儿没有您还要拆兑？"

甲　"商议商议啊！"

乙　"有话您说吧。"

甲　"店主东，你看槽头之上，拴着一匹黄骠战马，将它拉在大街之
　　上，卖了银钱，还你的店钱，也就是了。"

乙　"就您这匹马啊？咳，这模样儿，四根棒儿支着，皮包骨，插根儿
　　洋蜡跟马灯一样。谁要这玩意儿啊？"

甲　"有道是货卖与识家。店主东！"

乙　"二爷！"

甲　"牵马……呀……哦！"

乙　"吭、嘚、吭、嘚……吭……嘚嘚嘚嘚……吭。"

丙　我说你们二位没完了？

乙　"吭，吭。"

丙　我说你们二位还要唱啊？

乙　"吭，吭，吭。哒吭，哩咯噔……"

丙　怎么了你？

乙　（唱）"嘚咯嘚咯哩咯噔。你那儿冷不冷？"

丙　不冷，我冷什么呀？

甲　（唱）"店主东带过了黄骠马。"

乙　"哦！好！"

丙　你别叫好啊！唱得还不错！

乙　（唱）"登咯嘚咯哩咯噔。你那儿等一等。"

丙　我这儿等着哪。你们唱完了得了。

甲　（唱）"不由得秦叔宝……"

乙　"楞不楞不楞不楞。"

甲　（唱）"两泪如麻。"

丙　这是怎么话儿说的。

乙　"二爷您可别哭啊，您哭我也难过。（唱）嘚咯嘚咯哩咯噔。你还
　　得等一等。"

丙　我等着哪，我等着哪。

甲　（唱）"提起了此马……啊……"

乙　（唱）"登咯噁咯哩咯噁。你再等一会儿就能行。"

丙　我也不是得等多咱去。

甲　（唱）"来头大……"

乙　"二爷您这匹马还有来头儿，您慢慢说，说您的……（唱）登咯嘚咯哩咯噁。你慢慢等。"

丙　我还慢慢等哪？

甲　（唱）"兵部堂黄大人？"

乙　"登咯哩咯嘚的咚。"

甲　（唱）"相赠与咱，遭不幸困住在……"

乙　"登咯嘚咯里咯噁咚。"

甲　（唱）"天堂县，欠下了店饭钱，无奈何只得来卖它。摆一摆手儿啊！"

乙　"您不卖了？"

甲　（唱）"牵去了吧。"

乙　"卖马啦。吭哩切哩吭哩……嘚吭……"

丙　怎么还没完哪？

甲　（唱）"但不知此马落在谁家？"

丙　可完了。

乙　"嘚嘚令令嘚。走！"

甲　"吭喊咧喊，吭喊咧喊，吭！"

乙　（唱）"豪杰生在江湖下……"

甲　"吭咧喊咧，吭咧喊咧，吭！"

丙　好嘛，你们俩怎么了这是？

乙　（唱）"赫赫扬名走天涯，有人知道是响马，无人知道富豪家，将身来在大街下……"

甲　"吭喊咧喊，吭喊咧喊，吭！啊？"

乙　"嗯？"

丙　这怎么了？

甲　"吭喊咧喊，吭喊咧喊，呛！"

丙　这俩这囊淌劲儿，啊！

乙　（唱）"又只见黄骠一骑马。小子与爷忙追下。"

甲　"咣当！"

丙　哎，锣也掉地下了？

乙　（唱）"不知此马是谁家？"

丙　嘿，好！

甲　"吭嘁咧嘁，吭嘁呛……"

丙　这又出来了！

甲　"吭嘁咧嘁，吭嘁咧嘁……咚……当当！"

丙　怎么了——！

甲　（唱）"店主东卖黄骠不见回转。"

乙　（唱）"一个俩仁。"

丙　一个俩仁？

甲　（唱）"倒叫我秦叔宝两眼望穿。"

乙　"啊哈，忙把卖马事，禀报二爷知。参见二爷，马给您拉回来了，连根儿毛都不短，买马的人在后头。你们二人再说再论，没有小店家我什么事儿了。我可告诉你，买马的那主儿可有点儿疯，朋友，您可要注意啊。"

甲　"待我出门去看哪。"

乙　"走啊！"

甲　"吭咧嘁咧吭！"

丙　我说你累得慌不累得慌啊！

乙　"此马是黄骠。"

甲　"嗯哼！"

乙　"开口似血瓢。"

甲　"嗯哼！"

乙　"这浑身无筋现。"

甲　"嗯哼……"

乙　"这四蹄无杂毛。"

丙　你怎么老往我这儿找哇？

乙　"好马呀！好马吧！"

甲　"哎，这位壮客。"（谐"撞客"）

丙　壮客呀？壮士。

甲　"哎，这位壮士，连夸数声好马，莫非有爱马之意吗？"

乙　"好马人人喜爱，但则一件。"

甲　"哪一件呢？"

乙　"脑袋无有啊。"

丙　没脑袋，骠头太瘦。

乙　"噢，骠头瘦小。"

甲　"只因草料不佳，此地不是讲话之所，请去里面，请！"

乙　"请！"

甲　"吭喊喊喊喊，吭喊喊喊喊。吭喊呛！"

乙

丙　你们俩踩炸弹上了？不要紧哪！那么坐着累得慌不累得慌啊！

乙　"我听这位仁熊讲话……"

丙　仁熊啊？我瞧你们俩像狗熊。

乙　"什么呀？"

丙　仁兄。

乙　"这位仁兄讲话，不像此地的人士。"

甲　"本不是此地人士。"

乙　"哪里人士？"

甲　"法国人士。"

丙　法国秦琼啊？没听说过。

甲　"山东历城县人士。"

乙　"山东历城县某有一好友，兄台可曾知晓？"

甲　"有名的不知，无名的不晓。"

丙　那就别问了。有名便知，无名不晓。

甲　"哎，有名的便知，无名的不晓。"

乙　"提起此人大大的有名。"

甲　"不知是哪一家？"

乙　"姓秦名琼字叔宝。"

甲　"此人只可闻名，不可相见哪。"

乙　"何出此言？"

甲　"此人落魄得很哪。"

乙　"人有穷富，瓦有阴阳，何提落魄二字？"

甲　"不才就是在下。"

乙　（大叫）"啊！"

丙　怎么着？怎么着？

乙　"你是秦二哥？"

甲　"不敢！"

乙　"叔宝？"

乙　"越发地不敢！"

乙　"请来上座呀！"

甲
　　　"呱呱呱呱呱！"
乙

丙　这儿轰鸭子来啦？！

（侯宝林　刘宝瑞　高凤山录音稿）

卖
马

法门寺

甲 给各位说段相声。

乙 嗯！

丙 "吭，采，采，吭！"

甲 嘿，开戏了！

乙 威权震朝廊，深感皇恩荡！

丙 "吭，采采采，吭！"

乙 四海腾腾庆升平，锦绣江山咱大明，满朝文武尊咱贵，何用西天把佛成！

丙 "吭，采唻唻吭！"

乙 咱家——

甲 刘瑾。

乙 猪八戒！

甲 一边去！刘瑾。

乙 刘瑾就刘瑾吧。

甲 嘿，他倒挺和气！

乙 咱家姓刘名瑾，表字春华，乃沈阳大北关人氏。

甲 什么呀！陕西延安府人氏。

乙 对了。自幼儿七岁成精，九岁得道，一十三岁学会耍耙子。

甲 还是猪八戒！七岁净身，九岁入宫，一十三岁扶保老王。

乙 老王玩完了。

甲 像话吗？老王晏驾。

乙 扶保卖烧鸡的老李。

甲 什么乱七八糟！扶保幼主正德登基！

乙　扶保幼主正德登基，我二人明是君臣，暗是冤家一般。

甲　暗是手足一般！

乙　因咱家双手能偷。

甲　偷啊！双手能写梅花篆字。

乙　太后老佛爷十分喜爱，认为御儿干殿下，官封九千岁之职。内管三宫六院，外管五府六部十三科道，还代管饭馆儿烟摊儿卖杂货和收破烂儿的！

甲　他还什么都管。

乙　我说桂儿啊！

甲　上哪儿找桂儿去呀！

丁　嗻！伺候老爷子。

甲　还真有。

乙　咱爷们这个官儿够瞧的了吧？

丁　敢情够瞧的了。您在一人之下、万人之上，可够十五人瞧半拉月的了！

乙　太后老佛爷要到法门寺拈香，我问你銮驾可曾齐备了吗？

丁　早已齐备多时。

乙　候着。待咱家请驾。

甲　我看他上哪儿请去？

乙　儿臣有请母猴！

甲　还母兔子哪！母后。

乙　有请母猴变的母后啊！

戊　嗯！

甲　还真有。

丙　"台，台，台，大大台！"

戊　忆昔当年赴蟠桃，但愿得长生不老。（手搭凉棚，猴架）

甲　真是母猴啊！

戊　儿啊！

甲　啊。嗻！我答应什么呀！

戊　銮驾可曾齐备？

乙　早已齐备多时。

戊　起驾法门寺。

乙　桂儿啊，打道法门寺啊！

丁　嘁！我说耗子们——

甲　校尉们！

丁　校尉们。

众　有！

丁　打道法门寺呀！

丙　"囖咚呛，囖咚呛，嗒七姑囖咚呛！"

巳　弥陀佛！迎接千岁。

甲　还有和尚哪！

戊　儿啊，问那长老哪里清静，为娘要打坐念佛。

乙　老和尚，你们这儿哪里清静，太后老佛爷要打坐念佛啊。

巳　厕所里清静。

乙　候着。启禀母后，厕所清静。

戊　摆驾！

甲　他们哪儿都去呀！

乙　我说桂儿呀，摆驾！

丁　喳！我说校尉们。

众　有！

丁　摆驾上厕所啊！

甲　没听说过！

丙　"囖咚呛，嗒囖咚呛，嗒哩打囖咚呛！"

巳　弥陀佛！请太后蹲厕所里喝茶！

甲　有那么干的吗？

戊　儿呀，赏那老和尚官宝一锭，叫他多念恋爱经。

甲　长寿经！

巳　弥陀佛。

庚　走哇！

辛　儿来了！

丙　"台，台，台……"

庚　哎呀儿啊，状告那父母官其罪非小。

丙　"吭！"

辛　为夫主哪怕那王法律条。

庚　怕的是连累儿性命难保，我的儿呀！

众　哦……

乙　我说桂儿呀！

丁　嘚，伺候老爷子。

乙　外面瞧瞧去，是什么鸡猫子喊叫的？

丁　嘚！我说耗子们，外面什么鸡猫子喊叫的？你们也不管着点儿，
　　若是惊了驾，可谁又担得起呀！

众　启禀上差，有一小民女子喊冤。

丁　候着。启禀千岁爷，有一民女喊冤哪！

乙　哪儿冤不了，单上这儿冤来了？我说桂儿呀！

丁　嘚！

乙　把她送咱们高老庄去！

甲　还是猪八戒呀！

戊　且慢，此乃有王法的所在，不得胡闹。问她有状无状，如若有状，
　　为娘的要亲自审问。

乙　麻烦了。跑这儿告状来，是谁出的主意？

丁　可说呢！

乙　去问她有酱无酱？

甲　有状无状！

乙　有酱炸了，晌午咱吃捞面！

甲　没听说过！

乙　如若有状，把她带上佛堂，太后老佛爷要亲自审问。

丁　嘚！我说耗子们。

众　是！

丁　去搜一搜那喊冤民女身旁有状无状？

众　是！

丁　回来！人家是花不留丢的大姑娘，可别摸摸索索的，也不兴抢手
　　表啊！

甲　哪儿的事呀！

众　那一女子你可有状纸？

辛　现有状纸。

丁　诚心打官司来的！启禀千岁，她有状纸。

乙　桂儿呀！这回你的差使来啦！

丁　启禀老爷子，她打官司，怎么奴才我的差使来啦？

乙　我说桂儿呀，你手捧状纸，跪在丹墀，把状纸上的字，一个字一

个字念给太后老佛爷和咱家我听？哎哟，你倒是去呀！

丁　我这儿不是去呢吗！

乙　你倒是念哪？

丁　人家我这儿不是念呢吗！

乙　哎哟，哎哟，我说是桂儿呀，这个差事你越当越回楂了！不带你来，你偏要来，有这么点小事，你就跟老爷子我蹭楞子！

丁　奴才不敢。

乙　不擀，你吃揿条的吧！

丁　嘁！

乙　扎我？我捏你的勾子！

丁　是。

乙　士叫炮打啦，出车吧，猴崽子！

丁　具、具、具。

乙　别锯啦！再锯可就不够材料啦！

丁　老爷子，这上面头一个字念具。

乙　你倒是往下念哪！

丁　具告状民女宋氏巧姣为夫申冤事呀？

乙　照这样，一个字，一个字往下念。

丁　是，小民女名唤巧姣，自幼许配傅朋为妻，六礼已成，尚未合卺。因我夫有孝服在身，不能出外为官，清早佳节上坟祭扫，由打孙寡妇门前经过，无意中失落一只玉镯，被孙玉姣拾去，暗有刘媒婆瞧见，花言巧语骗去绣鞋一只，回家对她儿刘标言讲，刘标在大街上讹诈我夫，我夫不允，内有刘公道劝解不公，我夫忍气回到家中。次日清晨，地方呈报孙家庄一刀连杀二命，男尸有头，女尸无头，郿邬知县带领人役前去勘验，在尸场见孙玉姣腕戴玉镯，问起情由，孙玉姣供认乃拾得我夫傅朋之物，县今想起绣鞋一事，回到衙中，不问青红皂白将儿夫世袭指挥拿问在监。小民女得知此事，将刘媒婆诓到家中，用酒灌醉，套出实情。孙家庄一刀连杀二命一案，乃她儿刘标所为，今闻得老国太与千岁爷在法门寺降香，小民女不顾规格廉耻，赶奔庙堂具状上告。国太与千岁爷若能恩准小民女状纸，犹如拨云见日，草木重生，哀哀上告，哀哀上告哇！

乙　哎哟，差点没把你憋死！

丁　谁说不是呢!

乙　我说桂儿啊,这归哪儿管哪!

丁　归沈阳市管。

甲　归郿鄢县管。

乙　郿鄢县他来了吗?

丁　来了倒是来了,请个安又回去啦!

乙　好大的架子。

丁　就是不小吗!

乙　桂儿啊! 来,带我令箭一根(拔下一根头发交丁)去把郿鄢县捉来!

丁　是。

甲　"吭采采采采吭!"

壬　参见千岁。

丁　启禀千岁,郿鄢县到,郿鄢县到,郿鄢县到哇!

乙　桂儿呀,干吗鸡猫子喊叫的?

丁　郿鄢县到。

乙　在哪呢?

丁　那不,在那跪着呢!

乙　下面跪的敢莫是郿鄢县的县太爷吗?

壬　臣不敢,赵廉。

乙　我说桂儿呀! 叫你逮郿鄢县,你把笊篱拿来干吗呀?

丁　启禀千岁,人家姓赵名廉。

乙　嘟! 好你个胆大的无毛兔蛋!

甲　郿鄢知县。

乙　孙家庄一刀连杀二尸!

甲　二命!

乙　一无凶器,二无见证,无故将世袭指挥拿问在监,我说哥儿呀,哥儿呀,你这眼睛里还有眼睛吗?

甲　眼睛里还有皇上吗?

乙　你这皇上还有眼睛吗?

甲　瞎皇上!

乙　你既然瞧不起皇上,你还瞧得起咱家我吗?

丁　你既然瞧不起我们老爷子,你还能瞧得起我贾桂吗?

乙　你算哪棵葱？

丁　他算哪棵蒜！

乙　把他纱帽摘下来，叫他凉快凉快。

丁　你凉快凉快吧！

壬　千岁，小傅朋他本是杀人凶犯……

乙　你住了吧！小傅朋是杀人凶犯，你怎么会知道！莫不成是你给他买的刀吗？

壬　千岁……

乙　说好听的吧，你奶奶个孙子的！

壬　去你的吧！

（祝敏述）